房地产企业全流程全税种实务操作与案例分析

董宏◎主编

施玉明 成秀美 王亮◎副主编

国地税合并·房地产企业税收与会计实训大全

A COMPLETE TAX GUIDE
FOR REAL ESTATE COMPANIES

Hands-On Practice and Case Studies on All Types of Taxes

中国市场出版社

China Market Press

·北京·

图书在版编目（CIP）数据

房地产企业全流程全税种实务操作与案例分析 / 董宏主编. —北京：中国市场出版社，2018.10
ISBN 978-7-5092-1716-0

Ⅰ. ①房… Ⅱ. ①董… Ⅲ. ①房地产企业-税收管理-研究-中国 Ⅳ. ①F812.423

中国版本图书馆 CIP 数据核字（2018）第 201601 号

房地产企业全流程全税种实务操作与案例分析
FANGDICHAN QIYE QUANLIUCHENG QUANSHUIZHONG SHIWU CAOZUO YU ANLI FENXI

主　　编	董　宏
副 主 编	施玉明　成秀美　王　亮
责任编辑	钱　伟　张　瑶（zhangyao9903@126.com）
出版发行	中国市场出版社 China Market Press
社　　址	北京月坛北小街 2 号院 3 号楼　　　邮政编码　100837
电　　话	编 辑 部（010）68032104　读者服务部（010）68022950
	发 行 部（010）68021338　68020340　68053489
	68024335　68033577　68033539
	总 编 室（010）68020336
	盗版举报（010）68020336
经　　销	新华书店
印　　刷	河北鑫兆源印刷有限公司
规　　格	170mm×240mm　16 开本　　版　　次　2018 年 10 月第 1 版
印　　张	33.75　　印　　次　2018 年 10 月第 1 次印刷
字　　数	650 千字　　定　　价　88.00 元
书　　号	ISBN 978-7-5092-1716-0

本书思维导图

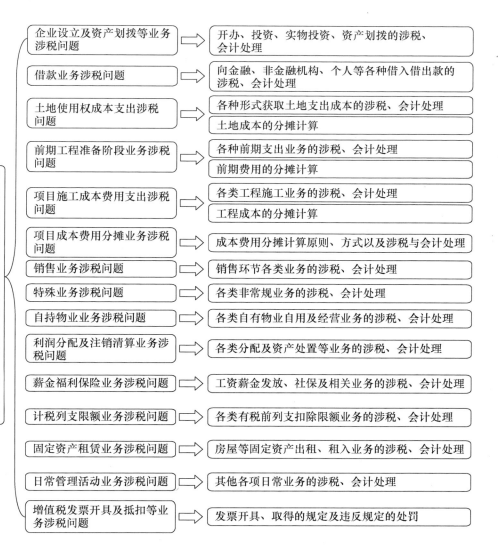

	企业设立及资产划拨等业务涉税问题 ⇒	开办、投资、实物投资、资产划拨的涉税、会计处理
	借款业务涉税问题 ⇒	向金融、非金融机构、个人等各种借入借出款的涉税、会计处理
	土地使用权成本支出涉税问题 ⇒	各种形式获取土地支出成本的涉税、会计处理
		土地成本的分摊计算
	前期工程准备阶段业务涉税问题 ⇒	各种前期支出业务的涉税、会计处理
		前期费用的分摊计算
	项目施工成本费用支出涉税问题 ⇒	各类工程施工业务的涉税、会计处理
房地产企业全流程全税种实务操作与案例分析		工程成本的分摊计算
	项目成本费用分摊业务涉税问题 ⇒	成本费用分摊计算原则、方式以及涉税与会计处理
	销售业务涉税问题 ⇒	销售环节各类业务的涉税、会计处理
	特殊业务涉税问题 ⇒	各类非常规业务的涉税、会计处理
	自持物业业务涉税问题 ⇒	各类自有物业自用及经营业务的涉税、会计处理
	利润分配及注销清算业务涉税问题 ⇒	各类分配及资产处置等业务的涉税、会计处理
	薪金福利保险业务涉税问题 ⇒	工资薪金发放、社保及相关业务的涉税、会计处理
	计税列支限额业务涉税问题 ⇒	各类有税前列支扣除限额业务的涉税、会计处理
	固定资产租赁业务涉税问题 ⇒	房屋等固定资产出租、租入业务的涉税、会计处理
	日常管理活动业务涉税问题 ⇒	其他各项日常业务的涉税、会计处理
	增值税发票开具及抵扣等业务涉税问题 ⇒	发票开具、取得的规定及违反规定的处罚

"房地产企业涉税业务实战丛书"总序

一、丛书的缘起

房地产开发项目的运行周期长，涉及融资、施工、预（销）售等环节，特别是有大量成本费用的分摊计算等业务，因此会计核算相比其他行业更复杂。同时，每个环节和业务都涉及多种税收政策，整个项目运行过程几乎涉及我国已经开征的所有税种，因此在涉税处理上相比其他行业更加烦琐，这也是房地产企业涉税风险比较大的根本原因。

本丛书的几位作者长期从事房地产行业税务稽查、审计工作，大家感触最深的是，房地产行业一直存在比较高的税收风险。从税务机关角度看，虽然一直致力于加强房地产行业的税收征管，但从税务稽查情况看，涉税大要案每年都会查出多起，且很多涉税问题性质相同，无法消除，税收流失风险较大。根据对近几年多个省、市披露的涉税大案分析，房地产企业所占比例通常在 25% 以上。对于企业而言，实际上除少数企业故意偷逃税外，绝大多数房地产企业很看重税法遵从度，但是很多企业在运行中始终无法避免较大的税收风险，往往自我感觉运行正常却被查出涉税问题而遭遇处罚风险，有的甚至被查出了较大的问题。对部分地区数据进行分析后可以发现，房地产企业自查后，在税务机关跟进检查中又被查出较大问题的比例一般不低于 30%。而随着营改增及国税、地税合并，房地产企业涉税征管、业务处理等又有了新的变化。

■ 营改增后涉税业务更加复杂

营改增前，房地产企业所有业务的处理数据都建立在"含税"价格的基础上，营改增后，以往所有的"含税"价格要全部变为"不含税"价格，这就需要进行价税分离处理。不仅销售开发项目、支出的各项成本费用等需要价税分离，而且企业所得税、个人所得税、房产税、契税等计税依据都要进行"不含税"计算处理，所以营改增后涉税业务处理的复杂程度有较大增加。

■ 国地税合并后对房地产行业税收征管更加严密、核算更加严格

在原国税、地税分设的税收征管模式中，由于税种管理有分工，不仅在日常管理中存在企业各项涉税业务分割管理问题，在税务稽查中也存在时间和空间上的脱节，造成国税、地税稽查内容有关联但检查、处理尺度不统一的现象。营改增及国税、地税合并后，所有税收征管包括稽查全部统一，这就要求税务人员全面掌握各个税种的政策，熟悉各项业务的综合税收处理。因此，营改增后大量税收业务有所改变，同时因原国税、地税分工造成的人员业务知识分割部分需要弥补，因此从税务机关角度看，在短时间内，大量业务知识需要更新，实操能力亟待提升。

从企业角度看，营改增后同样面临税收业务知识更新的问题。营改增后，涉税业务比以往更复杂，特别是国税、地税合并后，由于业务统一管理，税收征管及监控体系将更加完善，使企业因会计、涉税处理失误而面临的涉税风险也大大增加，因此企业财会人员急需更新税收业务知识，其中最急需的就是实操能力的提升，以解决综合处理涉税业务、自查能力不足的问题。

为提升税企双方对房地产企业涉税业务的实操能力，降低房地产企业涉税风险，本丛书的几位作者联手从税务稽查、审计角度（或眼光），将在实战中如何处理房地产企业各项涉税业务及如何发现存在问题的经验汇总起来，形成"房地产企业涉税业务实战丛书"与大家分享。丛书共有三册，具体如图 1 所示。

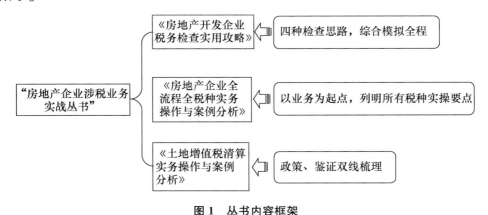

图 1　丛书内容框架

二、丛书特色

本丛书的几位作者均长期从事房地产企业税务稽查、审计工作，深谙房地产企业存在问题的原因，掌握许多发现问题的技巧。丛书的编写始终坚持以实战为基础的原则，因此这套丛书具有较大的参考价值。

■ 税务机关、财税中介、房地产企业一线精英三方联手合作

本丛书的第一大特点是作者均来自财税工作一线，实战经验丰富。

董宏（注册税务师），国家税务总局南京市税务局稽查局稽查人员，从事税务稽查一线工作二十多年，业务上擅长大要案检查，尤其是房地产企业税务稽查，自 2011 年以来完成涉案税款千万元以上稽查案件 10 余件，同时在业务理论探讨上，有多篇文章在杂志、报纸上发表，具有一定的实战和理论水平。

施玉明（注册税务师），原江苏省南京市地方税务局稽查局稽查人员，现任金象国际集团副总裁，兼具在税务机关和企业的工作经验。曾长期在税务稽查一线工作，业务上擅长房地产企业税务稽查及土地增值税清算，在税务生涯中完成过二十多起涉案税款在千万元以上稽查、土地增值税清算检查案件。在企业任职后，主持集团层面的财税、投资管理等工作。

成秀美（注册会计师、税务师、高级会计师、中国注册税务师协会 2015 级高端人才），南京中鸿汇则税务师事务所合伙人，长期从事一线财税审计工作，在各类财税审计及涉税项目运作方面具有丰富经验与专业见解。近几年完成近百个房地产企业的土地增值税清算项目，并为众多央企及世界 500 强企业提供财税服务，在营改增业务转换过程中，为大量房地产开发企业提供营改增涉税业务处理的辅导。

王亮（注册会计师、注册税务师），国家税务总局南京市税务局稽查局干部、税务系统兼职教师，长期从事税政解释、案件审理和具体税收稽查工作，近十年来，参与数十起重大税务稽查案件的审理工作，参与多项基层税务重大征管工作的推进，在营改增业务转换中，参与营改增业务的教学辅导，具有非常全面和丰富的税政解释经验。

■ 实战再实战，案例和问题全部来自一线实际

本丛书的第二大特点是贴近实务。《房地产开发企业税务检查实用攻略》所选案例均是来自一线实际操作的案例，税务稽查案例来自税务稽查、审计一线，其中的小案例改编自各类稽查、审计案件的实际内容，大案例则来自实战中税务稽查大案查处及大型企业审计业务的总结和运用。而《房地产企业全流程全税种实务操作与案例分析》的案例，则全部来自企业实际处理及财会中介机构对企业实际辅导的内容。同时，作者还广泛收集企业财会人员的提问，特别是对于企业

在实务中遇到的棘手和疑难问题，均通过与税务机关相关法规部门沟通，力求做到准确及贴近实务、贴近需求。

■ 全流程、全业务、全税种，解决各个环节的税务和账务处理问题

本丛书的第三大特点是各类涉税、会计处理业务全面。很多业务涉及多个税种，由于房地产企业业务繁杂，因此税务机关、企业财会人员在处理某项业务时，容易因疏忽造成漏掉某个税种处理的情况，例如处理预收账款预缴增值税时，同时涉及印花税、预缴土地增值税的计算、会计处理，还涉及企业所得税预计毛利计算等。为此，《房地产企业全流程全税种实务操作与案例分析》一书在解答问题时，注意围绕问题涉及的全部税种以及会计处理，细致到合同印花税的计算和会计处理，力求做到不遗漏。对于税务检查和土地增值税清算业务，为使全面检查、自查不遗漏任何检查点（疑点），《房地产开发企业税务检查实用攻略》《土地增值税清算实务操作与案例分析》对每个环节涉及的各个点，采取全覆盖形式进行梳理，力求做到全面不留空白。

■ 政策解读与应用：准确、详尽、及时

本丛书的第四大特点是政策解读直观和依据政策原文。为提高《房地产企业全流程全税种实务操作与案例分析》的实操性，特别是解答问题的直观性，在解答问题时，对敏感的、有争议的及有不同处理方式的问题，不做过多的分析，直接依据政策规定做出解释，每个问题的解释依据全部用文件原文内容，不仅标注文件的文号，还全部落实到文件的条、款、项、点等，这样不仅直观清晰，而且方便税企双方根据给出的文件原文对有争议的问题直接进行协商处理。

除了针对房地产企业，这套丛书还适用于其他各行业，其中《房地产企业全流程全税种实务操作与案例分析》，有大量章节涉及的是所有企业都适用的日常涉税处理，特别是营改增后业务的变化，各类企业会面临同样的问题和同样的会计、涉税处理，例如企业购买的购物卡对应相关的业务招待费、福利费及办公费的处理等。因此，问题解答也同样适合其他企业财会人员参考使用。

《房地产开发企业税务检查实用攻略》一书，虽然针对的是房地产开发企业，但检查思路及涉及的日常检查内容，包括房产税、城镇土地使用税、印花税及个人所得税等，同样适用于其他企业，特别是大要案检查思路，更是适用于其他各类大型企业。

三、丛书读者对象

本丛书作者来自一线、内容来自实战，因此最适合的读者对象是财税一线工作人员。一是税务局管理人员，可以通过丛书直接查阅问题涉及的政策和解决方法。二是税务稽查人员，不仅可以通过丛书直接查阅到问题涉及的政策，而且可以直接根据书中提示对企业相关问题进行检查，在检查大要案时可以根据提示编制检查方案及推进检查过程。三是税务审理人员，可以在审理案件时，根据相关问题直接从书中查阅文件原文及逻辑解释。四是财税中介机构人员，可以根据书中的涉税检查点、问题解答内容，辅导企业正确处理各项业务。五是企业财会人员，可以通过丛书满足不同层次的需求：企业高层财会人员，可以通过阅读掌握重要涉税处理的思路逻辑，便于与税务机关讨论相关业务；企业一线财会人员，可以直接比照进行操作，对有疑问的业务也可以依据书中列举的政策、案例与税务人员进行咨询、沟通，以掌握正确安心的处理方式。

在本丛书的写作过程中，我们得到了许多同行和朋友的帮助，以及中国市场出版社的大力支持，在此一并致以诚挚的谢意！

在涉税业务的实际操作中，新的业务不断发生，税收政策又在不断变化，因此希望大家在阅读参考过程中，积极反馈，将自己的意见和想法等告诉我们，使以后的版本不断完善。书中难免有错漏和不足之处，恳请广大读者批评指正。

前　言

　　在长期的税务稽查工作中，我发现一个现象，就是当同一个业务问题涉及多个税收政策时，一些企业的财务人员有时会出现疏漏，特别是在具体操作时，拿不准政策的规定。例如企业劳保用品支出，在个人所得税处理时，有的企业不涉及个人所得税，有的企业则涉及个人所得税；在企业所得税处理时，有的企业全额税前扣除，有的企业则按福利费性质扣除。我的同事也觉得，在处理问题时，每次都要查阅多个文件找出具体条款，总希望有个便捷的办法。所以，我一直想从各个具体业务出发，整理分析涉及的税收政策，以方便税务、财会人员在日常工作中对照使用。巧的是，中国市场出版社副总编胡超平女士告诉我，"越是接近实际操作的书，越受大家的欢迎"，于是便萌生了撰写这本书的想法。可以说，她的这句话增强了我的信心。

一、写作说明

（一）问题分析形式

　　房地产开发企业在企业设立、项目开发以及日常各项业务活动中，涉及大量税收业务，有的业务涉及单一的税收政策，但大量业务在发生时同时涉及多个税收政策。例如企业销售自行开发的商品房业务，就涉及增值税计算、印花税计算、土地增值税计算以及预计当期计税利润计算等；企业支付员工工资薪金业务，则涉及企业所得税列支、个人所得税计算等。本书在解析税收政策时，立足于企业发生的各项业务，对每个业务涉及的不同税种政策加以分析，这样可以让税务人员（包括管理、稽查及审理人员）、企业会计及财税事务所人员在解决业务问题时，有一个全方位的涉税分析可供参考。

（二）政策引用方式

分析税收问题，最重要的是政策引用。税务人员、企业会计及财税事务所人员在日常工作中遇到问题时，最需要的就是快速找到解决问题的税收政策，特别是具体规定，而不是分析论述。例如税务管理人员在遇到具体问题时，要知道处理问题的具体税收政策文号，税务审理人员在审理案件时更要依赖具体的税收政策，而企业财务人员在处理业务时，最关注的是会计处理方式是否符合税收政策规定，避免税收风险。为便于使用者在使用时对照查找政策，我们在每个涉税业务问题分析中，凡是涉及的税收政策，均明确列示到文件的条、项、点和款，同时以实际操作的应用为主，不对有争议的政策进行讨论。

（三）章节安排

本书的章节安排，听取了大量基层税务人员和会计人员的意见。在具体章节安排上，兼顾了房地产项目开发的顺序（企业所得税处理），同时把日常业务从项目开发业务中分离出来，便于查找使用。第 2 章至第 8 章是房地产企业特有的业务，按照项目开发的顺序，对项目开发的各个环节产生的业务进行涉税分析，其中第 8 章是为了简化整体业务分析而分离出来的一些"特殊"业务。第 1 章、第 9 章至第 14 章实际上是普遍性业务，主要是日常核算，也包括项目开发中的日常核算，目的是简化明晰项目开发中的涉税分析，也便于使用者查询。第 1 章、第 9 章至第 14 章的内容同样适合其他各类企业使用。

（四）涉税问题分析方式

首先，本书分析的税种涵盖印花税、契税、增值税、土地增值税、企业所得税、房产税、城镇土地使用税及个人所得税。除土地增值税外，都尽量做到全面分析。关于土地增值税，由于其业务主要集中在项目的清算环节，而项目清算是在项目完成后，由企业财务人员与税务师事务所人员共同完成的，因此在分析每个业务的涉税问题时，注重讲解业务发生时需要注意的土地增值税事项和政策。

其次，涉税问题的分析离不开会计处理，由于本书以税收政策为主，虽然在分析上和会计处理紧密联系在一起，但为了便于理解税收政策，在一些问题上没有全面解释和分析所有会计处理方式。

最后，在分析问题时，为保持分析内容的完整和简练，对于一些与问题无直接关系但需要注意的事项和政策，用"提示"的形式予以标注，让使用者有更加完整的理解。

特别提醒：本书中的政策解释属于个人观点，正式解释以税务机关解释为准。

二、编写情况

为使问题解答方便读者使用，贴近实际操作，在写作这本书的时候，我们向一些房地产企业财务人员征求意见，收到了很多反馈。例如，立信税务师事务所江苏分公司曹丰先生（注册会计师、注册税务师）从使用者角度，对问题的提出和解释方式提出了很多建议；上海德勤税务师事务所江苏分所林大蓼先生对相关问题的逻辑解释提供了很大帮助；苏宁置业集团有限公司财务副总监房海燕收集整理了日常工作中遇到的三十多个业务问题，对问题的适用性提供了很大的帮助；南京鑫磊房地产开发有限公司（当代置业南京地区公司）财务总监陆勇、融信中国第二事业部南京公司财务总监韩超等在整体格式、相关问题的解释方式等方面提出了改进意见。在此，我们向所有对本书有所贡献的朋友表示衷心的感谢！

近几年在工作中经常阅读参考财税界大咖撰写的书，近期的有蔡昌主编的《房地产企业全程会计核算与税务处理》、樊剑英主编的《房地产开发企业税收与会计实务大全》等，在实际工作中与编写问答时经常受到这些书的影响和启发，对一些问题的处理思路还参考了税屋网及相关网站部分专家的意见，在此表示衷心的感谢！

本书的出版，还要感谢中国市场出版社副总编胡超平女士和钱伟、张瑶等编辑，她们的热心指导、审阅以及精心编辑，使本书增辉，更重要的是让我学到了很多编辑方面的知识，在此一并致以衷心的感谢！

由于作者理论水平有限，实际操作中的业务无法穷尽，同时政策又在不断变化，因此希望读者朋友将批评的意见和自己的想法告诉我们，以便今后的版本不断完善。书中难免有错漏和不足之处，恳请广大读者批评指正。

CONTENTS

目　录

CONTENTS
问题目录

第 2 章　借款业务涉税问题

第 3 章　涉及土地使用权成本各项业务涉税问题

第4章　前期工程准备阶段各项业务涉税问题

第 5 章　项目施工成本费用支出业务涉税问题

第6章 项目成本费用分摊业务涉税问题

第 7 章　销售业务涉税问题

第 8 章　房地产开发特殊业务涉税问题

第 9 章   自持物业业务涉税问题

第 10 章　利润分配及注销清算业务涉税问题

第 11 章　薪金福利保险业务涉税问题

第 12 章　各类计税列支限额业务涉税问题

第 15 章　增值税发票开具及抵扣等业务涉税问题

CONTENTS
案例目录

第1章　企业设立及投资（资产划拨）业务涉税问题

第 4 章　前期工程准备阶段各项业务涉税问题

第 5 章　项目施工成本费用支出业务涉税问题

第 6 章　项目成本费用分摊业务涉税问题

第 7 章 销售业务涉税问题

第 8 章　房地产开发特殊业务涉税问题

第 9 章　自持物业业务涉税问题

第 10 章　利润分配及注销清算业务涉税问题

第 11 章　薪金福利保险业务涉税问题

第 12 章　各类计税列支限额业务涉税问题

第13章   固定资产租赁（经营性）业务涉税问题

第 14 章　日常管理活动业务涉税问题

第 1 章
企业设立及投资（资产划拨）业务涉税问题

房地产开发企业在设立、增资及投资活动中涉及多方面的税收业务，包括涉及资本的印花税、视同销售的处理等。本章的内容有企业[1]设立发生的日常业务、企业在运行过程中发生的各类增资业务，以及投资性业务（不包括股权交易）。

[1]　本书各层级标题中的"企业"均指房地产开发企业。

1.1　企业开办期间的各项业务

根据现行企业所得税政策，企业在开办期间发生的费用，不需要资本化处理，各项支出按业务的性质去处理，其涉税业务除投入资本的业务外，主要是企业设立业务涉及的印花税及日常费用的会计（企业所得税）处理。

问题 1-1-1

企业开办费如何进行会计处理?

答：房地产开发公司在筹建期发生的成本费用，如果满足资本化条件，则计入相关资产成本；如果不满足资本化条件，则计入损益。根据《企业会计准则》附录《会计科目和主要账务处理》的规定，企业在筹建期间内发生的开办费，包括人员工资、办公费、培训费、差旅费、印刷费、注册登记费以及不计入固定资产成本的借款费用等。在实际发生时，借记"管理费用"科目，贷记"银行存款"等科目。

REAL ESTATE
ENTERPRISE　**案例 1-1**

企业开办费的会计处理

A 房地产公司成立于 2017 年 2 月。在成立初期，购置机器设备若干，共计发生费用 120 000 元，另发生人员工资、办公费、培训费、差旅费等 23 000 元。其会计处理可分为以下两种情形。

1. 假设 A 房地产公司执行《企业会计准则》或《小企业会计准则》，则会计处理为：

借：固定资产——机器设备	120 000
管理费用——开办费	23 000
贷：银行存款（或现金）	143 000

2. 假设 A 房地产公司执行《企业会计制度》，则会计处理为：

（1）发生时：

借：固定资产——机器设备	120 000
长期待摊费用——开办费	23 000
贷：银行存款（或现金）	143 000

（2）开办费在开始生产经营当月一次摊销时：

借：管理费用——开办费	23 000
贷：长期待摊费用——开办费	23 000

问题 1-1-2

企业开办费如何进行税务处理？

答：《中华人民共和国企业所得税暂行条例实施细则》（已废止）第三十四条规定，企业在筹建期发生的开办费，应当从开始生产、经营月份的次月起，在不短于5年的期限内分期扣除。而筹建期，是指从企业被批准筹建之日起至开始生产、经营（包括试生产、试营业）之日的期间。开办费是指企业在筹建期发生的费用，包括人员工资、办公费、培训费、差旅费、印刷费、注册登记费以及不计入固定资产和无形资产成本的汇兑损益和利息等支出。

《国家税务总局关于企业所得税若干税务事项衔接问题的通知》（国税函〔2009〕98号）第九条规定："新税法中开（筹）办费未明确列作长期待摊费用，企业可以在开始经营之日的当年一次性扣除，也可以按照新税法有关长期待摊费用的处理规定处理，但一经选定，不得改变。"

《国家税务总局关于贯彻落实企业所得税法若干税收问题的通知》（国税函〔2010〕79号）第七条规定："企业筹办期间不计算为亏损年度问题。企业自开始生产经营的年度，为开始计算企业损益的年度。企业从事生产经营之前进行筹办活动期间发生筹办费用支出，不得计算为当期的亏损，应按照《国家税务总局关于企业所得税若干税务事项衔接问题的通知》（国税函〔2009〕98号）第九条规定执行。"

根据上述政策规定，自2008年1月1日《中华人民共和国企业所得税法》正式实施后，在企业所得税处理上，已经没有开办费必须资本化处理的条款了，因此从2008年1月1日起，对于原政策规定的开办费中的各项费用，企业可以选择"在当年一次性扣除"，也可以选择"按长期待摊费用处理"。若无特殊情况，一般选择"在当年一次性扣除"方式，与会计处理保持一致。

问题 1-1-3

企业开办期间的业务招待费及广告和宣传费如何处理？

答：《国家税务总局关于企业所得税应纳税所得额若干税务处理问题的公告》（国家税务总局公告2012年第15号）第五条规定："企业在筹建期间，发生的与筹办活动有关的业务招待费支出，可按实际发生额的60%计入企业筹办费，并按有关规定在税前扣除；发生的广告费和业务宣传费，可按实际发生额计入企业筹办费，并按有关规定在税前扣除。"

2013年国家税务总局所得税司的文章《纳税人不可不知的所得税新政》指出，筹办费中的业务招待费、广告费和业务宣传费仍需合并至同类费用处理，而不是之前理解的按筹办费标准摊销。企业生产经营开始后，其按照《国家税务总局关于企业所得税若干税务事项衔接问题的通知》（国税函〔2009〕98号）第九条规定摊销的筹办费中的业务招待费、广告费和业务宣传费数额，加上当年发生的业务招待费、广告费和业务宣传费之和，作为该年度业务招待费、广告费和业务宣传费总额，按照《中华人民共和国企业所得税法实施条例》（以下简称《企业所得税法实施条例》）的有关规定计算扣除。

为了方便在企业所得税汇算时对筹建期费用差异进行调整，建议企业在"管理费用——开办费"科目中设置三级科目，如"有扣除限额的业务招待费""广告宣传费"等。

REAL ESTATE
ENTERPRISE **案例 1-2**

企业开办期间业务招待费及广告和宣传费的处理

A房地产公司成立于2016年2月。2016年2—12月为筹建期，发生费用化支出58万元，其中：业务招待费10万元，为宣传企业形象发生广告费和业务宣传费支出32万元。2017年正式经营，当年实现收入500万元，成本费用300万元，其中：业务招待费20万元，广告费和业务宣传费45万元。会计税前利润为200万元。A房地产公司执行《企业会计准则》，会计与企业所得税处理如下（单位：万元）：

1. 2016年筹建期相关业务发生时。

借：管理费用——开办费——业务招待费　　　　　　　　10
　　　　　　　　　　　——广告宣传费　　　　　　　　32
　　　　　　　　　　　——其他费用　　　　　　　　　16
　　贷：银行存款　　　　　　　　　　　　　　　　　　58

2. 企业所得税汇算清缴时。

（1）2016年度。

会计利润：—58万元；

税收利润（应纳税所得额）：$-58+10\times40\%=-54$（万元）；

筹建期间业务招待费税前扣除限额：$10\times60\%=6$（万元）；

需做纳税调整增加：$10\times40\%=4$（万元）；

筹建期间广告费和业务宣传费扣除限额：12万元。

根据《国家税务总局关于贯彻落实企业所得税法若干税收问题的通知》（国税函〔2010〕79号）第七条"企业筹办期间不计算为亏损年度"的规定，建议企业在2016年度企业所得税汇算清缴时，在企业所得税纳税申报表"二、扣除项目"的"十六、其他"中做纳税调整增加54万元，以保证当年申报的应纳税所得额为0，即亏损年度不出现在筹建期的2016年。

（2）2017年度。

会计利润：200 万元；

税收利润（应纳税所得额）：200＋23.5＋2－54＝171.50（万元）。

具体计算如下：

①2017 年业务招待费税前扣除限额。

按 0.5％标准：500×0.5％＝2.50（万元）；

按 60％标准（2017 年可扣除限额）：20×60％＝12（万元），加上 2016 年度 6 万元，合计 18 万元。

综合以上计算，合计业务招待费的扣除限额取较低金额 2.50 万元。

因此，2017 年业务招待费应纳税所得额调整增加：（20－12）＋（18－2.5）＝23.5（万元）。[或：两年总计业务招待费 10＋20＝30（万元），减合计扣除限额 2.5 万元，减 2016 年已做纳税调整增加的 4 万元，得出 2017 年综合纳税调整增加招待费金额 23.50 万元。]

②2017 年广告费和业务宣传费扣除限额：500×15％＝75（万元）；

2016 年筹建期发生额加 2017 年发生额：32＋45＝77（万元）；

2017 年广告费和业务宣传费应纳税调整增加 2 万元（77－75）。

③同时 2017 年应纳税调减在 2016 年已做纳税调整的 54 万元，即筹建期产生的亏损在生产经营开始年度予以税前扣除，因此 2017 年的应纳税所得额为 171.50 万元。

问题 1-1-4

企业缴纳的印花税、房产税、城镇土地使用税在什么科目核算？

答：《增值税会计处理规定》（财会〔2016〕22 号文件发布）第二条第（二）项第 3 点第二款规定，全面试行营业税改征增值税后，"营业税金及附加"科目名称调整为"税金及附加"科目，该科目核算企业经营活动发生的消费税、城市维护建设税、资源税、教育费附加及房产税、土地使用税、车船税、印花税等相关税费；利润表中的"营业税金及附加"项目调整为"税金及附加"项目。

根据上述政策规定，企业缴纳的印花税、房产税、城镇土地使用税在"税金及附加"科目核算。

问题 1-1-5

企业的营业账簿如何贴花？

答：《中华人民共和国印花税暂行条例》（以下简称《印花税暂行条例》）第二条第（三）项规定，营业账簿为应纳税凭证。由《印花税暂行条例》所附《印花税税目税率表》可知，"营业账簿"税目的范围为："生产经营用账册"，其计税依据及税率为："记载资金的账簿，按固定资产原值与自有流动资金总额万分之五贴花，其他账簿按件贴花五元"。

《中华人民共和国印花税暂行条例施行细则》（以下简称《印花税暂行条例施行细则》）第六条规定："条例第二条所说的营业账簿，是指单位或者个人记载生产经营活动的财务会计核算账簿"；第七条规定："税目税率表中的记载资金的账簿，是指载有固定资产原值和自有流动资金的总分类账簿，或者专门设置的记载固定资产原值和自有流动资金的账簿。其他账簿，是指除上述账簿以外的账簿，包括日记账簿和各明细分类账簿"；第八条规定："记载资金的账簿按固定资产原值和自有流动资金总额贴花后，以后年度资金总额比已贴花资金总额增加的，增加部分应按规定贴花"。

《国家税务总局关于资金账簿印花税问题的通知》（国税发〔1994〕25号）第一条规定："生产经营单位执行'两则'后，其'记载资金的账簿'的印花税计税依据改为'实收资本'与'资本公积'两项的合计金额"；第二条规定："企业执行'两则'启用新账簿后，其'实收资本'与'资本公积'两项的合计金额大于原已贴花资金的，就增加的部分补贴印花"。

《国家税务总局关于对金融系统营业账簿贴花问题的具体规定》（国税地字〔1988〕第28号）第三条规定："按照电子计算机会计核算的账务组织和账簿设置要求，输入计算机的核算资料（包括综合、明细核算资料），需要输出打印账页、装订成册，具有账簿的作用。对通过计算机输出打印账页，装订账册的，应按照规定贴花。"

根据上述政策规定，营业账簿涉及的印花税主要有以下两种：

一是"记载资金的账簿"，其印花税计税依据为"实收资本"与"资本公积"两项资金的合计金额，税率为万分之五，以后在企业存续期间，只对比已经贴花资金总额增加的部分计税贴花。

二是日记账簿和各明细分类账簿，按件（每个账本）贴花五元，以后更换新账本时再重新贴花。

此外，对于使用计算机记账的，对通过计算机输出打印账页，装订账册的，应按照规定贴花。

对于营业账簿上贴花的位置，《国家税务局关于印花税若干具体问题的规定》（国税地字〔1988〕第25号）第二十一条规定："在营业账簿上贴印花税票，须在账簿首页右上角粘贴，不准粘贴在账夹上。"

提示：《财政部　税务总局关于对营业账簿减免印花税的通知》（财税〔2018〕50号）规定："自2018年5月1日起，对按万分之五税率贴花的资金账簿减半征收印花税，对按件贴花五元的其他账簿免征印花税。"根据上述政策规定，自2018年5月1日起，企业"实收资本"与"资本公积"科目增加的金额，按万分之五税率计算并减半贴花。企业的日记账簿和各明细分类账簿，即按件（每个账本）贴花五元的其他账簿免征印花税。

REAL ESTATE
ENTERPRISE **案例 1-3**

新办企业营业账簿贴花的计算

A 房地产开发公司成立于 2018 年 1 月 4 日。1 月 25 日注册资金到位（到账）3 000 万元，设置总账及各类明细账 6 本。相关印花税计算及会计处理如下：

1. 印花税计算。

（1）记载资金的账簿应缴印花税：$3\ 000 \times 0.000\ 5 = 1.5$（万元）。

以后"实收资本"与"资本公积"科目增加的数额，只就增加的部分计算印花税。

（2）其他账簿应缴印花税：$6 \times 5 = 30$（元）。

以后若更换新账簿则重新贴花，否则不再贴花。

如果该公司使用计算机记账，在没有将相关账页打印装订成册前暂不贴花，相关账页打印装订成册后，则要按规定贴花。

2. 会计处理。

  借：税金及附加——印花税   15 030

    贷：应交税费——应交印花税   15 030

提示： 如果 A 房地产开发公司在 2018 年 5 月 1 日以后成立。

按相关科目金额计算印花税：$3\ 000 \times 0.000\ 5 = 1.5$（万元）。

实际贴花减半：$1.5 \div 2 = 0.75$（万元）；

其他账簿免征印花税。

会计处理如下：

  借：税金及附加——印花税   7 500

    贷：应交税费——应交印花税   7 500

问题 1-1-6

企业权利、许可证照如何贴花？

答：根据《印花税暂行条例》第二条第（四）项及所附《印花税税目税率表》的规定，权利、许可证照包括政府部门发给的房屋产权证、工商营业执照、商标注册证、专利证、土地使用证。领受人按件贴花五元。

因此，对于房地产开发企业，工商营业执照及领取的房屋产权证、土地使用证，要按规定贴花五元。

1.2　接受资本投入业务

房地产开发企业接受投资人各种形式投资，涉及多项资产的核算，涉及印花税、契税等多项税收的处理。

问题 1-2-1

企业接受现金投入的资本如何进行会计处理？

答：根据《企业会计准则》附录《会计科目和主要账务处理》和《企业会计制度》的规定，企业接受投资者投入的资本，借记"银行存款""其他应收款""固定资产""无形资产""长期股权投资"等科目，按其在注册资本或股本中所占份额，贷记"实收资本"科目，按其差额，贷记"资本公积——资本溢价或股本溢价"科目。

"资本公积"科目核算企业收到投资者出资额超出其在注册资本或股本中所占份额的部分。直接计入所有者权益的利得和损失，也通过"资本公积"科目核算。

REAL ESTATE
ENTERPRISE　**案例 1-4**

企业接受现金投入资本的会计处理

A 房地产开发公司成立于 2016 年 5 月 15 日。按照投资协议，各方投资资金总额 3 000 万元，其中注册资本为 2 000 万元。5 月 25 日投资者投入资金到账3 000 万元时，相关会计处理如下（单位：万元）：

借：银行存款	3 000
贷：实收资本	2 000
资本公积——资本溢价	1 000

问题 1-2-2

企业注册资本的印花税如何计算？

答：《印花税暂行条例施行细则》第六条规定："条例第二条所说的营业账簿，是指单位或者个人记载生产经营活动的财务会计核算账簿"；第七条第一款规定："税目税率表中的记载资金的账簿，是指载有固定资产原值和自有流动资金的总分类账簿，或者专门设置的记载固定资产原值和自有流动资金的账簿"。

《国家税务总局关于资金账簿印花税问题的通知》（国税发〔1994〕25 号）第一条规定："生产经营单位执行'两则'后，其'记载资金的账簿'的印花税计税依据改为'实收资本'与'资本公积'两项的合计金额"；第二条规定："企业执行'两则'启用新账簿后，其'实收资本'与'资本公积'两项的合计金额大于原已贴花资金的，就增加的部分补贴印花"。

根据上述政策规定，企业记载资金的账簿，印花税的计税依据为"实收资本"与"资本公积"两项资金的合计金额。

提示：《财政部 税务总局关于对营业账簿减免印花税的通知》（财税〔2018〕50号）规定："自2018年5月1日起，对按万分之五税率贴花的资金账簿减半征收印花税，对按件贴花五元的其他账簿免征印花税。"根据上述政策规定，自2018年5月1日起，企业"实收资本"与"资本公积"科目增加的金额，按万分之五税率计算并减半贴花。

```
            ——REAL ESTATE
└ENTERPRISE   案例 1-5
```

注册资本的印花税计算

A房地产开发公司成立于2016年5月15日。投入资本为3000万元，其中"实收资本"科目贷方2000万元，"资本公积"科目贷方1000万元。5月25日投资者投入资金到账3000万元，记入相关科目。印花税计算及会计处理如下（单位：万元）：

1. 2016年5月25日资金到账时，

借：银行存款	3 000
贷：实收资本	2 000
资本公积	1 000

2. 印花税计算。

（1）计税依据：2 000＋1 000＝3 000（万元）；

（2）应缴印花税：3 000×0.000 5＝1.5（万元）。

（3）会计处理：

借：税金及附加——印花税	1.5
贷：应交税费——应交印花税	1.5

提示：如果上述业务行为发生在2018年5月1日以后，则印花税计算如下：按相关科目金额计算印花税：3 000×0.000 5＝1.5（万元）。

实际贴花减半：1.5÷2＝0.75（万元）。

```
问题 1-2-3
```

企业"实收资本""资本公积"增加的印花税如何计算？

答：导致"实收资本""资本公积"科目贷方金额增加的原因有多种。关于如何确定印花税计税依据，《印花税暂行条例施行细则》第八条规定："记载资金的账簿按固定资产原值和自有流动资金总额贴花后，以后年度资金总额比已贴花资金总额增加的，增加部分应按规定贴花"；《国家税务总局关于资金账簿印花税问题的通知》（国税发〔1994〕25 号）第二条规定："企业执行'两则'启用新账簿后，其'实收资本'与'资本公积'两项的合计金额大于原已贴花资金的，就增加的部分补贴印花"。

另外，《印花税暂行条例施行细则》第二十四条规定，凡多贴印花税票者，不得申请退税或者抵用。

根据上述政策规定，企业在以后的存续期间，只对比已经贴花资金总额增加的部分计税贴花，对于减少的部分不作税收处理。

提示：《财政部　税务总局关于对营业账簿减免印花税的通知》（财税〔2018〕50 号）规定："自 2018 年 5 月 1 日起，对按万分之五税率贴花的资金账簿减半征收印花税，对按件贴花五元的其他账簿免征印花税。"根据上述政策规定，自 2018 年 5 月 1 日起，企业"实收资本"与"资本公积"科目增加的金额，按万分之五计算并减半贴花。

────────────
REAL ESTATE
ENTERPRISE　**案例 1-6**

企业"实收资本""资本公积"增加的印花税计算

A 房地产开发公司成立于 2016 年 5 月 15 日。投入资本为 3 000 万元，其中"实收资本"科目贷方 2 000 万元，"资本公积"科目贷方 1 000 万元。2016 年 6 月份已经申报缴纳印花税 1.5 万元。假设 2018 年 2 月"资本公积"科目贷方减少 500 万元，2018 年 6 月"资本公积"科目贷方又增加 2 000 万元。则印花税计算及会计处理如下：

1. "资本公积"科目增加额："资本公积"科目贷方余额为 2 500 万元，比初期余额增加：2 500－1 000＝1 500（万元）。

按相关科目金额计算印花税：1 500×0.000 5＝0.75（万元）。

实际贴花减半：0.75÷2＝0.375（万元）

2. 会计处理（单位：万元）。

　　借：税金及附加——印花税　　　　　　　　　　　　　　　　0.375
　　　　贷：应交税费——应交印花税　　　　　　　　　　　　　　0.375

问题 1-2-4

企业以未分配利润等转增资本如何计算印花税？

答：《印花税暂行条例施行细则》第八条规定："记载资金的账簿按固定资产原值和自有流动资金总额贴花后，以后年度资金总额比已贴花资金总额增加的，增加部分应按规定贴花。"

《国家税务总局关于资金账簿印花税问题的通知》（国税发〔1994〕25 号）第二条规定，企业执行"两则"启用新账簿后，其"实收资本"和"资本公积"

两项的合计金额大于原已贴花资金的，就增加的部分补贴印花。

企业以未分配利润等转增资本，在会计处理上，根据《企业会计准则》附录《会计科目和主要账务处理》和《企业会计制度》的规定，经股东大会或类似机构决议，用资本公积转增资本，借记"资本公积——资本溢价或股本溢价"科目，贷记"实收资本"科目；经股东大会或类似机构决议，用盈余公积弥补亏损或转增资本，借记"盈余公积"科目，贷记"利润分配——盈余公积补亏""实收资本"或"股本"科目。

根据上述政策规定，企业以未分配利润等转增资本时，其"实收资本"和"资本公积"两项的合计金额大于原已贴花资金的，就增加的部分补贴印花。

提示 1： 法定盈余公积转增资本时，所留存的该项公积金不得少于转增前公司注册资本的 25%。企业可以通过"盈余公积""资本公积——资本溢价或股本溢价"等科目增加注册资金，如果涉及"资本公积"科目，对于没有增加印花税计税依据的，不再贴花，对于"盈余公积"转增的"实收资本"科目的增加额按规定计算贴花。

提示 2：《财政部 税务总局关于对营业账簿减免印花税的通知》（财税〔2018〕50 号）规定："自 2018 年 5 月 1 日起，对按万分之五税率贴花的资金账簿减半征收印花税，对按件贴花五元的其他账簿免征印花税。"根据上述政策规定，自 2018 年 5 月 1 日起，企业"实收资本"与"资本公积"科目增加的金额，按万分之五计算并减半贴花。

┌─── REAL ESTATE
└ ENTERPRISE　**案例 1-7**

企业转增资本的印花税计算

A 房地产开发公司成立于 2016 年 5 月 15 日。投入资本为 3 000 万元，其中"实收资本"科目贷方 2 000 万元，"资本公积"科目贷方 1 000 万元。该公司 2018 年 6 月 20 日，经股东大会决议增加注册资本 1 000 万元，7 月 20 日会计处理调整完毕。印花税计算及会计处理如下（单位：万元）：

1. 注册资本增加的会计处理。

借：盈余公积——法定盈余公积　　　　　　　　　　　　　　1 000
　　贷：实收资本　　　　　　　　　　　　　　　　　　　　　　1 000

2. 印花税计算及会计处理。

应缴印花税：$1\,000 \times 0.000\,5 = 0.5$（万元）。

实际减半缴纳：$0.5 \div 2 = 0.25$（万元）。

借：税金及附加——印花税　　　　　　　　　　　　　　　　0.25
　　贷：应交税费——应交印花税　　　　　　　　　　　　　　　0.25

问题 1-2-5

企业新吸收投资者增加的"实收资本""资本公积"如何计算印花税？

答：《国家税务总局关于资金账簿印花税问题的通知》（国税发〔1994〕25号）第二条规定，企业执行"两则"启用新账簿后，其"实收资本"和"资本公积"两项的合计金额大于原已贴花资金的，就增加的部分补贴印花。

根据上述政策规定，企业在以后的存续期间，只对比已经贴花资金总额增加的部分计税贴花。因此，如果房地产开发企业在后续有新吸收投资者加入，则只对"实收资本"和"资本公积"科目增加的金额计算贴花。

提示： 如果股东为自然人，用盈余公积转增资本，属于个人股东分得并再投入公司（转增注册资本）的部分应按照"利息、股息、红利所得"项目征收个人所得税；用资本公积转增资本，除有限责任公司、股份有限公司的资本（股票）溢价形成的资本公积转增注册资本，自然人股东无须缴纳个人所得税外，其他的资本公积转增资本时，应当按"利息、股息、红利所得"项目按照20%的税率计征个人所得税。

1.3 接受实物资产及土地投入业务

本节主要从投资接受方角度介绍企业接受房屋等实物资产及土地使用权投入业务涉及的企业所得税、增值税、土地增值税、印花税、契税等多项税收的处理。为了形成业务上的对比，本节内容还包括企业用房屋、土地对外投资的业务。

问题 1-3-1

企业以房屋、土地使用权投资的印花税如何计算？

答：由《印花税暂行条例》所附《印花税税目税率表》可知，"产权转移书据"税目的范围包括"财产所有权"，由立据人"按所载金额万分之五贴花"。

根据上述政策规定，投资与被投资双方均要按规定贴花。

问题 1-3-2

企业以房屋、土地使用权投资的增值税如何处理？

答：《营业税改征增值税试点实施办法》（财税〔2016〕36号文件附件1）第十四条第（二）项规定："单位或者个人向其他单位或者个人无偿转让无形资产或者不动产"，应视同销售，但用于公益事业或者以社会公众为对象的除外；第四十四条的规定，纳税人"发生本办法第十四条所列行为而无销售额的，主管税务机关有权按照下列顺序确定销售额：

（一）按照纳税人最近时期销售同类服务、无形资产或者不动产的平均价格确定。

（二）按照其他纳税人最近时期销售同类服务、无形资产或者不动产的平均价格确定。

（三）按照组成计税价格确定。组成计税价格的公式为：

组成计税价格＝成本×（1＋成本利润率）

成本利润率由国家税务总局确定"。

根据上述政策规定，企业以房屋、土地使用权投资的要视同销售，计算缴纳增值税。

问题 1-3-3

企业以房屋投资的土地增值税如何处理？

答：《财政部 税务总局关于继续实施企业改制重组有关土地增值税政策的通知》（财税〔2018〕57号）第五条规定："上述改制重组有关土地增值税政策不适用于房地产转移任意一方为房地产开发企业的情形。"

根据上述政策及相关土地增值税政策规定，企业以房屋投资，只要房地产转移任意一方为房地产开发企业，均要按规定进行土地增值税处理。按照旧房转让土地增值税，分以下三种情形处理：

一是能取得评估价格，按房屋及建筑物评估价格及其他成本费用作为扣除项目计算缴纳土地增值税。

根据《财政部、国家税务总局关于土地增值税一些具体问题规定的通知》（财税字〔1995〕48号）第十条的规定，应按房屋及建筑物的评估价格、取得土地使用权所支付的地价款和按国家统一规定交纳的有关费用以及在转让环节缴纳的税金，作为扣除项目金额计征土地增值税。对取得土地使用权时未支付地价款或不能提供已支付的地价款凭据的，不允许扣除取得土地使用权所支付的金额。评估价格，是指在转让旧房时，由房地产评估机构评定的重置成本价乘以成新度折扣率后的价格，该房地产评估机构应经主管税务机关认可。

二是不能取得评估价格，但能提供购房发票的，按发票金额加计扣除。

根据《财政部 国家税务总局关于土地增值税若干问题的通知》（财税〔2006〕21号）第二条的规定，按发票所载金额并从购买年度起至转让年度止每年加计5％计算。计算扣除项目时的"每年"按购房发票所载日期起至售房发票开具之日止，每满12个月计1年；超过1年，未满12个月但超过6个月的，可以视同为1年。

根据《国家税务总局关于营改增后土地增值税若干征管规定的公告》（国家税务总局公告2016年第70号）第六条的规定，营改增后，纳税人转让旧房及建筑物，凡不能取得评估价格，但能提供购房发票的，《中华人民共和国土地增值税暂行条例》（以下简称《土地增值税暂行条例》）第六条第一、第三项规定的扣除项目的金额按照下列方法计算：

"（一）提供的购房凭据为营改增前取得的营业税发票的，按照发票所载金额（不扣减营业税）并从购买年度起至转让年度止每年加计5％计算。

（二）提供的购房凭据为营改增后取得的增值税普通发票的，按照发票所载价税合计金额从购买年度起至转让年度止每年加计5％计算。

（三）提供的购房发票为营改增后取得的增值税专用发票的，按照发票所载不含增值税金额加上不允许抵扣的增值税进项税额之和，并从购买年度起至转让年度止每年加计5％计算"。

三是既没有评估价格，又不能提供购房发票的，则按核定征收。

转让旧房及建筑物，既没有评估价格，又不能提供购房发票的情况，地方税务机关可以根据《中华人民共和国税收征收管理法》（以下简称《税收征收管理法》）第三十五条的规定，实行核定征收。

问题 1-3-4

企业以房屋、土地使用权投资的如何进行企业所得税处理？

答：《财政部、国家税务总局关于非货币性资产投资企业所得税政策问题的通知》（财税〔2014〕116号）第一条规定，"居民企业（以下简称企业）以非货币性资产对外投资确认的非货币性资产转让所得，可在不超过5年期限内，分期均匀计入相应年度的应纳税所得额，按规定计算缴纳企业所得税"；第二条规定，"企业以非货币性资产对外投资，应对非货币性资产进行评估并按评估后的公允价值扣除计税基础后的余额，计算确认非货币性资产转让所得。企业以非货币性资产对外投资，应于投资协议生效并办理股权登记手续时，确认非货币性资产转让收入的实现"；第五条规定，"非货币性资产是指除现金、银行存款、应收账款、应收票据以及准备持有至到期的债券投资等货币性资产以外的资产"，且"非货币性资产投资限于以非货币性资产出资设立新的居民企业，或将非货币性资产注入现存的居民企业"。

企业发生非货币性资产投资，符合《财政部、国家税务总局关于企业重组业务企业所得税处理若干问题的通知》（财税〔2009〕59号）等文件规定的特殊性税务处理条件的，也可选择按特殊性税务处理规定执行。

此外，《房地产开发经营业务企业所得税处理办法》（国税发〔2009〕31号文件发布）第七条规定，"企业将开发产品用于捐赠、赞助、职工福利、奖励、对外投资、分配给股东或投资人、抵偿债务、换取其他企事业单位和个人的非货币性资产等行为，应视同销售，于开发产品所有权或使用权转移，或于实际取得利益权利时确认收入（或利润）的实现"。

因此，以不动产作价入股需要缴纳企业所得税，但是符合特殊性税务处理条件的，可按照特殊性税务处理执行。

REAL ESTATE
ENTERPRISE　**案例 1-8**

企业以房屋投资的综合涉税处理

A 房地产开发公司成立于 2017 年 5 月 18 日。其中投资人甲公司投入一栋房屋，该房屋为 2015 年 5 月外购取得，原始计税成本 500 万元，房屋投资作价 700 万元（含税），甲公司相关涉税及会计处理如下（单位：万元）：

1. 增值税计算。

该投资转让的不动产是 2016 年 4 月 30 日之前取得的，根据《营业税改征增值税试点有关事项的规定》（财税〔2016〕36 号文件附件 2）第一条第（八）项相关规定，可以选择简易计税方法适用 5% 的征收率。

应缴增值税：（700－500）÷（1＋5%）×5%＝9.52（万元）。

城市维护建设税及教育费附加[1]：9.52×（7%＋3%＋2%）＝1.14（万元）。

2. 印花税计算。

以不动产作价入股属于财产所有权的转移，应当按"产权转移书据"税目征收印花税。

应缴印花税：700×0.5‰＝0.35（万元）。

3. 土地增值税处理。

假设上述不动产属于没有评估价格而有原始发票的情形，因此土地增值税计算如下：

（1）甲股东转让收入 700 万元；

（2）与转让房地产有关的税金（城市维护建设税、教育费附加、印花税）：1.14＋0.35＝1.49（万元）；

（3）土地增值税扣除项目＝发票所载金额×[1＋（转让年度－购买年度）×5%]＋与房地产转让有关税金＋与房地产转让有关费用：500×（1＋2×5%）＋1.14＋0＝551.14（万元）；

（4）增值额为：700－551.49＝148.51（万元）；

（5）增值率为：148.51÷551.14＝26.95%；

（6）应纳土地增值税额为：148.51×30%＝44.55（万元）。

提示：《财政部 税务总局关于继续实施企业改制重组有关土地增值税政策的

---

[1]　假定地方教育附加征收率为 2%，本书下同。

通知》（财税〔2018〕57 号）第四条规定："单位、个人在改制重组时以房地产作价入股进行投资，对其将房地产转移、变更到被投资的企业，暂不征土地增值税"；第五条规定："上述改制重组有关土地增值税政策不适用于房地产转移任意一方为房地产开发企业的情形"；第九条规定："本通知执行期限为 2018 年 1 月 1 日至 2020 年 12 月 31 日"。

根据上述政策规定，单位、个人在改制重组时以房地产作价入股进行投资，对其将房地产转移、变更到被投资的企业，在 2018 年 1 月 1 日至 2020 年 12 月 31 日期间仍然暂不征土地增值税。

4. 企业所得税计算。

投资转让所得＝收入－成本－税金＝690.48－500－1.14－44.55＝144.79（万元）；

每个纳税年度确认所得＝144.79÷5＝28.96（万元）。

该所得并入企业当年应纳税所得额一并计算缴纳企业所得税。

问题 1-3-5

企业接受房屋、土地使用权投资，如何进行增值税处理?

答：《营业税改征增值税试点实施办法》（财税〔2016〕36 号文件附件 1）第十四条第（二）项规定，"单位或者个人向其他单位或者个人无偿转让无形资产或者不动产"，应视同销售，但用于公益事业或者以社会公众为对象的除外。

根据上述政策规定，企业以房屋、土地对外投资要视同销售，因此被投资企业需要进行增值税进项税额的处理。

在会计处理上，根据《企业会计准则》附录《会计科目和主要账务处理》的规定，企业接受投资者投入的资本，借记"银行存款""其他应收款""固定资产""无形资产"等科目，根据开具的增值税专用发票注明的进项税额借记"应交税费——应交增值税——进项税额"科目，根据实物资产价值与增值税额的合计数在注册资本或股本中所占份额，贷记"实收资本"科目，按其差额，贷记"资本公积——资本溢价或股本溢价"科目。

REAL ESTATE ENTERPRISE **案例 1-9**

企业接受房屋（实物资产）投资的涉税处理

A 房地产开发公司成立于 2017 年 5 月 18 日。其中投资人甲公司投入一栋房屋，该房屋为 2015 年 5 月外购取得，原始计税成本 500 万元，房屋投资作价 700 万元（含税），根据成立章程等文书，注册资本为 3 000 万元，7 月 20 日各方投资到位，其中记入"实收资本"科目的金额为 3 000 万元，记入"资本公积"科目的金额为 1 500 万元。相关涉税及会计处理如下（单位：万元）：

1. 甲公司增值税处理。

该投资转让的不动产是 2016 年 4 月 30 日之前取得的，根据《营业税改征增值税试点有关事项的规定》及《纳税人转让不动产增值税征收管理暂行办法》（国家税务总局公告 2016 年第 14 号发布）有关规定，可以选择简易计税方法适用 5％的征收率。

甲公司应缴增值税：（700－500)÷(1＋5％)×5％＝9.52（万元）。

城市维护建设税及教育费附加：9.52×(7％＋3％＋2％)＝1.14（万元）。

2. A 房地产开发公司涉税及会计处理。

（1）7 月 20 日各方投资到位时：

借：银行存款		3 800
固定资产——房屋		700
贷：实收资本		3 000
资本公积——资本溢价		1 500

（2）印花税计算及会计处理。

①注册资本印花税计税依据：3 000＋1 500＝4 500（万元）；

应缴印花税：4 500×0.000 5＝2.25（万元）。

②产权转移书据印花税计税依据：700 万元；

应缴印花税：700×0.000 5＝0.35（万元）。

③印花税会计处理：

借：税金及附加——印花税	2.6
贷：应交税费——应交印花税	2.6

（3）契税计算及会计处理。

因 A 房地产开发公司不是股东甲的全资子公司，因此 A 公司承受该房屋时需要缴纳契税。

应缴契税：700÷(1＋5％)×3％＝20（万元）

借：固定资产——房屋——契税	20
贷：应交税费——应交契税	20

REAL ESTATE
ENTERPRISE　**案例 1-10**

企业接受土地使用权投资的涉税处理

A 房地产开发公司成立于 2017 年 5 月 18 日。其中一个投资人甲投入一块土地的使用权，投资作价为 1 000 万元（含税），该土地为 2015 年 5 月外购取得，原始计税成本 700 万元，根据成立章程等文书，注册资本为 3 000 万元，7 月 20 日各方投资到位，其中记入"实收资本"科目的金额为 3 000 万元，记入"资本公积"科目的金额为 1 500 万元。A 公司相关税收及会计处理如下（单位：万元）：

1. 该投资转让的不动产是 2016 年 4 月 30 日之前取得的，根据《营业税改征增值税试点有关事项的规定》（财税〔2016〕36 号文件附件 2）及《纳税人转让不动产增值税征收管理暂行办法》（国家税务总局公告 2016 年第 14 号发布）有关规定，可以选择简易计税方法适用 5％的征收率。

甲公司应缴增值税：$(1\,000-700)\div(1+5\%)\times5\%=14.29$（万元）。

2. 7 月 20 日各方投资到位时。

借：银行存款	3 500
无形资产（开发成本）——土地	1 000
——契税	30
贷：实收资本	3 000
资本公积——资本溢价	1 500
应交税费——应交契税	30

3. 印花税计算及会计处理。

（1）注册资本印花税计税依据：$3\,000+1\,500=4\,500$（万元）；

应缴印花税：$4\,500\times0.000\,5=2.25$（万元）。

（2）产权转移书据印花税计税依据：1 000 万元；

应缴印花税：$1\,000\times0.000\,5=0.5$（万元）。

（3）印花税会计处理：

| 借：税金及附加——印花税 | 2.75 |
| 　　贷：应交税费——应交印花税 | 2.75 |

4. 契税的计算处理。

因 A 房地产开发公司不是股东甲的全资子公司，因此 A 公司承受该土地时需要缴纳契税。

应缴契税：$1\,000\div(1+5\%)\times3\%=28.57$（万元）。

问题 1-3-6

企业接受土地使用权投资的城镇土地使用税如何计算？

答：《中华人民共和国城镇土地使用税暂行条例》（以下简称《城镇土地使用税暂行条例》）第二条规定，"在城市、县城、建制镇、工矿区范围内使用土地的单位和个人，为城镇土地使用税（以下简称土地使用税）的纳税人，应当依照本条例的规定缴纳土地使用税"；第三条规定，"土地使用税以纳税人实际占用的土地面积为计税依据，依照规定税额计算征收"。

根据上述政策规定，投资进入的土地按实际占用面积计算缴纳城镇土地使用税。计税时间从办理权属变更手续或实际使用的次月开始。

案例 1-11

企业接受土地使用权投资的城镇土地使用税计算

A 房地产开发公司成立于 2017 年 5 月 18 日。其中一个投资人以"无形资产——土地使用权"投入，土地面积为 8 000 平方米，净地。6 月 20 日办理完过户手续，并开始使用。相关入账、印花税处理完毕。假设当地土地单位税额为 10 元，城镇土地使用税计算及会计处理如下：

1. 城镇土地使用税计算。

年应缴纳税额：8 000×10＝80 000（元）；

2017 年应缴纳税额：80 000×6÷12＝40 000（元）。

2. 会计处理。

借：税金及附加——城镇土地使用税　　　　　　　　　　　　40 000

　　贷：应交税费——应交城镇土地使用税　　　　　　　　　　　　40 000

问题 1-3-7

企业接受房屋投资，房产税、城镇土地使用税如何计算？

答：《中华人民共和国房产税暂行条例》（以下简称《房产税暂行条例》）第三条第一款规定，"房产税依照房产原值一次减除 10% 至 30% 后的余值计算缴纳。具体减除幅度，由省、自治区、直辖市人民政府规定"；第四条规定，"房产税的税率，依照房产余值计算缴纳的，税率为 1.2%"。

根据上述政策规定，投资进入的房屋也是以确定的房产入账原值为房产税的计税基础。

《城镇土地使用税暂行条例》第二条规定，"在城市、县城、建制镇、工矿区范围内使用土地的单位和个人，为城镇土地使用税（以下简称土地使用税）的纳税人，应当依照本条例的规定缴纳土地使用税"；第三条规定，"土地使用税以纳税人实际占用的土地面积为计税依据，依照规定税额计算征收"。

根据上述城镇土地使用税政策规定，投资进入的房屋实际占用的土地应按规定计算缴纳城镇土地使用税。

案例 1-12

企业接受房屋投资的房产税、城镇土地使用税计算

A 房地产开发公司成立于 2017 年 5 月 18 日。其中一个投资人投入一栋房屋，记入"固定资产——房屋"科目的入账价值为 7 000 000 元（不含税），房屋占地面积为 1 500 平方米，当地规定按原值扣除 30% 计税，城镇土地使用税单位税额为 10 元。投入的房屋 6 月 20 日办理完过户手续并开始使用，相关入

账、印花税处理完毕。房产税、城镇土地使用税的计算及会计处理如下：

1. 房产税计算。

年应缴纳税额：$7\,000\,000 \times 30\% \times 1.2\% = 25\,200$（元）；

2017 年应缴纳税额：$25\,200 \times 6 \div 12 = 12\,600$（元）。

2. 城镇土地使用税计算。

年应缴纳税额：$1\,500 \times 10 = 15\,000$（元）；

2017 年应缴纳税额：$15\,000 \times 6 \div 12 = 7\,500$（元）。

3. 会计处理。

借：税金及附加——房产税		12 600
——城镇土地使用税		15 000
贷：应交税费——应交房产税		12 600
——应交城镇土地使用税		12 600

上述房产税、城镇土地使用税，从办理过户或实际使用的次月开始缴纳。

问题 1-3-8

企业接受房屋、土地使用权投资，契税如何计算？

答：《中华人民共和国契税暂行条例》（以下简称《契税暂行条例》）第一条规定："在中华人民共和国境内转移土地、房屋权属，承受的单位和个人为契税的纳税人，应当依照本条例的规定缴纳契税。"

《中华人民共和国契税暂行条例细则》（以下简称《契税暂行条例细则》）第八条第（一）项规定，"以土地、房屋权属作价投资入股的"，视同土地使用权转让、房屋买卖征收契税。

根据上述政策规定，在涉及"房屋、土地使用权投资"的业务中，由承受房屋、土地使用权的一方，即接受投资的一方缴纳契税。

提示：企业接受房屋、土地使用权投资也有免税情形，例如，根据《财政部 国家税务总局关于企业事业单位改制重组契税政策的通知》（财税〔2012〕4 号）第八条的规定，对承受县级以上人民政府或国有资产管理部门按规定进行行政性调整、划转国有土地、房屋权属的单位，免征契税。

同一投资主体内部所属企业之间土地、房屋权属的划转，包括母公司与其全资子公司之间，同一公司所属全资子公司之间，同一自然人与其设立的个人独资企业、一人有限公司之间土地、房屋权属的划转，免征契税。

REAL ESTATE
ENTERPRISE **案例 1-13**

企业接受房屋、土地使用权投资的契税计算

A 房地产开发公司成立于 2017 年 5 月 18 日。其中一个投资人投入一栋房

屋，记入"固定资产"科目的入账价值为 500 万元（不含税），另一个投资人投入一块土地的使用权，入账价值为 1 100 万元（不含税）。假定当地规定的契税税率为 3%，契税计算及会计处理如下：

1. 税款计算。

房屋契税：500×3%＝15（万元）；

土地契税：1 100×3%＝33（万元）。

2. 会计处理（单位：万元）。

借：无形资产——土地　　　　　　　　　　　　　　　　　　33

　　固定资产——房屋　　　　　　　　　　　　　　　　　　15

　贷：应交税费——契税　　　　　　　　　　　　　　　　　　48

提示：若土地转为开发用地，应从"无形资产——土地"科目转到"开发成本——土地成本"科目。

问题 1-3-9

企业接受房屋、土地使用权投资，印花税如何计算？

答：《财政部、国家税务总局关于印花税若干政策的通知》（财税〔2006〕162 号）第三条规定："对土地使用权出让合同、土地使用权转让合同按产权转移书据征收印花税。"

由《印花税暂行条例》所附《印花税税目税率表》可知，产权转移书据，由立据人按所载金额的万分之五贴花。所立书据以合同方式签订的应由持有书据的各方分别按全额贴花。也就是说，出让方、受让方均要按规定计算贴花。

根据上述政策规定，由于接受房屋、土地使用权投资涉及产权转移数据，因此要按照规定计算缴纳印花税。

REAL ESTATE
ENTERPRISE **案例 1-14**

企业接受房屋、土地使用权投资的印花税计算

A 房地产开发公司成立于 2017 年 5 月 18 日。其中一个投资人投入一栋房屋，记入"固定资产——房屋"科目的入账价值为 500 万元（不含税），另一个投资人投入一块土地的使用权，"无形资产——土地使用权"科目的入账价值为 1 100 万元（不含税）。印花税计算及会计处理如下（单位：万元）：

1. 税款计算。

房屋产权转移书据印花税：500×0.000 5＝0.25（万元）；

土地产权转移书据印花税：1 100×0.000 5＝0.55（万元）。

2. 会计处理。

借：税金及附加——印花税　　　　　　　　　　　　　　0.80

贷：应交税费——应交印花税 0.80

1.4 资产划拨投资业务

企业对外投资，主要是指企业在主要业务以外，以现金、实物、无形资产等方式，或者以购买股票、债券等有价证券方式对其他企业（新成立企业，或原有企业）进行投资，以期在未来获得投资收益的经济行为。本节涉及业务不含以购买股票、债券等有价证券方式涉及的业务。

资产划拨投资业务涉及增值税的处理，特别是视同销售以及资产的计价，为方便大家理解，在分析中各类资产的价格均为含税价。

问题 1-4-1

母公司将土地使用权划拨（转移）到子公司（房地产开发企业），是否缴纳土地增值税？

答：《财政部 国家税务总局关于企业改制重组有关土地增值税政策的通知》（财税〔2015〕5号）第四条规定："单位、个人在改制重组时以国有土地、房屋进行投资，对其将国有土地、房屋权属转移、变更到被投资的企业，暂不征土地增值税"；第五条规定："上述改制重组有关土地增值税政策不适用于房地产开发企业"。

因此，对于房地产开发企业，母公司将土地使用权划拨（转移）到子公司（房地产开发企业），要按照规定计算土地增值税。

问题 1-4-2

母公司将竞拍取得的土地使用权划拨到子公司，是否缴纳增值税？

答：母公司将竞拍取得的土地使用权划拨（转移）到子公司（房地产开发企业）的增值税处理依据是《营业税改征增值税试点实施办法》（财税〔2016〕36号文件附件1）。其中第十四条第（二）项规定，单位或者个人向其他单位或者个人无偿转让无形资产或者不动产的情形视同销售服务、无形资产或者不动产；第四十四条规定，纳税人发生该办法第十四条所列行为而无销售额的，主管税务机关有权按照下列顺序确定销售额：

"（一）按照纳税人最近时期销售同类服务、无形资产或者不动产的平均价格确定。

（二）按照其他纳税人最近时期销售同类服务、无形资产或者不动产的平均价格确定。

（三）按照组成计税价格确定。组成计税价格的公式为：

组成计税价格＝成本×(1＋成本利润率)

成本利润率由国家税务总局确定"。

根据上述政策规定，母公司将竞拍的土地使用权划拨到子公司应视同销售"无形资产——土地使用权"，要按照规定计算缴纳增值税。其计税依据，要按照政策规定的三种方式顺序予以确定，即母公司近期有转让土地使用权业务的，按其转让价格确定；母公司近期没有转让土地使用权业务的，按照其他纳税人近期转让土地使用权价格确定；无法按上述两种方式确定的，依据组成计税价格确定。

提示： 资产的无偿转让在概念上与划拨是否一致，有不同的理解，在遇到具体问题时以当地税务机关解释为准。

REAL ESTATE
ENTERPRISE　案例 1-15

母子公司之间土地使用权划拨的增值税计算 (1)

A 公司（集团）2017 年 4 月 20 日将一块 2015 年 3 月竞拍取得土地的使用权划拨到 B 房地产子公司。A 公司（集团）"无形资产——土地使用权"科目余额为 5 000 万元（含税），该块土地市场价格为 8 000 万元（含税）。A 公司（集团）此项划拨行为应交增值税计算如下：

因该土地为 2016 年 5 月 1 日之前取得，划拨转让时可选择简易计税方法按 5% 的征收率计算缴纳增值税。

应缴增值税：$(8\,000-5\,000)\div(1+5\%)\times5\%=142.85$（万元）。

REAL ESTATE
ENTERPRISE　案例 1-16

母子公司之间土地使用权划拨的增值税计算 (2)

A 公司（集团）2017 年 4 月 20 日将一块 2016 年 6 月竞拍取得土地的使用权划拨到 B 房地产子公司。A 公司（集团）"无形资产——土地使用权"科目余额为 5 000 万元（含税），该块土地市场价格为 8 000 万元（含税）。A 公司（集团）此项划拨行为应交增值税计算如下：

不含税价格：$(8\,000-5\,000)\div(1+5\%)=2\,702.70$（万元）；

增值税销项税额：$2\,702.70\times11\%=297.30$（万元）。

B 房地产子公司取得增值税专用发票，进项税额可以抵扣。

问题 1-4-3

由母公司竞拍后划拨的土地使用权，土地款如何扣除？

答：母公司将竞拍取得的土地使用权划拨（转移）到子公司（房地产开发企业），子公司土地款扣除的处理依据是《财政部 国家税务总局关于明确金融 房

地产开发 教育辅助服务等增值税政策的通知》（财税〔2016〕140号）。其中第八条规定："房地产开发企业（包括多个房地产开发企业组成的联合体）受让土地向政府部门支付土地价款后，设立项目公司对该受让土地进行开发，同时符合下列条件的，可由项目公司按规定扣除房地产开发企业向政府部门支付的土地价款。

（一）房地产开发企业、项目公司、政府部门三方签订变更协议或补充合同，将土地受让人变更为项目公司；

（二）政府部门出让土地的用途、规划等条件不变的情况下，签署变更协议或补充合同时，土地价款总额不变；

（三）项目公司的全部股权由受让土地的房地产开发企业持有。"

根据上述政策规定，只要同时满足上述三个条件，子公司就可以在企业所得税、土地增值税税前扣除土地成本，同时也可享受增值税的扣除。

提示： 上述财税〔2016〕140号文件的规定，适用于母公司已经支付款项且可能已取得发票的情形。但实际工作中遇到的更多情况是：企业在拍到土地之前，项目公司尚未成立时，先以项目公司的股东或母公司名义参与土地的"招拍挂"，拍到地之后随即成立项目公司，由项目公司支付土地款、取得土地发票、签订土地出让合同。（某些地区国土部门的规定是，只要参与"招拍挂"的公司拥有项目公司51%以上的股权，即可把后续事项全部变更由项目公司操作。）在这种情况下，最先参与"招拍挂"的企业是项目公司的股东，但并不一定是唯一股东，即不符合财税〔2016〕140号文件第三条的规定。从实际业务发生的具体情况来看，该种情况应不适用财税〔2016〕140号文件，因为财税〔2016〕140号文件解决的是母公司已付款已取得发票后如何将土地合法变更给项目公司的问题，而上述这种情形，是项目公司已经提前介入参与付款等行为，因此是可以正常扣除土地成本的。

问题 1-4-4

母公司将二级市场购买的土地使用权划拨（转移）到子公司（房地产开发企业），是否缴纳增值税？

答：母公司将购买（非竞拍）的土地使用权划拨（转移）到子公司（房地产开发企业）的增值税处理依据是《营业税改征增值税试点实施办法》（财税〔2016〕36号文件附件1）。其中第十四条第（二）项规定，单位或者个人向其他单位或者个人无偿转让无形资产或者不动产的情形视同销售服务、无形资产或者不动产。

从政策规定看，将从二级市场购买（非竞拍）的土地使用权划拨（转移）到子公司（房地产开发企业）与将竞拍的土地使用权划拨（转移）到子公司（房地产开发企业），都需要缴纳增值税，只是价格的确定方式不一样。对于从二级市场购买的土地使用权划拨（转移）到子公司（房地产开发企业）的情形，其价格在一般（没有偏离公允价值）情况下可以按照购买价确定。

问题 1-4-5

母子公司之间划拨土地是否缴纳契税？

答：母子公司之间划拨土地由承受土地的一方缴纳契税。

《契税暂行条例》第一条规定，"在中华人民共和国境内转移土地、房屋权属，承受的单位和个人为契税的纳税人，应当依照本条例的规定缴纳契税"；第二条规定，"本条例所称转移土地、房屋权属是指下列行为：

（一）国有土地使用权出让；

（二）土地使用权转让，包括出售、赠与和交换；

（三）房屋买卖；

（四）房屋赠与；

（五）房屋交换。

前款第二项土地使用权转让，不包括农村集体土地承包经营权的转移"。

《财政部、国家税务总局关于企业事业单位改制重组契税政策的通知》（财税〔2012〕4 号）第八条第二款规定："同一投资主体内部所属企业之间土地、房屋权属的划转，包括母公司与其全资子公司之间，同一公司所属全资子公司之间，同一自然人与其设立的个人独资企业、一人有限公司之间土地、房屋权属的划转，免征契税。"

根据上述政策规定，总公司将土地使用权划拨（转移）到子公司（房地产开发企业），如为全资子公司，则免征契税；如果是非全资子公司，则按规定征收契税。

提示：因为母子公司之间划拨土地涉及增值税的计算缴纳，根据《财政部 国家税务总局关于营改增后契税 房产税 土地增值税 个人所得税计税依据问题的通知》（财税〔2016〕43 号）第一条的规定，"计征契税的成交价格不含增值税"。

REAL ESTATE
ENTERPRISE **案例 1-17**

子公司承受土地的契税计算

A 公司（集团）2017 年 4 月 20 日将一块待开发的 2015 年 3 月取得土地的使用权划拨到非全资子公司 B。A 公司（集团）"无形资产——土地使用权"科目余额为 5 000 万元（含税）。该余额为土地使用权的购入价格，该块土地市场价格为 8 000 万元（含税）。假定当地契税税率为 3%，则 B 公司契税计算如下：

应缴契税：$[8\,000-(8\,000-5\,000)\div1.05\times5\%]\times3\%=235.71$（万元）。

问题 1-4-6

100%直接控制的母子公司之间划拨土地，是否需要进行企业所得税处理？

答：《财政部 国家税务总局关于促进企业重组有关企业所得税处理问题的通

知》（财税〔2014〕109 号）第三条规定："对 100% 直接控制的居民企业之间，以及受同一或相同多家居民企业 100% 直接控制的居民企业之间按账面净值划转股权或资产，凡具有合理商业目的、不以减少、免除或者推迟缴纳税款为主要目的，股权或资产划转后连续 12 个月内不改变被划转股权或资产原来实质性经营活动，且划出方企业和划入方企业均未在会计上确认损益的，可以选择按以下规定进行特殊性税务处理：

1. 划出方企业和划入方企业均不确认所得。

2. 划入方企业取得被划转股权或资产的计税基础，以被划转股权或资产的原账面净值确定。

3. 划入方企业取得的被划转资产，应按其原账面净值计算折旧扣除。"

《国家税务总局关于资产（股权）划转企业所得税征管问题的公告》（国家税务总局公告 2015 年第 40 号）第一条规定：财税〔2014〕109 号文件第三条所称"100% 直接控制的居民企业之间，以及受同一或相同多家居民企业 100% 直接控制的居民企业之间按账面净值划转股权或资产"，限于以下情形：

"（一）100% 直接控制的母子公司之间，母公司向子公司按账面净值划转其持有的股权或资产，母公司获得子公司 100% 的股权支付。母公司按增加长期股权投资处理，子公司按接受投资（包括资本公积，下同）处理。母公司获得子公司股权的计税基础以划转股权或资产的原计税基础确定。

（二）100% 直接控制的母子公司之间，母公司向子公司按账面净值划转其持有的股权或资产，母公司没有获得任何股权或非股权支付。母公司按冲减实收资本（包括资本公积，下同）处理，子公司按接受投资处理。

（三）100% 直接控制的母子公司之间，子公司向母公司按账面净值划转其持有的股权或资产，子公司没有获得任何股权或非股权支付。母公司按收回投资处理，或按接受投资处理，子公司按冲减实收资本处理。母公司应按被划转股权或资产的原计税基础，相应调减持有子公司股权的计税基础。

（四）受同一或相同多家母公司 100% 直接控制的子公司之间，在母公司主导下，一家子公司向另一家子公司按账面净值划转其持有的股权或资产，划出方没有获得任何股权或非股权支付。划出方按冲减所有者权益处理，划入方按接受投资处理。"

根据上述政策规定，对于母公司将土地使用权划拨（转移）到子公司（房地产开发企业）的业务，如果属于 100% 直接控制的母子公司之间业务，且会计处理符合文件规定，则划出方企业和划入方企业均不确认所得。

REAL ESTATE
ENTERPRISE **案例 1-18**

100% 控股母子公司之间划拨土地不进行企业所得税处理情形下的会计处理

A 公司（集团）2017 年 4 月 20 日将一块 2016 年 6 月竞拍取得土地的使用权

划拨到B房地产子公司。A公司（集团）"无形资产——土地使用权"科目余额为5 000万元（含税），该块土地市场价格为8 000万元（含税）。增值税计算及会计处理如下（单位：万元）：

1．增值税计算。

不含税价格：（8 000－5 000）÷（1＋11％）＝2 702.70（万元）；

A公司（集团）增值税销项税额：2 702.70×11％＝297.30（万元）。

B房地产子公司取得增值税专用发票，进项税额可以抵扣。

2．A公司会计处理。

借：资本公积　　　　　　　　　　　　　　　　　　　　 5 297.30

　　贷：无形资产——土地使用权　　　　　　　　　　　　　 5 000

　　　　应交税费——应交增值税——销项税额　　　　　　　 297.30

3．B公司会计处理。

借：无形资产——土地使用权　　　　　　　　　　　　　　 5 000

　　应交税费——应交增值税——进项税额　　　　　　　　　 297.30

　　贷：资本公积　　　　　　　　　　　　　　　　　　　 5 297.30

提示：根据印花税相关政策规定，"资本公积"科目期末余额比期初余额有增加的，增加部分要按规定计算印花税。

问题 1-4-7

非100％控股母子公司之间划拨土地，何种情形下需要进行企业所得税处理？

答：《国家税务总局关于企业处置资产所得税处理问题的通知》（国税函〔2008〕828号）第二条第（六）项、第三条规定，企业将资产移送他人，如果资产所有权属已发生改变而不属于内部处置资产，应按规定视同销售确定收入。属于企业自制的资产，应按企业同类资产同期对外销售价格确定销售收入；属于外购的资产，可按购入时的价格确定销售收入。

《国家税务总局关于企业所得税有关问题的公告》（国家税务总局公告2016年第80号）第二条规定："企业发生《国家税务总局关于企业处置资产所得税处理问题的通知》（国税函〔2008〕828号）第二条规定情形的，除另有规定外，应按照被移送资产的公允价值确定销售收入。"

也就是说，自2016年度及以后年度企业所得税汇算清缴开始，不分外购的和自制的，统统都按公允价值处理。

《财政部 国家税务总局关于促进企业重组有关企业所得税处理问题的通知》（财税〔2014〕109号）、《国家税务总局关于资产（股权）划转企业所得税征管问题的公告》（国家税务总局公告2015年第40号）也有相应的规定。

根据上述政策规定, 如果母子公司之间不是 100％直接控制关系, 则需要确认所得。

REAL ESTATE
ENTERPRISE **案例 1-19**

非 100％直接控股母子公司之间划拨土地的企业所得税处理

A 公司 (集团) 2017 年 4 月 20 日将一块 2016 年 6 月竞拍取得土地的使用权划拨到 B 房地产子公司, A 公司 (集团) 占有 B 公司 90％股份, A 公司 (集团) "无形资产——土地使用权" 科目余额为 5 000 万元 (含税), 该块土地市场价格为 8 000 万元 (含税)。增值税计算及会计处理如下 (单位: 万元):

1. 增值税计算。

不含税价格: $(8\,000-5\,000)\div(1+11\%)=2\,702.70$ (万元);

A 公司 (集团) 增值税销项税额: $2\,702.70\times11\%=297.30$ (万元)。

B 房地产子公司取得增值税专用发票, 进项税额可以抵扣。

2. A 企业会计处理。

借: 营业外支出   5 297.30

    贷: 无形资产——土地使用权   5 000

        应交税费——应交增值税——销项税额   297.30

视同销售虽然不做会计处理, 但是在企业所得税年度汇算清缴时, 需要按公允价值与成本价的差额做纳税调整增加 3 000 万元。

3. B 企业会计处理。

借: 无形资产——土地使用权   5 000

    应交税费——应交增值税——进项税额   297.30

    贷: 营业外收入   5 297.30

问题 1-4-8

母子公司之间划拨土地时, 印花税如何计算?

答: 由《印花税暂行条例》所附《印花税税目税率表》可知, 产权转移书据包括财产所有权转移书据, 立据人按所载金额万分之五贴花。

根据上述政策规定, 立据人双方均要按规定贴花。

REAL ESTATE
ENTERPRISE **案例 1-20**

母子公司之间划拨土地的印花税计算

A 公司 (集团) 2017 年 4 月 20 日将一块待开发土地的使用权划拨到 B 子公司。A 公司 (集团) "无形资产——土地使用权" 科目余额为 5 000 万元。该土地使用权转移手续于 2017 年 6 月 20 日办理完毕。

A 集团公司与 B 子公司双方应缴印花税：5 000×0.000 5＝2.5（万元）。

问题 1-4-9

母子公司之间划拨土地时，城镇土地使用税如何计算？

答：《城镇土地使用税暂行条例》第二条第一款规定："城镇土地使用税的纳税人为在城市、县城、建制镇、工矿区范围内使用土地的单位和个人，为城镇土地使用税的纳税人，应当依照本条例的规定缴纳土地使用税"；第三条规定："城镇土地使用税以纳税人实际占用的土地面积为计税依据，依照规定税额计算征收"。

根据上述政策规定，母子公司之间划拨土地使用权的，由子公司按照实际划拨的土地面积申报缴纳土地使用税。其缴纳起始时间为权属变更的次月，之前由母公司申报缴纳土地使用税。

————REAL ESTATE
ENTERPRISE　**案例 1-21**

母子公司之间划拨土地的城镇土地使用税计算

A 公司（集团）2017 年 4 月 20 日将一块待开发土地的使用权划拨到 B 子公司，面积为 12 000 平方米，该土地使用权转移手续于 2017 年 5 月 20 日办理完毕，假定当地单位税额为 10 元，A 公司（集团）与 B 子公司城镇土地使用税计算如下：

1. 城镇土地使用税计算。

年应缴纳税额：12 000×10＝120 000（元）。

2. A 公司（集团）2017 年应缴纳税额计算。

A 公司（集团）2017 年使用土地时间为 1—5 月。

A 公司（集团）2017 年应缴纳税额：120 000×5÷12＝50 000（元）。

B 子公司 2017 年使用土地时间为 6—12 月。

B 子公司 2017 年应缴纳税额：120 000×7÷12＝70 000（元）。

提示：从政策规定看，从办理完土地转移的法定手续或实际开始使用的次月开始，由子公司缴纳城镇土地使用税，如果母子公司在转移土地所有权时，因办理各种手续有一个过程，暂时无法准确确定开始缴税的时间，可以选择入账、实际使用、办完过户手续三个时点中的一个，这个时点之前由母公司缴纳，这个时点之后由子公司缴纳。

问题 1-4-10

母子公司之间划拨房产如何进行涉税处理？

答：母子公司之间划拨的资产如果是房屋，其处理方式与"无形资产——土地使用权"一致，只是房产税、城镇土地使用税的计算要注意相关政策的规定。

《房产税暂行条例》第三条第一款规定："房产税依照房产原值一次减除

10％至30％后的余值计算缴纳。具体减除幅度，由省、自治区、直辖市人民政府规定"；第四条规定："房产税的税率，依照房产余值计算缴纳的，税率为1.2％"。

根据上述政策规定，母子公司之间划拨房产的，由子公司按照实际划拨的房屋价值申报缴纳房产税，同时按房屋实际占用的土地面积申报缴纳城镇土地使用税。其缴纳房产税、城镇土地使用税的起始时间为房屋权属变更的次月，之前由母公司申报缴纳土地使用税。

提示： 根据《财政部　税务总局关于调整增值税税率的通知》（财税〔2018〕32号）第一条的规定，自2018年5月1日起，"纳税人发生增值税应税销售行为或者进口货物，原适用17％和11％税率的，税率分别调整为16％、10％"。

REAL ESTATE
ENTERPRISE **案例1-22**

母子公司之间划拨房屋的房产税、城镇土地使用税计算

A公司（集团）2018年7月10日将一幢房产划拨到B子公司（手续办理完毕），控股关系为100％，房屋价值为1 500万元（含税），占地面积1 200平方米。当地城镇土地使用税额为每平方米10元，房产税依照房产原值一次减除30％后的余值计算缴纳。则B子公司房产税、城镇土地使用税计算如下：

1. 房产税计算。

不含税价格：1 500÷（1+10％）=1 363.64（万元）；

B子公司增值税进项税额：1 363.64×10％=136.36（万元）；

年应缴房产税：1 363.64×70％×1.2％=11.45（万元）；

2018年实际使用期间为5个月（8—12月），应缴房产税：11.45×5÷12=4.75（万元）。

2. 城镇土地使用税计算。

年应缴城镇土地使用税：1 200×10=12 000（元）；

2018年实际使用期间为5个月（8—12月），应缴城镇土地使用税：12 000×5÷12=5 000（元）。

3. 会计处理（单位：万元）。

借：税金及附加——房产税　　　　　　　　　　　　　　　　4.75

　　　　　　　——城镇土地使用税　　　　　　　　　　　　0.5

贷：应交税费——应交房产税　　　　　　　　　　　　　　　4.75

　　　　　　　——应交城镇土地使用税　　　　　　　　　　　0.5

提示： 上述B子公司房产税、城镇土地使用税开始缴纳的时间，为办理完过户手续或实际使用的次月。之前由A公司（集团）缴纳。

第 2 章
借款业务涉税问题

融资是房地产开发企业为维持运营及项目开发业务而发生的资金筹集行为与过程。从会计、税收角度看，融资费用的处理一般与融资的目的相对应。本章内容主要围绕企业融资中的借款业务，不涉及发行债券等筹资业务。对于房地产开发企业来说，如果借款的目的是开发某个项目，则借款费用需要进行资本化处理；如果借款的目的是保证企业日常运转，则借款费用在当期会计年度（税收年度）处理。为了便于对政策的对比理解，企业借出资金业务涉及的税收、会计处理也归入本章内容。

2.1　企业向金融机构借款业务

房地产开发企业的借款分为向金融机构的借款、非金融机构的借款及个人借款，借款费用的处理在税收政策上有比较大的差异，在日常业务处理中要多加注意。

问题 2-1-1

企业与金融机构签订的合同如何计算缴纳印花税？

答：由《印花税暂行条例》及所附《印花税税目税率表》可知，借款合同是指银行及其他金融组织和借款人（不包括银行同业拆借）所签订的借款合同，由立合同人按借款金额万分之零点五贴花。单据作为合同使用的，按合同贴花。

《国家税务局关于对借款合同贴花问题的具体规定》（国税地字〔1988〕第30 号）第二条规定，借贷双方签订的流动资金周转性借款合同，一般按年（期）签订，规定最高限额，借款人在规定的期限和最高限额内随借随还。为此，在签订流动资金周转借款合同时，应按合同规定的最高借款限额计税贴花。以后，只要在限额内随借随还，不再签新合同的，就不再另贴印花。

根据上述政策规定，房地产开发企业在取得银行等金融机构贷款后，在计算上可以当年贷款数额计算贴花，即以"银行借款"科目（某金融机构明细科目）贷方数据计算。在以后年度，如果"银行借款"科目（某金融机构明细科目）贷方数据金额增加，则只对增加部分计算贴花，只要金额不增加就不再另贴印花。

REAL ESTATE
ENTERPRISE　**案例 2-1**

企业向金融机构借款的印花税计算

A 房地产开发公司 2015 年 7 月 28 日向 B 银行贷款 8 000 万元，2015 年 8 月 4 日到账 5 000 万元，2016 年 8 月 6 日归还 2 000 万元，2017 年 2 月 28 日到账 4 000 万元。A 房地产开发公司印花税计算及会计处理如下（单位：万元）：

1. 2015 年 8 月 4 日第一次取得 B 银行的贷款。

应缴印花税：$5\,000 \times 0.000\,05 = 0.25$（万元）。

借：税金及附加	0.25
贷：应交税费——应交印花税	0.25

2. 2016 年 8 月 6 日归还部分贷款，"银行借款"贷方科目金额为 3 000 万元，不涉及计算贴花。

3. 2017年2月28日到账贷款4 000万元，"银行借款"贷方科目金额为7 000万元。

应缴印花税：(7 000－5 000)×0.000 5＝0.1 (万元)。

　　借：税金及附加　　　　　　　　　　　　　　　　　　0.1
　　　　贷：应交税费——应交印花税　　　　　　　　　　　0.1

问题 2-1-2

企业的借款费用包括哪些内容?

答：根据《企业会计准则第17号——借款费用》相关条款，借款费用，是指企业因借款而发生的利息及其他相关成本。借款费用包括借款利息、折价或者溢价的摊销、辅助费用以及因外币借款而发生的汇兑差额等。

对于专门借款发生的辅助费用，在所购建或者生产的符合资本化条件的资产达到预定可使用或者可销售状态之前发生的，应当在发生时根据其发生额予以资本化，计入符合资本化条件的资产的成本；在所购建或者生产的符合资本化条件的资产达到预定可使用或者可销售状态之后发生的，应当在发生时根据其发生额确认为费用，计入当期损益。

对于房地产开发企业而言，在借款过程中发生借款利息、手续费、咨询费等各种名目的费用，凡是有明确指向借款行为的，都属于借款费用。

问题 2-1-3

哪些类型的企业借款费用可以计入当期损益?

答：《企业会计准则第17号——借款费用》相关条款，只有满足相关条件的借款费用才能资本化。《企业所得税法实施条例》第三十七条规定："企业在生产经营活动中发生的合理的不需要资本化的借款费用，准予扣除。企业为购置、建造固定资产、无形资产和经过12个月以上的建造才能达到预定可销售状态的存货发生借款的，在有关资产购置、建造期间发生的合理的借款费用，应当作为资本性支出计入有关资产的成本，并按照本条例有关规定扣除。"

《房地产开发经营业务企业所得税处理办法》(国税发〔2009〕31号文件发布)第二十一条第(一)项规定："企业为建造开发产品借入资金而发生的符合税收规定的借款费用，可按企业会计准则的规定进行归集和分配，其中属于财务费用性质的借款费用，可直接在税前扣除。"

根据上述政策规定，凡是不符合资本化条件的借款费用，应计入当期损益，直接按规定在税前扣除。如果项目完工后，专项借款继续在下一个项目使用，则应继续进行资本化处理。

REAL ESTATE
ENTERPRISE　**案例 2-2**

企业借款费用按性质不同的处理

A 房地产开发公司 2016 年 7 月 31 日向 B 银行贷款 3 000 万元，用于甲项目，贷款期限 1 年，2017 年 5 月 31 日甲项目完工（竣工），A 公司除甲项目外，没有其他项目。假定年利率为 6%，则 A 房地产开发公司相关会计（企业所得税）处理如下（单位：万元）：

1. 2016 年会计处理。

资本化利息费用：（3 000×6%）×（5÷12）＝75（万元）。

借：开发间接费用——利息　　　　　　　　　　　　　　　　75

　　贷：银行存款　　　　　　　　　　　　　　　　　　　　　　　75

2. 2017 年会计处理。

资本化利息费用：（3 000×6%）×（5÷12）＝75（万元）；

费用化利息费用：（3 000×6%）×（2÷12）＝30（万元）。

（1）资本化处理：

借：开发间接费用——利息　　　　　　　　　　　　　　　　75

　　贷：银行存款　　　　　　　　　　　　　　　　　　　　　　　75

（2）当期费用化处理：

借：财务费用——利息　　　　　　　　　　　　　　　　　　30

　　贷：银行存款　　　　　　　　　　　　　　　　　　　　　　　30

提示：假定 A 公司在 2017 年 5 月 20 日甲项目完工（竣工）后，将贷款用于乙项目，则该笔贷款利息继续进行资本化处理。

问题 2-1-4

房地产项目借款费用如何进行资本化处理？

答：符合资本化条件的资产，是指需要经过相当长时间的购建或者生产活动才能达到预定可使用或者可销售状态的固定资产、投资性房地产和存货等资产。

《国家税务总局关于企业所得税应纳税所得额若干税务处理问题的公告》（国家税务总局公告 2012 年第 15 号）第二条规定："企业通过发行债券、取得贷款、吸收保户储金等方式融资而发生的合理的费用支出，符合资本化条件的，应计入相关资产成本；不符合资本化条件的，应作为财务费用，准予在企业所得税前据实扣除。"

《房地产开发经营业务企业所得税处理办法》（国税发〔2009〕31 号文件发布）第二十一条第（一）项规定："企业为建造开发产品借入资金而发生的符合

税收规定的借款费用，可按企业会计准则的规定进行归集和分配，其中属于财务费用性质的借款费用，可直接在税前扣除。"

根据上述政策规定，房地产开发企业的融资费用，凡是符合资本化条件的，应计入相关资产成本；不符合资本化条件的，应作为财务费用，直接在当期企业所得税前据实扣除。在会计处理上，根据《企业会计准则第 17 号——借款费用》的规定，企业发生的借款费用及专门借款发生的辅助费用，在所购建或者生产的符合资本化条件的资产达到预定可使用或者可销售状态之前发生的，应当在发生时根据其发生额予以资本化，计入符合资本化条件的资产的成本；在所购建或者生产的符合资本化条件的资产达到预定可使用或者可销售状态之后发生的，应当在发生时根据其发生额确认为费用，计入当期损益。其他借款费用，应当在发生时根据其发生额确认为费用，计入当期损益。

提示： 在进行企业所得税处理时，如果贷款项目已经完工即达到预定可使用或者可销售状态之后，贷款金额继续投入到下一个（或另一个）项目，则应继续进行资本化处理。

REAL ESTATE
ENTERPRISE **案例 2-3**

企业借款费用的会计（企业所得税）处理

（续案例 2-2）A 房地产开发公司 2016 年 7 月 28 日向 B 银行贷款 3 000 万元，用于甲项目，贷款期限 1 年，年利率为 6%，同时发生相关辅助费用 80 万元。A 房地产开发公司相关会计（企业所得税）处理如下（单位：万元）：

1. 收到贷款时的会计处理。

借：银行存款   3 000

　贷：短期借款   3 000

2. 印花税计算。

假定是新增加贷款，应缴印花税：$3\,000 \times 0.000\,05 = 0.15$（万元）。

借：税金及附加   0.15

　贷：应交税费——应交印花税   0.15

3. 2016 年融资费用。

年利息：$3\,000 \times 6\% = 180$（万元）；

2016 年应计入开发成本利息：$180 \times 5 \div 12 = 75$（万元）。

借：开发间接费用——甲项目利息   75

　　　　　　　　——辅助费用   80

　贷：应付利息   155

问题 2-1-5

企业取得金融机构开具的增值税专用发票，其进项税额是否可以抵扣？

答：《营业税改征增值税试点实施办法》（财税〔2016〕36 号文件附件 1）第二十七条第（六）项规定，购进的贷款服务，其进项税额不得从销项税额中抵扣。

《营业税改征增值税试点有关事项的规定》（财税〔2016〕36 号文件附件 2）第一条第（四）项第 3 点规定："纳税人接受贷款服务向贷款方支付的与该笔贷款直接相关的投融资顾问费、手续费、咨询费等费用，其进项税额不得从销项税额中抵扣。"

根据上述政策规定，企业在日常购进的贷款服务中，其进项税额不得从销项税额中抵扣，包括向贷款方支付的与该笔贷款直接相关的投融资顾问费、手续费、咨询费等费用。因此，在此种不能抵扣进项税额的情形下，接受贷款服务的企业一般索要增值税普通发票即可。

提示：《营业税改征增值税试点实施办法》所附《销售服务、无形资产、不动产注释》规定："金融服务，是指经营金融保险的业务活动。包括贷款服务、直接收费金融服务、保险服务和金融商品转让。"

根据《营业税改征增值税试点实施办法》第十五条的规定，金融服务业增值税税率为 6%。

REAL ESTATE
ENTERPRISE **案例 2-4**

金融机构开具利息增值税发票的处理

A 房地产开发公司 2016 年 7 月 28 日向 B 银行贷款 3 000 万元，用于甲项目，贷款期限 1 年，年利息 180 万元（含税），同时发生相关辅助费用 80 万元（含税）。A 房地产开发公司与 B 银行相关会计（企业所得税）处理如下：

1. B 银行的处理。

（1）B 银行收取利息增值税计算。

不含税销售额：$180 \div (1 + 6\%) = 169.81$（万元）；

应缴增值税：$169.8 \times 6\% = 10.19$（万元）。

B 银行开具增值税普通发票，票面金额 180 万元（假定利息一次性支付）。

（2）B 银行收取辅助费用增值税计算。

不含税销售额：$80 \div (1 + 6\%) = 75.47$（万元）；

应缴增值税：$75.47 \times 6\% = 4.53$（万元）。

B 银行开具增值税普通发票，票面金额 80 万元。

2. A 房地产开发公司处理。

A 房地产开发公司支付利息、相关辅助费用，因根据政策规定，其进项税额均不得从销项税额中抵扣，因此可以取得增值税普通发票。

问题 2-1-6

融资成本可否抵扣进项税额？

答：《营业税改征增值税试点实施办法》（财税〔2016〕36 号文件附件 1）第二十七条第（六）项规定，购进的旅客运输服务、贷款服务、餐饮服务、居民日常服务和娱乐服务进项税额不得抵扣。

同时，《营业税改征增值税试点有关事项的规定》（财税〔2016〕36 号文件附件 2）第一条第（四）项第 3 点规定："纳税人接受贷款服务向贷款方支付的与该笔贷款直接相关的投融资顾问费、手续费、咨询费等费用，其进项税额不得从销项税额中抵扣。"

根据上述政策规定，融资成本的进项税额不得从销项税额中抵扣。

问题 2-1-7

企业集团或其成员企业统一向金融机构借款，其利息如何处理？

答：《房地产开发经营业务企业所得税处理办法》（国税发〔2009〕31 号文件发布）第二十一条第（二）项规定："企业集团或其成员企业统一向金融机构借款分摊集团内部其他成员企业使用的，借入方凡能出具从金融机构取得借款的证明文件，可以在使用借款的企业间合理的分摊利息费用，使用借款的企业分摊的合理利息准予在税前扣除。"

《企业集团登记管理暂行规定》（工商企字〔1998〕第 59 号文件发布）第二条规定："在中国境内组建企业集团，应当依照本规定办理登记。未经登记不得以企业集团名义从事活动。国家工商行政管理局和地方各级工商行政管理局是企业集团的登记主管机关。"

根据上述政策规定，企业集团或其成员可以统一向金融机构借款并分摊利息。其集团主要是依据工商企字〔1998〕第 59 号文件规定进行登记的集团。

问题 2-1-8

企业借款费用如何分配？

答：《房地产开发经营业务企业所得税处理办法》（国税发〔2009〕31 号文件发布）第三十条第（三）项规定："借款费用属于不同成本对象共同负担的，按直接成本法或按预算造价法进行分配。"

上述按直接成本法或按预算造价法，根据《房地产开发经营业务企业所得税处理办法》第二十九条的规定，直接成本法，指按期内某一成本对象的直接开发成本占期内全部成本对象直接开发成本的比例进行分配；预算造价法，指按期内某一成本对象预算造价占期内全部成本对象预算造价的比例进行分配。

2.2　企业向非金融企业借款业务

向非金融企业借款，是指企业向一般生产、经营企业的借款。向非金融企业借款支付的利息，涉及企业所得税税前扣除标准等业务。

问题 2-2-1

企业向非金融机构借款是否需要计算缴纳印花税？

答：由《印花税暂行条例》所附《印花税税目税率表》可知，借款合同是指银行及其他金融组织和借款人（不包括银行同业拆借）所签订的借款合同。

《印花税暂行条例施行细则》第十条规定："印花税只对税目税率表中列举的凭证和经财政部确定征税的其他凭证征税。"

根据上述政策规定，房地产开发企业与非金融机构签订的借款合同不贴花。

问题 2-2-2

企业向非金融机构借款的利息如何进行企业所得税处理？

答：企业向非金融机构借款的利息支出，在会计处理与企业向金融机构借款的利息支出基本一致，主要区别在于企业所得税处理。《企业所得税法实施条例》第三十八条第（二）项规定，企业在生产经营活动中发生的"非金融企业向非金融企业借款的利息支出，不超过按照金融企业同期同类贷款利率计算的数额的部分"利息支出，准予税前扣除。

根据上述政策规定，房地产开发企业向非金融机构的借款，发生的利息支出，在限额以内的，可以税前扣除。

REAL ESTATE
ENTERPRISE　**案例 2-5**

企业向非金融机构借款支付利息的会计（企业所得税）处理

A 房地产开发公司 2016 年 1 月 1 日向 B 公司借款 1 000 万元，用于甲项目，贷款期限 1 年，年利率 7%，年利息 70 万元。假定金融企业同期同类贷款利率为 6%，A 房地产开发公司相关会计（企业所得税）处理如下（单位：万元）：

借：开发间接费用——利息　　　　　　　　　　　　　　　　　　70
　　贷：其他应付款——B 公司　　　　　　　　　　　　　　　　　70

按金融企业同期同类贷款利率计算利息：1 000×6%＝60（万元）。

超过政策规定标准：70－60＝10（万元），企业所得税年度汇算清缴时，应调整增加应纳税所得额 10 万元。

问题 2-2-3

企业向非金融机构借款支付的利息能否取得增值税专用发票？

答：《营业税改征增值税试点实施办法》（财税〔2016〕36 号文件附件 1）第二十七条第（六）项规定，购进的贷款服务，其进项税额不得从销项税额中抵扣。

《营业税改征增值税试点有关事项的规定》（财税〔2016〕36 号文件附件 2）第一条第（四）项第 3 点规定："纳税人接受贷款服务向贷款方支付的与该笔贷款直接相关的投融资顾问费、手续费、咨询费等费用，其进项税额不得从销项税额中抵扣。"

根据上述政策规定，企业购进的贷款服务以及支付的融资费用，其进项税额不得从销项税额中抵扣，因此企业支付的利息、融资费用可以取得增值税普通发票。

REAL ESTATE ENTERPRISE **案例 2-6**

企业向非金融机构借款利息增值税发票的处理

A 房地产开发公司 2016 年 1 月 1 日向 B 公司借款 1 000 万元，用于甲项目，贷款期限 1 年，年利率 7％，年利息 70 万元（含税）。A 房地产开发公司与 B 公司相关处理如下：

1. B 公司收取利息的增值税计算如下：

不含税销售额：70÷（1＋6％）＝66.04（万元）；

B 公司应缴增值税：66.04×6％＝3.96（万元）。

B 公司开具增值税普通发票，票面金额 70 万元（假定利息一次性支付）。

2. A 房地产开发公司支付利息 70 万元，取得增值税普通发票，没有进项税额抵扣。

2.3　企业向个人借款业务

企业在运行过程中，有时会根据需要向个人借款。向个人借款支付的利息，涉及取得利息的个人计算个人所得税、增值税等业务，也涉及企业所得税税前扣除标准等业务。其他规定与向非金融机构借款业务相同。

问题 2-3-1

企业向个人借款是否需要计算缴纳印花税?

答：由《印花税暂行条例》所附《印花税税目税率表》可知，借款合同是指银行及其他金融组织和借款人（不包括银行同业拆借）所签订的借款合同。

《印花税暂行条例施行细则》第十条规定："印花税只对税目税率表中列举的凭证和经财政部确定征税的其他凭证征税。"

根据以上政策规定，房地产开发企业与个人签订的借款合同不贴花。

问题 2-3-2

企业向个人借款的利息如何进行会计（企业所得税）处理?

答：《国家税务总局关于企业向自然人借款的利息支出企业所得税税前扣除问题的通知》（国税函〔2009〕777 号）第二条规定："企业向除第一条规定以外的内部职工或其他人员借款的利息支出，其借款情况同时符合以下条件的，其利息支出在不超过按照金融企业同期同类贷款利率计算的数额的部分，根据税法第八条和税法实施条例第二十七条规定，准予扣除。

（一）企业与个人之间的借贷是真实、合法、有效的，并且不具有非法集资目的或其他违反法律、法规的行为；

（二）企业与个人之间签订了借款合同。"

根据上述政策规定，企业与个人之间签订了借款合同，有明确的商业目的，支付的利息可以在规定的限额以内税前扣除。

REAL ESTATE
ENTERPRISE　**案例 2-7**

企业向个人借款利息的会计（企业所得税）处理

2017 年 5 月 20 日，A 房地产开发公司由于开发项目发生临时资金短缺，向自然人甲借款 100 万元，签订了合同，借款期限 3 个月，年利率为 8%，金融企业同期同类贷款利率为 6%。A 公司计提利息时相关处理如下：

计提利息：$(100 \times 8\%) \times (3 \div 12) = 2$（万元）。

借：开发间接费用——利息　　　　　　　　　　　　　　20 000

　　贷：其他应付款——甲　　　　　　　　　　　　　　　20 000

按金融企业同期同类贷款利率计算：$(100 \times 6\%) \times (3 \div 12) = 1.5$（万元）；

超过政策规定标准：$2 - 1.5 = 0.5$（万元）。

年度企业所得税汇算清缴时，应调整增加应纳税所得额 0.5 万元。

问题 2-3-3

企业向个人借款支付利息扣缴增值税如何处理？

答：根据《营业税改征增值税试点实施办法》（财税〔2016〕36号文件附件1）第三条、第十六条、第十九条、第三十四条及第三十五条的规定，个人为小规模纳税人，适用简易计税方法计税，征收率为3%。

简易计税方法的应纳税额，是指按照销售额和增值税征收率计算的增值税额，不得抵扣进项税额。应纳税额计算公式为：

应纳税额＝销售额×征收率

简易计税方法的销售额不包括其应纳税额，纳税人采用销售额和应纳税额合并定价方法的，按照下列公式计算销售额：

销售额＝含税销售额÷（1＋征收率）

根据上述政策规定，在企业向个人借款的业务中，个人收取的利息要按照规定缴纳增值税，即按照小规模纳税人依据上述政策规定的方式计算缴纳增值税。一般情况下，根据各地具体规定，应在税务机关代开增值税发票。企业支付利息取得增值税发票，不得抵扣进项税额（无进项税额抵扣）。

REAL ESTATE
ENTERPRISE **案例 2-8**

企业向个人借款支付利息扣缴增值税的计算

2017年5月20日，A房地产开发公司由于开发项目发生临时资金短缺，向自然人甲借款100万元，签订了合同，借款款期限3个月，年利率为8%。增值税计算如下：

支付利息：$100×8\%×（3÷12）＝2$（万元）；

不含税销售额：$2÷（1＋3\%）＝1.94$（万元）；

应缴增值税：$1.94×3\%＝0.06$（万元）。

A公司支付利息的票据为在税务机关代开的增值税普通发票。

问题 2-3-4

企业向个人借款支付的利息如何进行个人所得税处理？

答：自2019年1月1日起施行的新修订的《中华人民共和国个人所得税法》（以下简称《个人所得税法》）第二条第（六）项规定，居民个人取得利息所得，应缴纳个人所得税；第三条第（三）项规定，利息所得，适用比例税率，税率为20%；第六条第（六）项规定，利息所得，以每次收入额为应纳税所得额。

根据上述政策规定，企业向个人支付借款利息，个人应按照每次收入额为应纳税所得额，按照 20％ 的税率计算缴纳个人所得税。支付利息的企业可以取得（个人）向税务机关申请代开的增值税普通发票。

根据新修订的《个人所得税法》第八条的规定，对于"个人与其关联方之间的业务往来不符合独立交易原则而减少本人或者关联方应纳税额，且无正当理由"的，税务机关有权按照合理方法进行纳税调整，需要补征税款的，应当补征税款，并依法加收利息。这些规定与修订前的《个人所得税法》相同。

提示：企业向个人支付借款利息，按规定的限额在税前扣除。涉及关联交易的，按照《国家税务总局关于企业向自然人借款的利息支出企业所得税税前扣除问题的通知》（国税函〔2009〕777 号）规定处理。

REAL ESTATE
ENTERPRISE　**案例 2-9**

企业向个人借款支付的利息扣缴个人所得税的计算

2017 年 5 月 20 日，A 房地产开发公司由于开发项目发生临时资金短缺，向自然人甲借款 100 万元，签订了合同，借款期限 3 个月，年利率为 8％。个人所得税计算如下：

利息所得：$100 \times 8\% \times (3 \div 12) = 2$（万元）；

应缴增值税：$2 \div (1 + 3\%) \times 3\% = 0.06$（万元）；

实际所得：$2 - 0.06 = 1.94$（万元）；

应缴个人所得税：$1.94 \times 20\% = 0.39$（万元）。

A 房地产开发公司应取得向税务机关申请代开的增值税普通发票，并按政策规定的限额在税前扣除。

2.4　向关联方支付利息业务

向关联方支付利息业务主要有投资者投资未到位贷款产生的利息支付，以及关联方之间贷款产生的利息支付等业务，涉及增值税、企业所得税的处理。

问题 2-4-1

企业投资者投资未到位而发生的利息支出如何进行企业所得税处理？

答：《国家税务总局关于企业投资者投资未到位而发生的利息支出企业所得税前扣除问题的批复》（国税函〔2009〕312 号）规定："关于企业由于投资者投资未到位而发生的利息支出扣除问题，根据《中华人民共和国企业所得税法实施条例》（国务院令第 512 号）第二十七条规定，凡企业投资者在规定期限内未缴足其应缴资本额的，该企业对外借款所发生的利息，相当于投资者实缴资本额与在规定期限内应缴资本额的差额应计付的利息，其不属于企业合理的支出，应由企业投资者负担，不得在计算企业应纳税所得额时扣除。"

具体计算不得扣除的利息时，应以企业一个年度内每一账面实收资本与借款余额保持不变的期间作为一个计算期，每一计算期内不得扣除的借款利息按该期间借款利息发生额乘以该期间企业未缴足的注册资本占借款总额的比例计算，公式为：

$$\begin{array}{l}\text{企业每一计算期} \\ \text{不得扣除的借款利息}\end{array} = \begin{array}{l}\text{该期间} \\ \text{借款利息额}\end{array} \times \begin{array}{l}\text{该期间未缴} \\ \text{足注册资本额}\end{array} \div \begin{array}{l}\text{该期间} \\ \text{借款额}\end{array}$$

企业一个年度内不得扣除的借款利息总额为该年度内每一计算期不得扣除的借款利息额之和。

REAL ESTATE
ENTERPRISE **案例 2-10**

企业投资者投资未到位而发生的利息支出的处理

A 房地产开发公司成立于 2015 年 4 月 15 日。注册资本金为 5 000 万元，章程规定 2015 年 12 月 31 日之前全部到位。三个投资方注册时一次性到位资金 4 000 万元，剩余 1 000 万元资金截止到 2017 年 12 月 31 日尚未到位。该公司为项目运作需要，于 2016 年 1 月从某银行贷款 2 000 万元，利率为 7%，贷款期限为 1 年。A 房地产开发公司 2016 年税前利息列支计算如下：

2016 年利息支出：2 000×7%＝140（万元）。

因此，投资款未到位而不可税前扣除利息为：140×(2 000－1 000)÷2 000＝70（万元）。

企业所得税处理如下：

1. 如果该笔贷款属于流动资金贷款，则 1 000 万元未到位投资款对应的贷款利息 70 万元，不得在当年税前列支，即当年企业所得税汇算清缴调增应纳税所得额 70 万元。

2. 如果该笔贷款为开发项目贷款，则 1 000 万元未到位投资款对应的贷款利息 70 万元，不得作为开发成本的计税成本结转房地产销售成本。

问题 2-4-2

企业关联方利息支出如何进行税前扣除？

答：《财政部 国家税务总局关于企业关联方利息支出税前扣除标准有关税收政策问题的通知》（财税〔2008〕121 号）规定，企业接受关联方债权性投资利息支出的税前扣除按以下政策处理：

"一、在计算应纳税所得额时，企业实际支付给关联方的利息支出，不超过以下规定比例和税法及其实施条例有关规定计算的部分，准予扣除，超过的部分不得在发生当期和以后年度扣除。

企业实际支付给关联方的利息支出，除符合本通知第二条规定外，其接受关联方债权性投资与其权益性投资比例为：

（一）金融企业，为 5∶1；

（二）其他企业，为 2∶1。

二、企业如果能够按照税法及其实施条例的有关规定提供相关资料，并证明相关交易活动符合独立交易原则的；或者该企业的实际税负不高于境内关联方的，其实际支付给境内关联方的利息支出，在计算应纳税所得额时准予扣除。

三、企业同时从事金融业务和非金融业务，其实际支付给关联方的利息支出，应按照合理方法分开计算；没有按照合理方法分开计算的，一律按本通知第一条有关其他企业的比例计算准予税前扣除的利息支出。

四、企业自关联方取得的不符合规定的利息收入应按照有关规定缴纳企业所得税。"

根据上述政策规定，企业关联方利息支出在企业所得税税前扣除，要按照规定的债权性投资与权益性投资比例计算，对于不符合限制比例的，要进行（特别）纳税调整，超过的部分不得在发生当期和以后年度扣除。其中对于支付给境内关联方的利息支出，如果企业的实际税负不高于境内关联方，即不减少企业总体企业所得税的，不进行（特别）纳税调整，在计算应纳税所得额时准予扣除。

提示：根据《特别纳税调查调整及相互协商程序管理办法》（国家税务总局公告 2017 年第 6 号发布）第三十八条的规定，"实际税负相同的境内关联方之间的交易，只要该交易没有直接或者间接导致国家总体税收收入的减少，原则上不作特别纳税调整"。因此，在企业所得税处理中，一般境内企业之间无偿使用资金，只要不符合特别纳税调整的相关条件，则不做收入处理。

REAL ESTATE
ENTERPRISE　**案例 2-11**

企业关联方利息支出的计算处理

B 公司是 A 房地产开发公司的股东之一，在注册资金 3 000 万元中占有 2 000 万元份额。2017 年 3 月 1 日，B 公司借款给 A 公司资金 5 000 万元用于项目建设，借款期限为 1 年，年利率为 6%，与金融机构同期同类贷款一致。A 房地产开发公司会计（企业所得税）处理如下（单位：万元）：

1. 利息计算。

年利息：$5\,000 \times 6\% = 300$（万元）；

当年应计利息：$300 \times (10 \div 12) = 250$（万元）。

2017 年计提利息。

借：开发间接费用——利息　　　　　　　　　　　　250

　　贷：其他应付款　　　　　　　　　　　　　　　　　250

2. 关联利息税前扣除限额计算。

关联方债权性投资与其权益性投资比例为 2：1，B 公司权益性投资为 2 000 万元，则对应债权性投资应为 4 000 万元，因此，B 公司借款中 1 000 万元对应的利息不得税前扣除。

年利息：$1\,000 \times 6\% = 60$（万元）；

当年应计利息：$60 \times (10 \div 12) = 50$（万元）。

2017 年末，假设该项目完工且成本结转完毕，由于企业不能够提供相关资料，证明相关交易活动符合独立交易原则，且当年 A 公司盈利，B 公司亏损，A 公司实际税负高于 B 公司，因此 2017 年度企业所得税汇算清缴时，A 公司调增应纳税所得额 50 万元。如果该项目没有完工，由于对应的利息支出尚未结转成本（即利息支出并未计入当年损益）不影响当年应纳税所得额，因此当年不需要做纳税调整。以后年度结转时，再根据具体情况处理。

提示： 增值税发票的开具。B 公司收取利息需要缴纳增值税，开具增值税普通发票。

问题 2-4-3

企业向关联自然人借款的利息支出如何进行税前扣除？

答：《国家税务总局关于企业向自然人借款的利息支出企业所得税税前扣除问题的通知》（国税函〔2009〕777 号）第一条规定："企业向股东或其他与企业有关联关系的自然人借款的利息支出，应根据《中华人民共和国企业所得税法》（以下简称税法）第四十六条及《财政部、国家税务总局关于企业关联方利息支出税前扣除标准有关税收政策问题的通知》（财税〔2008〕121 号）规定的条件，计算企业所得税扣除额。"

根据上述政策规定，企业向自然人借款的利息支出应先按政策规定计算利率限额，再按照关联方债权性投资与权益性投资比例计算关联方列支限额。

问题 2-4-4

企业之间无偿使用资金如何进行增值税处理？

答：《营业税改征增值税试点实施办法》（财税〔2016〕36 号文件附件 1）第十四条第（一）项规定，单位或者个体工商户向其他单位或者个人无偿提供服务，视同销售服务，但用于公益事业或者以社会公众为对象的除外；第四十四条规定："发生本办法第十四条所列行为而无销售额的，主管税务机关有权按照下列顺序确定销售额：

（一）按照纳税人最近时期销售同类服务、无形资产或者不动产的平均价格确定。

（二）按照其他纳税人最近时期销售同类服务、无形资产或者不动产的平均价格确定。

（三）按照组成计税价格确定。组成计税价格的公式为：

组成计税价格＝成本×（1＋成本利润率）

成本利润率由国家税务总局确定"。

根据上述政策规定，企业之间无偿使用资金要视同销售处理，计算缴纳增值税。

提示：《特别纳税调查调整及相互协商程序管理办法》（国家税务总局公告2017 年第 6 号发布）第三十八条规定："实际税负相同的境内关联方之间的交易，只要该交易没有直接或者间接导致国家总体税收收入的减少，原则上不作特别纳税调整。"因此，在企业所得税处理中，一般企业之间无偿使用资金，只要不符合特别纳税调整的相关条件，则不做收入处理。

REAL ESTATE
ENTERPRISE **案例 2-12**

企业之间无偿使用资金的增值税计算

A 房地产开发公司为小规模纳税人，2017 年 6 月 10 日借给 B 公司款项 500万元，用于临时周转，2017 年 8 月 10 日 B 公司将借款归还，没有支付利息。假定同类贷款利率为 7%，A 房地产开发公司视同销售的增值税（附加略）计算如下：

年利息：500×7%＝35（万元）；

视同销售利息：35×（2÷12）＝5.83（万元）；

A 公司应缴增值税：5.83÷（1＋3%）×3%＝0.17（万元）。

会计处理：资金无偿占用，因无实际收益与成本结转，无须进行会计账务处理，但应视同销售缴纳增值税。

2.5 取得利息收入等业务

企业借出资金是指企业将在运行过程中将暂时不需要使用的自有资金借给其他单位或委托银行贷款的业务，对外借款取得利息收入的业务涉及增值税、企业所得税等的处理。

问题 2-5-1

企业自有资金借给其他企业收取的利息如何进行增值税处理？

答：《营业税改征增值税试点实施办法》（财税〔2016〕36 号文件附件 1）第一条规定，不论是金融机构还是非金融机构和个人，凡是在中华人民共和国境内提供金融服务的单位和个人，均为增值税纳税人；第十五条规定，金融服务业增值税税率为6%。

《营业税改征增值税试点实施办法》所附《销售服务、无形资产、不动产注释》规定："金融服务,是指经营金融保险的业务活动。包括贷款服务、直接收费金融服务、保险服务和金融商品转让";"贷款,是指将资金贷与他人使用而得利息收入的业务活动。"

根据上述政策规定,房地产开发企业将资金借给其他企业使用取得的利息收入,属于增值税"金融服务——贷款"税目,适用6%税率。根据相关规定,企业收取利息可以开具增值税普通发票。

REAL ESTATE
ENTERPRISE **案例2-13**

企业自有资金借给其他企业取得利息收入的增值税处理

A房地产开发公司为一般纳税人,2017年1月1日借给B公司款项1000万元,借款期限1年,年利率为9%,年利息90万元(含税)。A房地产开发公司取得利息收入的增值税(附加略)计算如下:

不含税销售额:$90÷(1+6\%)=84.91$(万元);

应缴增值税:$84.91×6\%=5.09$(万元)。

A公司开具增值税普通发票,票面金额90万元(假定利息一次性支付)。

问题2-5-2

企业自有资金借给其他企业收取的利息如何进行企业所得税处理?

答:《中华人民共和国企业所得税法》(以下简称《企业所得税法》)第六条第(六)项规定:企业以货币形式和非货币形式从各种来源取得的收入,为收入总额。包括利息收入。

《企业所得税法实施条例》第十八条规定:"企业所得税法第六条第(五)项所称利息收入,是指企业将资金提供他人使用但不构成权益性投资,或者因他人占用本企业资金取得的收入,包括存款利息、贷款利息、债券利息、欠款利息等收入。"

根据上述政策规定,企业将自有资金借给其他企业使用收取的利息,应计入企业的收入总额,申报缴纳企业所得税处理。

REAL ESTATE
ENTERPRISE **案例2-14**

企业利息收入的会计(企业所得税)处理

A房地产开发公司为一般纳税人,2017年7月1日借给B公司款项1000万元,借款期限1年,年利率为9%,年利息90万元(含税)。A房地产开发公司取得利息收入的增值税(附加略)计算及会计处理如下:

1. 增值税计算。

不含税销售额：90÷(1+6%)＝84.91（万元）；

应缴增值税：84.91×6%＝5.09（万元）。

A 公司开具增值税普通发票，票面金额 90 万元（假定利息一次性支付）。

2. 会计（企业所得税）收入确认（单位：万元）。

(1) 取得利息收入时：

借：银行存款	90
贷：其他应付款	84.91
应交税费——应交增值税（销项税额）	5.09

(2) 确定当年收入时：

2017 年确认收入：84.94×(5÷12)＝35.39（万元）。

借：其他应付款	35.39
贷：其他业务收入	35.39

提示： 根据《企业会计准则》附录《会计科目和主要账务处理》和《企业会计制度》的相关规定，"财务费用"科目主要核算企业为筹集生产经营所需资金等而发生的筹资费用，包括利息支出（减利息收入）、汇兑损益以及相关的手续费、企业发生的现金折扣或收到的现金折扣等。企业将资金借给其他企业使用的业务不属于"为筹集生产经营所需资金"业务，其收取的利息可以记入"其他业务收入"科目，如果在日常核算中记入"财务费用"科目，则容易在增值税的计算上出现疏漏。

问题 2-5-3

企业存款利息的增值税、企业所得税如何处理？

答：《营业税改征增值税试点有关事项的规定》（财税〔2016〕36 号文件附件 2）第一条第（二）项第 2 点规定，存款利息不征收增值税。

《企业所得税法》第六条第（五）项规定，企业以货币形式和非货币形式从各种来源取得的收入，为收入总额。包括利息收入。

《企业所得税法实施条例》第十八条规定："企业所得税法第六条第（五）项所称利息收入，是指企业将资金提供他人使用但不构成权益性投资，或者因他人占用本企业资金取得的收入，包括存款利息、贷款利息、债券利息、欠款利息等收入。"

根据上述政策规定，房地产开发企业的各项存款利息收入，包括自有、借款及代收的各类款项的存款利息收入，要按照规定计入企业的收入总额，但不征收增值税。

问题 2-5-4

企业利用闲置专项借款对外投资取得收益，土地增值税清算时如何处理？

答：《企业会计准则第 17 号——借款费用》规定："为购建或者生产符合资本化条件的资产而借入专门借款的，应当以专门借款当期实际发生的利息费用，减去将尚未动用的借款资金存入银行取得的利息收入或进行暂时性投资取得的投资收益后的金额确定。专门借款，是指为购建或者生产符合资本化条件的资产而专门借入的款项。"

根据《土地增值税清算管理规程》（国税发〔2009〕91 号文件发布）第二十七条第（三）项的规定，应当特别注意审核"利用闲置专项借款对外投资取得收益，其收益是否冲减利息支出"。即：利用闲置专项借款对外投资取得收益，其收益需要冲减利息支出，冲减掉的该部分利息支出不允许在土地增值税清算时作为扣除项目。

2.6 土地增值税清算时利息扣除的业务

在进行土地增值税清算时，利息支出是房地产开发费用的重要项目，涉及扣除的方式、计算等。

问题 2-6-1

土地增值税清算时利息扣除的方式是什么？

答：《国家税务总局关于土地增值税清算有关问题的通知》（国税函〔2010〕220 号）第三条第（四）项规定："土地增值税清算时，已经计入房地产开发成本的利息支出，应调整至财务费用中计算扣除。"在房地产项目核算中，利息支出已经计入房地产开发成本，因此在计算利息扣除金额时，要从房地产开发成本中调整到房地产开发费用。

根据《土地增值税清算管理规程》（国税发〔2009〕91 号文件发布）第二十七条第（一）项的规定，在审核利息支出时应当重点关注：是否将利息支出从房地产开发成本中调整至开发费用。

在日常项目核算中，利息支出计入房地产开发成本，根据土地增值税政策，利息的扣除有单独的规定，因此在计算利息扣除金额时，要从房地产开发成本中调整到房地产开发费用。

问题 2-6-2

土地增值税清算时利息支出能按转让项目分摊的如何扣除？

答：《中华人民共和国土地增值税暂行条例实施细则》（以下简称《土地增值

税暂行条例实施细则》）第七条第（三）项规定："开发土地和新建房及配套设施的费用（以下简称房地产开发费用），是指与房地产开发项目有关的销售费用、管理费用、财务费用。财务费用中的利息支出，凡能够按转让房地产项目计算分摊并提供金融机构证明的，允许据实扣除，但最高不能超过按商业银行同类同期贷款利率计算的金额。其他房地产开发费用，按本条（一）、（二）项规定计算的金额之和的百分之五以内计算扣除。"

《国家税务总局关于土地增值税清算有关问题的通知》（国税函〔2010〕220号）第三条第（一）项规定，财务费用中的利息支出，凡能够按转让房地产项目计算分摊并提供金融机构证明的，允许据实扣除，但最高不能超过按商业银行同类同期贷款利率计算的金额。其他房地产开发费用，在按照"取得土地使用权所支付的金额"与"房地产开发成本"金额之和的5%以内计算扣除。

根据上述政策规定，在土地增值税清算中，对于利息支出，凡是能够按转让房地产项目计算分摊并提供金融机构证明的，可以允许据实扣除，但有最高贷款利率限制。在实务中，据实列支时，需要关注企业的关联方资金占用情况，是否有项目融资借与他人使用的情况，如有此情况，需要分清实际用于本项目的资金占用利息。如果无法分清该项目占用资金的情况，或无法按项目分摊计算及无法提供金融机构证明，则依据《国家税务总局关于土地增值税清算有关问题的通知》（国税函〔2010〕220号）第三条第（二）项规定处理。

REAL ESTATE
ENTERPRISE　**案例 2-15**

土地增值税清算时利息支出的扣除计算

A 房地产开发企业建设甲项目，支付土地出让金 4 000 万元，发生土地征用费及拆迁补偿费 1 000 万元、前期工程费 1 000 万元、基础设施配套费 1 500 万元、建筑安装工程费 4 000 万元、公共配套设施费 1 500 万元、开发间接费 1 000 万元，合计 10 000 万元。"开发间接费用"科目中列支利息支出 600 万元，系全部与本市 B 银行金融机构的项目借款资金利息。A 房地产开发企业土地增值税清算时处理如下：

利息扣除金额：应按实际发生额 600 万元据实扣除；

房地产开发费用扣除金额：$(4\,000 + 10\,000 - 600) \times 5\% = 670$（万元）。

问题 2-6-3

土地增值税清算时利息支出不能按转让项目分摊的如何扣除？

答：《土地增值税暂行条例实施细则》第七条第（三）项规定："凡不能按转让房地产项目计算分摊利息支出或不能提供金融机构证明的，房地产开发费用按本条（一）、（二）项规定计算的金额之和的百分之十以内计算扣除。上述计算扣除的具体比例，由各省、自治区、直辖市人民政府规定。"

《国家税务总局关于土地增值税清算有关问题的通知》（国税函〔2010〕220号）第三条第（二）项规定："凡不能按转让房地产项目计算分摊利息支出或不能提供金融机构证明的，房地产开发费用在按'取得土地使用权所支付的金额'与'房地产开发成本'金额之和的10％以内计算扣除。

全部使用自有资金，没有利息支出的，按照以上方法扣除。

上述具体适用的比例按省级人民政府此前规定的比例执行。"

根据上述政策规定，在土地增值税清算中，对于利息支出，凡不能按转让房地产项目计算分摊或不能提供金融机构证明的，与其他房地产开发费用统一按"取得土地使用权所支付的金额"与"房地产开发成本"金额之和的10％以内计算扣除。

案例 2-16

土地增值税清算时利息支出不能按转让项目分摊的扣除计算

A 房地产开发企业开发甲、乙两个项目，甲项目于 2017 年 12 月达到土地增值税清算条件，拟予以清算。甲项目支付土地出让金 4 000 万元，发生土地征用费及拆迁补偿费 1 000 万元、前期工程费 1 000 万元、基础设施配套费 1 500 万元、建筑安装工程费 4 000 万元、公共配套设施费 1 500 万元、开发间接费 400 万元（不含利息支出），合计 9 400 万元。甲、乙两个项目共计发生利息支出 800 万元，由于两个项目滚动交叉开发，利息支出不能准确划分。土地增值税清算时处理如下：

房地产开发费用扣除金额：（4 000＋9 400）×10％＝1 340（万元）。

除此之外，不再另行扣除利息支出金额。

问题 2-6-4

企业既有金融机构借款又有其他借款，土地增值税清算时开发费用如何扣除？

答：《国家税务总局关于土地增值税清算有关问题的通知》（国税函〔2010〕220 号）第三条第（三）项规定："房地产开发企业既向金融机构借款，又有其他借款的，其房地产开发费用计算扣除时不能同时适用本条（一）、（二）项所述两种办法。"

根据上述政策规定，房地产开发企业既向金融机构借款，又有其他借款，即向非金融机构借款，包括向个人借款的，在土地增值税清算时，其利息的扣除计算不能同时适用《国家税务总局关于土地增值税清算有关问题的通知》（国税函

〔2010〕220 号）第三条第（一）、第（二）项所述两种办法。

案例 2-17

企业既有金融机构借款又有其他借款，土地增值税清算时开发费用的扣除计算

A 房地产开发企业建设甲项目，支付土地出让金 4 000 万元，发生土地征用费及拆迁补偿费 1 000 万元、前期工程费 1 000 万元、基础设施配套费 1 500 万元、建筑安装工程费 4 000 万元、公共配套设施费 1 500 万元、开发间接费 1 000 万元，合计 10 000 万元。"开发间接费用"科目中列支利息支出 600 万元，其中 400 万元系与该市 B 银行金融机构的项目借款资金利息，200 万元系与 B 关联公司的借款资金利息。土地增值税清算时处理如下：

房地产开发费用扣除金额：（4 000＋10 000－600）×10％＝1 340（万元）。

除此之外，不再另行扣除利息支出金额。

第 3 章
涉及土地使用权成本各项业务涉税问题

《房地产开发经营业务企业所得税处理办法》（国税发〔2009〕31号文件发布）规定，土地征用费及拆迁补偿费，指为取得土地开发使用权（或开发权）而发生的各项费用，主要包括土地买价或出让金、大市政配套费、契税、耕地占用税、土地使用费、土地闲置费、土地变更用途和超面积补交的地价及相关税费、拆迁补偿支出、安置及动迁支出、回迁房建造支出、农作物补偿费、危房补偿费等。土地成本，一般按占地面积法进行分配。如果确实需要结合其他方法进行分配，应商税务机关同意。

本章内容主要是企业取得土地后，发生的各项成本费用业务以及成本费用分配业务，涉及印花税、企业所得税、增值税、土地增值税等税种。本章案例均不考虑城市维护建设税、教育费附加。

3.1　以出让方式获取土地业务

出让是指国家以土地所有者的身份将土地使用权在一定年限内让与土地使用者，出让的方式有招标出让、拍卖出让、挂牌出让（三项联合简称"招拍挂"方式）和协议出让。

问题 3-1-1

企业在土地获取环节会产生哪些重要涉税资料？

答：房地产开发企业在土地获取环节会产生相应的权属变化、出让金缴纳等重要资料，根据相关税种的计税依据、纳税义务发生时间及计算方法的相关规定，这些资料包括以下几项：

1.《国有土地使用权出让合同》（或《国有土地使用权转让合同》）等。合同签订时间、金额、面积、土地交付时间等是计算增值税、印花税、城镇土地使用税、土地增值税、企业所得税的重要数据来源。

2.《国有土地使用权证》。《国有土地使用权证》上标注的时间、面积等是城镇土地使用税、土地增值税、企业所得税相关计算的重要参考数据。

3. 国有土地出让金缴纳票据。出让金缴纳票据金额是增值税、土地增值税、企业所得税相关计算的重要数据。

4. 耕地占用税、契税等相关税费缴纳凭证（完税证）。完税证记载的税额数据是土地增值税、企业所得税相关计算的重要数据。

问题 3-1-2

签订《国有土地使用权出让合同》如何计算印花税？

答：《财政部、国家税务总局关于印花税若干政策的通知》（财税〔2006〕162 号）第三条规定："对土地使用权出让合同、土地使用权转让合同按产权转移书据征收印花税。"

由《印花税暂行条例》所附《印花税税目税率表》可知，产权转移书据，由立据人按所载金额的万分之五贴花。所立书据以合同方式签订的，应由持有书据的各方分别按全额贴花。也就是说，出让方、受让方均要按规定计算贴花。

─────REAL ESTATE
ENTERPRISE　**案例 3-1**

企业签订《国有土地使用权出让合同》的印花税计算

A 房地产开发公司 2017 年 7 月与国土局签订《国有土地使用权出让合同》，合同记载金额 50 000 万元。印花税计算及会计处理如下：

1. 税款计算。

应缴印花税：50 000×0.000 5＝25（万元）。

2. 会计处理（单位：万元）。

借：税金及附加——印花税　　　　　　　　　　　　　　　　　　　25

贷：应交税费——应交印花税　　　　　　　　　　　　　　　　　　25

问题 3-1-3

企业以出让方式获取国有土地使用权如何计算缴纳契税？

答：《契税暂行条例》第一条规定："在中华人民共和国境内转移土地、房屋权属，承受的单位和个人为契税的纳税人，应当依照本条例的规定缴纳契税"；第三条第一项规定："契税税率为 3%～5%。契税的适用税率，由省、自治区、直辖市人民政府在前款规定的幅度内按照本地区的实际情况确定，并报财政部和国家税务总局备案"；第四条第（一）项规定："国有土地使用权出让、土地使用权出售、房屋买卖，为成交价格"；第五条规定："契税应纳税额，依照本条例第三条规定的税率和第四条规定的计税依据计算征收。应纳税额计算公式：应纳税额＝计税依据×税率"。

根据上述政策规定，企业通过出让方式获取国有土地使用权，承受国有土地使用权的企业为契税的纳税人，在计算契税时，应以成交价格为计税依据，适用税率为当地政府在《契税暂行条例》规定的幅度内确定的税率。

─────REAL ESTATE
ENTERPRISE　**案例 3-2**

企业以出让方式获取国有土地使用权的契税计算

A 房地产开发公司 2017 年 7 月与国土局签订《国有土地使用权出让合同》，合同记载金额 50 000 万元。假定当地契税税率为 3%，契税计算及会计处理如下：

1. 税款计算。

应缴契税：50 000×0.03＝1 500（万元）。

2. 会计处理（单位：万元）：

借：开发成本——土地征用及拆迁补偿费　　　　　　　　　　　　1 500

贷：应交税费——应交契税　　　　　　　　　　　　　　　　　　1 500

问题 3-1-4

企业以协议方式、竞价方式（出让）获取国有土地使用权如何计算缴纳契税？

答：《财政部、国家税务总局关于国有土地使用权出让等有关契税问题的通知》（财税〔2004〕134 号）第一条规定："出让国有土地使用权的，其契税计税价格为承受人为取得该土地使用权而支付的全部经济利益。

（一）以协议方式出让的，其契税计税价格为成交价格。成交价格包括土地出让金、土地补偿费、安置补助费、地上附着物和青苗补偿费、拆迁补偿费、市政建设配套费等承受者应支付的货币、实物、无形资产及其他经济利益。

没有成交价格或者成交价格明显偏低的，征收机关可依次按下列两种方式确定：

1. 评估价格：由政府批准设立的房地产评估机构根据相同地段、同类房地产进行综合评定，并经当地税务机关确认的价格。

2. 土地基准地价：由县以上人民政府公示的土地基准地价。

（二）以竞价方式出让的，其契税计税价格，一般应确定为竞价的成交价格，土地出让金、市政建设配套费以及各种补偿费用应包括在内。"

《国家税务总局关于明确国有土地使用权出让契税计税依据的批复》（国税函〔2009〕603 号）规定："根据《财政部 国家税务总局关于土地使用权出让等有关契税问题的通知》（财税〔2004〕134 号）规定，出让国有土地使用权，契税计税价格为承受人为取得该土地使用权而支付的全部经济利益。对通过'招、拍、挂'程序承受国有土地使用权的，应按照土地成交总价款计征契税，其中的土地前期开发成本不得扣除。"

根据上述政策规定，企业通过协议方式、竞价方式（出让）获取国有土地使用权的，其契税计税价格为成交价格，包括承受人为取得该土地使用权而支付的全部经济利益。各类补偿费用、市政建设配套费等均不得扣除。实际业务中，如果市政建设配套费是另行缴纳的，未在土地出让合同中列示，则契税缴纳的计税基础不含市政建设配套费。

──REAL ESTATE
└ENTERPRISE　**案例 3-3**

企业以竞价方式获取国有土地使用权的契税计算

A 房地产开发公司 2017 年 8 月以竞价方式获得出让的土地一块，支付土地出让金 6 000 万元、市政建设配套设施 500 万元，支付其他各项补偿费 900 万元。假定当地契税税率为 3%，契税计算及会计处理如下：

1. 税款计算。

应缴契税：（6 000＋500＋900）×0.03＝222（万元）。

2．会计处理（单位：万元）：

借：开发成本——土地征用及拆迁补偿费　　　　　　　　　222

贷：应交税费——应交契税　　　　　　　　　　　　　　　222

问题 3-1-5

企业缴纳的城市基础设施配套费是否应作为契税的计税基础？

答：房地产开发企业签订《国有土地使用权出让合同》受让国有土地使用权后，在进行项目开发报建、申请《建筑工程施工许可证》时，需按照建设规模或投资额计算缴纳城市基础设施配套费。契税的纳税义务发生时间是纳税人签订土地合同的当天，所以报建环节缴纳的费用不构成契税的计税基础。

《财政部、国家税务总局关于国有土地使用权出让等有关契税问题的通知》（财税〔2004〕134 号）第一条第（二）项规定："以竞价方式出让的，其契税计税价格，一般应确定为竞价的成交价格，土地出让金、市政建设配套费以及各种补偿费用应包括在内。"所以，市政建设配套费需要缴纳契税。

根据上述政策规定，土地交易环节缴纳的市政建设配套费应作为契税的计税基础。

问题 3-1-6

当地政府减免的土地出让金是否计算缴纳契税？

答：《国家税务总局关于免征土地出让金出让国有土地使用权征收契税的批复》（国税函〔2005〕436 号）规定："根据《中华人民共和国契税暂行条例》及其细则的有关规定，对承受国有土地使用权所应支付的土地出让金，要计征契税。不得因减免土地出让金，而减免契税。"

契税的计税价格，一般应包括土地出让金、市政建设配套费以及各种补偿费用等。根据上述政策规定，如果政府相关部门对土地出让金予以减免，则减免的土地出让金仍然要包括在契税的计税依据中。

REAL ESTATE
ENTERPRISE　**案例 3-4**

企业获取国有土地使用权且减免部分土地出让金的契税计算

A 房地产开发公司 2017 年 8 月以竞价方式获得出让的土地一块，支付土地出让金 6 000 万元、市政建设配套设施 500 万元，支付其他各项补偿费 900 万元。经过批准减免土地出让金 1 000 万元，企业实际缴纳土地出让金 5 000 万元。假定当地契税税率为 3%，契税计算及会计处理如下：

1．税款计算。

应缴契税（含减免的 1 000 万元）：（6 000＋500＋900）×0.03＝222（万元）。

2. 会计处理（单位：万元）。

借：开发成本——土地征用及拆迁补偿费　　　　　　　　　222

贷：应交税费——应交契税　　　　　　　　　　　　　　222

问题 3-1-7

企业以出让方式取得土地使用权后从何时开始缴纳城镇土地使用税？

答：《财政部、国家税务总局关于房产税、城镇土地使用税有关政策的通知》（财税〔2006〕186号）第二条第一款规定："以出让或转让方式有偿取得土地使用权的，应由受让方从合同约定交付土地时间的次月起缴纳城镇土地使用税；合同未约定交付土地时间的，由受让方从合同签订的次月起缴纳城镇土地使用税。"

《国家税务总局关于通过招拍挂方式取得土地缴纳城镇土地使用税问题的公告》（国家税务总局公告2014年第74号）规定："通过招标、拍卖、挂牌方式取得的建设用地，不属于新征用的耕地，纳税人应按照《财政部 国家税务总局关于房产税 城镇土地使用税有关政策的通知》（财税〔2006〕186号）第二条规定，从合同约定交付土地时间的次月起缴纳城镇土地使用税；合同未约定交付土地时间的，从合同签订的次月起缴纳城镇土地使用税。"

根据上述政策规定，一般是从合同约定交付土地时间的次月起缴纳城镇土地使用税，对于合同未约定交付土地时间的，由受让方从合同签订的次月起缴纳城镇土地使用税。在实际操作中，对于通过"招拍挂"方式取得的土地，由于种种原因，在合同约定交付土地的时间没有实现交付的，如果国土管理部门出具的延迟交付土地的证明，可以国土管理部门出具的延迟交付土地的证明上标注的交付时间为准。

REAL ESTATE
ENTERPRISE **案例 3-5**

企业以出让方式取得土地使用权的城镇土地使用税计算

A房地产开发公司2017年4月20日拍得一块实际开发面积为21 000平方米的土地。2017年4月28日签订的国有土地出让合同约定，6月20日办理土地交付手续。假定该块土地的单位税额为每平方米8元，企业在按时实际取得土地后，城镇土地使用税计算及会计处理如下：

1. 税款计算。

城镇土地使用税年应缴税款：$21\,000 \times 8 = 168\,000$（元）；

2017年应缴城镇土地使用税额(7—12月)：$168\,000 \times (6 \div 12) = 84\,000$（元）。

2. 会计处理（单位：万元）。

借：税金及附加——城镇土地使用税   8.4

贷：应交税费——应交城镇土地使用税   8.4

问题 3-1-8

企业以出让方式获取土地使用权后缴纳的耕地占用税、契税、印花税和城镇土地使用税通过什么科目核算？

答：根据《增值税会计处理规定》（财会〔2016〕22 号文件发布）第二条第（二）项第 3 点第二款及相关会计处理规定，取得土地使用权时涉及的相关税收主要有耕地占用税、契税、印花税，取得土地使用权后涉及的税收主要是城镇土地使用税。

1. 耕地占用税。

如果房地产企业购置的是耕地，则需要缴纳耕地占用税。由于耕地占用税是在实际占用耕地之前一次性缴纳的，不存在与征税机关清算和结算的问题，因此企业按规定缴纳的耕地占用税，可以不通过"应交税费"科目核算。根据购置土地的不同用途，确定缴纳的耕地占用费用可记入"无形资产""在建工程""开发成本"等科目。耕地占用税以纳税人实际占用的耕地面积为计税依据，按照规定的适用税额一次性征收，税额由各地在规定的幅度内确定。

2. 契税。

契税一般不通过"应交税费"科目核算，根据取得土地使用权的用途记入不同的会计科目。房地产企业为进行房地产开发而取得的土地使用权所缴纳的契税，在实际缴纳时依据契税完税凭证直接记入"开发成本"科目；为建造办公楼等自用而取得的土地使用权所缴纳的契税，在实际缴纳时依据契税完税凭证直接记入"无形资产"科目。契税以国有土地使用权出让（土地使用权出售、房屋买卖）成交价格为计税依据，税率为 3%～5%。

3. 印花税。

在计提时，借记"税金及附加"科目，贷记"应交税费——应交印花税"科目，缴纳时，借记"应交税费——应交印花税"科目，贷记"银行存款"科目。印花税主要是产权转移数据（土地出让价格），以所载金额为计税依据，税率为万分之五。

4. 城镇土地使用税。

房地产开发企业按规定计算应缴纳的城镇土地使用税时，借记"税金及附加"科目，贷记"应交税费——应交土地使用税"科目；上交时，借记"应交税费——应交土地使用税"科目，贷记"银行存款"科目。

问题 3-1-9

企业以出让方式获取的土地使用权如何进行会计（企业所得税）处理？

答：根据《房地产开发经营业务企业所得税处理办法》（国税发〔2009〕31号文件发布）第二十七条的规定，通过出让方式取得土地使用权的入账价值通常是土地出让金加上相关税费，相关税费是指涉及的契税，有的还涉及耕地占用税。房地产开发企业取得的土地使用权用于建造对外出售的房屋建筑物，相关的土地使用权应当计入所建造的房屋建筑成本，即借记"开发成本——土地征用及拆迁补偿费"等科目，贷记"银行存款""应付账款"等科目。

契税、耕地占用税是房地产开发企业为取得土地使用权所发生的支出，直接记入"开发成本——土地征用及拆迁补偿费"科目。

REAL ESTATE
ENTERPRISE **案例 3-6**

企业以出让方式获取土地使用权成本及各项税费的会计处理

A 房地产开发企业 2016 年 11 月 1 日通过"招拍挂"获取一块开发用地（占用的耕地），实际使用面积为 5 万平方米，签订的《国有土地使用权出让合同》约定于 2016 年 11 月 30 日交付土地，合同记载金额为 2 200 万元。当地契税税率为 3%，耕地占用税额为每平方米 6 元，城镇土地使用税单位税额为 5 元。相关税款计算、会计处理如下：

1. 税款计算。

应缴契税：2 200×3%＝66（万元）；

应缴印花税：2 200×0.000 5＝1.1（万元）；

应缴地耕地占用税：5×6＝30（万元）；

应缴城镇土地使用税（年应缴税额）：5×5＝25（万元）；

2016 年应缴城镇土地使用税：25×(1÷12)＝2.08（万元）。

2. 会计处理（单位：万元）。

（1）取得土地使用权：

借：开发成本——土地征用及拆迁补偿费　　　　　　　　　　2 200

　　贷：银行存款　　　　　　　　　　　　　　　　　　　　2 200

（2）契税、耕地占用税：

借：开发成本——土地征用及拆迁补偿费　　　　　　　　　　　96

　　贷：应交税费——应交契税　　　　　　　　　　　　　　　66

　　　　　　　　——应交耕地占用税　　　　　　　　　　　　30

（3）印花税：

借：税金及附加——印花税　　　　　　　　　　　　　　　　1.1

　　　　贷：应交税费——应交印花税　　　　　　　　　　　　　1.1

　（4）城镇土地使用税，从取得土地的次月开始缴纳：

　　　　借：税金及附加——城镇土地使用税　　　　　　　　　　2.08

　　　　贷：应交税费——应交城镇土地使用税　　　　　　　　　2.08

　　提示： 如果占用的不是耕地，则不需要缴纳耕地占用税。

问题 3-1-10

企业支付的土地价款应取得什么样的票据？

　　答：发票（票据）是证明企业发生的交易业务按法律法规规定的程序和要求进行的重要凭证。根据以票管税的原则，即使土地成本的支出是真实的，但如果票据不符合规定要求，则增值税、土地增值税等也不予抵扣或扣除。

　　1. 土地出让金专用票据开具规定。

　　《财政部、国家土地管理局关于加强土地使用权出让金征收管理的通知》（财综字〔1995〕10 号）规定："土地受让方按合同规定全部付清地价款后，财政部门应为土地受让方开具'土地出让金专用票据'，并在登记单第四联和第五联上加盖收讫章。加盖收讫章后的登记单第四联，退土地部门存档。土地管理部门根据土地受让方所执加盖收讫章后的登记单第五联、土地出让金专用票据及有关规定，办理土地登记手续，填发土地使用证。"

　　2. 增值税规定。

　　《房地产开发企业销售自行开发的房地产项目增值税征收管理暂行办法》（国家税务总局公告 2016 年第 18 号发布）第五条规定："支付的土地价款，是指向政府、土地管理部门或受政府委托收取土地价款的单位直接支付的土地价款"；第六条规定："在计算销售额时从全部价款和价外费用中扣除土地价款，应当取得省级以上（含省级）财政部门监（印）制的财政票据"。

　　3. 土地增值税规定。

　　《国家税务总局关于房地产开发企业土地增值税清算管理有关问题的通知》（国税发〔2006〕187 号）第四条第（一）项规定："房地产开发企业办理土地增值税清算时计算与清算项目有关的扣除项目金额，应根据土地增值税暂行条例第六条及其实施细则第七条的规定执行。除另有规定外，扣除取得土地使用权所支付的金额、房地产开发成本、费用及与转让房地产有关税金，须提供合法有效凭证；不能提供合法有效凭证的，不予扣除。"

　　根据上述政策规定，房地产开发企业从一级市场上取得的土地，其成本可以在相关税款（或销售额）计算时抵扣，但无法取得增值税专用发票，所以无法抵扣进项税额。

问题 3-1-11

农用地转为建设用地涉及的各项费用该如何处理?

答:根据《中华人民共和国物权法》《中华人民共和国土地管理法》等法律法规的相关规定,如果房地产开发企业获取的土地涉及农用地(集体土地)转为建设用地,还应当依据《中华人民共和国土地管理法》的规定办理农用地转用审批手续,并对占用的耕地进行补偿安置,其涉及的耕地补偿安置费用有土地补偿费、安置补助费、地上附着物补偿费及青苗补偿费、新菜地开发建设资金等。

关于上述各项费用的企业所得税处理,根据《房地产开发经营业务企业所得税处理办法》(国税发〔2009〕31 号文件发布)第二十七条的规定,企业交纳的各项耕地补偿安置费用均属于"开发产品计税成本支出"。在财务核算上应记入"开发成本——土地征用及拆迁补偿费"科目。

REAL ESTATE
ENTERPRISE **案例 3-7**

农用地转为建设用地各种补偿安置费用的处理

A 房地产开发公司 2017 年 6 月通过"招拍挂"获取一块开发用地(占用的是耕地),实际使用面积为 5 万平方米,共上缴各项耕地补偿安置费用 1 000 万元。会计处理如下(单位:万元):

借:开发成本——土地征用及拆迁补偿费   1 000

    贷:银行存款   1 000

3.2 以转让方式获取土地业务

转让是指土地使用者将土地使用权让与其他土地使用者,主要是指在土地的二级市场获取的开发用地,涉及增值税不含税价格的计算等业务。

问题 3-2-1

企业以转让方式获取土地有哪些重要涉税资料?

答:房地产开发企业通过转让方式获取土地时,因权属变化、出让金交纳及增值税发票开具等业务,会产生与之相关的重要涉税资料。根据各个税种计税依据、纳税义务发生时间及计算方法的相关规定,这些资料是直接涉税计算的基础资料,主要有《国有土地使用权转让合同》《国有土地使用权证》,以及增值税发票与契税等相关税费缴纳凭证(完税证)等。

其中,《国有土地使用权转让合同》签订时间、金额、面积、土地交付时间等是计算增值税、印花税、城镇土地使用税、土地增值税、企业所得税的重要数据来源。

《国有土地使用权证》上标注的时间、面积等是城镇土地使用税、土地增值税、企业所得税相关计算的重要参考数据。

增值税发票金额是增值税、土地增值税、企业所得税相关计算的重要数据。

契税等相关税费缴纳凭证（完税证）记载的税额是土地增值税、企业所得税相关计算的重要数据。

问题 3-2-2

企业签订的国有土地使用权转让合同如何贴花？

答：《财政部、国家税务总局关于印花税若干政策的通知》（财税〔2006〕162号）规定："土地使用权出让合同、土地使用权转让合同按产权转移书据征收印花税"，按所载金额的万分之五贴花。一般情况下，如果合同分别记载价税，则可以按不含税价计算。产权转移书据由立据人贴花，所立书据以合同方式签订的应由持有书据的各方分别按全额贴花。也就是说，出让方、受让方均要按规定计算贴花。

REAL ESTATE
ENTERPRISE **案例 3-8**

土地使用权转让合同印花税的计算

A 房地产开发公司 2017 年 1 月与 B 公司签订土地转让合同，合同记载价格 50 000 万元（含税）。A 房地产开发公司印花税计算及会计处理如下：

1. 税款计算。

应缴印花税：50 000×0.000 5＝25（万元）。

2. 会计处理（单位：万元）。

借：税金及附加   25

　　贷：应交税费——应交印花税   25

提示：如果合同是价税分开的，则印花税以合同价格为计税依据。

问题 3-2-3

企业以转让方式获取国有土地使用权如何计算缴纳契税？

答：《契税暂行条例》第一条规定："在中华人民共和国境内转移土地、房屋权属，承受的单位和个人为契税的纳税人，应当依照本条例的规定缴纳契税"；第三条第一项规定："契税税率为 3%—5%。契税的适用税率，由省、自治区、直辖市人民政府在前款规定的幅度内按照本地区的实际情况确定，并报财政部和国家税务总局备案"；第四条第（一）项规定："国有土地使用权出让、土地使用权出售、房屋买卖，为成交价格"；第五条规定："契税应纳税额，依照本条例第三条规定的税率和第四条规定的计税依据计算征收。应纳税额计算公式：应纳税额＝计税依据×税率"。

《财政部 国家税务总局关于营改增后契税、房产税、土地增值税、个人所得税计税依据问题的通知》（财税〔2016〕43号）第一条规定："计征契税的成交价格不含增值税。"

《财政部 国家税务总局关于土地使用权转让契税计税依据的批复》（财税〔2007〕162号）规定："根据国家土地管理相关法律法规和《中华人民共和国契税暂行条例》及其实施细则的规定，土地使用者将土地使用权及所附建筑物、构筑物等（包括在建的房屋、其他建筑物、构筑物和其他附着物）转让给他人的，应按照转让的总价款计征契税。"

根据上述政策规定，企业通过转让方式获取国有土地使用权的，契税的计税依据为成交价格。营改增后，计征契税的成交价格不包含增值税，其适用税率为当地政府在《契税暂行条例》规定的幅度内确定的税率。

REAL ESTATE
ENTERPRISE　**案例 3-9**

企业以转让方式获取国有土地使用权的契税计算

A房地产开发公司2017年1月与B公司签订土地转让合同，合同记载价格50 000万元（含税）。假定当地契税税率为3％，A房地产开发公司契税计算及会计处理如下：

1. 税款计算。

不含税价格：$50\,000 \div (1+11\%) = 45\,045.05$（万元）；

应缴契税：$45\,045.05 \times 0.03 = 1\,351.35$（万元）。

2. 会计处理（单位：万元）。

借：开发成本——土地征用及拆迁补偿费　　　　　　　　　1 351.35
　　贷：应交税费——应交契税　　　　　　　　　　　　　　1 351.35

问题 3-2-4

企业以转让方式获取国有土地使用权从何时开始缴纳城镇土地使用税？

答：《财政部、国家税务总局关于房产税、城镇土地使用税有关政策的通知》（财税〔2006〕186号）第二条第一款规定："以出让或转让方式有偿取得土地使用权的，应由受让方从合同约定交付土地时间的次月起缴纳城镇土地使用税；合同未约定交付土地时间的，由受让方从合同签订的次月起缴纳城镇土地使用税。"

根据上述政策规定，一般是从合同约定交付土地时间的次月起缴纳城镇土地使用税，对于合同未约定交付土地时间的，由受让方从合同签订的次月起缴纳城镇土地使用税。

REAL ESTATE
ENTERPRISE **案例 3-10**

企业以转让方式获取国有土地使用权的城镇土地使用税计算

A 房地产开发公司 2017 年 1 月与 B 公司签订土地转让合同，合同记载价格 50 000 万元（含税），土地面积为 21 000 平方米。土地转让合同约定，6 月 20 日办理土地交付手续。假定该块土地的税额为每平方米 8 元。A 房地产开发公司在按时实际取得土地后，城镇土地使用税计算及会计处理如下：

1. 税款计算。

城镇土地使用税年应缴税额：21 000×8＝168 000（元）；

2017 年应缴城镇土地使用税额（7—12 月）：168 000×（6÷12）＝84 000（元）。

2. 会计处理（单位：万元）。

借：税金及附加——城镇土地使用税　　　　　　　　　　　8.4

贷：应交税费——应交城镇土地使用税　　　　　　　　　　8.4

问题 3-2-5

企业以转让方式获取国有土地使用权支付的土地价款应取得什么样的票据（进项税额处理）？

答：《营业税改征增值税试点实施办法》（财税〔2016〕36 号文件附件 1）第五十三条规定："纳税人发生应税行为，应当向索取增值税专用发票的购买方开具增值税专用发票，并在增值税专用发票上分别注明销售额和销项税额"；第五十四条规定："小规模纳税人发生应税行为，购买方索取增值税专用发票的，可以向主管税务机关申请代开"。

根据上述政策规定，企业以转让方式获取国有土地使用权支付土地价款的，如果转让方是一般纳税人，受让方向转让方索取增值税专用发票，转让方应予以开具。如果转让方是小规模纳税人，受让方可要求其到税务机关申请代开增值税专用发票。

提示：根据《财政部　税务总局关于调整增值税税率的通知》（财税〔2018〕32 号）第一条的规定，自 2018 年 5 月 1 日起，"纳税人发生增值税应税销售行为或者进口货物，原适用 17% 和 11% 税率的，税率分别调整为 16%、10%"。

REAL ESTATE
ENTERPRISE **案例 3-11**

企业以转让方式获取国有土地使用权支付的土地价款的进项税额处理

A 房地产开发公司 2017 年 1 月与 B 公司签订土地转让合同，合同约定 B 公司将一地块转让给 A 房地产开发公司，合同价款为 2 200 万元（含税），B 公司应为 A 房地产开发公司开具增值税发票。

1. 假定 B 公司为一般纳税人且采用一般计税方法计税。

B 公司不含税价格：2 200÷(1+11％)＝1 981.98（万元）；

B 公司增值税销项税额：1 981.98×11％＝218.02（万元）。

A 房地产开发公司按规定取得增值税专用发票，进项税额 218.02 万元可以抵扣。

2. 假定 B 公司为小规模纳税人，适用简易计税方法计税，开具增值税普通发票，则 A 房地产开发公司没有进项税额抵扣。

提示：如果上述业务发生在 2018 年 5 月 1 日后，则增值税相关计算如下：

B 公司不含税价格：2 200÷(1+10％)＝2 000（万元）；

B 公司增值税销项税额：2 000×10％＝200（万元）。

问题 3-2-6

企业以转让方式获取国有土地使用权缴纳的契税、印花税和城镇土地使用税通过什么科目核算？

答：根据《增值税会计处理规定》（财会〔2016〕22 号文件发布）第二条(二) 项第 3 点第二款及相关会计处理规定，企业以转让方式获取土地使用权时涉及的相关税收主要有契税、印花税。

(1) 契税。契税一般不通过"应交税费"科目核算，根据取得土地使用权的用途记入不同的会计科目。房地产企业为进行房地产开发而取得的土地使用权所缴纳的契税，在实际缴纳时依据契税完税凭证直接记入"开发成本"科目；为建造办公楼等自用而取得的土地使用权所缴纳的契税，在实际缴纳时依据契税完税凭证直接记入"无形资产"科目。

(2) 印花税。在计提时，借记"税金及附加"科目，贷记"应交税费——印花税"科目，缴纳时，借记"应交税费——应交印花税"科目，贷记"银行存款"科目。

(3) 城镇土地使用税。企业通过转让方式获取土地使用权后，开始涉及城镇土地使用税，按规定计算应缴纳的城镇土地使用税时，借记"税金及附加"科目，贷记"应交税费——应交土地使用税"科目；缴纳时，借记"应交税费——应交土地使用税"科目，贷记"银行存款"科目。

问题 3-2-7

企业以转让方式获取的土地使用权的成本如何确定？缴纳的各项税费如何处理？

答：根据《房地产开发经营业务企业所得税处理办法》（国税发〔2009〕31

号文件发布）第二十七条的规定，企业为取得土地开发使用权（或开发权）而发生的各项费用，均属于"开发产品计税成本支出"。所以在房地产项目开发中，企业通过转让方式获取的土地使用权，应以支付的不含税价款和缴纳的契税等相关税费作为入账价值，记入开发成本。

在会计处理上，房地产开发企业取得的土地使用权用于建造对外出售的房屋建筑物，相关的土地使用权应当计入所建造的房屋建筑成本，即借记"开发成本——取得土地使用权所支付的金额"等科目，贷记"银行存款""应付账款"等科目。

契税是房地产开发企业为取得土地使用权所发生的支出，直接记入"开发成本——取得土地使用权所支付的金额"科目。

提示1： 一般通过转让方式获取的土地使用权，没有耕地占用税。

提示2： 根据《财政部 税务总局关于调整增值税税率的通知》（财税〔2018〕32号）第一条的规定，自2018年5月1日起，"纳税人发生增值税应税销售行为或者进口货物，原适用17%和11%税率的，税率分别调整为16%、10%"。

REAL ESTATE
ENTERPRISE　**案例3-12**

企业以转让方式获取土地使用权成本确定及各项税费的会计（企业所得税）处理

A房地产开发公司2017年11月1日与B房地产开发公司签订《国有土地使用权转让合同》，受让一块开发用地，实际使用面积为5万平方米，合同记载价格50 000万元（含税）。合同约定于2017年11月30日交付土地。A公司开具增值税专用发票，当地契税税率为3%，城镇土地使用税单位税额5元。A房地产开发公司税款计算及会计处理如下：

1. 税款计算。

不含税价格：$50\,000 \div (1+11\%) = 45\,045.05$（万元）；

进项税额：$45\,045.05 \times 11\% = 4\,954.95$（万元）；

应缴契税：$45\,045.05 \times 0.03 = 1\,351.35$（万元）；

应缴印花税：$50\,000 \times 0.000\,5 = 25$（万元）；

城镇土地使用年应缴税额：$5 \times 5 = 25$（万元）；

2016年应缴城镇土地使用税额：$25 \times (1 \div 12) = 2.08$（万元）。

2. 会计处理（单位：万元）。

（1）取得土地使用权：

借：开发成本——土地征用及拆迁补偿费	45 045.05
应交税费——应交增值税——进项税额	4 954.95
贷：银行存款	50 000

（2）契税：

借：开发成本——土地征用及拆迁补偿费　　　　　　　　1 351.35

　　贷：应交税费——应交契税　　　　　　　　　　　　　　1 351.35

（3）印花税：

借：税金及附加——印花税　　　　　　　　　　　　　　　　25

　　贷：应交税费——应交印花税　　　　　　　　　　　　　　25

（4）城镇土地使用税，从取得土地的次月开始缴纳：

借：税金及附加——城镇土地使用税　　　　　　　　　　　2.08

　　贷：应交税费——应交城镇土地使用税　　　　　　　　　2.08

提示：如果上述业务发生在 2018 年 5 月 1 日后，则相关增值税、契税计算如下：

不含税价格：50 000÷（1+10%）＝45 454.55（万元）；

进项税额：45 454.55×10%＝4 545.46（万元）；

应缴契税：45 454.55×0.03＝1 363.64（万元）；

3.3　以接受投资等方式取得土地业务

股东以土地使用权作价后出资是房地产企业取得土地使用权的另一种方式，本节内容包括企业以土地使用权投资换取开发产品等业务。

问题 3-3-1

企业以接受投资方式取得土地有哪些重要涉税资料？

答：房地产开发企业以接受投资方式取得土地使用权时，因权属变化、视同销售等业务，会产生重要的涉税资料。根据各个税种计税依据、纳税义务发生时间及计算方法的相关规定，这些资料是直接涉税计算的基础资料，主要有投资协议、增值税专用发票、《国有土地使用权证》及契税等相关税费缴纳凭证（完税证）等。

其中，投资协议记载的作价金额、面积、交付时间等是计算增值税、城镇土地使用税、土地增值税、企业所得税的重要数据来源。

《国有土地使用权证》上标注的时间、面积等是城镇土地使用税、土地增值税、企业所得税相关计算的重要参考数据。

投资方以土地投资视同销售需要缴纳增值税，可开具增值税专用发票，以供接受投资方抵扣进项税。

契税等相关税费缴纳凭证（完税证）记载的税额是土地增值税、企业所得税相关计算的重要数据。

问题 3-3-2

企业签订的投资协议是否需要贴花?

答:《印花税暂行条例》第一条规定:"在中华人民共和国境内书立、领受本条例所列举凭证的单位和个人,都是印花税的纳税义务人。"

根据上述政策规定,因为投资协议不在列举的征税范围(税目),所以不需要贴花。

问题 3-3-3

企业以接受投资方式取得的土地使用权是否需要缴纳契税?

答:《契税暂行条例》第一条规定:"在中华人民共和国境内转移土地、房屋权属,承受的单位和个人为契税的纳税人,应当依照本条例的规定缴纳契税。"

《契税暂行条例细则》第八条规定,企业以土地、房屋权属作价投资、入股发生权属转移的,视同土地使用权转让、房屋买卖或者房屋赠与征税。

《财政部 国家税务总局关于营改增后契税 房产税 土地增值税 个人所得税计税依据问题的通知》(财税〔2016〕43号)第一条规定:"计征契税的成交价格不含增值税。"

根据上述政策规定,以房屋土地作价投资入股发生权属转移的,承受方应当缴纳契税,也就是由被投资企业缴纳。以投资合同或协议约定的价值为计税依据,但合同或协议约定价值不公允的按相关政策核定。营改增后,计征契税的成交价格不包含增值税。

—— REAL ESTATE
ENTERPRISE **案例 3-13**

企业以接受投资方式取得土地使用权的契税计算

2017年7月,A房地产开发公司接受B公司以一块开发用地的投资,土地作价5 000万元(不含税)。假定该地契税税率为3%。A房地产开发公司契税计算及会计处理如下:

1. 税款计算。

应缴契税:5 000×0.03=150(万元)。

2. 会计处理(单位:万元)。

借:开发成本——土地成本   150

 贷:应交税费——应交契税   150

问题 3-3-4

企业接受投资获取的土地使用权如何进行企业所得税处理?

答:《房地产开发经营业务企业所得税处理办法》(国税发〔2009〕31号文

件发布）第三十一条第（二）项规定："企业、单位以股权的形式，将土地使用权投资企业的，接受投资的企业应在投资交易发生时，按该项土地使用权的市场公允价值和土地使用权转移过程中应支付的相关税费计算确认该项土地使用权的取得成本。如涉及补价，土地使用权的取得成本还应加上应支付的补价款或减除应收到的补价款。"

根据上述政策及营改增相关政策规定，营改增后企业接受投资获取的土地使用权涉及进项税额的处理，土地使用权入账价值应为不含税金额。对于房地产开发企业取得的土地使用权用于建造对外出售的房屋建筑物，相关的土地使用权应当计入所建造的房屋建筑成本，即借记"开发成本——取得土地使用权所支付的金额"等科目，贷记"实收资本""资本公积"等科目。契税是房地产开发企业为取得土地使用权所发生的支出，直接记入"开发成本——取得土地使用权所支付的金额"科目。

REAL ESTATE
ENTERPRISE　**案例 3-14**

企业以接受投资方式获取土地使用权的会计（企业所得税）处理

2017 年 7 月，A 房地产开发公司接受 B 公司以一块开发用地的投资，土地作价 5 000 万元（不含税），B 公司开具的增值税专用发票记载增值税为 550 万元。假定该地契税税率为 3%，契税 150 万元。A 房地产开发公司相关税收及会计处理如下（单位：万元）：

1. 取得土地使用权时。

借：开发成本——土地成本		5 000
应交税费——应交增值税——进项税额		550
贷：实收资本（有溢价计入资本公积）		5 550

2. 计提契税时。

借：开发成本——土地成本——契税		150
贷：应交税费——应交契税		150

问题 3-3-5

企业以土地上的开发产品换取的土地使用权如何进行会计（企业所得税）处理？

答：《房地产开发经营业务企业所得税处理办法》（国税发〔2009〕31 号文件发布）第三十一条第（一）项第 1 点规定，企业、单位以换取开发产品为目的，将土地使用权投资企业的，"换取的开发产品如为该项土地开发、建造的，接受投资的企业在接受土地使用权时暂不确认其成本，待首次分出开发产品时，再按应分出开发产品（包括首次分出的和以后应分出的）的市场公允价值和土使用权转移过程中应支付的相关税费计算确认该项土地使用权的成本。如涉及补价，土地使用权的取得成本还应加上应支付的补价款或减除应收到的补价款"。

根据上述政策及营改增相关政策规定，营改增后企业以开发土地上的开发产品换取土地使用权的，双方均要按规定计算增值税并确定所得、成本，其交换的价格按照市场公允价值确定。但是接受投资的企业在接受土地使用权时可以暂不确认其成本，待首次分出开发产品时，再按应分出开发产品的市场公允价值和土地使用权转移过程中应支付的相关税费计算确认该项土地使用权的成本。

提示：根据《财政部 税务总局关于调整增值税税率的通知》（财税〔2018〕32号）第一条的规定，自2018年5月1日起，"纳税人发生增值税应税销售行为或者进口货物，原适用17%和11%税率的，税率分别调整为16%、10%"。

---REAL ESTATE
ENTERPRISE   **案例 3-15**

企业以土地上的开发产品换取土地使用权的会计（企业所得税）处理

2016年5月，A房地产开发公司与B公司签订合作协议，B公司将一地块转给A公司进行开发，开发完成后B公司获得该项目所有商铺。2018年2月，A公司将商铺移交B公司，商铺市场价合计为10 000万元（含税）。B公司为一般纳税人，开给A公司的增值税专用发票注明进项税额为594.59万元。A房地产开发公司相关会计处理如下：

1. A房地产开发公司为一般纳税人，移交商铺时计算不含税收入为：$10\,000 \div (1 + 11\%) = 9\,009.01$（万元）；增值税销项税额为：$9\,009.01 \times 11\% = 990.99$（万元）。

2. A房地产开发公司在获得土地使用权时暂不确认其成本，2018年2月移交商铺时按商铺市场价（含税）扣除取得的B公司开具的增值税专用发票注明的进项税额后确认该项土地使用权的成本：$10\,000 - 594.59 = 9\,405.41$（万元），同时确认收入（不考虑契税）。

会计处理为（单位：万元）：

借：开发成本——土地成本	9 405.41
应交税费——应交增值税——进项税额	594.59
贷：主营业务收入	9 009.01
应交税费——应交增值税——销项税额	990.99

提示：上述业务如果发生在2018年5月1日以后，则相关增值税计算如下：

A房地产开发公司为一般纳税人，移交商铺时计算不含税收入为：$10\,000 \div (1 + 10\%) = 9\,090.91$（万元）；增值税销项税额为：$9\,090.91 \times 10\% = 909.09$（万元）。

问题 3-3-6

企业以其他土地上的开发产品换取的土地使用权如何进行企业所得税处理？

答：《房地产开发经营业务企业所得税处理办法》（国税发〔2009〕31 号文件发布）第三十一条第（一）项第 2 点规定，企业、单位以换取开发产品为目的，将土地使用权投资企业的，"换取的开发产品如为其他土地开发、建造的，接受投资的企业在投资交易发生时，按应付出开发产品市场公允价值和土地使用权转移过程中应支付的相关税费计算确认该项土地使用权的成本。如涉及补价，土地使用权的取得成本还应加上应支付的补价款或减除应收到的补价款"。

根据上述政策及营改增相关政策规定，营改增后企业以其他土地上的开发产品换取土地使用权的，双方均要按规定计算增值税并结转所得，其交换的价格按照市场公允价值确定。

REAL ESTATE
ENTERPRISE　**案例 3-16**

企业以其他土地上的开发产品换取土地使用权的会计（企业所得税）处理

2017 年 7 月，A 房地产开发公司将开发的某项目所有商铺与 B 公司拥有的某地块交换，商铺市场价合计为 5 000 万元（不含税）。A、B 公司均为一般纳税人，交换过程中，双方计算增值税销项税额均为 550 万元。A 房地产开发公司账务处理为（单位：万元）：

借：开发成本——土地成本　　　　　　　　　　　　　　　5 000
　　应交税费——应交增值税——进项税额　　　　　　　　　550
　贷：主营业务收入　　　　　　　　　　　　　　　　　　5 000
　　　应交税费——应交增值税——销项税额　　　　　　　　550

提示：根据《财政部 税务总局关于调整增值税税率的通知》（财税〔2018〕32 号）第一条的规定，自 2018 年 5 月 1 日起，"纳税人发生增值税应税销售行为或者进口货物，原适用 17% 和 11% 税率的，税率分别调整为 16%、10%"。若上述业务发生在 2018 年 5 月 1 日以后，则增值税计算如下：

销售税额：5 000×10%＝500（万元）。

问题 3-3-7

企业以换取开发产品为目的，将土地使用权投资其他企业房地产开发项目的应如何处理？

答：根据《房地产开发经营业务企业所得税处理办法》（国税发〔2009〕31 号文件发布）第三十七条的规定，企业以换取开发产品为目的，将土地使用权投资其他企业房地产开发项目的，"企业应在首次取得开发产品时，将其分解为转让土地使用权和购入开发产品两项经济业务进行所得税处理，并按应从该项目取得的开发产品（包括首次取得的和以后应取得的）的市场公允价值计算确认土地使用权转让所得或损失"。

3.4 购买在建工程业务

本节内容主要包括房地产开发企业购入未完工的房地产项目继续开发的业务。

问题 3-4-1

企业签订购置在建工程合同如何贴花?

答：由《印花税暂行条例》所附《印花税税目税率表》可知，企业签订购置在建工程合同，按产权转移书据征收印花税，按所载金额的万分之五贴花。一般情况下，如果合同分别记载价税，则可以按不含税价计算。产权转移书据由立据人贴花，所立书据以合同方式签订的应由持有书据的各方分别按全额贴花。也就是说，出让方、受让方均要按规定计算贴花。

REAL ESTATE
ENTERPRISE **案例 3-17**

企业购买在建工程签订合同的印花税计算

A 房地产开发公司 2017 年 1 月与 B 公司签订合同受让一房地产在建项目，合同记载价格 40 000 万元、增值税 4 400 万元。A 房地产开发公司印花税计算及会计处理如下：

1. 税款计算。

应缴印花税：$40\,000 \times 0.000\,5 = 20$（万元）。

2. 会计处理（单位：万元）。

借：税金及附加   20
　贷：应交税费——应交印花税   20

问题 3-4-2

企业受让在建工程如何计算缴纳契税?

《财政部 国家税务总局关于土地使用权转让契税计税依据的批复》（财税〔2007〕162 号）规定："土地使用者将土地使用权及所附建筑物、构筑物等（包括在建的房屋、其他建筑物、构筑物和其他附着物）转让给他人的，应按照转让的总价款计征契税。"

《财政部 国家税务总局关于营改增后契税 房产税 土地增值税 个人所得税计税依据问题的通知》（财税〔2016〕43 号）第一条规定："计征契税的成交价格不含增值税。"

根据上述政策规定，企业受让在建工程，契税的计税依据为成交价格。营改增后，计征契税的成交价格不包含增值税，其适用税率为当地政府在《契税暂行条例》规定的幅度内确定的税率。

提示： 根据《财政部 税务总局关于调整增值税税率的通知》（财税〔2018〕32 号）第一条的规定，自 2018 年 5 月 1 日起，"纳税人发生增值税应税销售行为或者进口货物，原适用 17％和 11％税率的，税率分别调整为 16％、10％"。

REAL ESTATE
ENTERPRISE **案例 3-18**

企业购置在建工程的契税计算

A 房地产开发公司 2018 年 6 月 5 日与 B 公司签订合同，受让一房地产在建项目，合同记载价格为 50 000 万元（含税）。假定当地契税税率为 3％。A 房地产开发公司契税计算及会计处理如下：

1. 税款计算。

不含税价格：50 000÷（1＋10％）＝45 454.55（万元）；

应缴契税：45 454.55×0.03＝1 363.64（万元）。

2. 会计处理（单位：万元）。

借：无形资产——土地（开发成本——土地）　　　　　　1 363.64

贷：应交税费——应交契税　　　　　　　　　　　1 363.64

问题 3-4-3

企业购置在建工程应取得什么样的票据？

答：《营业税改征增值税试点实施办法》（财税〔2016〕36 号文件附件 1）第五十三条规定："纳税人发生应税行为，应当向索取增值税专用发票的购买方开具增值税专用发票，并在增值税专用发票上分别注明销售额和销项税额"；第五十四条规定："小规模纳税人发生应税行为，购买方索取增值税专用发票的，可以向主管税务机关申请代开"。

根据上述政策规定，企业购置在建工程时，如果转让方是一般纳税人，受让方向转让方索取增值税专用发票，转让方应予以开具。如果转让方是小规模纳税人，受让方可要求其到税务机关申请代开增值税专用发票。

提示： 根据《财政部 税务总局关于调整增值税税率的通知》（财税〔2018〕32 号）第一条的规定，自 2018 年 5 月 1 日起，"纳税人发生增值税应税销售行为或者进口货物，原适用 17％和 11％税率的，税率分别调整为 16％、10％"。

REAL ESTATE
ENTERPRISE **案例 3-19**

企业购置在建工程的进项税额处理

B 公司 2018 年 6 月 4 日与 A 房地产开发公司签订土地转让合同，将一在建项目转让给 A 房地产开发公司，合同价款为 3 200 万元（含税）。B 公司应为 A 房地产开发公司开具增值税专用发票。

1. 假定 B 公司为一般纳税人且采用一般计税方法计税，已知该项目对应的土地价款为 1 000 万元。

B 公司增值税销项税额：（3 200－1 000）÷（1＋10％）×10％＝200（万元）。

A 房地产开发公司按规定取得的增值税专用发票，进项税额 200 万元可以抵扣。

2. 假定 B 公司为小规模纳税人适用简易计税方法计税。

B 公司应缴增值税：3 200÷（1＋5％）×5％＝152.38（万元）。

A 房地产开发公司按规定取得增值税普通发票，没有进项税额抵扣。

问题 3-4-4

企业购置在建工程如何进行企业所得税处理？

答：《房地产开发经营业务企业所得税处理办法》（国税发〔2009〕31 号文件发布）第二十七条规定，房地产开发企业取得的在建工程用于继续开发建造对外出售的房屋建筑物，其支付的价款属于"开发产品计税成本支出"。

营改增后，根据《营业税改征增值税试点实施办法》（财税〔2016〕36 号文件附件 1）《财政部 国家税务总局关于营改增后契税 房产税 土地增值税 个人所得税计税依据问题的通知》（财税〔2016〕43 号）等文件规定，在会计处理上，以支付的不含税价款和缴纳的契税等相关税费作为入账价值。

《房地产开发企业销售自行开发的房地产项目增值税征收管理暂行办法》（国家税务总局公告 2016 年第 18 号发布）第三条规定："房地产开发企业以接盘等形式购入未完工的房地产项目继续开发后，以自己的名义立项销售的，属于本办法规定的销售自行开发的房地产项目。"

因此，房地产企业购置在建工程用于继续开发产品出售的，在建工程购置费记入"开发成本"科目，在实务操作中，应按照工程开发进度，尽可能地把购置的在建工程成本核算到具体成本明细中，如"接受土地使用权支付的额金额""前期工程费""建筑安装工程费"等。

提示：根据《财政部 税务总局关于调整增值税税率的通知》（财税〔2018

32 号）第一条的规定，自 2018 年 5 月 1 日起，"纳税人发生增值税应税销售行为或者进口货物，原适用 17％和 11％税率的，税率分别调整为 16％、10％"。

REAL ESTATE
ENTERPRISE　**案例 3-20**

企业购置在建工程的会计（企业所得税）处理

A 房地产开发公司 2018 年 6 月 15 日与 B 公司签订合同，受让一房地产在建项目，合同记载价格为 50 000 万元（含税）。B 公司开具增值税专用发票，当地契税税率为 3％。A 房地产开发公司税款计算及会计处理如下：

1. 税款计算。

不含税价格：50 000÷（1＋10％）＝45 454.55（万元）；

进项税额：45 454.55×10％＝4 545.45（万元）；

应缴契税：45 454.55×0.03＝1 363.64（万元）；

应缴印花税：50 000×0.000 5＝25（万元）。

2. 会计处理（单位：万元）。

（1）支付款项：

借：开发成本——土地征用及拆迁补偿费　　　　　　　　45 454.55

　　应交税费——应交增值税——进项税额　　　　　　　4 545.45

　　贷：银行存款　　　　　　　　　　　　　　　　　　50 000

（2）契税：

借：开发成本——土地征用及拆迁补偿费　　　　　　　　1 363.64

　　贷：应交税费——应交契税　　　　　　　　　　　　1 363.64

（3）印花税：

借：税金及附加——印花税　　　　　　　　　　　　　　25

　　贷：应交税费——应交印花税　　　　　　　　　　　25

提示：如果合同中是价税分开的，则印花税以合同价格为计税依据。

3.5　取得保障性住房用地业务

保障性住房包括公共租赁住房、廉租住房、经济适用住房、城市和国有工矿棚户区改造安置住房等，其中公共租赁住房和廉租住房已并轨运行。

问题 3-5-1

企业开发经济适用住房有哪些税收优惠？

答：《财政部　国家税务总局关于廉租住房、经济适用住房和住房租赁有关税收政策的通知》（财税〔2008〕24 号）第一条第（二）项规定："对廉租住房、经济适用住房建设用地以及廉租住房经营管理单位按照政府规定价格、向规定保障对象出租的廉租住房用地，免征城镇土地使用税。

　　开发商在经济适用住房、商品住房项目中配套建造廉租住房，在商品住房项目中配套建造经济适用住房，如能提供政府部门出具的相关材料，可按廉租住房、经济适用住房建筑面积占总建筑面积的比例免征开发商应缴纳的城镇土地使用税。"

　　该通知第一条第（四）项规定："开发商在经济适用住房、商品住房项目中配套建造廉租住房，在商品住房项目中配套建造经济适用住房，如能提供政府部门出具的相关材料，可按廉租住房、经济适用住房建筑面积占总建筑面积的比例免征开发商应缴纳的印花税。"

　　对公共租赁住房建设用地，《财政部　国家税务总局关于促进公共租赁住房发展有关税收优惠政策的通知》（财税〔2014〕52 号）第一条规定："对公共租赁住房建设期间用地及公共租赁住房建成后占地免征城镇土地使用税。在其他住房项目中配套建设公共租赁住房，依据政府部门出具的相关材料，按公共租赁住房建筑面积占总建筑面积的比例免征建设、管理公共租赁住房涉及的城镇土地使用税。"

　　根据上述政策规定，在住宅小区建设中，一些房地产开发公司承担经济适用住房或公共租赁住房项目，还有一些房地产开发公司在开发的商品住房项目中配套建造经济适用住房等，可以享受免征或按比例免征城镇土地使用税、印花税。在实务操作中，企业要将项目批文等政府部门出具的相关材料备齐，同时对正常商品房房源与配套建造经济适用住房等房源做好区分。

问题 3-5-2

企业开发公共租赁住房有哪些税收优惠？

　　答：《财政部　国家税务总局关于公共租赁住房税收优惠政策的通知》（财税〔2015〕139 号）第一条规定："对公共租赁住房建设期间用地及公共租赁住房建成后占地免征城镇土地使用税。在其他住房项目中配套建设公共租赁住房，依据政府部门出具的相关材料，按公共租赁住房建筑面积占总建筑面积的比例免征建设、管理公共租赁住房涉及的城镇土地使用税"；第二条规定："对公共租赁住房经营管理单位免征建设、管理公共租赁住房涉及的印花税。在其他住房项目中配套建设公共租赁住房，依据政府部门出具的相关材料，按公共租赁住房建筑面积占总建筑面积的比例免征建设、管理公共租赁住房涉及的印花税"。

　　根据上述政策规定，房地产开发公司承担公共租赁住房建设项目或在开发的商品住房项目中配套建设公共租赁住房等,可以享受免征或按比例免征城镇土地使用税、印花税,在实务操作中,企业要将项目批文等政府部门出具的相关材料备齐,同时对正常商品房与公共租赁住房的房源做好区分。

问题 3-5-3

企业开发城市和国有工矿棚户区改造安置住房有哪些税收优惠?

答:《财政部 国家税务总局关于棚户区改造有关税收政策的通知》(财税〔2013〕101 号)第一条规定:"对改造安置住房建设用地免征城镇土地使用税。对改造安置住房经营管理单位、开发商与改造安置住房相关的印花税以及购买安置住房的个人涉及的印花税予以免征。

在商品住房等开发项目中配套建造安置住房的,依据政府部门出具的相关材料、房屋征收(拆迁)补偿协议或棚户区改造合同(协议),按改造安置住房建筑面积占总建筑面积的比例免征城镇土地使用税、印花税。"

根据上述政策规定,房地产开发公司为配合城市棚户区改造,在商品住房等开发项目中配套建造安置住房,可以享受免征或按比例免征城镇土地使用税、印花税等。在实务操作中,企业要将政府部门出具的相关材料、房屋征收(拆迁)补偿协议或棚户区改造合同(协议)等备齐,同时对正常商品房与改造安置住房房源做好区分。

问题 3-5-4

企业开发经济适用住房等各类具有公益性质的项目如何缴纳契税?

答:《契税暂行条例》第二条规定:"本条例所称转移土地、房屋权属是指下列行为:

(一)国有土地使用权出让;

(二)土地使用权转让,包括出售、赠与和交换;

(三)房屋买卖;

(四)房屋赠与;

(五)房屋交换。"

如果企业开发经济适用住房、公共租赁住房等具有公益性质的项目,土地是以划拨方式获取的,则不在上述政策规定的范围(土地转移)内,所以不需要缴纳契税。

提示:房地产开发企业在享受优惠政策时,要向税务机关报送项目的基本资料,具体可以根据当地税务机关的征管要求办理。

3.6　其他各项土地成本及相关业务处理

土地成本除了土地买价或出让金、缴纳的相关税费外，还包括拆迁补偿支出、安置及动迁支出、回迁房建造支出等。

问题 3-6-1

企业土地补偿安置费（房屋）支出如何进行企业所得税（会计）处理？

答：目前绝大多数房地产开发企业取得的开发用地多为净地，不存在单独支付土地补偿安置费等问题，但是一些老项目及少数特殊项目存在这个业务环节。具体业务程序是：房地产企业在取得房产管理部门城市房屋拆迁行政许可后，即进入拆迁、安置程序。

拆迁方式一般有两种：

①房地产开发企业取得土地后自行拆迁；

②房地产开发企业委托拆迁公司进行拆迁。

安置补偿方式一般有四种：

①货币补偿；②实物补偿；③货币加实物补偿；④回原地返还面积等。

根据《房地产开发经营业务企业所得税处理办法》（国税发〔2009〕31号文件发布）第二十七条第（一）项的规定，房屋拆迁、安置环节发生的各项费用支出属于"开发产品计税成本支出"，计入开发成本。

在实务中，房屋拆迁、安置环节发生的主要成本费用有拆迁安置补偿费、城市房屋拆迁管理费（拆迁补偿资金概算的0.3%）等，在财务核算上应记入"开发成本——土地征用及拆迁补偿费"科目。

问题 3-6-2

安置协议书在涉税处理中能否作为入账凭证？

答：在城市改造（房地产开发项目）中，由于拆迁的对象大部分是居民，因此一般拆迁支出凭证都是以居民签字为准。主要有两种：

（1）安置协议书。安置协议书是安置方与被安置方签订的协议，是支付安置费用的依据。同时，安置协议书是判断土地增值税、企业所得税列支扣除正确性的重要资料。

（2）支付凭证。安置费用的支付凭证包括被安置人（方）的签字、银行转账单据等各项手续资料，是安置费用实际支出的证明。同时，支付凭证是判断土地增值税、企业所得税列支扣除事项真实性的重要资料。

根据《房地产开发经营业务企业所得税处理办法》(国税发〔2009〕31 号文件发布) 第二十七条第 (一) 项的规定,上述安置费用属于"开发产品计税成本支出",应计入开发成本。目前全国没有统一的安置费用支出票据,在实务中一般以上述安置协议书、支付凭证作为入账原始凭证。

提示:根据《企业所得税税前扣除凭证管理办法》(国家税务总局公告 2018 年第 28 号文件发布) 第十条的规定,企业在境内发生的支出项目不属于应税项目的,对方为个人的,以内部凭证作为税前扣除凭证。

问题 3-6-3

企业拆迁补偿支出没有取得发票,可否在企业所得税税前扣除?

答:《关于土地使用者将土地使用权归还给土地所有者行为营业税问题的通知》(国税函〔2008〕277 号) 规定:"纳税人将土地使用权归还给土地所有者时,只要出具县级 (含) 以上地方人民政府收回土地使用权的正式文件,无论支付征地补偿费的资金来源是否为政府财政资金,该行为均属于土地使用者将土地使用权归还给土地所有者的行为。"

根据上述政策规定,只要有国家批准的征收、归还文件,就是征收、归还,所取得的收入就是拆迁补偿收入。拆迁补偿收入,不属于税法规定的转让土地使用权收入,是国家对被拆迁单位和个人因归还国有土地使用权以及因此而丧失的土地附着物的补偿,国家与单位同占有土地的单位和个人之间没有发生交易行为。

直接支付给企业的拆迁补偿费,因为不是经营性收入,不需要开具发票,原土地使用者 (无论是单位还是个人) 取得补偿款时开具的收据均可以作为房地产企业税前扣除的凭证。超过政府规定支付标准的补偿款不得扣除。

房地产公司支付给个人的拆迁补偿费等,应以拆迁补偿协议、被拆迁人原房屋产权证复印件、被拆迁人签字的收款收据,以及被拆迁人身份证复印件、联系电话等资料作为支付款项的原始凭证,以便核实。除此之外,支出的其他费用无合法凭证的不得在税前扣除。

提示:《企业所得税税前扣除凭证管理办法》(国家税务总局公告 2018 年第 28 号文件发布) 第十条规定:"企业在境内发生的支出项目不属于应税项目的,对方为单位的,以对方开具的发票以外的其他外部凭证作为税前扣除凭证;对方为个人的,以内部凭证作为税前扣除凭证。

企业在境内发生的支出项目虽不属于应税项目,但按税务总局规定可以开具发票的,可以发票作为税前扣除凭证。"

问题 3-6-4

企业土地被政府征用，政府给予的补偿如何进行涉税处理？

答：（1）企业所得税。《企业所得税法》第六条规定："企业以货币形式和非货币形式从各种来源取得的收入，为收入总额"；第八条规定："企业实际发生的与取得收入有关的、合理的支出，包括成本、费用、税金、损失和其他支出，准予在计算应纳税所得额时扣除"。

根据上述政策规定，房地产开发企业的土地被政府征用，取得的补偿应计入收入总额，发生的各类损失等准予在计算应纳税所得额时扣除。如果属于《企业政策性搬迁所得税管理办法》（国家税务总局公告 2012 年第 40 号发布）规定的情形，可以按照该管理办法的规定执行。

（2）土地增值税。《土地增值税暂行条例》第八条第（二）项规定："因国家建设需要依法征用、收回的房地产，免征土地增值税。"

根据该项政策规定，房地产开发企业的土地被政府征用，取得的补偿款，免征土地增值税。

（3）增值税。《营业税改征增值税试点过渡政策的规定》（财税〔2016〕36 号文件附件 3）第一条第（三十七）项规定："土地所有者出让土地使用权和土地使用者将土地使用权归还给土地所有者免征增值税。"

根据该项政策规定，房地产开发企业的土地被政府征用，取得的补偿款，免征增值税。

提示：营改增前营业税规定。

（1）《营业税税目注释（试行稿）》（国税发〔1993〕149 号）第八条第（一）项第二款规定，土地所有者出让土地使用权和土地使用者将土地使用权归还给土地所有者的行为，不征收营业税。

（2）《国家税务总局关于单位和个人土地被国家征用取得土地及地上附着物补偿费有关营业税的批复》（国税函〔2007〕969 号）规定："国家因公共利益或城市建设规划需要收回土地使用权，对于使用国有土地的单位和个人来说是将土地使用权归还土地所有者。根据营业税税目注释（试行稿）（国税发〔1993〕149 号）的规定，土地使用者将土地使用权归还给土地所有者的行为，不征收营业税。"因此，对国家因公共利益或城市规划需要而收回单位和个人所拥有的土地使用权，并按照《中华人民共和国土地管理法》规定标准支付给单位和个人的土地及地上附着物（包括不动产）的补偿费不征收营业税。

（3）《国家税务总局关于土地使用者将土地使用权归还给土地所有者行为营业税问题的通知》（国税函〔2008〕277 号）规定："纳税人将土地使用权归还给土地所有者时，只要出具县级（含）以上地方人民政府收回土地使用权的正式文件，无论支付征地补偿费的资金来源是否为政府财政资金，该行为均属于土地使用者将土地使用权归还给土地所有者的行为，按照《国家税务总局关于印发〈营业税税目注释（试行稿）〉的通知》（国税发〔1993〕149 号）规定，不征收营业税。"

问题 3-6-5

政府收回土地使用权支付纳税人代垫拆迁补偿费如何进行涉税处理?

答：营改增前，对于纳税人（土地使用者）将土地使用权归还给土地所有者时，纳税人进行拆除建筑物、平整土地并代垫拆迁补偿费的行为征收营业税。

《国家税务总局关于政府收回土地使用权及纳税人代垫拆迁补偿费有关营业税问题的通知》（国税函〔2009〕520 号）第二条规定："纳税人受托进行建筑物拆除、平整土地并代委托方向原土地使用权人支付拆迁补偿费的过程中，其提供建筑物拆除、平整土地劳务取得的收入应按照'建筑业'税目缴纳营业税；其代委托方向原土地使用权人支付拆迁补偿费的行为属于'服务业——代理业'行为，应以提供代理劳务取得的全部收入减去其代委托方支付的拆迁补偿费后的余额为营业额计算缴纳营业税。"

营改增后，根据《营业税改征增值税试点实施办法》（财税〔2016〕36 号文件附件 1）第十五条及所附《销售服务、无形资产、不动产税目注释》的规定，纳税人提供建筑物拆除、平整土地服务取得的收入属于"建筑服务——其他建筑服务"税目，税率为 11%；其代委托方向原土地使用权人支付拆迁补偿费的行为属于"现代服务——商务辅助服务——服务业—经纪代理服务"税目，税率为 6%，计税依据为提供代理服务取得的全部收入减去其代委托方支付的拆迁补偿费后的余额。

根据《财政部　税务总局关于调整增值税税率的通知》（财税〔2018〕32 号）第一条的规定，自 2018 年 5 月 1 日起，"纳税人发生增值税应税销售行为或者进口货物，原适用 17% 和 11% 税率的，税率分别调整为 16%、10%"。

根据上述政策规定，纳税人在拆除建筑物、平整土地并代垫拆迁补偿费的业务中，如果是提供建筑物拆除、平整土地服务，则属于"建筑服务——其他建筑服务"税目；如果发生代委托方向原土地使用权人支付拆迁补偿费的行为，则属于"现代服务——商务辅助服务——服务业——经纪代理服务"税目；如果同时提供两种服务，则要依据相关合同、协议做好区分。

提示：土地使用者将土地使用权归还给土地所有者的行为不征收营业税。

《国家税务总局关于土地使用者将土地使用权归还给土地所有者行为营业税问题的通知》（国税函〔2008〕277 号）规定："纳税人将土地使用权归还给土地所有者时，只要出具县级（含）以上地方人民政府收回土地使用权的正式文件，无论支付征地补偿费的资金来源是否为政府财政资金，该行为均属于土地使用者将土地使用权归还给土地所有者的行为，按照《国家税务总局关于印发〈营业税税目注释（试行稿）〉的通知》（国税发〔1993〕149 号）规定，不征收营业税。"

《国家税务总局关于政府收回土地使用权及纳税人代垫拆迁补偿费有关营业税问题的通知》（国税函〔2009〕520 号）第一条规定："《国家税务总局关于土地使用者将土地使用权归还给土地所有者行为营业税问题的通知》（国税函〔2008〕277 号）中关于县级以上（含）地方人民政府收回土地使用权的正式文件，包括县级以上（含）地方人民政府出具的收回土地使用权文件，以及土地管理部门报经县级以上（含）地方人民政府同意后由该土地管理部门出具的收回土地使用权文件。"

问题 3-6-6

企业获得返还的土地出让金应如何处理?

答：在房地产开发企业的项目开发过程中，政府给予土地出让金返还，一般有两个目的：一是用于房地产开发公司建设市政配套设施的补助（或开发企业某项特殊用途资产）；二是用于房地产开发公司实施拆迁（毛地）补偿的补助。其处理方式目前有两种，处理结果相同：

一是根据《财政部国家税务总局〈关于专项用途财政性资金所得税处理问题的通知〉》（财税〔2011〕70 号）的规定处理。

根据财税〔2011〕70 号文件的规定，企业取得的专项用途财政性资金企业所得税处理如下：

"一、企业从县级以上各级人民政府财政部门及其他部门取得的应计入收入总额的财政性资金，凡同时符合以下条件的，可以作为不征税收入，在计算应纳税所得额时从收入总额中减除：

（一）企业能够提供规定资金专项用途的资金拨付文件；

（二）财政部门或其他拨付资金的政府部门对该资金有专门的资金管理办法或具体管理要求；

（三）企业对该资金以及以该资金发生的支出单独进行核算。

二、根据实施条例第二十八条的规定，上述不征税收入用于支出所形成的费用，不得在计算应纳税所得额时扣除；用于支出所形成的资产，其计算的折旧、摊销不得在计算应纳税所得额时扣除。

三、企业将符合本通知第一条规定条件的财政性资金作不征税收入处理后，在 5 年（60 个月）内未发生支出且未缴回财政部门或其他拨付资金的政府部门的部分，应计入取得该资金第六年的应税收入总额；计入应税收入总额的财政性资金发生的支出，允许在计算应纳税所得额时扣除。"

二是根据《企业会计准则第 16 号——政府补助准则》的规定处理。

　　《企业会计准则第 16 号——政府补助》第四条规定，政府补助分为与资产相关的政府补助和与收益相关的政府补助。与资产相关的政府补助，是指企业取得的、用于购建或以其他方式形成长期资产的政府补助。与收益相关的政府补助，是指除与资产相关的政府补助之外的政府补助。

　　该准则第十一条规定，与企业日常活动相关的政府补助，应当按照经济业务实质，计入其他收益或冲减相关成本费用。与企业日常活动无关的政府补助，应当计入营业外收支。

　　上述两种处理方式的区别在于：若根据财税〔2011〕70 号文件的规定处理，需要每年在企业所得税汇算清缴时进行调整；若根据《企业会计准则第 16 号——政府补助》的规定处理，则不需要每年在企业所得税汇算清缴时进行调整。

　　此外，对于上述返还的土地出让金或其他各项奖励资金，如果仅仅是政府给予房地产开发企业的一般奖励性补助，且不符合财税〔2011〕70 号文件相关规定，则要在当年结转所得进行企业所得税处理，在土地增值税项目清算中也不得扣除。

REAL ESTATE
ENTERPRISE **案例 3-21**

企业获得返还的土地出让金的处理

　　A 投资发展公司在创业园建造人才公寓，共计支出建造成本 2 100 万元，于 2017 年 9 月获得政府返还的部分土地出让金 1 300 万元，相关返还的文件规定用于该公司开发的某创业园"人才公寓"建设。该人才公寓建造初期拟出售，后由于政府限制用途，改为自留。其会计处理方式有两种（单位：万元）。

　　1. 根据《财政部 国家税务总局〈关于专项用途财政性资金所得税处理问题的通知〉》（财税〔2011〕70 号）的规定处理。

　　（1）公寓建设时：

　　　　借：开发成本　　　　　　　　　　　　　　　　　　　　　2 100
　　　　　　贷：银行存款　　　　　　　　　　　　　　　　　　　　2 100
　　　　借：开发产品——人才公寓　　　　　　　　　　　　　　　　 800
　　　　　　　　　　——人才公寓补贴　　　　　　　　　　　　　 1 300
　　　　　　贷：开成本　　　　　　　　　　　　　　　　　　　　　2 100

　　（2）收到补贴款项时：

　　　　借：银行存款　　　　　　　　　　　　　　　　　　　　　 1 300
　　　　　　贷：营业外收入——补贴（人才公寓）　　　　　　　　 1 300

　　（3）结转为自留资产时：

　　　　借：固定资产——人才公寓　　　　　　　　　　　　　　　　 800
　　　　　　　　　　——人才公寓补贴　　　　　　　　　　　　　 1 300
　　　　　　贷：开发产品　　　　　　　　　　　　　　　　　　　　2 100

（4）以后年度计提折旧时（假定折旧期为20年，没有残值）。

借：管理费用——人才公寓 40
　　　　　　——人才公寓补贴 65
　贷：累计折旧 105

企业进行年度企业所得税汇算清缴时，上述土地返还款1 300万元可以作为不征税收入，在计算应纳税所得额时从收入总额中减除，即一次性作纳税调整减少处理。人才公寓补贴款对应的折旧65万元不得税前扣除，应每年作纳税调整增加处理。

2. 根据《企业会计准则第16号——政府补助》的规定处理。

（1）公寓建设时：

借：开发成本 2 100
　贷：银行存款 2 100

（2）结转时：

借：开发产品——人才公寓 800
　　　　　　——人才公寓补贴 1 300
　贷：开发成本 2 100

（3）收到补贴款项时：

借：银行存款 1 300
　贷：开发产品（人才公寓） 1 300

（4）结转为自留资产时：

借：固定资产——人才公寓 800
　贷：开发产品——人才公寓 800

（5）以后年度计提折旧时（假定折旧期为20年，没有残值）：

借：管理费用——人才公寓 40
　贷：累计折旧 40

因为在处理返还的土地款时，返还款已经直接冲减成本，并未形成资产计提折旧，所以在企业所得税汇算清缴时，无须进行纳税调整。

问题 3-6-7

什么是土地闲置费？

答：《闲置土地处置办法》第二条规定："本办法所称闲置土地，是指国有建设用地使用权人超过国有建设用地有偿使用合同或者划拨决定书约定、规定的动工开发日期满一年未动工开发的国有建设用地。已动工开发但开发建设用地面积占应动工开发建设用地总面积不足三分之一或者已投资额占总投资额不足百分之二十五，中止开发建设满一年的国有建设用地，也可以认定为闲置土地。"

对于依据《闲置土地处置办法》被认定为闲置的土地，根据该办法第十四条相关规定，国土管理部门要依法征收"土地闲置费"。

根据上述政策规定，未按照规定的时间开发使用土地的，要征收土地闲置费。

问题 3-6-8

企业交纳的土地闲置费是否可以在企业所得税税前扣除？

答：《房地产开发经营业务企业所得税处理办法》（国税发〔2009〕31 号文件发布）第二十七条第（一）项规定，开发产品计税成本支出内容中包括的土地征用费及拆迁补偿费，是"指为取得土地开发使用权（或开发权）而发生的各项费用，主要包括土地买价或出让金、大市政配套费、契税、耕地占用税、土地使用费、土地闲置费、土地变更用途和超面积补交的地价及相关税费、拆迁补偿支出、安置及动迁支出、回迁房建造支出、农作物补偿费、危房补偿费等"。

根据上述政策规定，企业缴纳的土地闲置费可以在税前扣除。

《闲置土地处置办法》第十四条第（一）项规定，闲置土地，"未动工开发满一年的，由市、县国土资源主管部门报经本级人民政府批准后，向国有建设用地使用权人下达《征缴土地闲置费决定书》，按照土地出让或者划拨价款的百分之二十征缴土地闲置费。土地闲置费不得列入生产成本"。

前者为规范性文件，后者为规章。虽然规章的法律效力高于规范性文件，但根据立法法规定，国务院各部在本部门的权限范围内，制定规章。国土资源部制定的规章对税务事项无约束力。所以在国家税务总局未出台新的规定前，仍按《房地产开发经营业务企业所得税处理办法》的规定执行。

问题 3-6-9

企业交纳的土地闲置费在土地增值税清算中是否可以扣除？

答：《国家税务总局关于土地增值税清算有关问题的通知》（国税函〔2010〕220 号）第四条规定："房地产开发企业逾期开发缴纳的土地闲置费不得扣除。"

房地产开发企业逾期开发缴纳的土地闲置费，其实质是对房产开发公司逾期开发造成土地资源闲置浪费的一种惩罚性收费。根据上述政策规定，在土地增值税清算中不得扣除。

问题 3-6-10

企业因国家无偿收回土地使用权而形成的损失如何处理？

答：《房地产开发经营业务企业所得税处理办法》（国税发〔2009〕31 号文件发布）第二十二条规定："企业因国家无偿收回土地使用权而形成的损失，可作为财产损失按有关规定在税前扣除。"

根据上述政策规定，企业因土地长期闲置等各种情况，被国家无偿收回土地使用权而形成的损失，可作为财产损失按有关规定在税前扣除，其具体业务依据《企业资产损失所得税税前扣除管理办法》（国家税务总局公告 2011 年第 25 号发布）等相关规定处理。

上述企业因国家无偿收回土地使用权而形成的损失，在会计处理上记入"营业外支出"科目。

REAL ESTATE
ENTERPRISE **案例 3-22**

企业因国家无偿收回土地使用权而形成损失的会计处理

2017 年 8 月 A 房地产开发公司某地块因长期闲置未开发被国家无偿收回，该地块账面成本 2 600 万元。会计处理如下（单位：万元）：

借：营业外支出   2 600

贷：无形资产——土地   2 600

问题 3-6-11

企业开发的商品房是否需要缴纳土地使用税？

答：《财政部 国家税务总局关于房产税、城镇土地使用税有关政策的通知》（财税〔2006〕186 号）第二条规定："以出让或转让方式有偿取得土地使用权的，应由受让方从合同约定交付土地时间的次月起缴纳城镇土地使用税；合同未约定交付土地时间的，由受让方从合同签订的次月起缴纳城镇土地使用税。"

《财政部 国家税务总局关于房产税 城镇土地使用税有关问题的通知》（财税〔2008〕152 号）第三条规定："纳税人因房产、土地的实物或权利状态发生变化而依法终止房产税、城镇土地使用税纳税义务的，其应纳税款的计算应截止到房产、土地的实物或权利状态发生变化的当月末。"

因此，对房地产开发企业来说，从土地使用权出让或转让合同签订后就应按规定缴纳城镇土地使用税，而在每期开发项目建成进行预售或销售后，则逐渐减少应纳城镇土地使用税，等到开发的房地产项目销售完毕，土地使用税的纳税义务也全部终止。即：

本月应纳税额＝本月剩余应税占地面积×月单位税额；

本月剩余应税占地面积＝占地总面积－免税占地面积－已签订合同预售或销售房屋分摊占地面积（分摊面积以合同规定交付时间或合同签订时间为准进行统计）；月单位税额＝年应纳税额÷12；

已签订合同预售或销售房屋分摊占地面积＝占地总面积×（已签订合同预售或销售房屋建筑面积÷可售建筑总面积）。

---REAL ESTATE
ENTERPRISE　**案例 3-23**

商品房开发期间的城镇土地使用税计算

A 房地产开发公司 2016 年取得 6 万平方米的土地开发权，年税额每平方米 20 元。已建商品房可售面积 18 万平方米，2017 年 10 月将首批房源 9 万平方米交付购房者。2017 年土地使用税计算如下：

已售房源折合土地面积：9÷18×6＝3（万平方米）；

2017 年全年应缴土地使用税：6×20＝120（万元）；

A 公司自 2017 年 11 月当月起停止缴纳已售房源的土地使用税：3 万平方米×20 元÷12 个月×2 个月＝10 万元；

2017 年剩余房源应缴纳土地使用税：120－10＝110（万元）。

提示：对于停止缴纳时间，各地掌握不一致。有的按开具发票日期，有的按合同签订日期，有的按交付日期。具体执行标准需要与当地税务机关确认。

3.7　土地成本分摊计算

土地成本指为取得土地开发使用权（或开发权）而发生的各项费用。由于涉及成片受让土地后分期及不同类型项目开发，根据企业所得税受益和配比原则，其土地成本分摊的规定与一般的开发成本分摊不同，有的需要商税务机关同意，有的还需要先按土地整体预算成本进行分配，待土地整体开发完毕再重新调整分配。

问题 3-7-1

企业一次性开发不同类型项目涉及企业所得税，土地成本如何分摊？

答：《房地产开发经营业务企业所得税处理办法》（国税发〔2009〕31 号文件发布）第三十条第（一）项第一款规定："土地成本，一般按占地面积法进行分配。如果确需结合其他方法进行分配的，应商税务机关同意。"

根据上述政策规定，一般情况下，土地成本应按占地面积法进行分配，如果需要使用建筑面积法、不同层高系数法等，则需要经过税务管理机关同意。

---REAL ESTATE
ENTERPRISE　**案例 3-24**

企业一次性开发不同类型项目土地成本的分摊计算

A 房地产开发企业 2017 年 3 月拍得一块国有土地使用权，价值 18 000 万元，土地面积 30 000 平方米，项目中，有六栋高层建筑，建筑面积为 60 000 平方米，占地面积 20 000 平方米，还有 30 栋别墅，建筑面积 9 000 平方米，占地面积 10 000 平方米。土地成本分摊方式如下：

高层建筑分摊土地成本：18 000×20 000÷30 000＝12 000（万元）；

别墅分摊土地成本：18 000×10 000÷30 000＝6 000（万元）。

问题 3-7-2

企业一次性开发不同类型项目涉及土地增值税，土地成本如何分摊？

答：《土地增值税清算管理规程》（国税发〔2009〕91号文件发布）第二十一条规定："纳税人分期开发项目或者同时开发多个项目的，或者同一项目中建造不同类型房地产的，应按照受益对象，采用合理的分配方法，分摊共同的成本费用。"根据国家税务总局"应按照受益对象，采用合理的分配方法，分摊共同的成本费用"的原则，各地在对同一清算单位之间分摊土地成本时，具体方法有所不同。举例如下：

1. 江苏省。《江苏省地方税务局关于土地增值税若干问题的公告》（苏地税规〔2018〕8号）第二条规定："在不同清算单位或同一清算单位不同类型房产之间分摊土地成本时，可直接归集的，应直接计入该清算单位或该类型房产的土地成本；不能直接归集的，可按建筑面积法计算分摊，也可按税务机关认可的其他合理方法计算分摊。"

2. 四川省。《四川省地方税务局关于土地增值税清算单位等有关问题的公告》（四川省地方税务局公告2015年第5号）第三条"关于共同成本费用的分摊"第二款规定："同一清算单位内包含不同类型房地产的，其共同发生的成本费用按照建筑面积法进行分摊。"

3. 浙江省。《浙江省地方税务局关于土地增值税若干政策问题的公告》（浙江省地方税务局公告2014年第16号）第二条第（二）项规定："对一个清算单位中的不同类型房地产开发产品应分别计算增值额的，对其共同发生的扣除项目，按照建筑面积法进行分摊。若不同类型房地产开发产品中有排屋、别墅类型的，对清算单位取得土地使用权所支付的金额，可按照占地面积法进行分摊。"

问题 3-7-3

土地开发同时连结房地产开发涉及企业所得税，土地成本如何分摊？

答：《房地产开发经营业务企业所得税处理办法》（国税发〔2009〕31号文件发布）第三十条第（一）项规定："土地成本，一般按占地面积法进行分配。如果确需结合其他方法进行分配的，应商税务机关同意。

土地开发同时连结房地产开发的，属于一次性取得土地分期开发房地产的情况，其土地开发成本经商税务机关同意后可先按土地整体预算成本进行分配，待土地整体开发完毕再行调整。"

根据上述政策规定，对于一次性取得较大成片土地的，由于分期开发，开发项目类型也存在差异，无法准确在不同分期或类型中分摊土地成本，因此在商税务机关同意后可先按土地整体预算成本进行分配，待土地整体开发完毕再行调整。

─── REAL ESTATE
ENTERPRISE　**案例 3-25**

企业分期开发土地成本的分摊计算

A 房地产开发公司 2017 年 4 月拍得一块土地，面积 40 000 平方米，支付土地价款及税费 40 000 万元，分四期开发商品房。土地整体预算开发成本 50 000 万元，其中第一期 15 000 万元、第二期 16 000 万元、第三期 12 000 万元、第四期 7 000 万元。土地成本在各期之间的初步分摊计算如下：

第一期分摊土地成本：40 000×（15 000÷50 000）＝12 000（万元）；

第二期分摊土地成本：40 000×（16 000÷50 000）＝12 800（万元）；

第三期分摊土地成本：40 000×（12 000÷50 000）＝9 600（万元）；

第四期分摊土地成本：40 000×（7 000÷50 000）＝5 600（万元）。

问题 3-7-4

纳税人成片受让土地使用权后分期分批开发的，土地增值税扣除项目的金额如何分摊？

答：《土地增值税暂行条例实施细则》第九条规定："纳税人成片受让土地使用权后，分期分批开发、转让房地产的，其扣除项目金额的确定，可按转让土地使用权的面积占总面积的比例计算分摊，或按建筑面积计算分摊，也可按税务机关确认的其他方式计算分摊。"

根据上述政策规定，房地产分期开发的，一般以分期项目为单位进行清算。取得土地使用权所支付的金额、房地产开发成本等土地增值税扣除项目在各期的分摊方法一般可采用占地面积法、建筑面积法及税务机关确认的其他合理方式。

─── REAL ESTATE
ENTERPRISE　**案例 3-26**

纳税人分批开发项目，土地增值税扣除项目金额的确定

A 房地产开发公司 2017 年 2 月拍得一块国有土地使用权，土地成本共计 7 500 万元，面积 32 000 平方米。公司项目设计分为两期开发普通住宅，其中第一期占地面积 12 000 平方米，第二期占地面积 20 000 平方米。公司选用占地面积法分摊土地成本，分配如下：

第一期应分摊土地成本：（12 000÷32 000）×7 500＝2 812.50（万元）；

第二期应分摊土地成本：（20 000÷32 000）×7 500＝4 687.50（万元）。

问题 3-7-5

在土地增值税处理中地下车库（位）等建筑物是否分摊土地成本？

答：根据《土地增值税暂行条例》及其实施细则等法规中关于扣除项目处理的原则规定，取得土地使用权所支付的金额（土地成本）是土地增值税计算增值额的扣除项目之一。房地产企业建造的地下车库（位）属于项目的配套设施，如果其归属于可售建筑面积并可以确权，则应当分摊土地成本。目前很多省市对地下车库（位）等建筑物予以确权，在土地增值税政策上规定土地成本在能够办理权属登记手续的建筑物及其附着物之间进行分摊。具体处理时，要根据各地政策确定。

REAL ESTATE
ENTERPRISE **案例 3-27**

地下车库（位）等建筑物土地成本的分摊（土地增值税）计算

A 房地产开发公司 2016 年 2 月拍得一块国有土地使用权，土地成本共计 55 000 万元，面积 22 000 平方米。该项目用于开发普通住宅及地下车库，住宅分割的土地面积为 20 000 平方米，地下车库分割的土地面积为 2 000 平方米。土地增值税清算时，公司选用占地面积法分摊土地成本，分配如下：

普通住宅应分摊土地成本：$20\,000 \div 22\,000 \times 55\,000 = 50\,000$（万元）；

地下车库应分摊土地成本：$2\,000 \div 22\,000 \times 55\,000 = 5\,000$（万元）。

问题 3-7-6

在企业所得税处理中地下车库（位）等建筑物是否分摊土地成本？

答：《房地产开发经营业务企业所得税处理办法》（国税发〔2009〕31 号文件发布）第二十六条规定："成本对象是指为归集和分配开发产品开发、建造过程中的各项耗费而确定的费用承担项目。"该条第（一）项规定："可否销售原则。开发产品能够对外经营销售的，应作为独立的计税成本对象进行成本核算；不能对外经营销售的，可先作为过渡性成本对象进行归集，然后再将其相关成本摊入能够对外经营销售的成本对象。"

根据上述政策规定，房地产企业建造的地下车库（位）如果其属于可售建筑面积，则应当分摊土地成本。

REAL ESTATE
ENTERPRISE **案例 3-28**

地下车库（位）等建筑物土地成本的分摊（企业所得税）计算

A 房地产开发公司 2016 年 2 月拍得一块国有土地使用权，土地成本共计 55 000 万元，面积 22 000 平方米。该项目用于开发普通住宅，住宅可售建筑面积为 80 000 平方米，地下车库可售建筑面积为 20 000 平方米。公司选用建筑面积法分摊土地成本，分配如下：

普通住宅应分摊土地成本：80 000÷（80 000＋20 000）×55 000＝44 000（万元）；

地下车库应分摊土地成本：20 000÷（80 000＋20 000）×55 000＝11 000（万元）。

提示： 在具体业务操作中，有些地区按是否计容来确定土地成本的分摊。地下车库（车位）一般不计算容积率，因此不分摊土地成本。

第 4 章
前期工程准备阶段各项业务涉税问题

《房地产开发经营业务企业所得税处办法》（国税发〔2009〕31 号文件发布）第二十七条第（二）项规定，前期工程费，指项目开发前期发生的水文地质勘察、测绘、规划、设计、可行性研究、筹建、场地通平等前期费用。这些费用的支出不仅涉及企业所得税成本分摊的处理，还涉及增值税进项税额、土地增值税及印花税的处理。

4.1 各项设计、勘察、测绘业务

此类业务包括规划设计及报批、施工现场勘察测量和施工图设计等工作，涉及印花税、增值税等税种的处理。

问题 4-1-1

各项设计、勘察、测绘业务合同如何计算印花税？

答：房地产开发企业在项目正式施工之前，要完成规划设计及报批、施工现场勘察和施工图设计等工作，其中涉及的合同包括规划设计、勘察测量，如果委托中介机构报批报建等，还涉及中介合同。

由《印花税暂行条例》所附《印花税税目税率表》可知，建设工程勘察设计合同包括勘察、设计合同，由立合同人按所收取费用万分之五贴花。由于《印花税税目税率表》中没有中介服务合同，因此中介服务合同不需要贴花。

REAL ESTATE
ENTERPRISE **案例 4-1**

设计、勘察、测绘合同的印花税计算

A 房地产企业公司 2017 年 4 月 20 日签订相关合同，其中规划设计合同金额 300 000 元（不含税）、现场勘察测量合同金额 98 000 元（不含税）、中介服务合同金额 50 000 元（不含税）。印花税计算及会计处理如下：

1. 印花税计算。

规划设计合同印花税：$300\,000 \times 0.000\,5 = 150$（元）；

现场勘察测量合同印花税：$98\,000 \times 0.000\,5 = 49$（元）。

中介服务合同不贴花。

2. 会计处理。

借：税金及附加——印花税　　　　　　　　　　　　　　　　199

　　贷：应交税费——应交印花税　　　　　　　　　　　　　　199

问题 4-1-2

各项设计、报批等费用的增值税进项税额如何处理？

答：由《营业税改征增值税试点实施办法》（财税〔2016〕36 号文件附件 1）所附税目注释可知，现代服务包括工程勘察勘探服务、文化创意服务包括设计服务、商务辅助服务包括经纪代理服务。

《营业税改征增值税试点实施办法》第十五条规定，提供上述服务，税率为 6%。

　　根据上述政策规定，房地产企业在支付上述费用时，如果提供服务的企业是增值税一般纳税人，则应取得增值税专用票，其进项税额可以在计算增值税时抵扣。

REAL ESTATE
ENTERPRISE　**案例 4-2**

各项设计、测绘等费用的增值税处理

　　A 房地产公司 2017 年 4 月 20 日签订相关合同，其中规划设计合同金额 300 000 元、现场勘察测量合同金额 98 000 元、中介服务合同金额 50 000 元（均不含税）。上述合同已经执行完毕，相关费用已经支付。相关提供应税服务的公司增值税销项税额计算如下：

　　1. 规划设计费用。

　　销项税额：$300\,000 \times 6\% = 18\,000$（元）。

　　2. 勘察测量费用。

　　销项税额：$98\,000 \times 6\% = 5\,800$（元）。

　　3. 中介服务费用。

　　销项税额：$50\,000 \times 6\% = 3\,000$（元）。

　　A 房地产公司取得上述增值税专用发票，票面注明的进项税额可以在计算增值税时抵扣，如果取得的是增值税普通发票，则不存在进项税额抵扣。

问题 4-1-3

各项设计、测绘等费用如何进行企业所得税处理？

　　答：《房地产开发经营业务企业所得税处理办法》（国税发〔2009〕31 号文件发布）第二十七条规定，开发产品计税成本支出的前期工程费，指项目开发前期发生的水文地质勘察、测绘、规划、设计、可行性研究、筹建、场地通平等前期费用。

　　上述各项设计、测绘等费用在财务核算上应记入"开发成本——前期工程费"科目。

REAL ESTATE
ENTERPRISE　**案例 4-3**

各项设计、测绘等费用的会计处理

　　A 房地产公司 2017 年 4 月 20 日签订相关合同，其中规划设计合同金额 300 000 元、现场勘察测量合同金额 98 000 元、中介服务合同金额 50 000 元（均不含税）。上述合同已经执行完毕，相关费用已经支付，并取得增值税专用发票，进项税额为规划设计发票 18 000 元、勘察测量发票 5 800 元、中介服务发票 3 000 元。会计（企业所得税）处理如下：

1．增值税计算。

不含税价格合计：300 000＋98 000＋50 000＝448 000（元）；

增值税进项税额合计：18 000＋5 800＋3 000＝26 800（元）。

2．会计处理。

借：开发成本——前期工程费　　　　　　　　　　　　　　448 000

　　应交税费——应交增值税——进项税额　　　　　　　　26 800

　　贷：银行存款（或"应付账款"）　　　　　　　　　　　474 800

问题 4-1-4

企业委托境外机构进行设计等业务如何进行增值税处理？

答：《营业税改征增值税试点实施办法》（财税〔2016〕36号文件附件1）第六条规定："中华人民共和国境外（以下称境外）单位或者个人在境内发生应税行为，在境内未设有经营机构的，以购买方为增值税扣缴义务人。财政部和国家税务总局另有规定的除外"；第二十条规定："境外单位或者个人在境内发生应税行为，在境内未设有经营机构的，扣缴义务人按照下列公式计算应扣缴税额：应扣缴税额＝购买方支付的价款÷（1＋税率）×税率"；第二十五条第（四）项规定，"从境外单位或者个人购进服务、无形资产或者不动产，自税务机关或者扣缴义务人取得的解缴税款的完税凭证上注明的增值税额"，（进项税额）准予从销项税额中抵扣。

根据上述政策规定，企业委托境外机构进行设计等业务，在支付相关费用时，应按规定履行增值税扣缴义务，取得的完税凭证上注明的增值税（进项税额）准予从销项税额中抵扣。

REAL ESTATE
ENTERPRISE **案例 4-4**

企业支付境外机构设计费的扣缴增值税计算

A房地产开发公司委托境外某公司涉及建筑物图纸，2017年9月20日支付设计费20万元。假定税费由境外机构承担，A房地产开发公司扣缴增值税（附加等略）计算如下：

应扣缴增值税额：20÷（1＋6％）×6％＝1.13（万元）。

问题 4-1-5

企业委托境外机构进行设计等业务如何进行企业所得税处理？

答：根据《企业所得税法》及其实施条例相关条款的规定，非居民企业在中国境内未设立机构、场所的，或者虽设立机构、场所但取得的所得与其所设机构、场所没有实际联系的，应当就其来源于中国境内的所得缴纳企业所得税，以收入全额为应纳税所得额，适用税率为 10%。在征收时，实行源泉扣缴，以支付人为扣缴义务人。税款由扣缴义务人在每次支付或者到期应支付时，从支付或者到期应支付的款项中扣缴。

REAL ESTATE
ENTERPRISE **案例 4-5**

企业支付境外机构设计费的扣缴企业所得税计算

A 房地产开发公司委托境外某公司设计建筑物图纸，2017 年 9 月 20 日支付设计费 20 万元。假定税费由境外机构承担，A 房地产开发公司扣缴企业所得税及会计处理如下：

1. 企业所得税计算。

不含税价格：20÷(1+6%)=18.87（万元）；

应扣缴企业所得税额：18.87×10%=1.89（万元）。

2. 会计处理（单位：万元）。

借：开发成本——境外设计费	18.87
应交税费——应交（代扣）增值税——进项税额	1.13
贷：其他应付款——预提企业所得税	1.89
——代扣增值税	1.13
——境外机构	16.98

问题 4-1-6

企业委托境外机构设计建筑物图纸等由境内企业承担税费如何进行处理？

答：《企业所得税法》第八条规定："企业实际发生的与取得收入有关的、合理的支出，包括成本、费用、税金、损失和其他支出，准予在计算应纳税所得额时扣除。"

上述规定中的税金是指在法律上，由纳税义务主体承担的税金，若是承担由他人作为纳税义务人应缴纳的税金，则属于与生产经营无关的支出，不予税前列支。因此，企业委托境外机构设计建筑物图纸等业务，如果合同中约定由境内企业承担相关税费，为规避税收风险，最好把税费加到合同价款中去，不单独列示税费金额。只要交易符合公平（市场）交易的原则，合同总价款中所含有的税费金额可以据实列支。需要注意的是：

（1）由于承担税费导致合同价款增加，因此相关税收计税依据相应增加。

（2）在履行代缴境外企业相关税金义务后，由于该税金不属于本企业成本费用，且税金发票抬头也不是开具给本企业，因此不得在企业所得税税前列支。（企业只能列支合同金额。）

（3）需要事先与对方协商一致，所提供发票按考虑税收承担后的合同金额

（含税金额）开具。

案例 4-6

企业支付境外机构设计费由境内企业承担税费的涉税处理

A 房地产开发公司委托境外某公司设计建筑物图纸，2017 年 9 月 20 日支付设计费 20 万元。假定税费由 A 公司承担，合同价款 23.81 万元，A 房地产开发公司扣缴增值税（附加等略）、企业所得税及会计处理如下：

1. 税款计算。

费用：$20 \div (1 - 6\% - 10\%) = 23.81$（万元）；

代扣增值税：$20 \div (1 - 6\% - 10\%) \times 6\% = 1.43$（万元）；

代扣企业所得税：$20 \div (1 - 6\% - 10\%) \times 10\% = 2.38$（万元）。

2. 会计处理（单位：万元）。

借：开发成本——境外设计费　　　　　　　　　　　　　23.81

　　应交税费——应交（代扣）增值税——进项税额　　　　1.43

　　贷：其他应付款——预提企业所得税　　　　　　　　　2.38

　　　　　　　　——代扣增值税　　　　　　　　　　　1.43

　　　　　　　　——境外机构　　　　　　　　　　　　20

4.2　项目咨询费用支出业务

对于此类业务主要检查咨询项目在经济上是否合理、技术上是否可行、财务上是否盈利等，涉及代开增值税发票以及增值税、个人所得税处理等内容。

问题 4-2-1

企业支付专家（自然人）劳务费如何开具发票？

答：根据《国家税务总局关于纳税人申请代开增值税发票办理流程的公告》（国家税务总局公告 2016 年第 59 号）第一条的规定，办理流程如下：

1. 在税务机关的办税服务厅提交申请代开增值税发票的资料：

（1）提交《代开增值税发票缴纳税款申报单》；

（2）自然人申请代开发票，提交身份证件及复印件；

其他纳税人申请代开发票，提交加载统一社会信用代码的营业执照（或税务登记证或组织机构代码证）、经办人身份证件及复印件。

2. 申报缴纳增值税等有关税费。

3. 领取发票。

提示：各地的税务机构合并后，办税服务厅不再区分国税、地税，在办理流程上都制定有服务措施，关键是资料要齐全。

问题 4-2-2

企业支付专家（自然人）劳务费如何取得发票及增值税进项税额如何处理？

答：《营业税改征增值税试点实施办法》（财税〔2016〕36 号文件附件 1）第三条规定，个人不属于一般纳税人；第十九条规定，"小规模纳税人发生应税行为适用简易计税方法计税"。

根据上述政策规定，企业支付专家（自然人）劳务费时，专家（自然人）适用简易计税方法计税，征收率为 3%。按照下列公式计算销售额：销售额＝含税销售额÷(1＋征收率)，应纳税额计算公式：应纳税额＝销售额×征收率。

个人不属于一般纳税人，无法开具增值税专用发票，所以支付专家（自然人）劳务费没有增值税进项税额抵扣。但是根据《国家税务总局关于纳税人申请代开增值税发票办理流程的公告》（国家税务总局公告 2016 年第 59 号）相关规定，个人可以到税务机关代开普通发票。

提示：《营业税改征增值税试点实施办法》第四十九条规定："个人发生应税行为的销售额未达到增值税起征点的，免征增值税；达到起征点的，全额计算缴纳增值税"；第五十条规定："增值税起征点幅度如下：

（一）按期纳税的，为月销售额 5000—20 000 元（含本数）。

（二）按次纳税的，为每次（日）销售额 300—500 元（含本数）。

起征点的调整由财政部和国家税务总局规定。省、自治区、直辖市财政厅（局）和国家税务局应当在规定的幅度内，根据实际情况确定本地区适用的起征点，并报财政部和国家税务总局备案。"

因此，在企业支付专家（自然人）劳务费业务中，专家（自然人）取得的劳务费收入如果符合当地税务机关在规定的幅度内确定的起征点，则免征增值税；达到起征点的，全额计算缴纳增值税。

REAL ESTATE
ENTERPRISE **案例 4-7**

专家（自然人）劳务费的增值税及附加计算

B 房地产开发公司 2017 年 7 月 25 日支付某专家咨询费 10 000 元，当地城市维护建设税税率为 7%，教育费附加与地方教育附加征收率合计为 5%。代扣缴税款计算如下：

增值税：$10\,000÷(1＋3\%)×3\%＝291.26$（元）；

城市维护建设税：$291.26×7\%＝20.39$（元）；

教育费附加与地方教育附加：$291.26×5\%＝14.56$（元）。

问题 4-2-3

企业支付专家（自然人）劳务费的个人所得税如何计算？

答：目前根据修订前的《个人所得税法》处理。其中第三条第（四）项规定："劳务报酬所得，适用比例税率，税率为百分之二十。对劳务报酬所得一次收入畸高的，可以实行加成征收，具体办法由国务院规定"；第六条规定："劳务报酬所得，每次收入不超过四千元的，减除费用八百元；四千元以上的，减除百分之二十的费用，其余额为应纳税所得额"。

根据上述政策规定，企业支付专家（自然人）劳务费时，专家（自然人）除要按规定计算缴纳增值税以外，还要依法缴纳个人所得税。

2019 年 1 月 1 日以后，根据新修订的《个人所得税法》的规定，居民个人取得的"劳务报酬所得"与"工资、薪金所得"、"稿酬所得"及"特许权使用费所得"作为综合所得，按纳税年度合并计算个人所得税，并由扣缴义务人按月或者按次预扣预缴税款，年终办理汇算清缴。其中劳务报酬所得以收入减除 20% 的费用后的余额为收入额。

REAL ESTATE
ENTERPRISE **案例 4-8**

专家（自然人）劳务费的个人所得税计算

B 房地产开发公司 2017 年 7 月 25 日支付某专家咨询费 100 000 元。专家（自然人）已缴纳增值税 291.26 元、城市维护建设税 20.39 元、教育费附加与地方教育附加 14.56 元。专家（自然人）应缴纳个人所得税计算如下：

计税所得：$10\,000 \div (1 + 3\%) - 20.39 - 14.56 = 9\,673.79$（元）；

应缴税款：$9\,673.79 \times (1 - 20\%) \times 20\% = 1\,547.81$（元）。

提示 1：在实务中，企业支付专家（自然人）劳务费的业务，一般由支付款项的企业协助专家（自然人）在税务机关办理代开发票及纳税手续。具体流程通常会在基层办税服务厅公布。

提示 2：自 2019 年 1 月 1 日起，上述某专家取得的咨询费（劳务报酬所得）应计入综合所得，按年计算个人所得税，并由扣缴义务人按月或者按次预扣预缴税款，年终办理汇算清缴。

问题 4-2-4

企业支付专家（自然人）劳务费如何进行企业所得税处理？

答：《房地产开发经营业务企业所得税处理办法》（国税发〔2009〕31 号文件发布）第二十七条规定，房地产企业支付的相关设计费属于"开发产品计税成本支出"中的"前期工程费"。

根据上述政策规定，企业支付专家（自然人）的劳务费，如果是设计费，则属于"开发产品计税成本支出"中的"前期工程费"，入账凭证包括相关合同协议、发票（税务机关代开）。

在会计处理上，房地产企业发生设计咨询等劳务费支出，根据实际支付的金额记入"开发成本——前期工程费"科目。

REAL ESTATE
ENTERPRISE   **案例 4-9**

企业支付专家（自然人）劳务费的会计处理

B 房地产开发公司 2017 年 7 月 25 日支付某专家咨询费 100 000 元。会计处理如下：

借：开发成本——前期工程费   10 000
    贷：银行存款   10 000

提示： 个人申请代开发票时，已按规定缴纳个人所得税，所以支付方无须代扣代缴个人所得税。

问题 4-2-5

企业支付各类咨询费的进项税额如何处理？

答：根据《营业税改征增值税试点实施办法》（财税〔2016〕36 号文件附件1）第二节等关于一般计税方法的规定，如果提供咨询的单位是一般纳税人，应按照下列公式计算销售额：

销售额＝含税销售额÷（1＋税率），应纳税额计算公式：销项税额＝销售额×税率。

上述税率为 6％。收款方（提供咨询的单位）开具增值税专用发票，房地产开发企业按增值税专用发票上注明的进项税额从当期销项税额中抵扣。

《营业税改征增值税试点实施办法》第五十四条规定："小规模纳税人发生应税行为，购买方索取增值税专用发票的，可以向主管税务机关申请代开。"如果提供咨询单位是小规模纳税人，可要求其向主管税务机关申请代开增值税专用发票。

根据上述政策规定，企业支付各类咨询费，可以取得增值税专用发票，其进项税额可以抵扣。

REAL ESTATE
ENTERPRISE   **案例 4-10**

企业支付各类咨询费的进项税额计算

B 房地产开发公司 2017 年 7 月 25 日支付 B 公司咨询费 10 000 元（含税），该公司为增值税一般纳税人。增值税进项税额计算如下：

不含税价格：10 000÷（1＋6％）＝9 433.96（元）；

可抵扣的增值税进项税额：9 433.96×6％＝566.04（元）。

问题 4-2-6

企业支付各类咨询费如何进行企业所得税处理？

答：根据《房地产开发经营业务企业所得税处理办法》（国税发〔2009〕31 号文件发布）第二十七条的规定，房地产企业支付的相关咨询费、可行性研究费等属于"开发产品计税成本支出"中的"前期工程费"。

如果提供咨询的单位是一般纳税人，应根据增值税专用发票上注明的增值税额记入"应交税费——应交增值税——进项税额"科目，按照支付的不含税金额记入"开发成本——前期工程费"科目。

如果提供咨询的单位是小规模纳税人，开具的是增值税普通发票，则按照实际支付的金额记入"开发成本——前期工程费"科目。

REAL ESTATE
ENTERPRISE **案例 4-11**

企业支付各类咨询费的会计处理

B 房地产开发公司 2017 年 7 月 25 日支付某公司咨询费 10 000 元（含税），该公司为增值税一般纳税人，增值税进项税为 566.04 元。会计处理如下：

借：开发成本——前期工程费   9 433.96

应交税费——应交增值税——进项税额   566.04

贷：银行存款   10 000

问题 4-2-7

企业组织项目咨询活动如何进行企业所得税处理？

答：房地产开发企业组织的项目咨询活动，通常包括就开发项目从项目定位、产品设计到开发方案、周期及营销定位、推广、销售等内容提供咨询。根据《房地产开发经营业务企业所得税处理办法》（国税发〔2009〕31 号文件发布）第二十七条的规定，房地产开发企业支付的项目咨询活动费用属于"开发产品计税成本支出"中的"前期工程费"。

上述项目咨询活动费用，在会计处理上，应记入"开发成本——前期工程费"科目。

问题 4-2-8

企业组织项目咨询会议发生费用的增值税进项税额如何处理？

答：根据《营业税改征增值税试点实施办法》（财税〔2016〕36 号文件附件1）第二十七条的相关规定，购进餐饮服务进项税额不得从销项税额中抵扣。

根据上述政策规定，房地产开发企业组织项目咨询会议支付的餐饮服务费用，其进项税额不得从销项税额中抵扣。发生的其他会议场地、住宿费用等按增值税专用发票上注明的增值税额从当期销项税额中抵扣。

REAL ESTATE
ENTERPRISE　**案例 4-12**

企业组织项目咨询会议发生费用的增值税进项税额计算

B 房地产开发公司 2017 年 7 月 25 日在某酒店组织项目咨询会议，发生会议室使用费用 10 000 元（含税）、住宿费 20 000 元（含税）、餐饮费 15 000 元（含税），该酒店为增值税一般纳税人。B 房地产开发公司增值税进项税额计算如下：

1. 餐饮费 15 000 元（含税），"购进餐饮服务进项税额不得从销项税额中抵扣"。

2. 可抵扣的增值税进项税额。

（1）会议室使用费用不含税价格：$10\,000 \div (1 + 6\%) = 9\,433.96$（元）；

可抵扣的增值税进项税额：$9\,433.96 \times 6\% = 566.04$（元）。

（2）住宿费用不含税价格：$20\,000 \div (1 + 6\%) = 18\,867.92$（元）；

可抵扣的增值税进项税额：$18\,867.92 \times 6\% = 1\,132.08$（元）。

问题 4-2-9

企业组织项目咨询会议发生费用如何进行企业所得税处理？

答：根据《房地产开发经营业务企业所得税处理办法》（国税发〔2009〕31 号文件发布）第二十七条的规定，房地产开发企业组织项目咨询会议发生的费用属于"开发产品计税成本支出"中的"前期工程费"。

上述组织项目咨询会议发生的费用，在会计处理上，应按照增值税专用发票上注明的可抵扣的增值税额记入"应交税费——应交增值税——进项税额"科目，按照支付的不含税金额记入"开发成本——前期工程费"科目。

如果提供销售服务的单位是小规模纳税人，开具的是增值税普通发票，则按照实际支付的金额记入"开发成本——前期工程费"科目。

REAL ESTATE
ENTERPRISE　**案例 4-13**

企业支付咨询会议发生费用的会计处理

B 房地产开发公司 2017 年 7 月 25 日在某酒店组织项目咨询会议，发生会议室使用费 10 000 元，住宿费 20 000 元，餐饮费 15 000 元，该酒店为增值税一般纳税人。B 房地产开发公司增值税进项税额计算如下：

1. 餐饮费 15 000 元（含税），"购进餐饮服务进项税额不得从销项税额中抵扣"。

2. 可抵扣的增值税进项税额。

（1）会议室使用费用不含税价格：10 000÷(1+6％)＝9 433.96（元）；

可抵扣的增值税进项税额：9 433.96×6％＝566.04（元）。

（2）住宿费用不含税价格：20 000÷(1+6％)＝18 867.92（元）；

可抵扣的增值税进项税额：18 867.92×6％＝1 132.08（元）。

B 房地产开发公司会计处理如下：

借：开发成本——前期工程费	43 301.88
应交税费——应交增值税——进项税额	1 698.12
贷：银行存款	45 000

问题 4-2-10

企业外出考察费用的增值税进项税额如何处理?

答：《营业税改征增值税试点实施办法》（财税〔2016〕36 号文件附件 1）第二十七条第（六）项规定，"购进的旅客运输服务、贷款服务、餐饮服务、居民日常服务和娱乐服务"，其进项税额不得从销项税额中抵扣。

根据上述政策规定，购进的旅客运输服务、餐饮服务进项税额不得从销项税额中抵扣。对于外出考察发生的住宿等费用，可以按增值税专用发票上注明的进项税额从当期销项税额中抵扣。

REAL ESTATE
ENTERPRISE **案例 4-14**

企业外出考察费用增值税进项税额的计算

B 房地产开发公司 2017 年 7 月组织外出考察，发生交通费 10 000 元、住宿费 20 000 元、餐饮费 5 000 元，其中住宿费取得增值税专用发票。增值税进项税计算如下：

可抵扣的增值税进项税额：20 000÷(1+6％)×6％＝1 132.08（元）。

问题 4-2-11

企业外出考察费用如何进行企业所得税处理?

答：根据《房地产开发经营业务企业所得税处理办法》（国税发〔2009〕31 号文件发布）第二十七条的规定，房地产开发企业为项目运行组织考察活动，支出的费用属于"开发产品计税成本支出"中的"前期工程费"。

上述为项目运行组织考察活动支出的费用，在会计处理上，如果销售服务的单位是一般纳税人，企业按照增值税专用发票上注明的可抵扣的增值税额记入"应交税费——应交增值税——进项税额"科目，按照支付的不含税金额记入"开发成本——前期工程费"科目。如果销售服务的单位是小规模纳税人，取得增值税普通发票，则按照实际支付的金额直接记入"开发成本——前期工程费"

科目。

如果企业组织的不是项目运行考察活动，而是一般性企业发展考察活动，则支出的费用属于当期费用，记入"管理费用"等科目。

REAL ESTATE
ENTERPRISE　**案例 4-15**

企业外出考察费用的会计处理

B 房地产开发公司 2017 年 7 月组织外出考察，发生交通费 10 000 元、住宿费 20 000 元、餐饮费 5 000 元，其中住宿费取得增值税专用发票。增值税进项税额计算及会计处理如下：

1. 增值税进项税额计算。

可抵扣的增值税进项税额：20 000÷(1+6%)×6%=1 132.08（元）。

2. 会计处理。

借：开发成本——前期工程费　　　　　　　　　　　　33 867.92

　　应交税费——应交增值税——进项税额　　　　　　 1 132.08

　贷：银行存款　　　　　　　　　　　　　　　　　　　　　35 000

问题 4-2-12

企业项目可行性研究未通过的，相关费用如何进行企业所得税处理？

答：根据《房地产开发经营业务企业所得税处理办法》（国税发〔2009〕31 号文件发布）第二十七条的规定，项目可行性研究费用属于"开发产品计税成本支出"中的"前期工程费"。此处可行性研究费用仅指与该开发产品相关的费用。如果项目可行性研究未通过，则相关费用应计入当期损益，不再进行资本化处理。

上述项目可行性研究费用，会计处理上，应按照增值税专用发票上注明的可抵扣的增值税额记入"应交税费——应交增值税——进项税额"科目，按照支付的不含税金额记入"管理费用"科目。

如果提供销售服务的单位是小规模纳税人，开具的是增值税普通发票，则按照实际支付的金额记入"管理费用"科目。

REAL ESTATE
ENTERPRISE　**案例 4-16**

企业项目可行性研究未通过，相关费用的会计处理

B 房地产开发公司 2017 年 7 月 25 日支付某公司项目咨询费 10 000 元，该公司为增值税一般纳税人，计算增值税进项税额为 566.04 元。该项目可行性研究未通过。B 房地产开发公司会计处理如下：

借：管理费用　　　　　　　　　　　　　　　　　　　　9 433.96

应交税费——应交增值税——进项税额	566.04
贷：银行存款	10 000

问题 4-2-13

企业为未来项目研究咨询发生的费用如何进行企业所得税处理?

　　答：根据《房地产开发经营业务企业所得税处理办法》(国税发〔2009〕31号文件发布)第二十七条的规定，项目可行性研究费用属于"开发产品计税成本支出"中的"前期工程费"，所以应按该未来项目设置"开发成本"二级明细科目，记入"开发成本——前期工程费"科目。

　　上述费用，在会计处理上，如果销售服务的单位是一般纳税人，企业按照增值税专用发票上注明的可抵扣的增值税额记入"应交税费——应交增值税——进项税额"科目，按照支付的不含税金额记入"开发成本——前期工程费"科目。如果销售服务的单位是小规模纳税人，取得增值税普通发票，则按照实际支付的金额直接记入"开发成本——前期工程费"科目。

　　如果仅仅是一般研讨性咨询，没有明确项目的咨询费用，则记入"管理费用"科目。

REAL ESTATE
ENTERPRISE **案例 4-17**

企业为未来项目研究咨询发生费用的会计处理

　　B 房地产开发公司 2017 年 7 月 25 日支付某公司未来准备开发的项目咨询费 10 000 元，该公司为增值税一般纳税人，计算增值税进项税额为 566.04 元。B房地产开发公司会计处理如下：

借：开发成本——前期工程费	9 433.96
应交税费——应交增值税——进项税额	566.04
贷：银行存款	10 000

4.3　筹建、场地通平等业务

　　此类业务包括筹措资金以及场地通平("三通一平""五通一平""七通一平"，乃至"九通一平")等工作，涉及印花税计算、增值税进项税额处理等。

问题 4-3-1

"三通一平"工程合同的印花税如何计算?

　　答：房地产开发企业在项目前期工程阶段，要完成"三通一平"(或"五通一平"、"七通一平")等工程，主要是指建筑工程施工以前场地条件的提前准备工作。其中"三通一平"是指通水、通电、通路、平整土地；"五通一平"是指通水、通电、通路、通气、通讯、平整土地；"七通一平"是指通水、通电、通路、通邮、通讯、通暖气、通天然气或煤气、平整土地。

"三通一平"工程属于建筑工程。由《印花税暂行条例》所附《印花税税目税率表》可知，"建筑安装工程承包合同"税目包括建筑、安装工程承包合同，由立合同人按合同承包金额万分之三贴花。

根据上述政策规定，"三通一平"工程承包合同，由立合同人（双方）按承包金额万分之三贴花。

REAL ESTATE
ENTERPRISE **案例 4-18**

"三通一平"工程合同的印花税计算

A 房地产企业与 B 建筑公司 2017 年 6 月 20 日签订"三通一平"相关工程承包合同，合同金额 1 200 000 元。A 房地产企业印花税计算及会计处理如下：

1. 印花税：$1\ 200\ 000 \times 0.000\ 3 = 360$（元）。
2. 会计处理。

借：税金及附加——印花税   360
    贷：应交税费——应交印花税   360

问题 4-3-2

"三通一平"工程的增值税进项税额如何处理？

答：根据《营业税改征增值税试点实施办法》（财税〔2016〕36 号文件附件1）第十五条及《财政部 税务总局关于调整增值税税率的通知》（财税〔2018〕32 号）第一条的规定，2018 年 5 月 1 日前，纳税人提供建筑服务，税率为 11%；自 2018 年 5 月 1 日起，原适用 11% 税率的，税率调整为 10%。

《营业税改征增值税试点实施办法》所附《销售服务、无形资产、不动产注释》规定："工程服务，是指新建、改建各种建筑物、构筑物的工程作业，包括与建筑物相连的各种设备或者支柱、操作平台的安装或者装设工程作业，以及各种窑炉和金属结构工程作业"；"其他建筑服务，是指上列工程作业之外的各种工程作业服务，如钻井（打井）、拆除建筑物或者构筑物、平整土地、园林绿化、疏浚（不包括航道疏浚）、建筑物平移、搭脚手架、爆破、矿山穿孔、表面附着物（包括岩层、土层、沙层等）剥离和清理等工程作业"。

根据上述政策规定，承包"三通一平"等相关工程的建筑公司要按照 11% 税率计算缴纳增值税，同时开具增值税专用发票（一般纳税人），房地产开发企业取得的增值税专用发票注明的进项税额，可以在计算增值税时抵扣。

案例 4-19

"三通一平"工程支出增值税进项税额的计算

A 房地产公司与 B 建筑公司 2018 年 6 月 20 日签订"三通一平"相关工程承包合同，合同金额 1 200 000 元。A 房地产公司进项税额计算如下：

B 建筑公司不含税收入：1 200 000÷(1+10%)=1 090 909.09 (元)；

销项税额：1 090 909.09×10%=109 090.91 (元)。

B 建筑公司开具的增值税专用发票，进项税额为 109 090.91 元，不含税价格为 1 090 909.09 元。

问题 4-3-3

"三通一平"工程支出如何进行企业所得税处理？

答：根据《房地产开发经营业务企业所得税处理办法》(国税发〔2009〕31号文件发布) 第二十七条的规定，开发产品计税成本支出的前期工程费，指项目开发前期发生的水文地质勘察、测绘、规划、设计、可行性研究、筹建、场地通平等前期费用。

上述费用在财务核算上应记入"开发成本——前期工程费"科目。

案例 4-20

"三通一平"工程支出的会计处理

(续案例 4-19) A 房地产企业与 B 建筑公司 2017 年 6 月 20 日签订"三通一平"相关工程承包合同，合同金额 1 200 000 元，收到 B 公司开具的增值税专用发票，进项税额为 118 918.92 元，不含税价格为 1 081 081.08 元。A 房地产企业会计 (企业所得税) 处理如下：

借：开发成本——前期工程费　　　　　　　　　　1 081 081.08

　　应交税费——应交增值税——进项税额　　　　118 918.92

　贷：银行存款 (应付账款)　　　　　　　　　　　　1 200 000

问题 4-3-4

企业支付施工前各项手续费如何进行企业所得税处理？

答：房地产开发企业在项目施工前，需要向规划、建设等主管部门报批报建，还要向园林管理所、自来水公司、交通大队和供电局等部门办理树林砍伐、临时给水、临时占道和临时供电等手续。办理相关手续支付的费用，一般以发生的林木砍伐、移栽、临时给水、临时占道、临时用地等费用是否有相关的审批手续为核算依据。

根据《房地产开发经营业务企业所得税处理办法》（国税发〔2009〕31号文件发布）第二十七条的规定，上述费用属于"开发产品计税成本支出"中的"前期工程费"。

在会计处理上，这些费用在发生时，直接记入"开发成本——前期工程费"科目。

REAL ESTATE
ENTERPRISE　案例4-21

企业支付施工前各项手续费的会计处理

A房地产企业公司2017年6月向园林管理所、自来水公司、交通大队和供电局等部门办理树林砍伐、临时给水、临时占道和临时供电等手续，发生费用10 000元，会计（企业所得税）处理如下：

借：开发成本——前期工程费　　　　　　　　　　　　　　　10 000
　　贷：银行存款　　　　　　　　　　　　　　　　　　　　　10 000

问题 4-3-5

企业支付各项行政性收费和政府基金如何进行企业所得税处理？

答：根据《房地产开发经营业务企业所得税处理办法》（国税发〔2009〕31号文件发布）第二十七条的相关规定，房地产开发企业开发过程中缴纳的各项行政性收费和政府基金属于"开发产品计税成本支出"中的"前期工程费"。

房地产开发企业缴纳行政性收费和政府性基金，应当以省级以上（含）文件为支出核算依据。

会计处理上，上述费用在发生时，直接记入"开发成本——前期工程费"科目。

REAL ESTATE
ENTERPRISE　案例4-22

企业支付各项行政性收费和政府基金的会计处理

A房地产企业公司2017年6月缴纳人防易地建设费200万元，会计处理如下（单位：万元）：

借：开发成本——前期工程费　　　　　　　　　　　　　　　200
　　贷：银行存款　　　　　　　　　　　　　　　　　　　　　200

问题 4-3-6

企业报批报建、物业完善费用如何进行预提处理？

答：实际发生的报批报建、物业完善费用可以直接计入开发成本。

《房地产开发经营业务企业所得税处理办法》（国税发〔2009〕31号文件发

布）第三十二条第（三）项规定："应向政府上交但尚未上交的报批报建费用、物业完善费用可以按规定预提。物业完善费用是指按规定应由企业承担的物业管理基金、公建维修基金或其他专项基金。"

根据上述政策规定，企业实际发生的报批报建、物业完善费用可以直接计入开发成本。对于尚未上交的，按照政府规定的收费标准预提计入开发成本。

REAL ESTATE
ENTERPRISE　**案例 4-23**

企业未上交的报批报建、物业完善费用的会计处理

A 房地产企业公司 2017 年 6 月缴纳规划管理费 10 万元，尚有 20 万元未缴纳。会计处理如下（单位：万元）：

借：开发成本——前期工程费　　　　　　　　　　　　　30
贷：银行存款　　　　　　　　　　　　　　　　　　　10
其他应付款　　　　　　　　　　　　　　　　　　20

4.4　前期工程费成本分摊业务

此类业务是将发生的前期工程费用分配至各成本对象的过程，主要涉及企业所得税处理。

问题 4-4-1

项目一次性开发的前期工程费用如何按占地面积法进行分摊？

答：《房地产开发经营业务企业所得税处理办法》（国税发〔2009〕31 号文件发布）第二十九条第（一）项第 1 点规定，企业开发、建造的开发产品应按制造成本法进行计量与核算。其中，应计入开发产品成本中的费用属于直接成本和能够分清成本对象的间接成本，直接计入成本对象，共同成本和不能分清负担对象的间接成本，应按受益的原则和配比的原则分配至各成本对象，具体分配方法可按占地面积法，即指按已动工开发成本对象占地面积占开发用地总面积的比例进行分配。对于一次性开发的，按某一成本对象占地面积占全部成本对象占地总面积的比例进行分配。

根据上述政策规定，前期工程费用中的共同成本和不能分清负担对象的间接成本，应按受益的原则和配比的原则分配至各成本对象。在分配方式上，可以选择占地面积法。

```
          REAL ESTATE
  ENTERPRISE    案例 4-24
```

项目一次性开发的前期工程费用按占地面积法分摊的计算

A 房地产开发企业 2017 年 3 月开发某项目，项目占地 30 000 平方米，项目包括 6 栋高层建筑，建筑面积 70 000 平方米，占地面积 20 000 平方米，还有 30 栋别墅，建筑面积 10 000 平方米，占地面积 10 000 平方米。发生前期工程费用 1 500 万元，按占地面积法分摊如下：

高层建筑分摊：1 500×20 000÷30 000＝1 000（万元）；

别墅分摊：1 500×10 000÷30 000＝500（万元）。

问题 4-4-2

项目分期开发的前期工程费用如何按占地面积法进行分摊？

答：《房地产开发经营业务企业所得税处理办法》（国税发〔2009〕31 号文件发布）第二十九条第（一）项第 2 点规定，企业开发、建造的开发产品应按制造成本法进行计量与核算。其中，应计入开发产品成本中的费用属于直接成本和能够分清成本对象的间接成本，直接计入成本对象，共同成本和不能分清负担对象的间接成本，应按受益的原则和配比的原则分配至各成本对象，具体分配方法可按占地面积法，即指按已动工开发成本对象占地面积占开发用地总面积的比例进行分配。分期开发的，首先按本期全部成本对象占地面积占开发用地总面积的比例进行分配，然后再按某一成本对象占地面积占期内全部成本对象占地总面积的比例进行分配。

期内全部成本对象应负担的占地面积为期内开发用地占地面积减除应由各期成本对象共同负担的占地面积。

根据上述政策规定，前期工程费用中的共同成本和不能分清负担对象的间接成本，应按受益的原则和配比的原则分配至各成本对象。在分配方式上，可以选择占地面积法。

```
          REAL ESTATE
  ENTERPRISE    案例 4-25
```

项目分期开发的前期工程费用按占地面积法分摊的计算

A 房地产开发企业分三期开发某地块，该地块占地 100 000 平方米。2017 年 3 月开发第一期，第一期占地 30 000 平方米，包括 6 栋高层建筑，建筑面积 60 000 平方米，占地面积 20 000 平方米，还有 30 栋别墅，建筑面积 10 000 平方米，占地面积 10 000 平方米。该项目发生前期工程费用合计 4 000 万元，按占地面积法分摊如下：

第一期应分摊：4 000×30 000÷10 0000＝1 200（万元）；

第一期高层建筑分摊：1 200×20 000÷30 000＝800（万元）；

第一期别墅分摊：1 200×10 000÷30 000＝400（万元）。

问题 4-4-3

项目一次性开发的前期工程费用如何按建筑面积法进行分摊？

答：《房地产开发经营业务企业所得税处理办法》（国税发〔2009〕31 号文件发布）第二十九条第（二）项第 1 点规定，企业开发、建造的开发产品应按制造成本法进行计量与核算。其中，应计入开发产品成本中的费用属于直接成本和能够分清成本对象的间接成本，直接计入成本对象，共同成本和不能分清负担对象的间接成本，应按受益的原则和配比的原则分配至各成本对象，具体分配方法可按建筑面积法，即指按已动工开发成本对象建筑面积占开发用地总建筑面积的比例进行分配。对于一次性开发的，按某一成本对象建筑面积占全部成本对象建筑面积的比例进行分配。

根据上述政策规定，前期工程费用中的共同成本和不能分清负担对象的间接成本，应按受益的原则和配比的原则分配至各成本对象。在分配方式上，具体可以选择建筑面积法。

REAL ESTATE
ENTERPRISE **案例 4-26**

项目一次性开发的前期工程费用按建筑面积法分摊的计算

A 房地产开发企业 2017 年 3 月拍得一块国有土地使用权，在此地块上一次性开发 6 栋高层建筑，建筑面积 60 000 平方米，占地面积 20 000 平方米，还有 30 栋别墅，建筑面积 10 000 平方米，占地面积 10 000 平方米。已发生前期工程费 2 100 万元，该企业按建筑面积法分摊如下：

高层建筑分摊：2 100×60 000÷（60 000＋10 000）＝1 800（万元）；

别墅分摊：2 100×10 000÷（60 000＋10 000）＝700（万元）。

问题 4-4-4

项目分期开发的前期工程费用如何按建筑面积法进行分摊？

答：《房地产开发经营业务企业所得税处理办法》（国税发〔2009〕31 号文件发布）第二十九条第（三）项规定，企业开发、建造的开发产品应按制造成本法进行计量与核算。其中，应计入开发产品成本中的费用属于直接成本和能够分清成本对象的间接成本，直接计入成本对象，共同成本和不能分清负担对象的间接成本，应按受益的原则和配比的原则分配至各成本对象，具体分配方法可按建筑面积法，即指按已动工开发成本对象建筑面积占开发用地总建筑面积的比例进行分配。对于分期开发的，首先按期内成本对象建筑面积占开发用地计划建筑面积的比例进行分配，然后再按某一成本对象建筑面积占期内成本对象总建筑面积的比例进行分配。

根据上述政策规定，前期工程费用中的共同成本和不能分清负担对象的间接成本，应按受益的原则和配比的原则分配至各成本对象。在分配方式上，具体可以选择建筑面积法。

REAL ESTATE
ENTERPRISE **案例 4-27**

项目分期开发的前期工程费用按建筑面积法分摊的计算

A 房地产开发企业分三期开发某地块，计划建筑面积为 210 000 平方米，该地块占地 100 000 平方米。2017 年 3 月开发第一期，第一期占地 30 000 平方米，包括 6 栋高层建筑，建筑面积 60 000 平方米，占地面积 20 000 平方米，还有 30 栋别墅，建筑面积 10 000 平方米，占地面积 10 000 平方米。该项目发生前期工程费用合计 4 200 万元，按建筑面积法分摊如下：

第一期应分摊：$4\,200 \times (60\,000 + 10\,000) \div 210\,000 = 1\,400$（万元）；

第一期高层建筑分摊：$1\,400 \times 60\,000 \div (60\,000 + 10\,000) = 1\,200$（万元）；

第一期别墅分摊：$1\,400 \times 10\,000 \div (60\,000 + 10\,000) = 200$（万元）。

问题 4-4-5

前期工程费用如何按直接成本法进行分摊？

答：根据《房地产开发经营业务企业所得税处理办法》（国税发〔2009〕31 号文件发布）第二十九条第（三）项的规定，企业开发、建造的开发产品应按制造成本法进行计量与核算。其中，应计入开发产品成本中的费用属于直接成本和能够分清成本对象的间接成本，直接计入成本对象，共同成本和不能分清负担对象的间接成本，应按受益的原则和配比的原则分配至各成本对象，具体分配方法可按直接成本法，即指按期内某一成本对象的直接开发成本占期内全部成本对象直接开发成本的比例进行分配。

上述直接成本法主要在项目已经竣工，各类成本费用已经能够可靠计量的情况下使用。

REAL ESTATE
ENTERPRISE **案例 4-28**

前期工程费用按直接成本法分摊的计算

A 房地产开发企业 2017 年 3 月拍得一块国有土地使用权，在此地块上一次性开发 6 栋高层建筑和 30 栋别墅，发生前期工程费 2 400 万元，高层建筑和别墅直接开发成本分别为 18 000 万元、6 000 万元。前期工程费按直接成本法分摊如下：

高层建筑分摊：$2\,400\times18\,000\div(18\,000+6\,000)=1\,800$（万元）；

别墅分摊：$2\,400\times6\,000\div(18\,000+6\,000)=600$（万元）。

问题 4-4-6

前期工程费用如何按预算造价法进行分摊？

答：《房地产开发经营业务企业所得税处理办法》（国税发〔2009〕31 号文件发布）第二十九条第（四）项规定，企业开发、建造的开发产品应按制造成本法进行计量与核算。其中，应计入开发产品成本中的费用属于直接成本和能够分清成本对象的间接成本，直接计入成本对象，共同成本和不能分清负担对象的间接成本，应按受益的原则和配比的原则分配至各成本对象，具体分配方法可按预算造价法，指按期内某一成本对象预算造价占期内全部成本对象预算造价的比例进行分配。

根据上述政策规定，前期工程费用中的共同成本和不能分清负担对象的间接成本，应按受益的原则和配比的原则分配至各成本对象。在分配方式上，具体可以选择预算造价法。

REAL ESTATE
ENTERPRISE **案例 4-29**

前期工程费用按预算造价法分摊的计算

A 房地产开发企业 2017 年 3 月拍得一块国有土地使用权，在此地块上一次性开发 6 栋高层建筑和 30 栋别墅，发生前期工程费 2 400 万元，高层建筑和别墅预算造价分别为 18 000 万元、6 000 万元。前期工程费按预算造价法分摊如下：

高层建筑分摊：$2\,400\times18\,000\div(18\,000+6\,000)=1\,800$（万元）；

别墅分摊：$2\,400\times6\,000\div(18\,000+6\,000)=600$（万元）。

第 5 章
项目施工成本费用支出业务涉税问题

《房地产开发经营业务企业所得税处理办法》（国税发〔2009〕31号文件发布）第二十七条规定，房地产企业开发产品计税成本支出包括土地征用费及拆迁补偿费、前期工程费、建筑安装工程费、基础设施建设费、公共配套设施费、开发间接费等六大项。本章主要分析建筑安装工程费、基础设施建设费及公共配套设施费等费用支出业务涉及的税收问题。

5.1　涉及建筑安装工程费的业务

《房地产开发经营业务企业所得税处理办法》第二十七条第（三）项规定：建筑安装工程费，"指开发项目开发过程中发生的各项建筑安装费用。主要包括开发项目建筑工程费和开发项目安装工程费等"。

问题 5-1-1

各项建筑安装工程业务合同如何计算印花税？

答：由《印花税暂行条例》所附《印花税税目税率表》可知，建筑安装工程承包合同包括建筑、安装工程承包合同，由立合同人按承包金额万分之三贴花。

根据上述政策规定，签订合同的双方均要按规定贴花。营改增后，如果签订的合同是价税分开注明的，按照合同确定的不含税价计算印花税，如果未分别注明价税金额，则以总金额作为计税依据。

────REAL ESTATE
ENTERPRISE　**案例 5-1**

各项建筑安装工程业务合同的印花税计算

A 房地产企业与 B 建筑公司 2017 年 7 月 10 日签订工程承包合同，合同金额 8 000 万元。A 房地产企业印花税计算及会计处理如下：

1. 印花税：8 000×0.000 3＝2.4（万元）。
2. 会计处理（单位：万元）。

借：税金及附加　　　　　　　　　　　　　　　　　　2.4
　　贷：应交税费——应交印花税　　　　　　　　　　　2.4

问题 5-1-2

建筑安装工程业务的增值税进项税额如何处理？

答：《营业税改征增值税试点实施办法》（财税〔2016〕36 号文件附件 1）所附《销售服务、无形资产、不动产注释》规定，建筑服务，是指各类建筑物、构筑物及其附属设施的建造、修缮、装饰，线路、管道、设备、设施等的安装以及其他工程作业的业务活动，包括工程服务、安装服务、修缮服务、装饰服务和其他建筑服务。

《营业税改征增值税试点实施办法》第十五条规定，提供建筑服务项目，税率为 11%。根据《财政部 税务总局关于调整增值税税率的通知》（财税〔2018〕32 号）第一条的规定，自 2018 年 5 月 1 日起，"纳税人发生增值税应税销售行为或者进口货物，原适用 17% 和 11% 税率的，税率分别调整为 16%、10%"。

根据上述政策规定，房地产企业在支付工程款项时，如果提供服务的建筑安装工程企业是增值税一般纳税人，则应取得增值税专用发票，其进项税额可以在计算增值税时抵扣。

REAL ESTATE
ENTERPRISE   **案例 5-2**

建筑安装工程业务增值税进项税额的处理

A 房地产公司（一般纳税人）与 B 建筑公司 2018 年 7 月 10 日签订工程承包合同，合同金额 8 000 万元。假定已经支付款项，A 房地产公司增值税进项税额计算如下：

B 建筑公司不含税收入：8 000÷(1＋10％)＝7 272.73（万元）；

销项税额：7 272.73×10％＝727.27（万元）。

A 房地产公司取得上述增值税专用发票，票面注明的增值税额 727.27 万元可以在计算增值税时抵扣。

问题 5-1-3

建筑安装工程支出如何进行企业所得税处理？

答：建筑安装工程会计核算内容包括各项主体工程、安装工程。根据《房地产开发经营业务企业所得税处理办法》（国税发〔2009〕31 号文件发布）第二十七条第（三）项的规定，开发项目开发过程中发生的各项建筑安装费用，属于开发产品计税成本支出。

在会计处理上，建筑安装费用应记入"开发成本——建筑安装工程费"科目，核算内容主要包括"开发项目建筑工程费和开发项目安装工程费等"。除政策规定的预提费用外，计税成本均应为实际发生的成本。

在实务中，对于建安成本费用，企业所得税处理方法是按实际已发生（指劳务已发生并取得合法票据）的成本加上按规定可以计提的成本，与其他成本一并计入各成本对象，然后在已销开发产品与未销开发产品之间分摊计税成本。

REAL ESTATE
ENTERPRISE   **案例 5-3**

建筑安装工程支出的会计（企业所得税）处理

A 房地产企业与 B 建筑公司 2017 年 7 月 10 日签订工程承包合同，合同金额 8 000 万元。假定已经支付款项，收到 B 公司开具的增值税专用发票，进项税额为 792.79 万元，不含税价格为 7 207.21 万元。A 房地产企业会计（企业所得税）处理如下（单位：万元）：

1. 会计核算。

借：开发成本——建筑安装工程费　　　　　　　　　　　　　7 207.21

　　　　应交税费——应交增值税——进项税额　　　　　　　　792.79

　　　贷：银行存款（应付账款）　　　　　　　　　　　　　　8 000

　　2. 企业所得税处理。

　　工程支出先在"开发成本——建筑安装工程费"科目归集，待项目全部完工后，该成本科目与其他成本一并转入"开发产品"科目。然后，再按照开发产品的销售比例结转对应的成本，即按已售面积占总可售面积的比例将开发产品成本结转到利润表的"主营业务成本"项目。

问题 5-1-4

发包方以清包工方式发包的项目能取得什么样的增值税发票？

　　答：房地产开发企业采取以清包工方式发包的项目，由于购买建筑服务与购买材料、设备业务是分开进行的，由此要分别取得增值税发票。

　　《营业税改征增值税试点有关事项的规定》（财税〔2016〕36 号文件附件 2）第一条第（七）项第 1 点第二款规定："以清包工方式提供建筑服务，是指施工方不采购建筑工程所需的材料或只采购辅助材料，并收取人工费、管理费或者其他费用的建筑服务。"

　　根据上述政策规定，提供建筑服务的纳税人，选择适用一般计税方法的，发包方取得的增值税发票是 11% 税率的增值税专用发票。

　　在以清包工方式发包的项目中，发包方自行购买的材料、设备，取得的增值税发票是 17% 税率的增值税专用发票。

　　上述两种专用发票票面注明的增值税进项税额均可以在发包方增值税销项税额中抵扣。

　　提示：根据《财政部　税务总局关于调整增值税税率的通知》（财税〔2018〕32 号）第一条的规定，自 2018 年 5 月 1 日起，"纳税人发生增值税应税销售行为或者进口货物，原适用 17% 和 11% 税率的，税率分别调整为 16%、10%"。

REAL ESTATE ENTERPRISE　案例 5-4

取得建筑服务与材料、设备增值税专用发票进项税额的处理

　　A 房地产公司（一般纳税人）2018 年 7 月 4 日以清包工方式发包工程，其中 B 建筑公司以清包工方式提供建筑服务，金额 3 000 万元（含税）。A 公司从 C 建材公司购买建筑材料支付金额 1 392 万元，其中材料价格为 1 200 元，进项税额 192 万元。A 房地产公司增值税发票收取及会计处理如下：

　　1. 与 B 建筑公司相关的增值税。

　　不含税价格：3 000÷（1＋10%）＝2 727.27（万元）；

　　销项税额：2 727.27×10%＝272.73（万元）。

A公司收取的B建筑公司开具的增值税发票为增值税专用发票，注明的增值税额272.73万元，可以在增值税计算中抵扣。

2. 与C建材公司相关的增值税。

不含税价格：1 200万元；

销项税额：1 200×16％＝192（万元）。

A公司收取的C建材公司开具的增值税发票为增值税专用发票，注明的增值税额192万元，可以在增值税计算中抵扣。

3. A房地产公司会计处理（单位：万元）。

```
借：开发成本——清包工发包工程              2 727.27
      ——材料                          1 200
    应交税费——应交增值税——进项税额          464.73
  贷：银行存款（应付账款）                          4 392
```

问题 5-1-5

以清包工方式发包项目，建筑公司选择适用简易计税方法计税能取得什么样的增值税发票？

答：《营业税改征增值税试点有关事项的规定》（财税〔2016〕36号文件附件2）第一条第（七）项第1点规定："一般纳税人以清包工方式提供的建筑服务，可以选择适用简易计税方法计税。"

《营业税改征增值税试点实施办法》（财税〔2016〕36号文件附件1）第三十四条规定："简易计税方法的应纳税额，是指按照销售额和增值税征收率计算的增值税额，不得抵扣进项税额。应纳税额计算公式：应纳税额＝销售额×征收率"；第三十五条规定："简易计税方法的销售额不包括其应纳税额，纳税人采用销售额和应纳税额合并定价方法的，按照下列公式计算销售额：销售额＝含税销售额÷(1＋征收率)"；第十六条规定："增值税征收率为3％，财政部和国家税务总局另有规定的除外"。

根据上述政策规定，房地产开发公司以清包工方式发包项目，如果建筑公司选择简易计税方法计税，则发包方取得的发票是按3％征收率计算的增值税普通发票，不得抵扣进项税额。

在以清包工方式发包的项目中，发包方自行购买的材料、设备，取得的增值税发票是17％税率的增值税专用发票，其进项税额可以抵扣。

提示： 根据《财政部 税务总局关于调整增值税税率的通知》（财税〔2018〕32号）第一条的规定，自2018年5月1日起，"纳税人发生增值税应税销售行为或者进口货物，原适用17％和11％税率的，税率分别调整为16％、10％"。

REAL ESTATE
ENTERPRISE　**案例 5-5**

企业取得建筑服务与材料、设备增值税专用发票进项税额的处理

A 房地产开发公司以清包工方式发包工程，其中 B 建筑公司以清包工方式提供建筑服务，金额 1 500 万元（含税），B 建筑公司选择适用简易计税方法计税。A 公司从 C 建材公司购买建筑材料，支付金额 1 392 万元（其中材料价格为 1 200 元，进项税额为 192 万元）。A 房地产开发公司增值税发票收取及会计处理如下：

1. 与 B 建筑公司相关的增值税业务。

销售额：1 500÷（1+3%）＝1 456.31（万元）；

应纳税额：1 456.31×3%＝43.69（万元）。

A 公司收取的 B 建筑公司开具的增值税发票为普通增值税发票，不可抵扣增值税销项税额。

2. 与 C 建材公司相关的增值税业务。

不含税价格：1 200 万元；

销项税额：1 200×16%＝192（万元）。

A 公司收取的 C 建材公司开具的增值税发票为增值税专用发票，注明的进项税额 192 万元，可以在增值税计算中抵扣。

3. A 房地产公司会计处理（单位：万元）。

借：开发成本——清包工发包工程　　　　　　　　　　　　1 500
　　　　　　——材料　　　　　　　　　　　　　　　　　 1 200
　　应交税费——应交增值税——进项税额　　　　　　　　　192
　　贷：银行存款（应付账款）　　　　　　　　　　　　　2 892

问题 5-1-6

开发项目基建工地的临时性房屋是否应缴纳房产税？

答：《关于房产税若干具体问题的解释和暂行法规》（财税地字〔1986〕8 号文件附件一）第二十一条规定："凡是在基建工地为基建工地服务的各种工棚、材料棚、休息棚和办公室、食堂、茶炉房、汽车房等临时性房屋，不论是施工企业自行建造还是由基建单位出资建造交施工企业使用的，在施工期间，一律免征房产税。但是，如果在基建工程结束以后，施工企业将这种临时性房屋交还或者估价转让给基建单位的，应当从基建单位接收的次月起，依照规定征收房产税。"

根据上述政策规定，临时性房屋，不论是施工企业自行建造还是由基建单位出资建造交施工企业使用的，在施工期间，一律免征房产税。但是由基建单位出资建造出租给施工企业使用的，则由基建单位依照房产租金收入计算缴纳，税率

为 12%。

问题 5-1-7

项目现场建设的临时售楼部是否应缴纳房产税？

答：《关于房产税若干具体问题的解释和暂行法规》（财税地字〔1986〕8号文件附件一）第二十一条规定："凡是在基建工地为基建工地服务的各种工棚、材料棚、休息棚和办公室、食堂、茶炉房、汽车房等临时性房屋，不论是施工企业自行建造还是由基建单位出资建造交施工企业使用的，在施工期间，一律免征房产税。但是，如果在基建工程结束以后，施工企业将这种临时性房屋交还或者估价转让给基建单位的，应当从基建单位接收的次月起，依照规定征收房产税。"

房地产开发企业为销售房屋而建造的临时设施（包括售楼部、样板间等营销设施），是企业经营业务所用的房屋，不属于上述文件列举的免征房产税的范围。因此，开发企业建造的临时营销设施应当自建成之次月起缴纳房产税。

提示：《财政部、国家税务总局关于安置残疾人就业单位城镇土地使用税等政策的通知》（财税〔2010〕121号）第三条规定："对按照房产原值计税的房产，无论会计上如何核算，房产原值均应包含地价，包括为取得土地使用权支付的价款、开发土地发生的成本费用等。宗地容积率低于0.5的，按房产建筑面积的2倍计算土地面积并据此确定计入房产原值的地价。"由于根据房地产开发企业会计处理的相关规定，临时设施中的售楼部、样板间等营销设施归集的成本费用只有建造成本，不包括土地成本，因此，房地产开发企业在计算为销售房屋而建造的售楼部、样板间等营销设施的房产税时，需要按一定的方法将土地成本分摊计入售楼部等营销设施，作为房产税的计税依据。

问题 5-1-8

企业在结算计税成本时未取得合法凭据的如何处理？

答：《房地产开发经营业务企业所得税处理办法》（国税发〔2009〕31号文件发布）第三十四条规定："企业在结算计税成本时其实际发生的支出应当取得但未取得合法凭据的，不得计入计税成本，待实际取得合法凭据时，再按规定计入计税成本。"例如，预先支付施工单位一部分工程款，由于双方合同约定待支付到一定金额时一并开具发票，因此施工单位对该部分预付工程款尚未提供发票，开发商对此部分已实际支付的成本不予列支作为计税成本。在会计处理上一般计入预付账款核算，如果会计处理计入了开发成本，则在企业所得税汇算清缴时，做纳税调整，调整减少计税成本。

问题 5-1-9

企业发生的红线外建造成本，如何进行企业所得税处理？

答：开发项目中的"红线"是指房地产开发企业获取的国有土地使用权的土地范围线（国有土地出让合同内还明确有代征地，如绿地、规划道路用地等），一般情况下，房地产开发企业只能在"红线"范围内开发项目。

《企业所得税法》第八条规定："企业实际发生的与取得收入有关的、合理的支出，包括成本、费用、税金、损失和其他支出，准予在计算应纳税所得额时扣除。"

根据上述政策规定，不符合税法规定扣除原则的费用不得在税前扣除。对于房地产开发企业在项目红线外发生的建造成本，应按如下不同情况处理：

（1）企业能证明其与开发项目收入有直接有关且必须发生的成本，可以按照项目成本结转；

（2）如果与开发项目收入没有直接关系，则不能按照开发项目成本结转；

（3）虽与收入无直接关系，但其成本发生是为了促使收入的更好实现，则其支出不予列入开发成本，但可以计入销售费用。

REAL ESTATE
ENTERPRISE　**案例 5-6**

与开发项目（收入）有直接关联的成本支出的处理

A 房地产开发公司开发的某花园小区，进入小区的必经之路上有一条水沟。开发过程中，开发公司在水沟之上建造一座小桥，其建造成本为 370 万元，但该小桥位置不在红线范围内。

上述成本的发生与开发项目的收入有直接关联（若无此小桥，小区与外界无法连通，则无法销售实现收入），且该成本为项目开发实际需要必须发生的。因此，在实务处理中，该 370 万元应计入项目成本，并按规定进行成本结转，在企业所得税税前扣除。

REAL ESTATE
ENTERPRISE　**案例 5-7**

与开发项目（收入）无直接关联的成本支出的处理

A 房地产开发公司于 2016 年建造完成某高档小区，后发现小区东面有一条未经治理的水渠，水体浑浊、杂草丛生，与小区环境极其不匹配。于是斥资 700 余万元对水渠进行了污水治理与环境绿化。但该地块在红线范围之外，不属于小区内部环境改造。

在实务处理中，水渠的环境改造属于红线之外的非必须发生的支出，与收入无直接关系，但其目的是提升产品质量，更好地促进产品销售，因此一般记入

"期间费用——销售费用"科目。

问题 5-1-10

企业发生的红线外建造成本，土地增值税清算时能否在税前扣除？

答：根据《土地增值税暂行条例实施细则》第七条的相关规定，红线外发生的成本费用不是开发项目直接发生的成本费用，因此不得扣除。

红线外支出是指在企业开发项目建设用地边界外发生的建设成本支出。实务中，红线外支出大致有两种情况：一种是在"招拍挂"拿地时附带的条件，例如在红线外建立公园、广场、道路等，这实际上属于取得土地发生的必要成本；二是开发商为了提升红线内楼盘的品质，在红线外自行建造的各类景观建筑物、基础设施等。

红线外支出在性质上类似于公共配套设施，根据《土地增值税暂行条例实施细则》第七条第（二）项第六款及《国家税务总局关于房地产开发企业土地增值税清算管理有关问题的通知》（国税发〔2006〕187 号）第四条第（三）项的规定，公共配套设施成本费用可以扣除。但这个扣除的前提是与项目紧密相关，即不仅要"在红线内"，还要在规划设计中列明，等等。目前各地在执行时，掌握尺度如下：

一是视情况扣除。例如《海南省地方税务局关于印发土地增值税清算有关业务问答的通知》（琼地税函〔2015〕917 号）第八条规定："房地产开发企业在项目建设用地边界外（国家有关部门审批的项目规划外，即'红线'外）为政府建设公共设施或其他工程所发生的支出，凡能提供政府有关部门出具的证明文件确认该项支出与建造本清算项目有直接关联的（含项目的土地使用权取得相关联的）支出，可以计入本项目扣除项目金额。"

二是不予扣除。例如《房地产开发企业土地增值税清算管理办法》（山西省地方税务局公告 2014 年第 3 号文件公布）第十九条第（三）项第 4 点规定："土地红线外的绿化、修路、配套等支出，不得扣除。"

REAL ESTATE
ENTERPRISE　**案例 5-8**

与项目密不可分的红线外支出的处理

A 房地产开发公司于 2016 年以底价取得 M 地块的土地使用权，同时承诺政府在小区的马路对面建设一个小型市民广场。该广场在 M 项目红线之外，建造成本 1 500 万元。

在实务处理中，因广场的建造是 A 企业能够以底价取得土地使用权的代价，其虽不在红线范围内，却是与 M 地块项目密不可分的支出，属于构成土地成本的一部分。因此，一般认为该建造成本可以作为开发成本在土地增值税清算时扣除。

提示：如果发生如案例 5-7 所示的情形，则只能计入期间费用，在土地增值税清算时不得作为开发成本扣除。

问题 5-1-11

开发项目中绿化和公共道路的占地面积是否需要缴纳城镇土地使用税？

答：在房地产开发企业签订的《国有土地使用权出让合同》中，一般明确有代征地，如绿地、规划道路用地等。但是合同条款确定了实际用地面积，因此按实际占地面积缴纳城镇土地使用税。

《关于土地使用税若干具体问题的补充规定》（国税地字〔1989〕第 140 号文件发布）第十三条"关于对企业的绿化用地可否免征土地使用税问题"规定："对企业厂区（包括生产、办公及生活区）以内的绿化用地，应照章征收土地使用税，厂区以外的公共绿化用地和向社会开放的公园用地，暂免征收土地使用税。"

根据上述政策规定，凡是公共绿化用地，暂免征收城镇土地使用税。

问题 5-1-12

法院判决书能否作为成本费用入账依据？

答：法院判决书能否作为会计入账的依据及税收扣除的有效凭证，应视具体判决事项涉及的业务内容而定。

1. 判决事项与企业经营业务相关。

《中华人民共和国发票管理办法》第二十条规定："所有单位和从事生产、经营活动的个人在购买商品、接受服务以及从事其他经营活动支付款项，应当向收款方取得发票。取得发票时，不得要求变更品名和金额"；第二十一条规定："不符合规定的发票，不得作为财务报销凭证，任何单位和个人有权拒收"。

《企业所得税税前扣除凭证管理办法》（国家税务总局公告 2018 年第 28 号文件发布）第九条规定："企业在境内发生的支出项目属于增值税应税项目（以下简称'应税项目'）的，对方为已办理税务登记的增值税纳税人，其支出以发票（包括按照规定由税务机关代开的发票）作为税前扣除凭证；对方为依法无需办理税务登记的单位或者从事小额零星经营业务的个人，其支出以税务机关代开的发票或者收款凭证及内部凭证作为税前扣除凭证，收款凭证应载明收款单位名称、个人姓名及身份证号、支出项目、收款金额等相关信息。

小额零星经营业务的判断标准是个人从事应税项目经营业务的销售额不超过增值税相关政策规定的起征点。

税务总局对应税项目开具发票另有规定的，以规定的发票或者票据作为税前扣除凭证。"

根据上述政策规定，如果判决事项是跟企业经营业务相关的成本费用，属于应税项目，则应取得合法有效的增值税发票入账。

2. 判决事项与企业本身经营业务无直接关联。

《企业所得税法》第八条规定："企业实际发生的与取得收入有关的、合理的支出，包括成本、费用、税金、损失和其他支出，准予在计算应纳税所得额时扣除。"

如果判决支付的款项性质属于非应税项目支出，且属于合理支出，则法院判决书可以作为入账凭证，在企业所得税税前扣除。各地也有一些更具体的规定，例如，江苏省地方税务局发布的《企业所得税税前扣除凭证管理办法》（苏地税规〔2011〕13号文件发布）第十四条第（八）项规定："企业根据法院判决、调解、仲裁等发生的支出，以法院判决书、裁定书、调解书，以及可由人民法院执行的仲裁裁决书、公证债权文书和付款单据为税前扣除凭证。"

《企业所得税税前扣除凭证管理办法》第十条规定："企业在境内发生的支出项目不属于应税项目的，对方为单位的，以对方开具的发票以外的其他外部凭证作为税前扣除凭证；对方为个人的，以内部凭证作为税前扣除凭证。

企业在境内发生的支出项目虽不属于应税项目，但按税务总局规定可以开具发票的，可以发票作为税前扣除凭证。"

根据上述政策规定，如果判决事项与企业本身经营业务无直接关联，且不存在应税项目，则无须开具发票，可以法院判决书与支付凭据以及对方收据为入账依据。

REAL ESTATE
ENTERPRISE **案例 5-9**

与经营业务相关的判决作为入账依据的处理

A 房地产开发公司因资金紧张，拖欠 B 施工单位工程款 2 000 万元。后 B 施工单位起诉至法院，经法院审理，判决 A 房地产公司于 10 日内支付 B 公司 2 000万元工程款及 20 万元利息。

上述 2 000 万元工程款属于 A 房地产开发公司接受服务应支付的款项，所以判决的事项与企业经营业务相关。因此，根据相关政策规定，A 房地产开发公司支付 B 公司工程款后应当取得发票，且需要取得符合规定的合法有效发票。

根据《中华人民共和国增值税暂行条例》（以下简称《增值税暂行条例》）第六条、《中华人民共和国增值税暂行条例实施细则》（以下简称《增值税暂行条例实施细则》）第十二条的规定，收取的违约金、延期付款利息属于价外费用，应当缴纳增值税。

根据上述政策规定，B 施工单位收取的 20 万元利息是延期付款利息，属于价外费用，应与建筑服务工程收入 2 000 万元合并作为应税销售额，计算缴纳增值税，并且按规定开具增值税发票。

REAL ESTATE
ENTERPRISE　**案例 5-10**

与经营业务不相关的判决作为入账依据的处理

A 房地产开发公司在施工中造成相邻工厂围墙坍塌，经法院判决，赔偿工厂 20 万元。

上述 20 万元赔偿款不属于与工厂主营业务直接相关的收入，属于非应税项目。A 房地产公司应以法院判决书、支付工厂 20 万元的付款凭据、工厂的收据入账，并按规定在企业所得税税前列支。

提示： 土地增值税处理。《国家税务总局关于房地产开发企业土地增值税清算管理有关问题的通知》（国税发〔2006〕187 号）第四条第（一）项规定："房地产开发企业办理土地增值税清算时计算与清算项目有关的扣除项目金额，应根据土地增值税暂行条例第六条及其实施细则第七条的规定执行。除另有规定外，扣除取得土地使用权所支付的金额、房地产开发成本、费用及与转让房地产有关税金，须提供合法有效凭证；不能提供合法有效凭证的，不予扣除。"

因此，上述案例 5-9 中，A 房地产开发企业在项目建设中与施工企业就工程款支付发生纠纷，法院判决房地产开发企业支付施工企业款项，如果判决支付的款项性质属于工程款或具有工程款性质的赔付款，则必须取得对方开具的增值税发票，方可以入账，作为土地增值税清算扣除项目。

上述案例 5-10 中的赔偿款，因为性质上属于非应税项目支出，且与项目增值无关，不属于开发成本范围，所以在土地增值税项目清算时不得作为开发成本扣除。

问题 5-1-13

企业用于自建用房等地上建筑物时土地成本如何处理？

答：《房地产开发经营业务企业所得税处理办法》（国税发〔2009〕31 号文件发布）第二十七条第（一）项规定，土地入账价值"主要包括土地买价或出让金、大市政配套费、契税、耕地占用税、土地使用费、土地闲置费、土地变更用途和超面积补交的地价及相关税费、拆迁补偿支出、安置及动迁支出、回迁房建造支出、农作物补偿费、危房补偿费等"。

《企业所得税法实施条例》第六十五条规定："无形资产，是指企业为生产产品、提供劳务、出租或者经营管理而持有的、没有实物形态的非货币性长期资产，包括专利权、商标权、著作权、土地使用权、非专利技术、商誉等"；第六十六条第一款规定："外购的无形资产以购买的价款和支付的相关税费以及直接归属于使该资产达到预定用途发生的其他支出为计税基础"。

根据上述政策规定，如果房地产开发企业取得的土地使用权用于自建用房等地上建筑物，土地使用权的取得成本直接记入"无形资产"科目，且土地使用权的账面价值不与地上建筑物合并计算成本，而仍作为无形资产进行核算，土地使用权与地上建筑物分别进行摊销和提取折旧。为建造办公楼等自用而取得的土地使用权所缴纳的契税，则记入"无形资产"科目。

REAL ESTATE
ENTERPRISE　**案例 5-11**

企业自建用房土地成本的处理

A 房地产开发公司拟建设自用办公大楼，2016 年 2 月取得一块土地使用权，土地使用年限 50 年，合同价款 600 万元，契税 18 万元。A 公司分期付款，2016 年 2 月 2 日付款 300 万元，取得 300 万元的发票，同时支付契税 18 万元；2016 年 12 月 2 日付款 200 万元，取得 200 万元的发票；2017 年 1 月 2 日付款 100 万元，取得 100 万元的发票，同时取得的土地开始建设，2018 年 1 月建成并投入使用。其各项会计、税务处理如下：

1. 会计处理（单位：万元）。

（1）取得土地使用权，支付契税与首期款时：

借：无形资产——土地使用权　　　　　　　　　　　　　　　　　　　600
　　无形资产——契税　　　　　　　　　　　　　　　　　　　　　　 18
　　贷：银行存款　　　　　　　　　　　　　　　　　　　　　　　　318
　　　　应付账款　　　　　　　　　　　　　　　　　　　　　　　　300

（2）2 月份无形资产摊销时：

按 50 年摊销，每月摊销额：$600 \div 50 \div 12 = 1$（万元）。

借：管理费用——无形资产摊销　　　　　　　　　　　　　　　　　　 1
　　贷：无形资产——土地使用权　　　　　　　　　　　　　　　　　　1

（3）支付二期、三期土地款时：

借：应付账款　　　　　　　　　　　　　　　　　　　　　　　200/300
　　贷：银行存款　　　　　　　　　　　　　　　　　　　　　200/300

2. 税务处理。

《企业所得税法实施条例》第六十六条第一款规定："外购的无形资产以购买的价款和支付的相关税费以及直接归属于使该资产达到预定用途发生的其他支出为计税基础。"

因此，上述土地虽是分期取得发票，但原则上还是在签订合同确定价款且取得土地使用权时，按无形资产的全部金额进行摊销处理，而不按分期取得的发票分开摊销。上述会计处理摊销金额可以在企业所得税税前列支，不需要做纳税调整。

问题 5-1-14

出包工程未取得全额发票的如何进行预提处理?

答:《房地产开发经营业务企业所得税处理办法》(国税发〔2009〕31 号文件发布) 第三十二条规定,房地产开发企业可预提的成本主要有以下三项:

"(一) 出包工程未最终办理结算而未取得全额发票的,在证明资料充分的前提下,其发票不足金额可以预提,但最高不得超过合同总金额的 10%。

(二) 公共配套设施尚未建造或尚未完工的,可按预算造价合理预提建造费用。此类公共配套设施必须符合已在售房合同、协议或广告、模型中明确承诺建造且不可撤销,或按照法律法规规定必须配套建造的条件。

(三) 应向政府上交但尚未上交的报批报建费用、物业完善费用可以按规定预提。物业完善费用是指按规定应由企业承担的物业管理基金、公建维修基金或其他专项基金。"

上述预提成本注意事项如下:

1. 关于预提限额的规定。

上述可预提 10% 的出包工程款,具体金额按剩余未到票金额与合同总金额 10%,两者孰小取数。

2. 关于预提期限的规定。

对于前述第 (一)、(二)、(三) 项,有些地区规定了预提的期限,如《江苏省国家税务局转发〈国家税务总局关于印发《房地产开发经营业务企业所得税处理办法》的通知〉的通知》(苏国税发〔2009〕第 079 号) 第四条规定:

"(一) 预提的出包工程:自开发产品完工之日起超过 2 年仍未支付的,预提的出包工程款全额计入应纳税所得额;以后实际支付时可按规定税前扣除。

(二) 预提的公共配套设施费:在规定建造期满之日起计入当期应纳税所得额;如未有明确建造期限的,则在该开发项目最后一个可供销售的成本对象达到完工产品条件时仍未建造的,其以前年度已预提的该项费用应并入当期应纳税所得额。以后实际发生公共配套设施建造费用时,再按照《通知》第二十八条第三款有关规定税前扣除。

(三) 预提的报批报建、物业完善费用:除政府相关文件对报批报建费用、物业完善费用有明文期限外,预提期限最长不得超过 3 年;超过 3 年未上交的,计入当期应纳税所得额,以后年度实际支付时准予在税前扣除。"

REAL ESTATE
ENTERPRISE　**案例 5-12**

出包工程未取得全额发票的预提处理

A 房地产开发公司甲项目出包合同总价 1 200 万元,已到票 1 100 万元。其预提处理如下：

1. 剩余未到票为 100 万元。

2. 根据合同总金额 10％计算预提成本为 120 万元。

按两者孰小取 100 万元，因此 A 房地产开发企业可预提的成本为 100 万元，而不是按 10％计算的 120 万元。

如果上述已到票为 1 000 万元，则可预提 120 万元。

问题 5-1-15

企业甲供材的费用如何进行增值税处理？

答：营改增前：《中华人民共和国营业税暂行条例实施细则》第十六条规定："除本细则第七条规定外，纳税人提供建筑业劳务（不含装饰劳务）的，其营业额应当包括工程所用原材料、设备及其他物资和动力价款在内，但不包括建设方提供的设备的价款。"所以，除装饰工程外的其他建筑业劳务所用的原材料、其他物资和动力，不论甲方提供还是乙方提供，价款要全部计入营业额，由乙方（施工单位）缴纳营业税。

营改增后：《营业税改征增值税试点有关事项的规定》（财税〔2016〕36 号文件附件 2）第一条第（七）项第 2 点规定："一般纳税人为甲供工程提供的建筑服务，可以选择适用简易计税方法计税。

甲供工程，是指全部或部分设备、材料、动力由工程发包方自行采购的建筑工程。"

根据上述政策规定，营改增后，一般纳税人为甲供工程提供的建筑服务，可以选择适用一般计税方法计税，也可以选择适用简易计税方法计税。房地产开发企业如果自行采购材料，且取得了增值税专用发票，则进项税额可以抵扣。

REAL ESTATE
ENTERPRISE **案例 5-13**

企业甲供材费用进项税额的处理

A 房地产开发公司与建筑工程总包公司 B 签订了建筑工程承包合同，工程总价 8 500 万元（含税），其中钢筋等材料 2 000 万元（含税），材料约定由开发公司 A 负责采购供应。税务处理如下（假设不考虑附加及印花税）：

1. 营改增前。

施工方 B 应缴纳营业税：$8\,500 \times 3\% = 255$（万元）。

2. 营改增后（假设施工方 B 为一般纳税人，且适用一般计税方法计税）。

不含税价格：$6\,500 \div (1 + 10\%) = 5\,909.09$（万元）；

施工方 B 增值税额：$5\,909.09 \times 10\% = 590.91$（万元）。

开发商 A（出包工程）增值税进项税额为 590.91 万元。

开发商 A（建筑材料）增值税进项税额：$2\,000 / (1 + 16\%) \times 16\% = 275.86$

（万元）。

提示： 根据《财政部 税务总局关于调整增值税税率的通知》（财税〔2018〕32 号）第一条的规定，自 2018 年 5 月 1 日起，"纳税人发生增值税应税销售行为或者进口货物，原适用 17％和 11％税率的，税率分别调整为 16％、10％"。

5.2　涉及基础设施建设费的业务

《房地产开发经营业务企业所得税处理办法》第二十七条第（四）项规定：基础设施建设费，"指开发项目在开发过程中所发生的各项基础设施支出，主要包括开发项目内道路、供水、供电、供气、排污、排洪、通讯、照明等社区管网工程费和环境卫生、园林绿化等园林环境工程费"。

问题 5-2-1

基础设施建设涉及的工程施工合同如何计算印花税？

答：基础设施建设合同也是建筑工程合同。由《印花税暂行条例》所附《印花税税目税率表》可知，建筑安装工程承包合同包括建筑、安装工程承包合同，由立合同人按承包金额万分之三贴花。

根据上述政策规定，签订合同的双方均要按规定贴花。营改增后，如果签订的合同是价税分开的，按照合同确定的不含税价计算印花税。

REAL ESTATE
ENTERPRISE **案例 5-14**

基础设施建设工程施工合同的印花税计算

A 房地产企业与 B 建筑公司 2017 年 4 月 20 日签订建筑工程承包合同，合同价格 1 200 000 元，增值税 132 000 元。A 房地产企业印花税计算及会计处理如下：

1. 印花税：1 200 000×0.000 3＝360（元）。
2. 会计处理：

借：税金及附加　　　　　　　　　　　　　　　　　　360
　　贷：应交税费——应交印花税　　　　　　　　　　　　360

问题 5-2-2

基础设施工程业务的增值税进项税额如何处理？

答：《营业税改征增值税试点实施办法》（财税〔2016〕36 号文件附件 1）第十五条规定，纳税人提供建筑服务，税率为 11％。

《营业税改征增值税试点实施办法》所附《销售服务、无形资产、不动产注释》规定："工程服务，是指新建、改建各种建筑物、构筑物的工程作业，包括与建筑物相连的各种设备或者支柱、操作平台的安装或者装设工程作业，以及各种窑炉和金属结构工程作业"；"其他建筑服务，是指上列工程作业之外的各种工程作业服务，如钻井（打井）、拆除建筑物或者构筑物、平整土地、园林绿化、疏浚（不包括航道疏浚）、建筑物平移、搭脚手架、爆破、矿山穿孔、表面附着物（包括岩层、土层、沙层等）剥离和清理等工程作业"。

根据上述政策规定，承包基础设施工程的建筑公司要按照 11％税率计算缴纳增值税，同时开具增值税专用发票（一般纳税人），房地产开发企业取得的增值税专用发票注明的进项税额，可以在计算增值税时抵扣。

—REAL ESTATE
ENTERPRISE   **案例 5-15**

基础设施工程业务增值税进项税额的处理

A 房地产企业与 B 建筑公司 2017 年 4 月 20 日签订建筑工程承包合同，合同价格 1 200 000 元（不含税），增值税 132 000 元。A 房地产企业增值税进项税额处理如下：

1. B 公司税款计算及发票开具。

B 公司提供建筑服务，增值税税率 11％。

B 公司销项税额：1 200 000×11％＝132 000（元）。

A 公司接受 B 公司开具增值税专用发票，价格为 1 200 000 元，进项税额为 132 000 元，可以进行抵扣，记入"应交税费——应交增值税——进项税额"科目借方。

2. A 公司会计处理如下：

借：开发成本——基础设施建设费	1 200 000
应交税费——应交增值税——进项税额	132 000
贷：银行存款（应付账款）	1 332 000

问题 5-2-3

基础设施工程支出如何进行企业所得税处理？

答：《房地产开发经营业务企业所得税处理办法》（国税发〔2009〕31 号文件发布）第二十七条第（四）项规定："基础设施建设费。指开发项目在开发过程中所发生的各项基础设施支出，主要包括开发项目内道路、供水、供电、供气、排污、排洪、通讯、照明等社区管网工程费和环境卫生、园林绿化等园林环境工程费。"

上述费用在财务核算上应记入"开发成本——基础设施建设费"科目，待项目竣工后，再分配至可销售核算对象。

REAL ESTATE
ENTERPRISE **案例 5-16**

基础设施工程支出的会计处理

A 房地产企业与 B 建筑公司 2017 年 4 月 20 日签订建筑工程承包合同，合同价格 1 200 000 元，增值税进项税额 132 000 元。A 房地产企业相关处理如下：

1. 会计处理。

借：开发成本——基础设施建设费   1 200 000

应交税费——应交增值税——进项税额   132 000

贷：银行存款（应付账款）   1 332 000

2. 企业所得税处理。

工程支出先在"开发成本——基础设施建设费"科目归集，待项目全部完工后，该成本科目与其他成本一并转入"开发产品"科目。然后按照开发产品的销售比例结转对应的成本，即按已售面积占总可售面积的比例将开发产品成本结转到利润表的"主营业务成本"项目。

问题 5-2-4

砂石水泥采购费用如何抵扣进项税额？

答：根据《财政部 国家税务总局关于部分货物适用增值税低税率和简易办法征收增值税政策的通知》（财税〔2009〕9 号）第二条第（三）项、《财政部 国家税务总局关于简并增值税征收率政策的通知》（财税〔2014〕57 号）第二条的规定，建筑用和生产建筑材料所用的砂、土、石料可以选择按简易办法 3% 的征收率征收。因此，如果从适用简易计税方法的纳税人处购买沙土石料，则最多只能抵扣 3%；若从适用一般计税方法的一般纳税人处采购，并取得增值税专用发票，则可以抵扣 17%；若从适用一般计税方法的小规模纳税人处采购，则可以抵扣 3%。

根据《财政部 税务总局关于调整增值税税率的通知》（财税〔2018〕32 号）第一条的规定，自 2018 年 5 月 1 日起，"纳税人发生增值税应税销售行为或者进口货物，原适用 17% 和 11% 税率的，税率分别调整为 16%、10%"。因此上述业务中，自 2018 年 5 月 1 日以后开具的增值税专用发票，可以抵扣 16%。

问题 5-2-5

零星工程（小规模纳税人）的进项税额是否可以抵扣？

答：提供零星工程服务的纳税人大多是小规模纳税人。《营业税改征增值税试点实施办法》（财税〔2016〕36 号文件附件 1）第五十四条规定："小规模纳税人发生应税行为，购买方索取增值税专用发票的，可以向主管税务机关申请代开。"

《国家税务总局关于进一步明确营改增有关征管问题的公告》（国家税务总局公告 2017 年第 11 号）第九条规定："自 2017 年 6 月 1 日起，将建筑业纳入增值税小规模纳税人自行开具增值税专用发票试点范围。月销售额超过 3 万元（或季销售额超过 9 万元）的建筑业增值税小规模纳税人（以下称'自开发票试点纳税人'）提供建筑服务、销售货物或发生其他增值税应税行为，需要开具增值税专用发票的，通过增值税发票管理新系统自行开具。"

根据上述政策规定，自 2017 年 6 月 1 日起，购买零星工程服务的房地产开发企业（一般纳税人），可以取得增值税专用发票，其进项税额可以抵扣。

5.3　涉及公共配套设施费的业务

《房地产开发经营业务企业所得税处理办法》第二十七条第（五）项规定：公共配套设施费，"指开发项目内发生的、独立的、非营利性的，且产权属于全体业主的，或无偿赠与地方政府、政府公用事业单位的公共配套设施支出"。

问题 5-3-1

公共配套设施费涉及的工程施工合同如何计算印花税？

答：公共配套设施建设合同也是建筑工程合同。由《印花税暂行条例》所附《印花税税目税率表》可知，建筑安装工程承包合同包括建筑、安装工程承包合同，由立合同人按承包金额万分之三贴花。也就是说，立合同的双方，都要按规定贴花。

REAL ESTATE
ENTERPRISE　**案例 5-17**

公共配套设施工程施工合同的印花税计算

A 房地产企业与 C 建筑公司 2017 年 7 月 20 日签订建筑工程承包合同，合同价格 8 000 000 元，增值税 880 000 元。A 房地产企业印花税计算及会计处理如下：

1. 印花税：8 000 000×0.000 3＝2 400（元）。
2. 会计处理。

借：税金及附加　　　　　　　　　　　　　　　　　　　　2 400
　　贷：应交税费——应交印花税　　　　　　　　　　　　　　2 400

提示： 由于合同中是价税分开的，因此在计算印花税时，可以按照不含税合同价格 8 000 000 元计算贴花。

问题 5-3-2

公共配套设施工程业务的增值税进项税额如何处理?

答:《营业税改征增值税试点实施办法》(财税〔2016〕36 号文件附件 1)第十五条规定,纳税人提供建筑服务,税率为 11%。根据《财政部 税务总局关于调整增值税税率的通知》(财税〔2018〕32 号)第一条的规定,自 2018 年 5 月 1 日起,"纳税人发生增值税应税销售行为或者进口货物,原适用 17% 和 11% 税率的,税率分别调整为 16%、10%"。

《营业税改征增值税试点实施办法》所附《销售服务、无形资产、不动产注释》规定:"工程服务,是指新建、改建各种建筑物、构筑物的工程作业,包括与建筑物相连的各种设备或者支柱、操作平台的安装或者装设工程作业,以及各种窑炉和金属结构工程作业";"其他建筑服务,是指上列工程作业之外的各种工程作业服务,如钻井(打井)、拆除建筑物或者构筑物、平整土地、园林绿化、疏浚(不包括航道疏浚)、建筑物平移、搭脚手架、爆破、矿山穿孔、表面附着物(包括岩层、土层、沙层等)剥离和清理等工程作业"。

根据上述政策规定,承包公共配套设施工程的建筑公司要按照 11% 税率计算缴纳增值税,自 2018 年 5 月 1 日起,税率调整为 10%,同时开具增值税专用发票(适用一般计税方法的一般纳税人),房地产开发企业取得的增值税专用发票注明的进项税额,可以在计算增值税时抵扣。

案例 5-18

公共配套设施工程业务增值税进项税额的处理

A 房地产企业与 C 建筑公司 2018 年 7 月 20 日签订建筑工程承包合同,C 公司为一般纳税人,合同价格 8 000 000 元,增值税 880 000 元。增值税进项税额处理如下:

1. C 公司税款计算及发票开具。

C 公司提供建筑服务,增值税税率 10%。

销项税额:8 000 000×10%=800 000(元)。

C 公司开具增值税专用发票,价格为 8 000 000 元,税额为 800 000 元。

2. A 公司会计处理。

借:开发成本——公共配套设施费	8 000 000
应交税费——应交增值税——进项税额	800 000
贷:银行存款(应付账款)	8 800 000

A 公司收取 C 公司开具的增值税专用发票,价格为 8 000 000 元,进项税额为 800 000 元,可以进行抵扣。

问题 5-3-3

公共配套设施工程支出如何进行企业所得税处理？

答：《房地产开发经营业务企业所得税处理办法》（国税发〔2009〕31号文件发布）第二十七条第（五）项规定，公共配套设施费，是指开发项目内发生的、独立的、非营利性的，且产权属于全体业主的，或无偿赠与地方政府、政府公用事业单位的公共配套设施支出。

上述费用在财务核算上应记入"开发成本——公共配套设施"科目，待项目竣工后，再分配至可销售核算对象。

REAL ESTATE
ENTERPRISE　**案例 5-19**

公共配套设施工程支出的会计处理

A房地产企业与C建筑公司2018年7月20日签订建筑工程承包合同，C公司为一般纳税人，合同价格8 000 000元，增值税进项税额800 000元。A房地产企业会计（企业所得税）处理如下：

借：开发成本——公共配套设施　　　　　　　　　　　　8 000 000
　　应交税费——应交增值税——进项税额　　　　　　　　 800 000
　　贷：银行存款（应付账款）　　　　　　　　　　　　　8 800 000

工程支出先在"开发成本——公共配套设施"科目归集，待项目全部完工后，该成本科目与其他成本一并转入"开发产品"科目。然后按照开发产品的销售比例结转对应的成本，即按已售面积占总可售面积的比例将开发产品成本结转到利润表的"主营业务成本"项目。

问题 5-3-4

公共配套设施尚未建造或尚未完工的如何预提费用？

答：《房地产开发经营业务企业所得税处理办法》（国税发〔2009〕31号文件发布）第三十二条第（二）项规定："公共配套设施尚未建造或尚未完工的，可按预算造价合理预提建造费用。此类公共配套设施必须符合已在售房合同、协议或广告、模型中明确承诺建造且不可撤销，或按照法律法规规定必须配套建造的条件。"

根据上述政策规定，可按预算造价合理预提建造费用的公共配套设施，前提是已在售房合同、协议或广告、模型中明确承诺建造且不可撤销，或按照法律法规规定必须配套建造。对于临时增加或没有承诺证据的设施，不得预提建造费用。

REAL ESTATE
ENTERPRISE **案例 5-20**

公共配套设施尚未建造或尚未完工的预提处理

A 房地产开发公司建设甲项目中，根据规划需要配套建设一处将移交给政府部门的幼儿园。截至 2017 年末，该幼儿园尚在建设过程中。幼儿园总造价 450 万元，已发生费用 200 万元。会计处理如下（单位：万元）：

1. 可以可靠计量的情形。

若上述成本费用根据会计准则或会计制度相关规定能可靠计量，则：

借：开发成本——公共配套设施费   250

　　贷：预计负债（预提费用）   250

2017 年度企业所得税汇算清缴时，上述预提成本可以作为计税成本，无须调整。

2. 未达到确认条件的情形。

若上述成本费用根据会计准则或会计制度相关规定未达到进行会计确认的条件，则无须进行会计账务处理，2017 年度企业所得税汇算清缴时，可预提幼儿园成本 250 万元增加至计税开发成本中，按销售比例结转销售成本。

问题 5-3-5

视为公共配套设施的建筑物如何处理？

答：《房地产开发经营业务企业所得税处理办法》（国税发〔2009〕31 号文件发布）第十七条第（一）项规定："属于非营利性且产权属于全体业主的，或无偿赠与地方政府、公用事业单位的，可将其视为公共配套设施，其建造费用按公共配套设施费的有关规定进行处理。"

根据上述政策规定，视为非营利性公共配套设施的前提是产权属于全体业主，或根据规定相关配套设施要无偿赠与地方政府、公用事业单位。对于产权属于开发企业的配套设施，按正常开发项目处理。

问题 5-3-6

属于营利性或其他性质的公共配套设施如何处理？

答：《房地产开发经营业务企业所得税处理办法》（国税发〔2009〕31 号文件发布）第十七条第（二）项规定："属于营利性的，或产权归企业所有的，或未明确产权归属的，或无偿赠与地方政府、公用事业单位以外其他单位的，应当单独核算其成本。除企业自用应按建造固定资产进行处理外，其他一律按建造开发产品进行处理。"

根据上述政策规定，除非营利性且产权属于全体业主的，或无偿赠与地方政府、公用事业单位的公共配套设施外，其他可以销售、无偿赠与其他单位或企业自用（或自行经营）的公共配套设施，应当单独核算其成本。其中企业自用（或自行经营）的项目按建造固定资产进行处理结转，其他一律按建造开发产品进行处理。

问题 5-3-7

公共配套设施获得政府补偿等情形如何处理？

答：《房地产开发经营业务企业所得税处理办法》（国税发〔2009〕31 号文件发布）第十八条规定："企业在开发区内建造的邮电通讯、学校、医疗设施应单独核算成本，其中，由企业与国家有关业务管理部门、单位合资建设，完工后有偿移交的，国家有关业务管理部门、单位给予的经济补偿可直接抵扣该项目的建造成本，抵扣后的差额应调整当期应纳税所得额。"

根据上述政策规定，国家有关业务管理部门、单位给予的经济补偿，必须与建造的邮电通讯、学校、医疗设施等项目对应。收到补偿后直接抵扣建造成本，抵扣完结余部分计入当年应纳税所得额。

REAL ESTATE
ENTERPRISE　**案例 5-21**

公共配套设施获得政府补偿的处理

A 房地产开发公司开发五月花园项目时，政府要求配建一所幼儿园，由区政府补偿建造成本 500 万元。幼儿园建成后实际成本支出为 700 万元。A 房地产公司会计处理如下（单位：万元）：

1. 建造成本归集与核算时（在实务中，700 万元为陆续支出，需要分不同时期、不同金额做多笔同样的分录）：

借：其他应收款——幼儿园建造成本　　　　　　　　　　　　700
　贷：银行存款/应付账款　　　　　　　　　　　　　　　　700

2. 收到区政府补偿款 500 万元时：

借：银行存款　　　　　　　　　　　　　　　　　　　　　500
　贷：其他应收款　　　　　　　　　　　　　　　　　　　500

3. 年末企业所得税汇算清缴时：

如果其他应收款未转入损益，则纳税调整减少 200 万元（700－500）；如果其他应收款结转计入成本，即已经计入损益，则不做纳税调整。

提示：上述实际建造成本 700 万元，如果区政府补助金额为 800 万元，则超过部分的 100 万元应计入营业外收入，计入本年应纳税所得额。

问题 5-3-8

利用地下基础设施形成的停车场所如何进行企业所得税处理?

答:《房地产开发经营业务企业所得税处理办法》(国税发〔2009〕31 号文件发布) 第三十三条规定:"企业单独建造的停车场所,应作为成本对象单独核算。利用地下基础设施形成的停车场所,作为公共配套设施进行处理。"

根据上述政策规定,企业单独建造的停车场所,例如立体停车场等,凡是属于非营利性且产权属于全体业主的,可将其视为公共配套设施,否则应作为成本对象单独核算,按建造开发产品进行处理。

REAL ESTATE
ENTERPRISE 案例 5-22

利用地下基础设施形成的停车场所的企业所得税处理

A 房地产开发公司于 2017 年 8 月建成五月花园项目。项目总土地成本 3 200 万元,开发成本 17 000 万元。该项目建有一处地下立体停车场供全体业主使用,面积 2 100 平方米,建造成本 900 万元。2017 年 12 月,五月花园项目销售比例为 90%。A 公司对地下停车场的会计处理如下 (单位:万元):

1. 建造过程中成本归集时:

借:开发成本　　　　　　　　　　　　　　　　　　　　　　　　900

　　贷:银行存款/应付账款　　　　　　　　　　　　　　　　　　900

2. 2017 年 12 月结转成本 (仅考虑车位,不考虑其他业态) 时:

(1) 结转开发产品。

借:开发产品　　　　　　　　　　　　　　　　　　　　　　　　900

　　贷:开发成本　　　　　　　　　　　　　　　　　　　　　　900

(2) 应结转成本:900×90%＝810 (万元)。

借:主营业务成本　　　　　　　　　　　　　　　　　　　　　　810

　　贷:开发产品　　　　　　　　　　　　　　　　　　　　　　810

问题 5-3-9

利用地下人防设施作为车库 (位) 如何进行土地增值税处理?

答:《土地增值税暂行条例实施细则》第七条第 (二) 项第六款规定:"公共配套设施费,包括不能有偿转让的开发小区内公共配套设施发生的支出。"

利用地下人防设施作为车库 (位) 的土地增值税处理,目前没有统一的政策规定,一般情况下,人防工程是国家规定的配建项目,在性质上应属于不能有偿转让的公共设施,因此相关成本费用可以扣除。各地处理原则举例如下:

在实务中,对地下人防设施已有相关移交规定的地区,若房地产开发企业将建成后的人防设施按规定移交给人防部门的，可以在土地增值税清算时扣除相关的成本、费用。例如，《江苏省地方税务局关于土地增值税若干问题的公告》（苏地税规〔2015〕8号）第三条规定，"依法配建并经验收合格的人防工程，允许扣除相关成本、费用"。

又如，《广州市地方税务局关于印发2016年土地增值税清算工作有关问题处理指引的通知》（穗地税函〔2016〕188号）第二条第（三）项第二款规定："对土地增值税清算时未办理确权的人防地下车库，如纳税人能证明人防地下车库产权属于全体业主共同所有，或人防地下车库产权已移交给政府主管部门的，其成本、费用可作为公共配套设施费，允许扣除；否则，其成本、费用不允许扣除"。

问题 5-3-10

作为公共配套设施使用的地下车库（位）如何进行土地增值税处理？

答：作为公共配套设施使用的地下车库（位），按规定是不得转让的，其土地增值税处理，目前没有统一的政策规定。《国家税务总局关于房地产开发企业土地增值税清算管理有关问题的通知》（国税发〔2006〕187号）第四条第（三）项规定："房地产开发企业开发建造的与清算项目配套的居委会和派出所用房、会所、停车场（库）、物业管理场所、变电站、热力站、水厂、文体场馆、学校、幼儿园、托儿所、医院、邮电通讯等公共设施，按以下原则处理：

1. 建成后产权属于全体业主所有的，其成本、费用可以扣除；

2. 建成后无偿移交给政府、公用事业单位用于非营利性社会公共事业的，其成本、费用可以扣除；

3. 建成后有偿转让的，应计算收入，并准予扣除成本、费用。"

根据上述政策精神，各地在处理时，主要有以下两种情况：

一是建成后移交给业主或物业公司管理的，因其收入已包含在业主房价中（即配套的地下室建筑面积已分摊到所在项目的业主所购房屋的建筑面积中），故准予扣除相关的成本、费用。

上述公共配套设施必须是在规划设计许可范围内的，对于对未经许可建设的地下车库等建筑物，在计算土地增值税时，不作为扣除项目。

二是房地产企业建成后未移交给业主或物业管理，而是以自身名义出租给业主使用的，无论租赁期为多少年，由于不涉及产权转移，因此在土地增值税清算时均不确认相关收入，也不扣除相关成本、费用。

在实务操作中，上述问题比较复杂，其鉴别处理方式为：

（1）业主无偿使用。房地产开发企业在进行房地产开发时，建设物业管理用房、变电站、热力站、托儿所、幼儿园、公共厕所、无法确权的人防工程和地下车库等公共设施，这些公共设施属于全体业主所有，业主可无偿使用该类资产，其对应的成本可在土地增值税清算中予以扣除。

上述业主可无偿使用的公共配套设施必须是在规划设计许可范围内的，对于对未经许可建设的地下车库等建筑物，在计算土地增值税时，不作为扣除项目。

（2）获取租金收入。在实务中，房地产开发企业往往对此类公共配套设施实施继续控制，如对人防工程、地下车库等采取出租形式从中获取租金收入。对此类情况，如果该公共配套设施在房地产企业固定资产账上无记录，又不能提供将产权转移给全体业主的证明，就可判断房地产企业已将此项公共配套设施的成本计入了开发产品的成本，即虚增了成本扣除项目。在土地增值税清算时，应将这些公共配套设施的成本作为自持物业从开发产品成本中剔除。若成本无法准确区分，可根据该部分公共配套设施的面积占总面积的比例来划分计算成本。

问题 5-3-11

两证齐全、可有偿转让的地下车库（位）如何进行土地增值税处理？

答：两证齐全、可有偿转让的车库（位）包括地上单独建造的车库和部分地下车库（位），一般此类项目是单独核算的，不包括在业主房价中。

《国家税务总局关于房地产开发企业土地增值税清算管理有关问题的通知》（国税发〔2006〕187 号）第四条第（三）项规定："房地产开发企业开发建造的与清算项目配套的居委会和派出所用房、会所、停车场（库）、物业管理场所、变电站、热力站、水厂、文体场馆、学校、幼儿园、托儿所、医院、邮电通讯等公共设施，按以下原则处理：

1. 建成后产权属于全体业主所有的，其成本、费用可以扣除；

2. 建成后无偿移交给政府、公用事业单位用于非营利性社会公共事业的，其成本、费用可以扣除；

3. 建成后有偿转让的，应计算收入，并准予扣除成本、费用。"

根据上述政策规定，停车场建成后有偿转让的，应计算收入，并准予扣除成本、费用。该文件所述各类物业并未注明是否具有产权，即未明确是否两证齐全。但根据《土地增值税暂行条例》的相关规定，土地增值税是对产权转让行为征税，无产权的转让应不属于土地增值税清算范围。

对此部分省市也有一些具体规定。例如，《江苏省地方税务局关于土地增值税若干问题的公告》（苏地税规〔2015〕8 号）第四条第（二）项规定："不能办理权属登记手续的车库（车位、储藏室等），按照《国家税务总局关于房地产开发企业土地增值税清算管理有关问题的通知》（国税发〔2006〕187 号）第四条第（三）项的规定执行。"在具体解释该条款时，江苏省地税局发布的《〈关于土地增值税若干问题的公告〉的解读》指出："不能办理权属登记手续的车库（车位、储藏室等）按照《国家税务总局关于房地产开发企业土地增值税清算管理有关问题的通知》(国税发〔2006〕187 号)第四条第(三)项的规定,建成后产权属于全体业主所有的,或无偿移交给政府、公用事业单位用于非营利性社会公共事业的,其成本费用可以扣除。建成转让后不能办理权属登记手续的车库(车位、储藏室等),不属于土地增值税征税范围,不计收入,也不扣除相关成本费用。"

问题 5-3-12

超范围建设地下人防设施成本,土地增值税如何扣除?

答:地下人防的成本作为公共配套,原则上可以在土地增值税税前扣除,但是对于超过规划(审批)面积的部分,则不予扣除。目前部分地区执行的政策是:实际测绘成果表得出的实测人防面积超出经验收合格(竣工备案表)的人防面积的部分,对应的成本不予在土地增值税税前扣除,因为该部分面积属于超经审批范围建设的非人防面积,故不可作为人防性质在土地增值税税前扣除。

以江苏省为例,根据苏地税规〔2015〕8 号文件的规定,"依法配建,并经验收合格的人防工程,允许扣除相关成本、费用"。此条款强调了"依法配建",超范围建设属于违法建设,不可列支成本。

5.4   涉及开发间接费的业务

《房地产开发经营业务企业所得税处理办法》第二十七条第(六)项规定:开发间接费,"指企业为直接组织和管理开发项目所发生的,且不能将其归属于特定成本对象的成本费用性支出。主要包括管理人员工资、职工福利费、折旧费、修理费、办公费、水电费、劳动保护费、工程管理费、周转房摊销以及项目营销设施建造费等"。

其中工资、职工福利费、折旧费、修理费、办公费、劳动保护费等的处理已经在日常业务中分析,本节内容主要涉及水电费、周转房摊销以及项目营销设施建造费等业务。

问题 5-4-1

项目施工现场水电费支出如何处理?

答:根据《房地产开发经营业务企业所得税处理办法》(国税发〔2009〕31 号文件发布)第二十七条的规定,项目施工现场水电费支出属于开发间接费用。

计入开发间接费用的水电费,与计入建筑安装工程费中的水电费有所不同,前者指开发企业项目现场的管理部门发生的水电费支出,后者为项目建设现场的建筑安装发生的水电费支出。

建筑安装发生的水电费支出一般由房地产开发公司代付、工程施工方实际使用与承担；而开发间接费中的水电费因由房地产开发公司实际使用，故由房地产开发公司承担。

根据业务流程和建筑业的相关规定，由施工方承担的水电费，施工方应取得水电供应单位的相关发票入账，同时施工方开具建安工程发票给房地产开发公司。但在实际操作中，施工单位以自己名义开立施工临时水电账户的很少。有些地区施工单位可凭中标通知书开户，但大部分地区的相关部门都要求提供用电主体证明才能开户，比如需要提供土地使用证、建设工程规划许可证等。在这种情况下，只有房地产开发公司才能提供所要求的资料，水电账户及用表只能落在房地产开发公司名下。由此，自来水公司、供电局开具的发票对象只能是房地产开发公司，导致施工方支付的水电费无法取得合理票据。

在上述业务中，房地产开发公司实际是水电供应商和施工方的中间人，起着代收代付的作用。但由于实务中票据流和资金流均以房地产开发公司为主体，在形式上不符合代收代付的条件，因此不能按代收行为进行税务处理。

为此，在实际业务中，房地产开发公司取得自来水公司、供电局开具的增值税专用发票后，进行进项税额抵扣，待向施工方收取代垫的水电费款时，再开具发票给施工方，即房地产开发公司转售水电业务。

提示： （1）转售电力。根据《增值税暂行条例》的规定，增值税的税率为17%，根据《财政部　税务总局关于调整增值税税率的通知》（财税〔2018〕32号）第一条的规定，从 2018 年 5 月 1 日起，原适用 17% 和 11% 税率的，税率分别调整为 16%、10%。房地产开发公司可以按照规定开具增值税专用发票或普通发票给施工方。同时，房地产开发公司从供电公司可以取得 16% 的进项税额发票，进行抵扣。在收支金额平进平出的情况下，双方不产生税收损失。

（2）转售自来水。根据《财政部　税务总局关于简并增值税税率有关政策的通知》（财税〔2017〕37号）的规定，自 2017 年 7 月 1 日起，简并增值税税率结构，取消 13% 的增值税税率。纳税人销售自来水等货物，税率为 11%。根据《财政部　税务总局关于调整增值税税率的通知》（财税〔2018〕32号）第一条的规定，从 2018 年 5 月 1 日起，原适用 17% 和 11% 税率的，税率分别调整为16%、10%。销售自来水可以按照规定开具增值税专用发票或普通发票。

根据《国家税务总局关于部分货物适用增值税低税率和简易办法征收增值税政策的通知》（财税〔2009〕9号）第二条第（三）项和第三条以及《财政部　国家税务总局关于简并增值税征收率政策的通知》（财税〔2014〕57号）第二条的规定，一般纳税人销售自产的自来水可以适用简易计税方法按 3% 计算缴纳增值税，并可以开具专用发票。因此自来水公司可以按简易计税方法征收，征收率为3％。而房地产公司转售的自来水因是非自产，因此只能选择按10％的税率征收。一进一出之间存在7个百分点的税率差，增加了房地产开发公司额外的税收负担。

REAL ESTATE
ENTERPRISE **案例 5-23**

取得自来水公司与供电局开具的增值税专用发票的处理

A 房地产开发公司 2018 年 6 月在开发项目现场的管理部门实际发生水费支出 1 200 元（含税）、电费支出 2 500 元（含税），取得自来水公司与供电局开具的增值税专用发票。进项税额计算及会计处理如下：

1. 进项税额计算。

水费按 3％ 征收率征收增值税：$1 200 \div (1 + 3\%) \times 3\% = 34.95$（元）；

电费进项税额：$2 500 \div (1 + 16\%) \times 16\% = 344.83$（元）。

取得供电局开具的增值税专用发票，进项税额可以抵扣。

2. 会计处理。

借：开发间接费用——水费	1 165.05
——电费	2 155.17
应交税费——应交增值税——进项税额	379.78
贷：银行存款	3 700

问题 5-4-2

企业周转房成本如何摊销？

答：根据《房地产开发经营业务企业所得税处理办法》（国税发〔2009〕31号文件发布）第二十七条第（六）项的规定，周转房摊销费用属于开发间接费。

房地产开发企业的周转房主要有两种。

一是企业开发完成的商品房，在尚未销售以前，用于安置拆迁居民周转。应于投入使用时，将其实际成本自"开发产品——房屋"科目的贷方转入"周转房——在用周转房"科目的借方；

二是企业建造的用于安置拆迁居民周转的临时性简易房屋，应于建成交付使用时，按实际搭建成本，借记"周转房——在用周转房"科目，贷记"开发产品——房屋"科目。

周转房摊销是指不能确定为某个开发项目安置拆迁居民周转使用的房屋计提的摊销费。根据《房地产开发经营业务企业所得税处理办法》第二十九条的规定，周转房摊销费应在涉及的项目间进行合理分摊。在企业会计处理上，按月计提周转房摊销时，借记"开发间接费用"科目，贷记"周转房——在用周转房"

科目；发生的维修费用，借记"开发间接费用"科目，贷记"银行存款"等科目。涉及多个项目的，在各个项目之间进行分摊。

企业营销设施的成本费用支出如何进行企业所得税处理？

答：营销设施是房地产开发企业用来销售开发产品的场地，根据《房地产开发经营业务企业所得税处理办法》(国税发〔2009〕31 号文件发布) 第二十七条第 (六) 项的规定，企业项目营销设施建造费计入开发间接费。根据《企业会计准则第 4 号——固定资产》第三条的规定，企业建造的营销设施如果符合固定资产的特征，其建造费应归集为固定资产。

根据上述税收政策及会计规定，企业项目营销设施建造费的处理存在税会差异。在实务操作中，企业一般按税务的处理原则记入"开发间接费用"科目，也就是将营销设施费用一次性计入开发成本。

在实务操作中，企业发生营销设施成本费用的业务有多种情况，但主要分为以下三种类型，在具体处理时有一定的差异。

一是建造临时设施。主要是指在项目附近临时建造营销设施，例如销售部、样板间等，项目完毕后要予以拆除。对这类营销设施，其建造成本、费用可以记入"开发间接费用"科目，也就是企业将营销设施费用一次性计入开发成本。对于在日常使用过程中产生的费用，则记入"期间费用——销售费用"科目。

二是利用开发产品 (包括配套设施)、企业自有房屋。这种类型主要是指直接利用未完工交付的开发产品，例如建造不同房型的样板间、利用配套设施 (包括企业转固定资产的房屋) 开展营销等。对这类营销设施，已经按规定设置正常的成本核算对象，其建造成本应按照正常的开发产品核算，不记入"开发间接费用"科目。对于在日常使用过程中产生的费用，则记入"期间费用——销售费用"科目。需要注意的是，一些地方在具体细节上有掌握尺度，例如对于不能随房屋一起销售的装饰费用 (物品) 则记入"期间费用——销售费用"科目。

三是租赁场所。这种类型主要是指在开发项目之外租赁的销售网点，例如在闹市区大型商场、宾馆酒店等租赁场地营销。对这类营销设施，其发生的成本、费用直接记入"长期待摊费用"科目，在租赁期内摊销记入"销售费用"科目。

企业临时营销设施是否需缴房产税？

答：《关于房产税若干具体问题的解释和暂行法规》(财税地字〔1986〕8 号

文件附件一）第二十一条规定："凡是在基建工地为基建工地服务的各种工棚、材料棚、休息棚和办公室、食堂、茶炉房、汽车房等临时性房屋，不论是施工企业自行建造还是由基建单位出资建造交施工企业使用的，在施工期间，一律免征房产税。但是，如果在基建工程结束以后，施工企业将这种临时性房屋交还或者估价转让给基建单位的，应当从基建单位接收的次月起，依照规定征收房产税。"

　　根据上述政策规定，房地产开发企业为销售房屋而建造的临时设施售楼部、样板间等营销设施不属于免征房产税的列举范围，因此，开发企业建造的临时营销设施应当自建造完毕次月起缴纳房产税。

　　提示： 根据《财政部、国家税务总局关于安置残疾人就业单位城镇土地使用税等政策的通知》（财税〔2010〕121 号）第三条的规定，"对按照房产原值计税的房产，无论会计上如何核算，房产原值均应包含地价，包括为取得土地使用权支付的价款、开发土地发生的成本费用等。宗地容积率低于 0.5 的，按房产建筑面积的 2 倍计算土地面积并据此确定计入房产原值的地价"。

问题 5-4-5

营销设施的建造费是否可在土地增值税清算时税前扣除？

　　答：企业营销设施建设使用的情况有多种，有的是临时建筑，有的是使用开发产品。根据《土地增值税暂行条例实施细则》等法规关于增值额扣除项目的原则规定，营销设施建造费的土地增值税处理，要根据设施的性质以及最终是否销售、结转固定资产等的处理确定。在实务操作中，具体有以下几种情况：

　　一是利用可售开发产品。如果营销设施系利用可售的开发产品形成，相应的建造成本应视同开发产品，按规定在计算土地增值税前予以扣除，且可以加计 20%。

　　二是利用公共配套设施。如果营销设施系利用公共配套设施形成，则相应的建造成本应视同公共配套设施，按土地增值税相关规定在计算扣除项目时予以扣除，且可以加计 20%。

　　需要注意的是，上述用可售开发产品、公共配套设施做营销设施的，在土地增值税扣除规定上，一些地方制定了掌握尺度，比如对于可以随房屋销售的装饰可以扣除，不能随房屋一起销售的装饰费用（物品），例如沙盘、可移动物品等则记入"期间费用——销售费用"科目，不得在土地增值税税前扣除。

　　三是转固定资产房屋。如果使用的营销设施最终未出售，而是转企业固定资产，则建造成本需要按规定予以资本化，在以后年度进行折旧摊销，不得在土地增值税税前扣除。

　　四是临时建筑物。如果营销设施系专门建造用于项目营销且后期拆除，则建造成本应转入"期间费用——销售费用"中，不得在土地增值税税前扣除。

五是租赁场所。如果营销设施是租赁场所，这种类型主要是指在开发项目之外租赁的销售网点，例如在闹市区大型商场、宾馆酒店等租赁场地营销。对这类营销设施，其发生的成本、费用不属于建造费用，应按租赁期摊销记入"期间费用——销售费用"科目，不得在土地增值税税前扣除。

第 6 章
项目成本费用分摊业务涉税问题

本章主要根据《房地产开发经营业务企业所得税处理办法》(国税发〔2009〕31 号文件发布) 相关规定, 分析房地产开发企业开发项目的计税成本归集原则以及成本分配涉及的税收问题, 主要内容包括成本对象确定的原则、各项成本费用分配的原则及具体方式等。

6.1　成本对象确定涉及的税收问题

《房地产开发经营业务企业所得税处理办法》第二十六条规定："成本对象是指为归集和分配开发产品开发、建造过程中的各项耗费而确定的费用承担项目。"本节内容主要涉及企业所得税处理。

问题 6-1-1

企业开发项目成本对象确定原则、依据等资料如何报送税务机关？

答：《国家税务总局关于房地产开发企业成本对象管理问题的公告》（国家税务总局公告 2014 年第 35 号）第一条规定："房地产开发企业应依据计税成本对象确定原则确定已完工开发产品的成本对象，并就确定原则、依据，共同成本分配原则、方法，以及开发项目基本情况、开发计划等出具专项报告，在开发产品完工当年企业所得税年度纳税申报时，随同《企业所得税年度纳税申报表》一并报送主管税务机关。

房地产开发企业将已确定的成本对象报送主管税务机关后，不得随意调整或相互混淆。如确需调整成本对象的，应就调整的原因、依据和调整前后成本变化情况等出具专项报告，在调整当年企业所得税年度纳税申报时报送主管税务机关。"

该公告第二条规定："房地产开发企业应建立健全成本对象管理制度，合理区分已完工成本对象、在建成本对象和未建成本对象，及时收集、整理、保存成本对象涉及的证据材料，以备税务机关检查。"

问题 6-1-2

开发项目确定成本对象的可否销售原则如何应用？

答：《房地产开发经营业务企业所得税处理办法》（国税发〔2009〕31 号文件发布）第二十六条规定："成本对象是指为归集和分配开发产品开发、建造过程中的各项耗费而确定的费用承担项目"；"可否销售原则。开发产品能够对外经营销售的，应作为独立的计税成本对象进行成本核算；不能对外经营销售的，可先作为过渡性成本对象进行归集，然后再将其相关成本摊入能够对外经营销售的成本对象"。

根据上述政策规定，对于不能对外销售的公共配套设施，例如物业用房、利用地下基础设施形成的停车场所，应先单独作为过渡性成本对象进行归集，然后再将其相关成本摊入能够对外经营销售的成本对象。

REAL ESTATE
ENTERPRISE　**案例 6-1**

开发项目按可否销售原则确定成本的计算

A 房地产开发项目，开发成本合计为 12 000 万元，建筑面积为 15 万平方米，其中：可售建筑面积 11 万平方米，自持自用建筑面积 1 万平方米，公共配套设施建筑面积 3 万平方米。

第一次归集开发成本：

1. 可售建筑面积 11 万平方米归集开发成本：12 000÷15×11＝8 800（万元）；

2. 自持自用建筑面积 1 万平方米归集开发成本：12 000÷15×1＝800（万元）；

3. 公共配套设施建筑面积 3 万平方米归集开发成本：12 000÷15×3＝2 400（万元）（过渡性成本对象）。

第二次归集开发成本：

由于公共配套设施建筑面积 3 万平方米是单独作为过渡性成本对象进行归集的，因此应将其相关成本摊入能够对外经营销售的成本对象。

摊入可售建筑面积开发成本 2 200 万元（2 400 万元÷12 万平方米×11 万平方米）。

经过两次归集后，可售建筑面积 11 万平方米应归集开发成本 11 000 万元（8 800＋2 200）。

问题 6-1-3

开发项目确定成本对象的分类归集原则如何应用？

答：《房地产开发经营业务企业所得税处理办法》（国税发〔2009〕31 号文件发布）第二十六条第（二）项规定："分类归集原则。对同一开发地点、竣工时间相近、产品结构类型没有明显差异的群体开发的项目，可作为一个成本对象进行核算。"

根据上述政策规定，房地产开发企业在同一个开发项目中，如果分期开发或施工，在同一个期间施工的开发产品，且产品结构类型没有明显差异的群体开发项目，可作为一个成本对象进行核算。

REAL ESTATE
ENTERPRISE　**案例 6-2**

开发项目按分类归集原则确定成本的处理

A 房地产开发项目 2016 年 7 月开发一期项目，一期项目中包括普通住宅和别墅，则可以将普通住宅单独确定为成本对象，别墅也可以单独确定为成本对象。

A 房地产开发项目 2017 年 12 月开发二期项目，均为沿街商铺，则可以将沿街商铺单独确定为成本对象。

问题 6-1-4

开发项目确定成本对象的功能区分原则如何应用？

答：《房地产开发经营业务企业所得税处理办法》（国税发〔2009〕31 号文件发布）第二十六条第（三）项规定："功能区分原则。开发项目某组成部分相对独立，且具有不同使用功能时，可以作为独立的成本对象进行核算。"

根据上述政策规定，房地产开发企业开发的房地产项目中包括相对独立的具有不同使用功能的房产时，可将这类房产作为独立的成本对象进行核算。

REAL ESTATE
ENTERPRISE　**案例 6-3**

开发项目按功能区分原则确定成本的处理

A 房地产开发企业开发的房产项目中包括普通住宅、会所（有产权可销售）、幼儿园（有产权可销售）等，则 A 房地产开发企业可以将普通住宅、会所、幼儿园分别单独确定为成本对象。

问题 6-1-5

企业单独建造的停车场所如何确定成本对象？

答：《房地产开发经营业务企业所得税处理办法》（国税发〔2009〕31 号文件发布）第三十三条规定："企业单独建造的停车场所，应作为成本对象单独核算。利用地下基础设施形成的停车场所，作为公共配套设施进行处理。"

根据上述政策规定，对于单独建造的停车场所，应作为独立的开发产品，执行与其他开发产品一样的成本核算方法；对于利用地下基础设施形成的停车场所，则将其成本作为公共配套分配到各可售开发产品中。又由于公共配套设施可先作为过渡性成本对象进行归集，然后再将其相关成本摊入能够对外经营销售的成本对象，因此利用地下基础设施形成的无产权停车场所（例如利用人防设施建造的车位），可以不归集取得土地成本、土地征用费及拆迁补偿费、前期工程费、建筑安装工程费、公共配套设施费、基础设施配套费和开发间接费等。其成本由可售的或自留的各成本对象按各自面积占总面积比例分摊。

开发企业建造的停车场所一般在地下，在计算企业所得税税前扣除成本时，往往由于地下设施不计容而不分摊土地成本。

提示：对地下不计容的业态的土地成本分摊，各地掌握的尺度不一致，有的地区认为地下设施如果作为开发产品，则应和地上开发产品一致，分摊土地成本；有的地区认为地下设施不计容，不应分摊土地成本。

案例 6-4

企业单独建造的停车场所成本对象的确定

A 房地产开发企业支付土地出让金 40 000 万元，发生土地征用费及拆迁补偿费、前期工程费、建筑安装工程费、公共配套设施费、基础设施配套费和开发间接费合计 100 000 万元。建筑面积为 15 万平方米。其中：可售住宅楼建筑面积 9 万平方米，利用地下基础设施形成的有产权停车场所建筑面积 1 万平方米，利用地下基础设施形成的无产权停车场所建筑面积 2 万平方米，其他公共配套建筑面积 3 万平方米（本案例按地下面积不分摊土地成本处理）。

（1）可售住宅楼分配的开发成本：$40\,000 \div 9 \times 9 + 100\,000 \div (9+1) \times 9 = 130\,000$（万元）；

（2）利用地下基础设施形成的有产权停车场所分配的开发成本：$100\,000 \div (9+1) \times 1 = 10\,000$（万元）。

（3）利用地下基础设施形成的无产权停车场所和其他公共配套的建造成本不需要单独归集，最终成本已由上述（1）、（2）分配至可售的住宅楼和利用地下基础设施形成的有产权停车场所中。

问题 6-1-6

开发项目确定成本对象的定价差异原则如何应用？

答：《房地产开发经营业务企业所得税处理办法》（国税发〔2009〕31 号文件发布）第二十六条第（四）项规定："定价差异原则。开发产品因其产品类型或功能不同等而导致其预期售价存在较大差异的，应分别作为成本对象进行核算。"

根据上述政策规定，如果由于开发产品类型或功能不同等而导致其预期售价存在较大的差异，房地产开发企业可以将预期售价存在较大差异的不同房产确定为不同的成本对象。

案例 6-5

开发项目按定价差异原则确定成本的处理

A 房地产开发企业开发的房产项目为一栋沿街房产，共 20 层，其中第 1～3 层为底部商铺，第 4～20 层为住宅。由于底部商铺的销售价格为住宅销售价格的 2.2 倍，因此 A 房地产开发企业可以将 1～3 层底部商铺和第 4～20 层住宅分别作为成本对象进行核算。

问题 6-1-7

开发项目确定成本对象的成本差异原则如何应用？

答：《房地产开发经营业务企业所得税处理办法》（国税发〔2009〕31 号文件发布）第二十六条第（五）项规定："成本差异原则。开发产品因建筑上存在明显差异可能导致其建造成本出现较大差异的，要分别作为成本对象进行核算。"

根据上述政策规定，如果由于开发产品因建筑上存在明显差异可能导致其建造成本出现较大的差异，房地产开发企业可以将建造成本存在较大差异的不同房产确定为不同的成本对象。

REAL ESTATE
ENTERPRISE **案例 6-6**

开发项目按成本差异原则确定成本的处理

A 房地产开发企业开发一栋写字楼，共 10 层楼，其中第 1 层为挑高房产，楼层高 6 米，第 2～10 层为非挑高房产，楼层高 3 米。则 A 房地产开发企业可以将第 1 层和第 2～10 层分别作为成本对象进行核算。

问题 6-1-8

开发项目确定成本对象的权益区分原则如何应用？

答：《房地产开发经营业务企业所得税处理办法》（国税发〔2009〕31 号文件发布）第二十六条第（六）项规定："权益区分原则。开发项目属于受托代建的或多方合作开发的，应结合上述原则分别划分成本对象进行核算。"

根据上述政策规定，开发项目属于受托代建的或多方合作开发的，应结合该文件第二十六条第（一）～（五）项规定综合判断，确定不同的成本对象。

6.2　计税成本核算的一般程序

房地产开发项目在建设过程中，不仅涉及成本对象的确定，还涉及不同性质的成本资本化与当期费用化处理、成本对象不同状态下的成本分配等业务，搞清楚这类涉税业务，是正确计算企业所得税、土地增值税的前提。根据《房地产开发经营业务企业所得税处理办法》第二十八条的规定，企业计税成本核算的一般程序有五项，在具体核算成本时，围绕这五种方法进行。

问题 6-2-1

应计入成本对象的成本和应在当期税前扣除的期间费用如何处理？

答：《房地产开发经营业务企业所得税处理办法》（国税发〔2009〕31 号文

件发布）第二十八条第（一）项规定："对当期实际发生的各项支出，按其性质、经济用途及发生的地点、时间区进行整理、归类，并将其区分为应计入成本对象的成本和应在当期税前扣除的期间费用。同时还应按规定对在有关预提费用和待摊费用进行计量与确认。"

上述政策规定是企业计税成本核算一般程序的第一步。在项目运行过程中，企业实际发生的各项支出，因性质不同，有的要计入成本对象，有的要计入当期费用，并在当期进行企业所得税处理。例如企业工程项目部人员的工资要记入"开发间接费用"科目，而售楼处销售人员的工资要记入"销售费用"科目。如果混淆，则会影响当期企业所得税的计算和未来的土地增值税清算。

REAL ESTATE
ENTERPRISE **案例 6-7**

应计入成本对象的成本和应在当期税前扣除的期间费用的确认

A 房地产开发企业 2016 年 12 月发生工资支出 30 万元，其中建设工地人员工资 12 万元，售楼处销售人员工资 5 万元，管理部门人员工资 13 万元。其会计处理如下（单位：万元）：

1. 计提工资时。

借：开发间接费用——工资	12
销售费用——工资	5
管理费用——工资	13
贷：应付职工薪酬——工资	30

2. 发放工资时。

借：应付职工薪酬——工资	30
贷：货币资金	30

问题 6-2-2

企业各项实际支出、预提费用、待摊费用如何划分归集？

答：《房地产开发经营业务企业所得税处理办法》（国税发〔2009〕31 号文件发布）第二十八条第（二）项规定："对应计入成本对象中的各项实际支出、预提费用、待摊费用等合理的划分为直接成本、间接成本和共同成本，并按规定将其合理的归集、分配至已完工成本对象、在建成本对象和未建成本对象。"

上述政策规定是企业计税成本核算一般程序的第二步，即在第一步核算程序中确定应计入成本对象的各项成本费用基础上，再进一步划分为直接成本、间接成本和共同成本，并合理分摊。其中直接成本是指在项目开发中直接发生的，可以直接计入各成本对象的成本；间接成本是指不能准确直接计入各成本对象的成本；共同成本是指各成本对象共同发生的不可分割的成本。

案例 6-8

企业各项实际支出、预提费用、待摊费用的划分归集

A 房地产开发企业开发建设五月花园项目，该项目建有住宅 25 000 平方米，商铺 15 000 平方米。2016 年 12 月发生建设工地人员工资 12 万元，该工资为各成本对象的共同费用。截至 12 月份住宅完工 10 000 平方米，发生建造成本 3 000 万元；商铺完工 5 000 平方米，发生建造成本 1 500 万元。各成本分配具体如下：

（1）12 月份工资在住宅与商铺之间分配：

住宅分配比例：25 000÷（25 000＋15 000）＝62.5%；

商铺分配比例：15 000÷（25 000＋15 000）＝37.5%；

住宅应分配工资：12×62.5%＝7.5（万元）；

商铺应分配工资：12×37.5%＝4.5（万元）。

（2）12 月份工资在已完工和未完工产品之间分配：

住宅已完工比例：10 000÷25 000＝40%；

住宅已完工部分应分配成本：3 000×40%＝1 200（万元）；

商铺已完工比例：5 000÷15 000＝33.33%；

商铺已完工部分应分配成本：1 500×33.33%＝500（万元）。

问题 6-2-3

期前已完工成本对象应负担的成本费用如何分配？

答：《房地产开发经营业务企业所得税处理办法》（国税发〔2009〕31 号文件发布）第二十八条第（三）项规定："对期前已完工成本对象应负担的成本费用按已销开发产品、未销开发产品和固定资产进行分配，其中应由已销开发产品负担的成本费用，在当期纳税申报时进行扣除，未销开发产品应负担的成本费用待其实际销售时再予扣除。"

上述政策规定是企业计税成本核算一般程序的第三步，即在前两步核算程序的基础上，对期前已完工成本对象应负担的成本费用再进一步分摊计算，以确定当期纳税申报时应予以扣除的成本费用金额。

案例 6-9

期前已完工成本对象应负担成本费用的分配

A 房地产开发企业 2016 年 12 月发生完工成本对象工资分配 6 万元。当月 A 房地产开发企业完工成本对象中已销开发产品占 1/2、未销开发产品和固定资产分别占 1/4。

已销开发产品负担的成本费用，在当期纳税申报时进行扣除，金额为 3 万元；

未销开发产品应负担的成本费用待其实际销售时再予扣除，金额为 1.5 万元。

问题 6-2-4

本期已完工成本对象的成本如何分配？

答：《房地产开发经营业务企业所得税处理办法》（国税发〔2009〕31 号文件发布）第二十八条第（四）项规定："对本期已完工成本对象分类为开发产品和固定资产并对其计税成本进行结算。其中属于开发产品的，应按可售面积计算其单位工程成本，据此再计算已销开发产品计税成本和未销开发产品计税成本。对本期已销开发产品的计税成本，准予在当期扣除，未销开发产品计税成本待其实际销售时再予扣除。"

上述政策规定是企业计税成本核算一般程序的第四步，即在前三步核算程序的基础上，将本期已完工成本对象划分为开发产品和固定资产并对其计税成本进行结算。其中属于开发产品的成本费用还需再进一步分摊计算，对本期已销开发产品的计税成本，准予在当期企业所得税税前扣除。

REAL ESTATE
ENTERPRISE   **案例 6-10**

本期已完工成本对象的成本分配

A 房地产开发公司 2018 年 2 月甲项目完工，可售总建筑面积 35 000 平方米，其中已经销售 28 000 平方米，未销售面积 7 000 平方米，甲项目可售面积单位成本 6 500 元/平方米。已销未销面积成本分摊如下：

1. 分摊计算。

已销售面积成本：35 000×0.65×（28 000÷35 000）＝18 200（万元）；

未销售面积成本：35 000×0.65×（7 000÷35 000）＝4 550（万元）。

2. 会计处理（单位：万元）。

（1）结转完工产品成本时：

借：开发产品——房屋   18 200

　　贷：开发成本——房屋   18 200

（2）结转已售产品成本时：

借：主营业务成本——房屋   18 200

　　贷：开发产品——房屋   18 200

借：主营业务成本——房屋   18 200

　　贷：开发产品——房屋   18 200

提示：有时成本对象完工后，由"开发成本"科目转入"开发产品"科目，但如果没有销售或销售后不符合结转收入成本的条件，则"开发产品"科目期末会有余额。即，"开发产品"科目余额不一定全部转入"主营业务成本"科目。

问题 6-2-5

本期未完工和尚未建造的成本对象应如何处理?

答：《房地产开发经营业务企业所得税处理办法》（国税发〔2009〕31 号文件发布）第二十八条第（五）项规定："对本期未完工和尚未建造的成本对象应当负担的成本费用，应按分别建立明细台账，待开发产品完工后再予结算。"

上述政策规定是企业计税成本核算一般程序的第五步。在前述核算中，确定了准予在当期企业所得税税前扣除的成本费用，但是对于本期未完工和尚未建造的成本对象应当负担的成本费用，因不能在当期企业所得税税前扣除，所以需要继续按规定分别建立明细台账，并待开发产品完工后再予结算，进行企业所得税处理。

6.3　成本分配涉及的税收问题

根据《房地产开发经营业务企业所得税处理办法》第二十九条的规定，企业开发、建造的开发产品应按制造成本法进行计量与核算。其中，应计入开发产品成本的费用属于直接成本和能够分清成本对象的间接成本，直接计入成本对象，共同成本和不能分清负担对象的间接成本，应按受益的原则和配比的原则分配至各成本对象，具体分配方法按文件规定的方法进行选择。

问题 6-3-1

项目一次性开发的如何应用占地面积法进行分配?

答：根据《房地产开发经营业务企业所得税处理办法》（国税发〔2009〕31 号文件发布）第二十九条第（一）项的规定，"一次性开发的，按某一成本对象占地面积占全部成本对象占地总面积的比例进行分配"。

例如，地质勘察、"三通一平"等前期工程支出费用，是对项目总面积范围内投入的成本，包括水文地质勘察、测绘、场地通平等前期费用，因此，可以按某一成本对象占地面积占全部成本对象占地总面积的比例进行分配。

REAL ESTATE
ENTERPRISE　**案例 6-11**

项目一次性开发应用占地面积法分配的计算

A 房地产开发公司 2017 年 4—6 月对甲项目开发用地进行了前期准备，共计支出各种费用 800 万元（不含税）。甲项目占地面积 12 500 平方米，其中普通住宅楼 6 栋，占地面积 8 000 平方米，别墅区占地面积 4 000 平方米，幼儿园等配套设施占地面积 500 平方米。前期工程支出费用分配如下：

1. 分摊计算。

普通住宅楼应分摊：（8 000÷12 500）×800＝512（万元）；

别墅区应分摊：（4 000÷12 500）×800＝256（万元）；

幼儿园应分摊：（500÷12 500）×800＝32（万元）。

2. 会计处理（单位：万元，进项税额略）。

借：开发成本——前期工程费（普通住宅楼）	512
——前期工程费（别墅区）	256
——前期工程费（幼儿园）	32
贷：银行存款	800

问题 6-3-2

项目分期开发的如何应用占地面积法进行分配？

答：《房地产开发经营业务企业所得税处理办法》（国税发〔2009〕31 号文件发布）第二十九条第（一）项规定："占地面积法。指按已动工开发成本对象占地面积占开发用地总面积的比例进行分配"；"分期开发的，首先按本期全部成本对象占地面积占开发用地总面积的比例进行分配，然后再按某一成本对象占地面积占期内全部成本对象占地总面积的比例进行分配"；"期内全部成本对象应负担的占地面积为期内开发用地占地面积减除应由各期成本对象共同负担的占地面积"。

例如土地成本，如果项目分期开发，则首先按本期全部成本对象占地面积占开发用地总面积的比例进行分配，然后再按某一成本对象占地面积占期内全部成本对象占地总面积的比例进行分配。

REAL ESTATE
ENTERPRISE **案例 6-12**

项目分期开发应用占地面积法分配的计算

A 房地产开发公司 2017 年 2 月拍得一块国有土地使用权，土地成本共计 7 500 万元，面积 32 000 平方米。A 公司项目设计分为两期开发，其中第一期甲项目面积 12 000 平方米，第二期乙项目面积 20 000 平方米。甲项目中普通住宅楼占地面积 6 000 平方米，别墅区占地面积 4 000 平方米，幼儿园等配套设施占地面积 2 000 平方米。土地成本分配如下：

1. 各期分配。

第一期应分摊土地成本：（12 000÷32 000）×7 500＝2 812.50（万元）；

第二期应分摊土地成本：（20 000÷32 000）×7 500＝4 687.50（万元）。

2．第一期甲项目分配。

普通住宅楼应分摊：（6 000÷12 000）×2 812.50＝1 406.25（万元）；

别墅区应分摊：（4 000÷12 000）×2 812.50＝937.50（万元）；

幼儿园应分摊：（2 000÷12 000）×2 812.50＝468.75（万元）。

3．会计处理（单位：万元）：

借：开发成本——第一期——土地成本（普通住宅楼）　　1 406.25

　　　　　　　　　——土地成本（别墅区）　　　　　　937.50

　　　　　　　　　——土地成本（幼儿园）　　　　　　468.75

　　　　　——第二期——土地成本　　　　　　　　　4 687.50

　　贷：银行存款　　　　　　　　　　　　　　　　　　　7 500

问题 6-3-3

项目一次性开发的如何应用建筑面积法进行分配？

答：《房地产开发经营业务企业所得税处理办法》（国税发〔2009〕31 号文件发布）第二十九条第（二）项规定："建筑面积法。指按已动工开发成本对象建筑面积占开发用地总建筑面积的比例进行分配"；"一次性开发的，按某一成本对象建筑面积占全部成本对象建筑面积的比例进行分配"。

例如，地质勘察、"三通一平"等前期工程支出费用，是对项目总建筑面积范围内投入的成本，包括水文地质勘察、测绘、场地通平等前期费用，因此，可以按某一成本对象建筑面积占全部成本对象总建筑面积的比例进行分配。

REAL ESTATE
ENTERPRISE　**案例 6-13**

项目一次性开发应用建筑面积法分配的计算

A 房地产开发公司 2017 年 4—6 月对甲项目开发用地进行了前期准备，共计支出各种费用 800 万元（不含税）。甲项目总建筑面积 12 500 平方米，其中普通住宅楼 6 栋，建筑面积 8 000 平方米，别墅区建筑面积 4 000 平方米，幼儿园等配套设施建筑面积 500 平方米。前期工程支出费用分配如下：

1．各期分配。

普通住宅楼应分摊：（8 000÷12 500）×800＝512（万元）；

别墅区应分摊：（4 000÷12 500）×800＝256（万元）；

幼儿园应分摊：（500÷12 500）×800＝32（万元）。

2．会计处理（单位：万元，进项税额略）：

借：开发成本——前期工程费（普通住宅楼）　　　　　　512

　　　　　——前期工程费（别墅区）　　　　　　　　　256

　　　　　——前期工程费（幼儿园）　　　　　　　　　 32

　　贷：银行存款 　　　　　　　　　　　　　　　　　　　　800

问题 6-3-4

项目分期开发的如何应用建筑面积法进行分配？

　　答：《房地产开发经营业务企业所得税处理办法》（国税发〔2009〕31号文件发布）第二十九条第（二）项规定："建筑面积法。指按已动工开发成本对象建筑面积占开发用地总建筑面积的比例进行分配"；"分期开发的，首先按期内成本对象建筑面积占开发用地计划建筑面积的比例进行分配，然后再按某一成本对象建筑面积占期内成本对象总建筑面积的比例进行分配"。

　　例如土地成本，如果项目分期开发，则首先按本期全部成本对象建筑面积占开发用地计划建筑面积的比例进行分配，然后再按某一成本对象建筑面积占期内成本对象总建筑面积的比例进行分配。

REAL ESTATE
ENTERPRISE **案例 6-14**

项目分期开发应用建筑面积法分配的计算

　　A房地产开发公司2017年2月拍得一块国有土地使用权，土地成本共计7 500万元，建筑面积32 000平方米。A公司项目设计分为两期开发，其中第一期甲项目建筑面积12 000平方米、第二期乙项目建筑面积20 000平方米。甲项目中普通住宅楼建筑面积6 000平方米，别墅区建筑面积4 000平方米，幼儿园等配套设施建筑面积2 000平方米。土地成本分配如下：

　　1. 各期分配。

　　第一期应分摊土地成本：（12 000÷32 000）×7 500＝2 812.50（万元）；

　　第二期应分摊土地成本：（20 000÷32 000）×7 500＝4 687.50（万元）。

　　2. 第一期甲项目分配。

　　普通住宅楼应分摊：（6 000÷12 000）×2 812.50＝1 406.25（万元）；

　　别墅区应分摊：（4 000÷12 000）×2 812.50＝937.50（万元）；

　　幼儿园应分摊：（2 000÷12 000）×2 812.50＝468.75（万元）。

　　3. 会计处理（单位：万元）：

　　借：开发成本——第一期——土地成本（普通住宅楼）　　1 406.25
　　　　　　　　　　　　　　——土地成本（别墅区）　　　　937.50
　　　　　　　　　　　　　　——土地成本（幼儿园）　　　　468.75
　　　　　　　　——第二期——土地成本　　　　　　　　　4 687.50

　　　　贷：银行存款　　　　　　　　　　　　　　　　　　7 500

问题 6-3-5

开发产品成本如何应用直接成本法进行分配?

答:《房地产开发经营业务企业所得税处理办法》(国税发〔2009〕31 号文件发布)第二十九条第(三)项规定:"直接成本法。指按期内某一成本对象的直接开发成本占期内全部成本对象直接开发成本的比例进行分配。"

这种方法主要是针对不同成本对象分摊某一个共同成本,例如底层是商场,上层是住宅的楼盘,其共用电梯的成本,可按商场(或住宅)成本占总成本的比例分摊。

REAL ESTATE
ENTERPRISE **案例 6-15**

开发产品成本应用直接成本法分配的计算

A 房地产开发企业开发一幢商住两用楼(楼下三层为商场),住宅楼层开发成本为 2 400 万元,商场开发成本为 1 100 万元,共计 3 500 万元。其中商场使用的扶梯价值 200 万元,单独直通住宅楼层的普通电梯价值 150 万元。此外,还有商场与住宅楼层公用的电梯,价值 100 万元。相关成本分配如下:

1. 分配计算。

商场扶梯及直通住宅楼层的普通电梯成本直接计入商场和住宅楼层成本。

公用电梯成本按不同性质楼层成本占全部开发成本比例分配。

住宅楼层分摊电梯成本:$100 \times (2\,400 \div 3\,500) = 68.57$(万元);

商场分摊电梯成本:$100 \times (1\,100 \div 3\,500) = 31.43$(万元)。

2. 会计处理(单位:万元,忽略进项税额):

住宅楼层总费用:$150 + 68.57 = 218.57$(万元);

商场总费用:$200 + 31.43 = 231.43$(万元)。

借:开发成本——住宅楼层——建筑安装费	218.57
——商场——建筑安装费	231.43
贷:应付账款	450

问题 6-3-6

开发产品成本如何应用预算造价法进行分配?

答:《房地产开发经营业务企业所得税处理办法》(国税发〔2009〕31 号文件发布)第二十九条第(四)项规定:"预算造价法。指按期内某一成本对象预算造价占期内全部成本对象预算造价的比例进行分配。"

例如,房地产开发企业滚动开发某一个房产项目时,发生的利息支出、监理费支出等可以应用预算造价法进行分配。

案例 6-16

开发产品成本应用预算造价法分配的计算

A 房地产开发公司滚动开发两幢楼（甲楼和乙楼），甲楼和乙楼的预算造价分别为 2 000 万元和 3 000 万元，建设周期均为 2 年。2014 年只建造甲楼，2015 年同时建造甲楼和乙楼，2016 年只建造乙楼。2014—2016 年，A 房地产开发公司发生利息费用分别为 25 万元、50 万元、30 万元。

2014 年甲楼应分配的利息费：25 万元；

2015 年甲楼应分配的利息费：$50 \div (2\,000 + 3\,000) \times 2\,000 = 20$（万元）；

2015 年乙楼应分配的利息费：$50 \div (2\,000 + 3\,000) \times 3\,000 = 30$（万元）；

2016 年乙楼应分配的利息费：30 万元。

6.4　特殊项目的专门分摊方法

特殊项目的专门分摊方法的主要依据也是《房地产开发经营业务企业所得税处理办法》。

问题 6-4-1

单独作为过渡性成本对象核算的公共配套设施开发成本如何分配？

答：《房地产开发经营业务企业所得税处理办法》（国税发〔2009〕31 号文件发布）第三十条第（二）项规定："单独作为过渡性成本对象核算的公共配套设施开发成本，应按建筑面积法进行分配。"

在房地产开发企业运作的开发项目中，都有相应的不能对外销售的配套设施，例如供暖、供水、供气、供电等设施，还有文化体育、社区服务等设施，这些设施在建造时要单独作为过渡性成本对象核算，完工后再按建筑面积法进行分配。

案例 6-17

单独作为过渡性成本对象核算的公共配套设施开发成本的分配

A 房地产开发公司 2017 年 7 月完成了甲项目中游泳馆的建设，该游泳馆为规划设计配套设施，不得对外销售，建筑成本 800 万元。甲项目总可销售建筑面积 12 000 平方米，其中普通住宅楼建筑面积 8 000 平方米，别墅区建筑面积 4 000 平方米。游泳馆成本分配如下（单位：万元）：

1. 游泳馆成本归集时：

借：开发成本——配套设施——游泳馆　　　　　　　　　　800

　　贷：银行存款（应付账款、材料等）　　　　　　　　　　　　800
　　2. 分配成本时：
　　普通住宅应分摊：800×（8 000÷12 000）＝533.33（万元）；
　　别墅应分摊：800×（4 000÷12 000）＝266.67（万元）。
　　　　借：开发成本——房屋——普通住宅　　　　　　　　　533.33
　　　　　　　　　　　　　　——别墅　　　　　　　　　　　266.67
　　　　　贷：开发成本——配套设施——游泳馆　　　　　　　　800

问题 6-4-2

借款费用如何分配?

　　答：《房地产开发经营业务企业所得税处理办法》（国税发〔2009〕31 号文件发布）第三十条第（三）项规定："借款费用属于不同成本对象共同负担的，按直接成本法或按预算造价法进行分配。"

　　一般项目借款是针对整个项目的，因此借款对应的项目中，不同成本对象要共同负担借款费用。

问题 6-4-3

企业预售（销售）商品房成本结转的时点如何确定?

　　答：房地产开发企业销售开发产品，一般采取的是预售制度，在项目开发过程中，企业按照会计准则及企业所得税政策归集各项成本、费用，在项目达到交付标准（竣工）结转收入的时候，配比结转成本，因此企业（预售）销售商品房成本结转的时点就是开发产品完工的时点。

　　《房地产开发经营业务企业所得税处理办法》（国税发〔2009〕31 号文件发布）第三条规定："企业房地产开发经营业务包括土地的开发，建造、销售住宅、商业用房以及其他建筑物、附着物、配套设施等开发产品。除土地开发之外，其他开发产品符合下列条件之一的，应视为已经完工：

　　（一）开发产品竣工证明材料已报房地产管理部门备案。

　　（二）开发产品已开始投入使用。

　　（三）开发产品已取得了初始产权证明。"

　　根据上述政策及增值税相关政策规定，增值税纳税义务发生时，要按照规定计算增值税（减除预交增值税），同时结转所得。因此，除特殊情况外，凡是已经销售完毕且完工的项目，其"预收账款"科目（或相关项目明细科目）余额为零。

问题 6-4-4

开发产品成本结转如何进行会计处理？

答：根据《房地产开发经营业务企业所得税处理办法》（国税发〔2009〕31号文件发布）第三条的规定，房地产开发项目达到完工条件以后，从"开发成本"科目结转至"开发产品"科目，会计处理如下：

借：开发产品——××项目
贷：开发成本——××项目

销售房产后，根据该办法的相关规定，计算出应结转的主营业务成本，会计处理如下：

借：主营业务成本——××项目
贷：开发产品——××项目

---REAL ESTATE
ENTERPRISE　**案例 6-18**

借款费用应用直接成本法分配的计算

A 房地产开发公司开发的某项目有甲、乙两栋不同层高住宅楼及一栋写字楼，其中甲楼的建造成本为 2 000 万元，乙楼的建造成本为 3 000 万元，写字楼的建造成本为 2 800 万元。A 房地产开发公司为该项目借款共计发生利息支出 800 万元。各楼栋应用直接成本法分配计算如下：

甲楼应分摊的利息费：$2\,000 \div (2\,000 + 3\,000 + 2\,800) \times 800 = 205.13$（万元）；

乙楼应分摊的利息费：$3\,000 \div (2\,000 + 3\,000 + 2\,800) \times 800 = 307.69$（万元）；

写字楼应分摊的利息费：$2\,800 \div (2\,000 + 3\,000 + 2\,800) \times 800 = 287.18$（万元）。

问题 6-4-5

开发产品完工以后计税成本核算的终止日如何确定？

答：《房地产开发经营业务企业所得税处理办法》（国税发〔2009〕31 号文件发布）第三十五条规定："开发产品完工以后，企业可在完工年度企业所得税汇算清缴前选择确定计税成本核算的终止日，不得滞后。凡已完工开发产品在完工年度未按规定结算计税成本，主管税务机关有权确定或核定其计税成本，据此进行纳税调整，并按《中华人民共和国税收征收管理法》的有关规定对其进行处理。"

根据上述政策规定，开发产品完工以后，企业可在完工年度企业所得税汇算清缴前选择确定计税成本核算的终止日，其目的是正确计算已完工开发产品的计税成本，进而准确计算企业所得税。在实务中，企业通常以一个完整会计年度的年终为计税成本核算的终止日，即一般定在 12 月 31 日。如果截至 12 月 31 日，相关已发生的成本费用的合法票据尚未取得，则企业应根据合同及实际完工与付款进度，预估实际已发生的成本费用，若能在次年汇算清缴期结束（即 5 月底）之前取得相应发票，则预估成本可以作为计税成本按销售比例结转扣除。

问题 6-4-6

企业开发产品整体报废或毁损如何处理？

答：《房地产开发经营业务企业所得税处理办法》（国税发〔2009〕31 号文件发布）第二十三条规定："企业开发产品（以成本对象为计量单位）整体报废或毁损，其净损失按有关规定审核确认后准予在税前扣除。"

《企业资产损失所得税税前扣除管理办法》（国家税务总局公告 2011 年第 25 号发布）第四条规定："企业实际资产损失，应当在其实际发生且会计上已作损失处理的年度申报扣除。"

根据上述政策规定，企业开发产品整体报废或毁损，应当在其实际发生且会计上已作损失处理的年度申报扣除。在实务中，若开发产品出现严重的设计或施工缺陷，导致无法正常销售，则需要通过改造重新达到销售标准。此种情况下，需要分清责任主体，开发公司扣除施工单位的赔偿后的净损失，向税务机关申报扣除。其后续实际发生的改造成本在扣除施工单位的赔偿后一般可以正常扣除。

第 7 章
销售业务涉税问题

房地产开发企业销售自行开发的房地产项目，与其他行业的销售业务不同，房地产企业采取的是预售制度，在开发产品完工前就开始预售。根据税收政策的规定，增值税、土地增值税都要根据预售金额计算相应税款，企业所得税则要计算预计毛利额，而随着项目的竣工交付，增值税纳税义务发生，收入要确认，对于达到一定销售率的要进行土地增值清算。除销售环节业务外，本章还包括部分营销业务（其他营销业务依据业务性质分布在其他章节）。

7.1　增值税销售额与土地价款业务

根据《房地产开发企业销售自行开发的房地产项目增值税征收管理暂行办法》（国家税务总局公告 2016 年第 18 号发布）第二条、第三条的规定，房地产开发企业销售自行开发的房地产项目，适用该办法。自行开发，是指在依法取得土地使用权的土地上进行基础设施和房屋建设。房地产开发企业以接盘等形式购入未完工的房地产项目继续开发后，以自己的名义立项销售的，属于该办法规定的销售自行开发的房地产项目。

问题 7-1-1

一般纳税人销售自行开发的房地产项目如何计算增值税销售额？

答：根据《房地产开发企业销售自行开发的房地产项目增值税征收管理暂行办法》（国家税务总局公告 2016 年第 18 号发布）第四条、第五条的规定，房地产开发企业中的一般纳税人销售自行开发的房地产项目，适用一般计税方法计税，按照取得的全部价款和价外费用，扣除当期销售房地产项目对应的土地价款后的余额计算销售额。销售额的计算公式如下：

$$销售额=\left(\begin{matrix}全部价款和\\价外费用\end{matrix}-\begin{matrix}当期允许扣除\\的土地价款\end{matrix}\right)\div(1+11\%)$$

当期允许扣除的土地价款按照以下公式计算：

$$\begin{matrix}当期允许扣除\\的土地价款\end{matrix}=\left(\begin{matrix}当期销售房地产\\项目建筑面积\end{matrix}\div\begin{matrix}房地产项目可供\\销售建筑面积\end{matrix}\right)\times\begin{matrix}支付的\\土地价款\end{matrix}$$

当期销售房地产项目建筑面积，是指当期进行纳税申报的增值税销售额对应的建筑面积。

房地产项目可供销售建筑面积，是指房地产项目可以出售的总建筑面积，不包括销售房地产项目时未单独作价结算的配套公共设施的建筑面积。

支付的土地价款，是指向政府、土地管理部门或受政府委托收取土地价款的单位直接支付的土地价款。

根据《财政部　税务总局关于调整增值税税率的通知》（财税〔2018〕32 号）第一条的规定，自 2018 年 5 月 1 日起，"纳税人发生增值税应税销售行为或者进口货物，原适用 17% 和 11% 税率的，税率分别调整为 16%、10%"。

REAL ESTATE
ENTERPRISE　**案例 7-1**

一般纳税人销售自行开发的房地产项目增值税销售额的计算

A 房地产开发公司 2018 年 7 月相关数据：甲项目地价款 2 300 万元，销售总建筑面积 4.30 万平方米，当期已销建筑面积 3.20 万平方米，甲项目收取的全部价款为 22 000 万元。A 公司为一般纳税人，适用一般计税方法。销售额计算如下：

当期允许扣除的土地价款：$(3.2 \div 4.3) \times 2\,300 = 1\,711.63$（万元）；

销售额：$(22\,000 - 1\,711.63) \div (1 + 10\%) = 18\,443.97$（万元）。

问题 7-1-2

企业向政府部门支付的土地价款包括哪些内容？

答：《财政部 国家税务总局关于明确金融 房地产开发 教育辅助服务等增值税政策的通知》（财税〔2016〕140 号）第七条规定："《营业税改征增值税试点有关事项的规定》（财税〔2016〕36 号）第一条第（三）项第 10 点中'向政府部门支付的土地价款'，包括土地受让人向政府部门支付的征地和拆迁补偿费用、土地前期开发费用和土地出让收益等。

房地产开发企业中的一般纳税人销售其开发的房地产项目（选择简易计税方法的房地产老项目除外），在取得土地时向其他单位或个人支付的拆迁补偿费用也允许在计算销售额时扣除。纳税人按上述规定扣除拆迁补偿费用时，应提供拆迁协议、拆迁双方支付和取得拆迁补偿费用凭证等能够证明拆迁补偿费用真实性的材料。"

根据上述政策规定，房地产开发企业中的一般纳税人在销售其开发的房地产项目时，可以扣除向政府部门支付的土地价款，包括土地受让人向政府部门支付的征地和拆迁补偿费用、土地前期开发费用和土地出让收益等。也可以扣除向其他单位或个人支付的拆迁补偿费用。

提示：对于向其他单位或个人支付的拆迁补偿费用凭证，各地税务机关有一些具体规定，除要提供拆迁公告、拆迁协议、原房产证、身份证等证明材料外，对于按规定应该取得发票的，必须取得发票，对于无法取得发票的，必须取得当事人签字凭证。

问题 7-1-3

房地产开发企业设立项目公司，如何扣除土地价款？

答：《财政部 国家税务总局关于明确金融 房地产开发 教育辅助服务等增值税政策的通知》（财税〔2016〕140 号）第八条规定："房地产开发企业（包括多个房地产开发企业组成的联合体）受让土地向政府部门支付土地价款后，设立项目公司对该受让土地进行开发，同时符合下列条件的，可由项目公司按规定扣除房地产开发企业向政府部门支付的土地价款。

（一）房地产开发企业、项目公司、政府部门三方签订变更协议或补充合同，将土地受让人变更为项目公司；

（二）政府部门出让土地的用途、规划等条件不变的情况下，签署变更协议或补充合同时，土地价款总额不变；

（三）项目公司的全部股权由受让土地的房地产开发企业持有。"

房地产开发企业（包括多个房地产开发企业组成的联合体）通过竞拍或其他形式取得土地后，往往另成立项目公司对土地进行开发。在这种情况下，造成支付款项的企业和入账扣除的企业不一致（主要是名称）。根据上述政策规定，只要同时符合政策规定的三个条件，就可由项目公司按规定扣除房地产开发企业向政府部门支付的土地价款。

问题 7-1-4

企业收取的订金、意向金、诚意金等性质的款项是否预缴增值税？

答：《增值税暂行条例》第六条规定："销售额为纳税人销售货物或者应税劳务向购买方收取的全部价款和价外费用，但是不包括收取的销项税额。"

《房地产开发企业销售自行开发的房地产项目增值税征收管理暂行办法》（国家税务总局公告 2016 年第 18 号发布）第十条规定："一般纳税人采取预收款方式销售自行开发的房地产项目，应在收到预收款时按照 3% 的预征率预缴增值税。"

根据上述政策规定，凡是具有预收款性质的款项都要按规定计算增值税，因此不论是在企业取得销（预）售许可证之前还是之后，收取的订金、意向金、诚意金等类似款项，只要符合预收账款的性质，都要计算预缴增值税。

一般各地基层税务机关都会根据具体情况确定一些掌握标准，例如对已经明确房源（房号）、超过一定金额且没有明确在短时间内归还的订金、意向金、诚意金等认定为具有预收账款的性质，都要计算预缴增值税。

问题 7-1-5

计算增值税时扣除的土地价款应当取得什么样的票据？

答：企业向政府部门支付的土地价款，包括土地受让人向政府部门支付的征地和拆迁补偿费用、土地前期开发费用和土地出让收益等。《房地产开发企业销售自行开发的房地产项目增值税征收管理暂行办法》（国家税务总局公告 2016 年第 18 号发布）第六条规定："在计算销售额时从全部价款和价外费用中扣除土地价款，应当取得省级以上（含省级）财政部门监（印）制的财政票据。"

根据上述政策规定，企业向政府部门支付的土地价款应当取得省级以上（含省级）财政部门监（印）制的财政票据。企业的其他各类支出，应按规定取得发票，否则不予列支（抵扣）。

提示：《营业税改征增值税试点过渡政策的规定》（财税〔2016〕36号文件附件3）第一条第（三十七）项规定："土地所有者出让土地使用权和土地使用者将土地使用权归还给土地所有者"免征增值税。因我国施行的是土地国有制度，土地所有者属于非应税单位，出让土地使用权免征增值税，其票据根据规定是开具"省级以上（含省级）财政部门监（印）制的财政票据"。除此之外，对于各类性质的应税单位（或应税项目），其购买货物、服务支付的价款，均要按规定取得发票，否则不予列支（抵扣）。

问题 7-1-6

企业计算增值税时扣除的土地价款最高限额是多少？

答：《房地产开发企业销售自行开发的房地产项目增值税征收管理暂行办法》（国家税务总局公告2016年第18号发布）第七条规定："一般纳税人应建立台账登记土地价款的扣除情况，扣除的土地价款不得超过纳税人实际支付的土地价款。"

根据上述政策规定，可以扣除的土地价款只能是纳税人实际支付的土地价款，对于已经预提没有实际支付或者支付后又予以返还的土地价款，不得扣除。

案例 7-2

企业扣除的土地价款不得超过实际支付价款的计算

A房地产开发公司2017年12月相关数据：甲项目地价款2 300万元，政府返还800万元，销售总建筑面积4.30万平方米，当期已销建筑面积3.20万平方米，甲项目收取的全部价款为22 000万元，A公司为一般纳税人，适用一般计税方法。销售额计算如下：

1. 扣除限额计算。

A公司实际支付地价款为：2 300－800＝1 500（万元）。

根据政策规定，只能扣除1 500万元。

2. 计税销售额计算。

当期允许扣除的土地价款：$(3.2 \div 4.3) \times 1\,500 = 1\,116.28$（万元）；

销售额：$(22\,000 - 1\,116.28) \div (1 + 11\%) = 18\,814.16$（万元）。

提示：根据《财政部 税务总局关于调整增值税税率的通知》（财税〔2018〕32号）第一条的规定，自2018年5月1日起，"纳税人发生增值税应税销售行为或者进口货物，原适用17%和11%税率的，税率分别调整为16%、10%"。如果上述业务发生在2018年5月1日以后，则：

销售额：$(22\,000 - 1\,116.28) \div (1 + 10\%) = 18\,985.20$（万元）。

问题 7-1-7

企业计算增值税时扣除的其他土地价款应当取得什么样的票据?

答: 企业在计算增值税时扣除的其他土地价款, 主要是指房地产开发企业在取得土地时直接向其他单位或个人支付的拆迁补偿费。《财政部 国家税务总局关于明确金融 房地产开发 教育辅助服务等增值税政策的通知》(财税〔2016〕140号) 第七条第二款规定:"房地产开发企业中的一般纳税人销售其开发的房地产项目 (选择简易计税方法的房地产老项目除外), 在取得土地时向其他单位或个人支付的拆迁补偿费用也允许在计算销售额时扣除。纳税人按上述规定扣除拆迁补偿费用时, 应提供拆迁协议、拆迁双方支付和取得拆迁补偿费用凭证等能够证明拆迁补偿费用真实性的材料。"

在实务中, 企业通过拍卖取得的土地使用权, 绝大部分是净地, 即已经完成基础设施配套及内部拆迁平整的土地。企业向政府部门支付的土地价款, 已经包括了征地和拆迁补偿费用、土地前期开发费用和土地出让收益等, 企业取得票据为省级以上 (含省级) 财政部门监 (印) 制的财政票据。对于毛地, 则存在单独支付"取得土地时向其他单位或个人支付的拆迁补偿费用", 在性质上属于"向政府部门支付的土地价款"的一部分, 所以需要保存好拆迁协议、拆迁双方支付和取得拆迁补偿费用凭证等能够证明拆迁补偿费用真实性的材料。除涉及"向政府部门支付的土地价款"获取票据的规定外, 对于向其他单位或个人支付的拆迁补偿费用凭证, 各地税务机关有一些具体规定, 除要提供拆迁公告、拆迁协议、原房产证、身份证等证明材料外, 对于按规定应该取得发票的, 必须取得发票, 无法取得发票的, 必须取得当事人签字凭证。

问题 7-1-8

一般纳税人采取预收款方式销售自行开发的房地产老项目如何计算增值税销售额?

答: 一般纳税人采取预收款方式销售自行开发的房地产老项目, 在计税上可以有两种选择: 一是适用一般计税方法计税; 二是适用简易计税方法计税。《房地产开发企业销售自行开发的房地产项目增值税征收管理暂行办法》(国家税务总局公告 2016 年第 18 号发布) 第八条规定:"一般纳税人销售自行开发的房地产老项目, 可以选择适用简易计税方法按照 5% 的征收率计税。一经选择简易计税方法计税的, 36 个月内不得变更为一般计税方法计税。

房地产老项目, 是指:

(一)《建筑工程施工许可证》注明的合同开工日期在 2016 年 4 月 30 日前的房地产项目;

（二）《建筑工程施工许可证》未注明合同开工日期或者未取得《建筑工程施工许可证》但建筑工程承包合同注明的开工日期在 2016 年 4 月 30 日前的建筑工程项目。"

提示：房地产开发企业一般纳税人销售老项目，如果选择简易计税方法计税，要根据当地税务机关的征管规定，将《建筑工程施工许可证》《工程承包合同》等标注开工日期的资料送达税务机关备案。

问题 7-1-9

一般纳税人采取预收款方式销售自行开发的房地产老项目是否可以扣除土地价款？

答：《房地产开发企业销售自行开发的房地产项目增值税征收管理暂行办法》（国家税务总局公告 2016 年第 18 号发布）第九条规定："一般纳税人销售自行开发的房地产老项目适用简易计税方法计税的，以取得的全部价款和价外费用为销售额，不得扣除对应的土地价款。"

根据上述政策规定，只有房地产开发企业中的一般纳税人销售营改增后自行开发的房地产项目，适用一般计税方法计税的，才可以按照取得的全部价款和价外费用，扣除当期销售房地产项目对应的土地价款后的余额计算销售额，其他一律不得扣除。也就是说，销售自行开发的房地产老项目，如果选择适用简易计税方法计税，则不可以扣除土地价款。

REAL ESTATE
ENTERPRISE **案例 7-3**

一般纳税人销售自行开发的房地产老项目增值税销售额的计算

A 房地产开发公司 2017 年 12 月相关数据：甲项目地价款 2 300 万元，销售总建筑面积 4.30 万平方米，当期已销建筑面积 3.20 万平方米，甲项目收取的全部价款为 22 000 万元。该项目 2016 年 1 月 30 日开工。销售额计算如下：

不含税销售额：$2\,300 \div (1+5\%) = 2\,190.48$（万元）；

增值税额：$2\,190.48 \times 5\% = 109.52$（万元）。

问题 7-1-10

企业以子公司名义开发的总公司土地是否可以从销售额中扣除土地价款？

答：房地产开发企业以总公司名义取得土地，总公司先行支付土地价款（取得的财政收据名头为总公司名称），后又成立分公司或子公司，以分公司或子公司的名义开发房地产项目。分公司或子公司在按一般计税方法计算缴纳增值税时，对于土地价款的扣除，根据《财政部 国家税务总局关于明确金融 房地产开发 教育辅助服务等增值税政策的通知》（财税〔2016〕140 号）第八条的规定，房地产开发企业（包括多个房地产开发企业组成的联合体）受让土地向政府部门支付土地价款后，设立项目公司对该受让土地进行开发，同时符合下列条件的，可由项目公司按规定扣除房地产开发企业向政府部门支付的土地价款：

"（一）房地产开发企业、项目公司、政府部门三方签订变更协议或补充合同，将土地受让人变更为项目公司；

（二）政府部门出让土地的用途、规划等条件不变的情况下，签署变更协议或补充合同时，土地价款总额不变；

（三）项目公司的全部股权由受让土地的房地产开发企业持有。"

根据上述政策规定，房地产开发企业以总公司名义取得土地，总公司先行支付土地价款（取得的财政收据名头为总公司名称），后又成立分公司或子公司，以分公司或子公司的名义开发房地产项目的，分公司或子公司（适用一般计税方法）在计算缴纳增值税时，可以按规定扣除土地价款。此问题与问题 7-1-3 性质相同，只要总公司与子公司之间的业务同时符合政策规定的三项条件，就可由项目公司按规定扣除房地产开发企业向政府部门支付的土地价款，取得的财政收据名头仍然为总公司名称。

问题 7-1-11

适用一般计税方法的一般纳税人采取预收款方式销售自行开发的房地产项目如何计算预缴增值税？

答：根据《房地产开发企业销售自行开发的房地产项目增值税征收管理暂行办法》（国家税务总局公告 2016 年第 18 号发布）第十条、第十一条及第十二条的规定，房地产开发企业中的一般纳税人采取预收款方式销售自行开发的房地产项目，应在收到预收款时按照 3% 的预征率预缴增值税。

应预缴税款计算公式为：应预缴税款＝预收款÷（1＋适用税率或征收率）×3%；

适用一般计税方法计税的，按照 11% 的适用税率计算。

一般纳税人应在取得预收款的次月纳税申报期向主管税务机关预缴税款。

根据《财政部　税务总局关于调整增值税税率的通知》（财税〔2018〕32 号）第一条的规定，自 2018 年 5 月 1 日起，"纳税人发生增值税应税销售行为或者进口货物，原适用 17% 和 11% 税率的，税率分别调整为 16%、10%"。

根据上述政策规定，采取预收款方式销售自行开发的房地产项目，以预收账款为预缴税款的计税依据。

提示：在企业销售业务中，预收账款是指企业按照合同规定向购货单位或劳务接受单位预先收取的款项，如收到销货订单时存入的保证金或定金、预收的租金或利息等。房地产开发企业采取的是预售制度，在营销中会收取看房费、诚意金、选房费等各种类型的费用，一般来说这些费用随着合同的签订，会抵充房款甚至给予双倍抵充房款的优惠。对此类费用是否属于预收账款，在实务中，一些地区的税务机关会从征管规范上予以明确。

　　实际业务中，一般认为，以各种名义收取的费用，只要与购买房屋相关，特别是已签订意向性合同或相关协议，且协议中已明确落实到房号的，均具有预收账款性质，为减少风险，建议将上述各类型的收款均作为预收房款的一部分，预缴增值税。

REAL ESTATE
ENTERPRISE　**案例 7-4**

适用一般计税方法的一般纳税人预缴增值税及缴纳增值税的计算

　　A 房地产开发公司为一般纳税人，开发的甲项目适用一般计税方法计税。甲项目地价款 2 300 万元，销售总建筑面积 4.30 万平方米。2018 年 8 月 1 日甲项目开盘，当期销售可售面积 3.2 平方米，当月收到商品房预售款 22 000 万元。假定当期可抵扣增值税进项税额为 620.97 万元。预缴增值税（含纳税义务发生）计算及会计处理如下（城市维护建设税等附加略）：

　　1. 预缴增值税计算。

　　不含税销售额：22 000÷(1＋10％)＝20 000（万元)；

　　应缴纳增值税（销项)：20 000×10％＝2 000（万元)；

　　应预缴增值税：20 000×3％＝600（万元)。

　　2. 预缴增值税会计处理（单位：万元，下同)。

　　预收的房款为含税金额（价格)，在未来结转记入"主营业务收入"科目的金额为不含税金额。为便于实际操作，在每次确认预收账款时，最好在当期进行价税分离（特别是老项目与新项目同时进行时)，即"预收账款"科目增设二级明细"待转销项税额"（一般纳税人使用）或"增值税、简易计税"（小规模或适用简易计税方法纳税人使用）科目。预缴的增值税税款，可以在当期增值税应纳税额中抵减，抵减不完的，结转下期继续抵减。纳税人以预缴税款抵减应纳税额，应以完税凭证作为合法有效凭证。

　　(1) 收到预收账款时：

　　　借：银行存款　　　　　　　　　　　　　　　　　　　　　　22 000
　　　　贷：预收账款——房款　　　　　　　　　　　　　　　　　20 000
　　　　　　　　——待转销项税额　　　　　　　　　　　　　　　 2 000
　　(2) 根据预收账款台账计算预缴增值税时：

　　　借：应交税费——预交增值税　　　　　　　　　　　　　　　　 600
　　　　贷：银行存款　　　　　　　　　　　　　　　　　　　　　　 600
　　(3) 一般企业在月份终了，将当月预缴的增值税额自"应交税费——预交增值税"科目转入"未交增值税"科目，房地产企业预缴后，在纳税义务发生时方可从"应交税费——预交增值税"科目结转至"应交税费——未交增值税"科目。

借：应交税费——未交增值税 600

贷：应交税费——预交增值税 600

3. 土地价款抵减销售额的增值税处理。

当期允许扣除的土地价款：$(3.2÷4.3)×2\,300=1\,711.63$（万元）；

土地价款抵减销售额对应的增值税：$1\,711.63÷(1+10\%)×10\%=155.60$（万元）。

借：应交税费——应交增值税（销项税额抵减） 155.60

贷：主营业务成本（主营业务收入） 155.60

月份终了，将当月"应交税费——应交增值税（销项税额抵减）"科目余额转入"未交增值税"科目：

借：应交税费——未交增值税 155.60

贷：应交税费——应交增值税（销项税额抵减） 155.60

4. 增值税纳税义务发生时的处理。

当增值税纳税义务发生时，按照取得的全部价款和价外费用，按已售比例扣除当期销售房地产项目对应的土地价款后的余额计算出销售额，按10%的适用税率计算当期应纳税额，抵减已预缴税款后，再扣除当期其他可抵扣增值税进项税额，向税务机关申报纳税。假定本案例当期可抵扣其他经认证的增值税进项税额为620.97万元。

（1）纳税义务实际发生时结转增值税销项税额：

借：预收账款——待转销项税额 2 000

贷：应交税费——应交增值税（销项税额） 2 000

（2）结转进项税额：

借：应交税费——应交增值税（转出未交增值税） 620.97

贷：应交税费——应交增值税（进项税额） 620.97

（3）结转销项税额：

借：应交税费——应交增值税（销项税额） 2 000

贷：应交税费——应交增值税（转出未交增值税） 2 000

（4）结转应缴纳增值税［即进项、销项差额：$2\,000-620.97=1\,379.03$（万元）］：

借：应交税费——应交增值税（转出未交增值税） 1 379.03

贷：应交税费——未交增值税 1 379.03

（5）实际缴纳时：

　　本期应交增值税＝价税分离时入账增值税－土地价抵减销售的增值税额－预缴增值税－当期可抵扣增值税进项税额。

　　本期应交增值税＝2 000－155.60－600－620.97＝623.43（万元）。

　　即：本期应交增值税＝"应交税费——未交增值税"科目各明细项目金额的汇总归集：1 379.03－600－155.60＝623.43（万元）。

　　　　借：应交税费——未交增值税　　　　　　　　　　　　623.43

　　　　　　贷：银行存款　　　　　　　　　　　　　　　　　　　623.43

　　提示：《增值税会计处理规定》（财会〔2016〕22 号文件发布）第二条第（三）项规定，关于差额征税的账务处理，"待取得合规增值税扣税凭证且纳税义务发生时，按照允许抵扣的税额，借记'应交税费——应交增值税（销项税额抵减）'或'应交税费——简易计税'科目（小规模纳税人应借记'应交税费——应交增值税'科目），贷记'主营业务成本'、'存货'、'工程施工'等科目"。

　　根据上述政策规定，一般认为房地产开发企业土地价款抵减销售额的增值税处理适用该规定，即抵减的增值税应冲减成本。但也有观点认为应计入收入。

　　从目前房地产开发企业实际操作角度出发，相关分析如下：

　　因房地产开发企业具有行业特殊性，上述冲减成本和计入收入的不同财务处理会对税收产生一定影响，主要是企业所得税和土地增值税。

　　（1）对企业所得税的影响。无论计入收入还是冲减成本，都不会影响应纳税所得额的总体结果，但如果计入收入，会影响按收入计算扣除限额的项目，如广告费、业务招待费、佣金等，会影响其扣除限额的计算结果。

　　（2）对土地增值税的影响。土地价款抵减销售额的处理对土地增值税清算的影响比较大。如果抵减金额直接冲减成本，则在土地增值税清算时，会减少该部分的成本扣除金额，并同时减少加计扣除的金额。

　　目前在实际操作中，一种观点（企业）认为：土地价款抵减销售额的规定是一种优惠，而不是增值税进项（如果是进项，需要抵减销项税额）扣除，因此不应冲减成本。此外，土地成本发票是按照全额取得的，原则上要按发票金额记入"开发成本——土地成本"科目，待抵减增值税时，再把该部分增值税还原计入主营业务收入。例如，《广州市地方税务局关于印发 2016 年土地增值税清算工作有关问题处理指引的通知》（穗地税函〔2016〕188 号）第一条第（二）项规定："纳税人销售自行开发的房地产项目，且选用增值税一般计税方法计税的，按规定允许以本项目土地价款扣减销售额而减少的销项税金，不调减纳税人在土地增值税清算时确认的土地成本。"

　　另一种观点（企业）认为：无论计入收入还是冲减项目成本，在进行土地增值税清算时，土地成本的价值都要按计入开发成本中的原始价值（未抵减增值税的价值）计算。进行企业所得税汇算清缴时，还是以原来的售房款收入（不含抵减的增值税额）作为广告费、业务招待费、佣金等项目扣除限额的计算依据。

出于以上原因，目前在实际操作中，各地（各房地产开发公司）并无统一口径，有待相关具体文件出台予以明确。

问题 7-1-12

适用简易计税方法的一般纳税人采取预收款方式销售自行开发的房地产项目如何预缴增值税？

答：根据《房地产开发企业销售自行开发的房地产项目增值税征收管理暂行办法》（国家税务总局公告 2016 年第 18 号发布）第十条、第十一条及第十二条的规定，房地产开发企业的一般纳税人采取预收款方式销售自行开发的房地产项目，应在收到预收款时按照 3% 的预征率预缴增值税。

应预缴税款计算公式为：应预缴税款＝预收款÷（1＋适用税率或征收率）×3%

适用简易计税方法计税的，按照 5% 的征收率计算。

REAL ESTATE
ENTERPRISE　**案例 7-5**

适用简易计税方法的一般纳税人预缴增值税的计算

A 房地产开发公司为一般纳税人，适用简易计税方法计税。2017 年 8 月 5 日甲项目开盘，当月收到商品房预售款 3 200 万元。该项目 2016 年 1 月 30 日开工。预缴增值税计算如下：

不含税销售额：3 200÷（1＋5%）＝2 190.48（万元）；

应预缴增值税税款：2 190.48×3%＝65.71（万元）。

问题 7-1-13

一般纳税人采取预收款方式销售自行开发的房地产项目如何预缴土地增值税？

答：《土地增值税暂行条例实施细则》第十六条规定："纳税人在项目全部竣工结算前转让房地产取得的收入，由于涉及成本确定或其他原因，而无法据以计算土地增值税的，可以预征土地增值税，待该项目全部竣工、办理结算后再进行清算，多退少补。具体办法由各省、自治区、直辖市地方税务局根据当地情况制定。"

例如，在江苏省，南京市和苏州市市区（含工业园区）普通住宅、非普通住宅、其他类型房产的预征率分别为 2%、3%、4%，其他地区普通住宅、非普通住宅、其他类型房产的预征率均为 2%。

《财政部　国家税务总局关于营改增后契税　房产税　土地增值税　个人所得税计税依据问题的通知》（财税〔2016〕43号）第三条规定："土地增值税纳税人转让房地产取得的收入为不含增值税收入。"

《国家税务总局关于营改增后土地增值税若干征管规定的公告》（国家税务总局公告2016年第70号）第一条"关于营改增后土地增值税应税收入确认问题"规定："营改增后，纳税人转让房地产的土地增值税应税收入不含增值税。适用增值税一般计税方法的纳税人，其转让房地产的土地增值税应税收入不含增值税销项税额；适用简易计税方法的纳税人，其转让房地产的土地增值税应税收入不含增值税应纳税额。

为方便纳税人，简化土地增值税预征税款计算，房地产开发企业采取预收款方式销售自行开发的房地产项目的，可按照以下方法计算土地增值税预征计征依据：土地增值税预征的计征依据＝预收款－应预缴增值税税款。"

根据上述政策规定，一般纳税人在预缴土地增值税时，根据不含税收入计算预缴增值税税款。

提示：根据《财政部　税务总局关于调整增值税税率的通知》（财税〔2018〕32号）第一条的规定，自2018年5月1日起，"纳税人发生增值税应税销售行为或者进口货物，原适用17％和11％税率的，税率分别调整为16％、10％"。

REAL ESTATE
ENTERPRISE　**案例 7-6**

企业预缴土地增值税的计算

A房地产开发公司2018年8月5日甲项目开盘，当月收到商品房预售款3 200万元。假定当地该类楼盘土地增值税预征率为2％，A公司为一般纳税人，适用一般计税方法。预缴土地增值税计算如下：

不含税销售额：3 200÷（1＋10％）＝2 909.09（万元）；

应预缴增值税税款：2 909.09×3％＝87.27（万元）；

土地增值税预征的计征依据：3 200－87.27＝3 112.73（万元）；

预缴土地增值税税款：3 112.73×2％＝62.25（万元）。

问题 7-1-14

企业预缴土地增值税业务如何进行会计处理？

答：根据《财政部关于印发企业交纳土地增值税会计处理规定的通知》（财会字〔1995〕15号）第四条及营改增相关政策的规定，企业在项目全部竣工结算前转让房地产取得的收入，按税法规定预交的土地增值税，应借记"应交税费——应交增值税——已交税金"科目，贷记"银行存款"等科目，可不另设"预缴税金"科目，预收账款部分的增值税可以在备查底稿中计算，不需要在账面反映。

案例 7-7

企业预缴土地增值税的会计处理

A 房地产开发公司 2018 年 8 月 5 日甲项目开盘，当月收到商品房预售款 3 200 万元。预缴增值税 86.49 万元、预缴土地增值税 62.27 万元。会计处理如下（单位：万元）：

1. 收到预收账款。

借：银行存款	3 200
贷：预收账款——房款	2 909.09
——增值税	290.91

2. 根据"预收账款"台账计算预缴增值税。

借：应交税费——应交增值税——已交税金（预缴）	87.27
贷：银行存款	87.27

3. 预缴土地增值税。

借：应交税费——应交土地增值税（预交）	62.25
贷：银行存款	62.25

问题 7-1-15

适用一般计税方法的一般纳税人在纳税义务发生时如何处理？

答：《房地产开发企业销售自行开发的房地产项目增值税征收管理暂行办法》（国家税务总局公告 2016 年第 18 号发布）第十四条规定："一般纳税人销售自行开发的房地产项目适用一般计税方法计税的，应按照《营业税改征增值税试点实施办法》（财税〔2016〕36 号文件印发，以下简称《试点实施办法》）第四十五条规定的纳税义务发生时间，以当期销售额和 11％ 的适用税率计算当期应纳税额，抵减已预缴税款后，向主管国税机关申报纳税。未抵减完的预缴税款可以结转下期继续抵减。"

根据《财政部 税务总局关于调整增值税税率的通知》（财税〔2018〕32 号）第一条的规定，自 2018 年 5 月 1 日起，"纳税人发生增值税应税销售行为或者进口货物，原适用 17％ 和 11％ 税率的，税率分别调整为 16％、10％"。

根据上述政策规定，房地产的销售采取预售制度，房地产项目达到一定进度后，可以领取预售许可证，应在收到预收款时按照 3％ 的预征率预缴增值税。在纳税义务发生时，以当期销售额和 11％（2018 年 5 月 1 日以后为 10％）的适用税率计算当期应纳税额，抵减已预缴税款后，向主管税务机关申报纳税。房屋竣工验收交付后，即发生纳税义务，因此要按规定计算增值税应纳税额。

┌─── REAL ESTATE
└ENTERPRISE **案例 7-8**

适用一般计税方法的纳税人在纳税义务发生时的处理

A 房地产开发公司为一般纳税人，适用一般计税方法计税。假定该公司2018 年 8 月 5 日甲项目开盘，12 月 31 日项目竣工。预缴税款、土地价款抵扣及增值税计算如下：

1. 预缴税款计算。

2018 年 8 月 5 日甲项目开盘，截至 12 月 31 日收到商品房预售款 22 000 万元。预缴增值税计算如下：

不含税销售额：22 000÷(1+10%)=20 000（万元）；

预缴增值税税款：20 000×3%=600（万元）。

2. 当期允许扣除的土地价款及销售额计算。

2018 年 12 月相关数据：甲项目地价款 2 300 万元，销售总建筑面积 4.30 万平方米，当期已销建筑面积 3.20 万平方米，甲项目收取的全部价款为 22 000 万元。销售额计算如下：

当期允许扣除的土地价款：(3.2÷4.3)×2 300=1 711.63（万元）；

销售额：(22 000−1 711.63)÷(1+10%)=18 443.97（万元）。

土地价款抵减销售额后的增值税销项税额：18 443.97×10%=1 844.40（万元）

3. 应缴增值税计算。

2018 年 12 月，当期允许抵扣的进项税额：50 万元。

当期销项税额：18 443.97×10%=1 844.40（万元）；

当期应纳税额：1 844.40−50=1 794.40（万元）；

当期实际应纳税额：1 794.4−600=1 194.4（万元）。

4. 各项附加计算。

城市维护建设税：1 194.4×7%=83.61（万元）；

教育费附加：1 194.4×3%=35.83（万元）；

地方教育附加（假定当地征收率为 2%）：1 194.4×2%=23.89（万元）。

┌─────┐
│ 问题 7-1-16 │
└─────┘

适用简易计税方法的一般纳税人在纳税义务发生时如何处理？

答：根据《房地产开发企业销售自行开发的房地产项目增值税征收管理暂行办法》（国家税务总局公告 2016 年第 18 号发布）第十五条、第二十七条的规定，"一般纳税人销售自行开发的房地产项目适用简易计税方法计税的，应按照《试点实施办法》第四十五条规定的纳税义务发生时间，以当期销售额和 5% 的征收率计算当期应纳税额，抵减已预缴税款后，向主管国税机关申报纳税。未抵减完的预缴税款可以结转下期继续抵减";"房地产开发企业以预缴税款抵减应纳税额，应以完税凭证作为合法有效凭证"。

上述政策主要是指一般纳税人销售合同开工日期在 2016 年 4 月 30 日前的房地产项目，选择适用简易计税方法计税的处理。根据政策规定，一般纳税人销售自行开发的房地产老项目，可以选择适用简易计税方法按照 5% 的征收率计税。一经选择简易计税方法计税的，在 36 个月内不得变更为一般计税方法计税。在计算时，以取得的全部价款和价外费用为销售额，不得扣除对应的土地价款。

REAL ESTATE
ENTERPRISE **案例 7-9**

适用简易计税方法的纳税人在纳税义务发生时的处理

A 房地产开发公司为一般纳税人，适用简易计税方法计税。假定该公司甲项目 2016 年 1 月 31 日开工，8 月 5 日甲项目开盘，12 月 31 日项目竣工。预缴税款、土地价款抵扣及增值税计算如下：

1. 预缴税款计算。

2016 年 8 月 5 日甲项目开盘，截至 12 月 31 日收到商品房预售款 22 000 万元。预缴增值税计算如下：

不含税销售额：22 000÷(1+5%)＝20 952.38（万元）；

预缴增值税税款：20 952.38×3%＝628.57（万元）。

2. 应缴增值税计算。

当期应纳税额：20 952.38×5%＝1 047.62（万元）；

当期实际应纳税额：1 047.62－628.57＝419.05（万元）。

3. 各项附加计算。

城市维护建设税：419.05×7%＝29.33（万元）；

教育费附加：419.05×3%＝12.57（万元）；

地方教育附加（假定当地征收率为 2%）：419.05×2%＝8.38（万元）。

问题 7-1-17

企业销售自行开发的房地产项目如何开具增值税发票？

答：根据《房地产开发企业销售自行开发的房地产项目增值税征收管理暂行办法》（国家税务总局公告 2016 年第 18 号发布）第十六条、第十七条、第十八条的规定，具体处理方式如下：

一般纳税人销售自行开发的房地产项目，自行开具增值税发票（包括增值税专用发票和增值税普通发票）。

一般纳税人销售自行开发的房地产项目，其 2016 年 4 月 30 日前收取并已向主管地税机关申报缴纳营业税的预收款，未开具营业税发票的，可以开具增值税普通发票，不得开具增值税专用发票。

一般纳税人向其他个人销售自行开发的房地产项目，不得开具增值税专用发票。

问题 7-1-18

企业有多个项目预售的，预缴税款是否可以互相抵减？

答：房地产开发企业采取的是预售制度，对预收账款先预缴增值税，待达到规定的纳税义务发生时间，再计算税款，并扣减预缴的税款。对于有新老项目同时预售或者有多个项目同时预售情况的，预缴税款可分项目扣减或合并扣减。

根据《房地产开发企业销售自行开发的房地产项目增值税征收管理暂行办法》（国家税务总局公告 2016 年第 18 号发布）第十条、第十一条、第十四条、第十五条、第十九条、第二十条及第二十二条的规定，纳税人销售自行开发的房地产项目，应按照《营业税改征增值税试点实施办法试点实施办法》（财税〔2016〕36 号文件附件 1）第四十五条规定的纳税义务发生时间，以当期销售额和适用税率及征收率计算当期应纳税额，抵减已预缴税款后，向主管税务机关申报纳税。未抵减完的预缴税款可以结转下期继续抵减。

根据上述政策规定，只有达到"《营业税改征增值税试点实施办法试点实施办法》第四十五条规定的纳税义务发生时间"，才可以计算相应税款并扣减预缴税款，对没有达到规定的纳税义务发生时间的项目预缴的税款不能扣减。在实践中，为简化税款的计算，大部分地区基层税务机关对于有新老项目同时预售或者有多个项目同时预售情况的，只要有项目达到规定的纳税义务发生时间，在计算增值税时不同项目预缴的税款都可以扣减。

提示：根据《财政部 税务总局关于调整增值税税率的通知》（财税〔2018〕32 号）第一条的规定，自 2018 年 5 月 1 日起，"纳税人发生增值税应税销售行为或者进口货物，原适用 17% 和 11% 税率的，税率分别调整为 16%、10%"。

REAL ESTATE
ENTERPRISE **案例 7-10**

企业有多个项目预售的（合并扣减）税款计算

A 房地产开发公司为一般纳税人。假定该公司 2016 年 1 月甲项目开工，2017 年 4 月开盘，适用简易计税方法计税，11 月项目竣工。2017 年 5—11 月相关数据：甲项目收取的全部价款为 18 000 万元。同时 A 公司乙项目 2017 年 3 月开工，6 月开盘，截至 11 月，乙项目收取的全部价款为 22 000 万元。

1. 甲项目预缴税款计算。

不含税销售额：$18\,000 \div (1 + 5\%) = 17\,142.86$（万元）；

预缴增值税税款：$17\,142.86 \times 3\% = 514.29$（万元）。

2. 乙项目预缴税款计算。

不含税销售额：22 000÷(1＋11％)＝19 819.82（万元）；

预缴增值税税款：19 819.82×3％＝594.60（万元）。

3. 当期企业应纳税款计算。

当期应纳税额：17 142.86×5％＝857.14（万元）；

当期实际应纳税额：857.14－514.29－594.60＝－251.75（万元）。

根据政策规定，"未抵减完的预缴税款可以结转下期继续抵减"，因此 A 公司当期剩余的 251.75 万元预缴税款可结转下期继续抵减。

REAL ESTATE
ENTERPRISE **案例 7-11**

企业有多个项目预售的（分项扣减）税款计算

A 房地产开发公司为一般纳税人。假定该公司 2016 年 1 月甲项目开工，2017 年 4 月开盘，适用简易计税方法计税，11 月项目竣工。2017 年 5—11 月相关数据：甲项目收取的全部价款为 18 000 万元。同时 A 公司乙项目 2017 年 3 月开工，6 月开盘，截至 11 月，乙项目收取的全部价款为 22 000 万元。

1. 甲项目预缴税款计算。

不含税销售额：18 000÷(1＋5％)＝17 142.86（万元）；

预缴增值税税款：17 142.86×3％＝514.29（万元）。

2. 乙项目预缴税款计算。

不含税销售额：22 000÷(1＋11％)＝19 819.82（万元）；

预缴增值税税款：19 819.82×3％＝594.60（万元）。

3. 当期甲项目应纳税款计算。

当期应纳税额：17 142.86×5％＝857.14（万元）；

当期实际应纳税额：857.14－514.29＝342.85（万元）。

提示：上述业务如果发生在 2018 年 5 月 1 日以后，则涉及 11％ 的税率调整为 10％。

问题 7-1-19

企业预售开发项目的印花税如何计算？

答：由《印花税暂行条例》所附《印花税税目税率表》可知，产权转移书据包括财产所有权和版权、商标专用权、专利权、专有技术使用权等转移书据。由立据人按所载金额万分之五贴花。

《财政部 国家税务总局关于印花税若干政策的通知》（财税〔2006〕162 号）第四条规定："对商品房销售合同按照产权转移书据征收印花税。"

房地产开发企业采取的是预售制，根据上述政策规定，在签订预售合同时，对于印花税采取按实征收方式的房地产开发企业，根据《印花税暂行条例》及其实施细则的规定，在预售商品房时，如果签订商品房销售合同或商品房预售合同，应在签订合同时，按合同所记载金额的万分之五计税贴花或按月汇总缴纳印花税。

实际业务中，为便于征管，一般按实际收到的预收账款按月汇总缴纳。如果销售合同中明确价税分离，应按不含税价计缴印花税；如果销售合同中的金额是价税合计的房款，则按合同总价计缴印花税。目前一些地区要求价税分开，一些地区没有做要求。以江苏省为例，销售合同格式条款几乎都是价税合计的，所以均按销售合同金额（即含税价）计算缴纳印花税。

7.2 进项税额业务

房地产开发企业在开发房产项目的过程中，发生的前期工程费、建筑安装费、基础设施费、公共配套设施费、开发间接费、管理费用、销售费用等均涉及进项税额的抵扣事项，因此如何把握进项税额抵扣至关重要。

问题 7-2-1

一般纳税人兼有两种计税方法及免征项目的如何确定不得抵扣的进项税额？

答：根据《房地产开发企业销售自行开发的房地产项目增值税征收管理暂行办法》（国家税务总局公告 2016 年第 18 号发布）第十三条的规定，一般纳税人销售自行开发的房地产项目，兼有一般计税方法计税、简易计税方法计税、免征增值税的房地产项目而无法划分不得抵扣的进项税额的，应以《建筑工程施工许可证》注明的"建设规模"为依据进行划分。计算公式为：

$$\text{不得抵扣的进项税额} = \text{当期无法划分的全部进项税额} \times \left(\frac{\text{简易计税、免税房地产项目建设规模}}{\text{房地产项目总建设规模}} \right)$$

提示： 根据《财政部 税务总局关于调整增值税税率的通知》（财税〔2018〕32 号）第一条的规定，自 2018 年 5 月 1 日起，"纳税人发生增值税应税销售行为或者进口货物，原适用 17% 和 11% 税率的，税率分别调整为 16%、10%"。

REAL ESTATE
ENTERPRISE **案例 7-12**

兼有两种计税方法及免征项目的不得抵扣进项税额的确定

A 房地产开发企业 2018 年 8 月 2 日购入电梯，价值 702 万元（含税）。A 房地产开发企业开发甲、乙两个项目，甲项目建设规模 2 万平方米，乙项目建设规模 4 万平方米。甲项目适用简易计税方法，乙项目适用一般计税方法。

则 A 房地产开发企业不得抵扣的进项税额为：$702 \div (1+16\%) \times 16\% \times 2 \div$

（2＋4）＝32.28（万元）。

问题 7-2-2

企业取得不动产在建工程的进项税额如何抵扣?

答：《营业税改征增值税试点有关事项的规定》（财税〔2016〕36 号文件附件 2）第一条第（四）项规定："适用一般计税方法的试点纳税人，2016 年 5 月 1 日后取得并在会计制度上按固定资产核算的不动产或者 2016 年 5 月 1 日后取得的不动产在建工程，其进项税额应自取得之日起分 2 年从销项税额中抵扣，第一年抵扣比例为 60%，第二年抵扣比例为 40%。

取得不动产，包括以直接购买、接受捐赠、接受投资入股、自建以及抵债等各种形式取得不动产，不包括房地产开发企业自行开发的房地产项目。"

根据上述政策规定，对于企业 2016 年 5 月 1 日后取得并在会计制度上按固定资产核算的不动产及不动产在建工程，进项税额分两年抵扣。对房地产开发企业销售自行开发的房地产项目按规定进行增值税处理，进项税额无须分年抵扣。对于房地产开发企业在项目运行过程中取得的增值税专用发票，其进项税额按规定进行抵扣，无须按比例分年抵扣。

问题 7-2-3

企业有哪些进项税额不得从销项税额中抵扣?

答：《营业税改征增值税试点实施办法》（财税〔2016〕36 号文件附件 1）第二十七条规定："下列项目的进项税额不得从销项税额中抵扣：

（一）用于简易计税方法计税项目、免征增值税项目、集体福利或者个人消费的购进货物、加工修理修配劳务、服务、无形资产和不动产。其中涉及的固定资产、无形资产、不动产，仅指专用于上述项目的固定资产、无形资产（不包括其他权益性无形资产）、不动产。

纳税人的交际应酬消费属于个人消费。

（二）非正常损失的购进货物，以及相关的加工修理修配劳务和交通运输服务。

（三）非正常损失的在产品、产成品所耗用的购进货物（不包括固定资产）、加工修理修配劳务和交通运输服务。

（四）非正常损失的不动产，以及该不动产所耗用的购进货物、设计服务和建筑服务。

（五）非正常损失的不动产在建工程所耗用的购进货物、设计服务和建筑服务。

纳税人新建、改建、扩建、修缮、装饰不动产，均属于不动产在建工程。

（六）购进的旅客运输服务、贷款服务、餐饮服务、居民日常服务和娱乐服务。

（七）财政部和国家税务总局规定的其他情形。

本条第（四）项、第（五）项所称货物，是指构成不动产实体的材料和设备，包括建筑装饰材料和给排水、采暖、卫生、通风、照明、通讯、煤气、消防、中央空调、电梯、电气、智能化楼宇设备及配套设施。"

《营业税改征增值税试点有关事项的规定》（财税〔2016〕36号文件附件2）第一条第（四）项第2点规定："按照《试点实施办法》第二十七条第（一）项规定不得抵扣且未抵扣进项税额的固定资产、无形资产、不动产，发生用途改变，用于允许抵扣进项税额的应税项目，可在用途改变的次月按照下列公式计算可以抵扣的进项税额：

$$\text{可以抵扣的进项税额} = \frac{\text{固定资产、无形资产、不动产净值}}{1+\text{适用税率}} \times \text{适用税率}$$

上述可以抵扣的进项税额应取得合法有效的增值税扣税凭证。"

根据上述政策规定，上述项目的进项税额不得从销项税额中抵扣。在实务中，一些企业采取先进行认证抵扣，在确定用于不能抵扣的用途后再将进项税额转出的做法；还有一些企业在支出发生时直接取得普通发票不予抵扣。

在企业日常业务处理中，如果取得的是增值税专用发票，则建议先行抵扣，再视情况做进项税额转出。如若直接不认证抵扣，会形成滞留票，产生税收评估疑点。

提示： 对既用于一般计税方法计税项目，又用于简易计税方法计税项目、免征增值税项目、集体福利或者个人消费的租入固定资产、不动产，《财政部 税务总局关于租入固定资产进项税额抵扣等增值税政策的通知》（财税〔2017〕90号）第一条规定："自2018年1月1日起，纳税人租入固定资产、不动产，既用于一般计税方法计税项目，又用于简易计税方法计税项目、免征增值税项目、集体福利或者个人消费的，其进项税额准予从销项税额中全额抵扣。"

问题 7-2-4

企业不得从销项税额中抵扣的进项税额如何计算？

答：房地产开发公司不得从销项税额中抵扣的进项税额主要有以下几种：

（1）根据《营业税改征增值税试点实施办法》（财税〔2016〕36号文件附件1）第二十九条的规定，适用一般计税方法的纳税人，兼营简易计税方法计税项目、免征增值税项目而无法划分不得抵扣的进项税额。按照下列公式计算不得抵扣的进项税额：

不得抵扣的进项税额

$$
\begin{array}{l}
= \begin{array}{c}\text{当期无法划分的}\\\text{全部进项税额}\end{array} \times \left(\begin{array}{c}\text{当期简易计税方法}\\\text{计税项目销售额}\end{array} + \begin{array}{c}\text{免征增值税}\\\text{项目销售额}\end{array}\right) \div \begin{array}{c}\text{当期全部}\\\text{销售额}\end{array}
\end{array}
$$

主管税务机关可以按照上述公式依据年度数据对不得抵扣的进项税额进行清算。

（2）根据《营业税改征增值税试点实施办法》第三十条的规定，适用一般计税方法的纳税人已抵扣进项税额的购进货物（不含固定资产）、劳务、服务，发生该办法第二十七条规定情形（简易计税方法计税项目、免征增值税项目除外）的，应当将该进项税额从当期进项税额中扣减；无法确定该进项税额的，按照当期实际成本计算应扣减的进项税额。

（3）根据《营业税改征增值税试点实施办法》第三十一条的规定，适用一般计税方法的纳税人已抵扣进项税额的固定资产、无形资产或者不动产，发生该办法第二十七条规定情形的，按照下列公式计算不得抵扣的进项税额：

$$
\begin{array}{c}\text{不得抵扣的}\\\text{进项税额}\end{array} = \begin{array}{c}\text{固定资产、无形资产}\\\text{或者不动产净值}\end{array} \times \begin{array}{c}\text{适用}\\\text{税率}\end{array}
$$

固定资产、无形资产或者不动产净值，是指纳税人根据财务会计制度计提折旧或摊销后的余额。

提示： 根据《财政部　国家税务总局关于租入固定资产进项税额抵扣等增值税政策的通知》（财税〔2017〕90 号）第一条的规定，"自 2018 年 1 月 1 日起，纳税人租入固定资产、不动产，既用于一般计税方法计税项目，又用于简易计税方法计税项目、免征增值税项目、集体福利或者个人消费的，其进项税额准予从销项税额中全额抵扣"。

问题 7-2-5

土地增值税清算时增值税进项税额是否可以抵扣？

答：《财政部　国家税务总局关于营改增后契税　房产税　土地增值税　个人所得税计税依据问题的通知》（财税〔2016〕43 号）第三条规定："《中华人民共和国土地增值税暂行条例》等规定的土地增值税扣除项目涉及的增值税进项税额，允许在销项税额中计算抵扣的，不计入扣除项目，不允许在销项税额中计算抵扣的，可以计入扣除项目。"

根据上述政策规定，凡是根据增值税政策不允许在销项税额中计算抵扣的，就可以在土地增值税清算时计入扣除项目。

问题 7-2-6

一般纳税人销售自行开发的房地产项目如何开具增值税发票？

答：《房地产开发企业销售自行开发的房地产项目增值税征收管理暂行办法》（国家税务总局公告 2016 年第 18 号发布）第十六条规定："一般纳税人销售自行开发的房地产项目，自行开具增值税发票"；第十七条规定："一般纳税人销售自行开发的房地产项目，其 2016 年 4 月 30 日前收取并已向主管地税机关申报缴纳营业税的预收款，未开具营业税发票的，可以开具增值税普通发票，不得开具增值税专用发票"；第十八条规定："一般纳税人向其他个人销售自行开发的房地产项目，不得开具增值税专用发票"。

根据上述政策规定，一般纳税人销售自行开发的房地产项目，除营改增前已经收取款项的必须开具增值税普通发票外，向其他个人销售自行开发的房地产项目，也必须开具增值税普通发票。

7.3　增值税小规模纳税人业务

本节内容主要是房地产开发企业小规模纳税人涉及的业务。小规模纳税人涉及的大部分具体业务已经在其他章节体现，本节主要介绍的是小规模纳税人销售业务中涉及的预缴税款、申报及开票等业务。

提示：《财政部 税务总局关于统一增值税小规模纳税人标准的通知》（财税〔2018〕33 号）第一条规定："增值税小规模纳税人标准为年应征增值税销售额 500 万元及以下。"

问题 7-3-1

小规模纳税人如何预缴税款？

答：对于房地产开发企业小规模纳税人采取预收款方式销售自行开发的房地产项目，根据《房地产开发企业销售自行开发的房地产项目增值税征收管理暂行办法》（国家税务总局公告 2016 年第 18 号发布）第十九条规定："房地产开发企业中的小规模纳税人（以下简称小规模纳税人）采取预收款方式销售自行开发的房地产项目，应在收到预收款时按照 3% 的预征率预缴增值税"；第二十条规定："应预缴税款按照以下公式计算：应预缴税款＝预收款÷(1＋5%)×3%"；第二十一条规定："小规模纳税人应在取得预收款的次月纳税申报期或主管国税机关核定的纳税期限向主管国税机关预缴税款"；第二十六条规定："房地产开发企业销售自行开发的房地产项目，按照本办法规定预缴税款时，应填报《增值税预缴税款表》"。

问题 7-3-2

小规模纳税人如何申报税款?

答:《房地产开发企业销售自行开发的房地产项目增值税征收管理暂行办法》(国家税务总局公告 2016 年第 18 号发布)第二十二条规定:"小规模纳税人销售自行开发的房地产项目,应按照《试点实施办法》第四十五条规定的纳税义务发生时间,以当期销售额和 5% 的征收率计算当期应纳税额,抵减已预缴税款后,向主管国税机关申报纳税。未抵减完的预缴税款可以结转下期继续抵减";第二十六条规定:"房地产开发企业销售自行开发的房地产项目,按照本办法规定预缴税款时,应填报《增值税预缴税款表》";第二十七条规定:"房地产开发企业以预缴税款抵减应纳税额,应以完税凭证作为合法有效凭证"。

根据上述政策规定,房地产开发企业小规模纳税人销售自行开发的房地产项目,采取预售方式的,也要预缴税款。根据政策规定,购买方需要增值税专用发票的,小规模纳税人可以向主管税务机关申请代开。

REAL ESTATE
ENTERPRISE　**案例 7-13**

小规模纳税人申报税款的计算

A 房地产开发企业为小规模纳税人,2017 年 5 月取得预售房款 200 万元,2017 年 12 月,预售房款对应的房屋达到交付条件,已开具发票给购房人,收取房屋尾款 150 万元。税款计算与申报如下:

1. 2017 年月收到预售房款,预缴增值税:

$200 \div (1 + 5\%) \times 3\% = 5.71$(万元)

2. 2017 年 12 月开具发票,达到纳税义务时间,应缴纳增值税:

$(200 + 150) \div (1 + 5\%) \times 5\% - 5.71 = 10.96$(万元)

问题 7-3-3

小规模纳税人如何开具发票?

答:《房地产开发企业销售自行开发的房地产项目增值税征收管理暂行办法》(国家税务总局公告 2016 年第 18 号发布)第二十三条规定:"小规模纳税人销售自行开发的房地产项目,自行开具增值税普通发票。购买方需要增值税专用发票的,小规模纳税人向主管国税机关申请代开";第二十四条规定:"小规模纳税人销售自行开发的房地产项目,其 2016 年 4 月 30 日前收取并已向主管地税机关申报缴纳营业税的预收款,未开具营业税发票的,可以开具增值税普通发票,不得申请代开增值税专用发票";第二十五条规定:"小规模纳税人向其他个人销售自行开发的房地产项目，不得申请代开增值税专用发票"。

根据上述政策规定，小规模纳税人销售自行开发的房地产项目，如果购买方需要增值税专用发票，小规模纳税人应向主管税务机关申请代开。

提示：根据《国家税务总局关于增值税发票开具有关问题的公告》（国家税务总局公告 2017 年第 16 号）的规定，自 2017 年 7 月 1 日起，购买方为企业的，索取增值税普通发票时，应向销售方提供纳税人识别号或统一社会信用代码；销售方为其开具增值税普通发票时，应在"购买方纳税人识别号"栏填写购买方的纳税人识别号或统一社会信用代码。不符合规定的发票，不得作为税收凭证。

7.4 销售房地产项目取得收入的企业所得税处理

房地产开发企业销售房地产项目取得收入的处理，主要依据《房地产开发经营业务企业所得税处理办法》（国税发〔2009〕31 号文件发布）等规定，在具体处理上与会计准则的规定有一定差异。

问题 7-4-1

开发项目视为完工的条件是什么？

答：《房地产开发经营业务企业所得税处理办法》（国税发〔2009〕31 号文件发布）第三条规定："企业房地产开发经营业务包括土地的开发，建造、销售住宅、商业用房以及其他建筑物、附着物、配套设施等开发产品。除土地开发之外，其他开发产品符合下列条件之一的，应视为已经完工：

（一）开发产品竣工证明材料已报房地产管理部门备案。

（二）开发产品已开始投入使用。

（三）开发产品已取得了初始产权证明。"

上述政策规定既是企业所得税判断项目是否完工的条件，也是房地产开发企业预售房屋时判断增值税纳税义务正式发生的重要依据。在实务中，各地从征管角度制定的具体规定有一定差异，一般在房屋实际交付及办理产权证书时确定纳税义务发生。

问题 7-4-2

房地产开发企业能否实行企业所得税按核定征收方式征收？

答：房地产开发企业在项目开发过程中有着严格的核算程序和要求，一般不会发生征管法规定的核定征收的情形。根据《房地产开发经营业务企业所得税处理办法》（国税发〔2009〕31 号文件发布）第四条的规定，只有"企业出现《中华人民共和国税收征收管理法》第三十五条规定的情形，税务机关可对其以往应缴的企业所得税按核定征收方式进行征收管理，并逐步规范，同时按《中华人民共和国税收征收管理法》等税收法律、行政法规的规定进行处理，但不得事先确定企业的所得税按核定征收方式进行征收、管理"。

根据上述政策规定，房地产开发企业不得事先确定企业的所得税按核定征收方式进行征收、管理。

问题 7-4-3

开发产品销售收入的范围是什么？

答：《房地产开发经营业务企业所得税处理办法》（国税发〔2009〕31 号文件发布）第五条规定："开发产品销售收入的范围为销售开发产品过程中取得的全部价款，包括现金、现金等价物及其他经济利益。企业代有关部门、单位和企业收取的各种基金、费用和附加等，凡纳入开发产品价内或由企业开具发票的，应按规定全部确认为销售收入；未纳入开发产品价内并由企业之外的其他收取部门、单位开具发票的，可作为代收代缴款项进行管理。"

《营业税改征增值税试点实施办法》（财税〔2016〕36 号文件附件 1）第三十七条规定："销售额，是指纳税人发生应税行为取得的全部价款和价外费用，财政部和国家税务总局另有规定的除外。

价外费用，是指价外收取的各种性质的收费，但不包括以下项目：

（一）代为收取并符合本办法第十条规定的政府性基金或者行政事业性收费。

（二）以委托方名义开具发票代委托方收取的款项。"

根据上述政策规定，凡是纳入销售收入的，均要按规定计算预缴增值税、预缴土地增值税及计算企业所得税预计毛利率。

提示：（1）视同销售行为的涉税处理。其中企业所得税，根据《房地产开发经营业务企业所得税处理办法》第七条的规定，"企业将开发产品用于捐赠、赞助、职工福利、奖励、对外投资、分配给股东或投资人、抵偿债务、换取其他企事业单位和个人的非货币性资产等行为，应视同销售，于开发产品所有权或使用权转移，或于实际取得利益权利时确认收入（或利润）的实现"。

（2）增值税处理。根据《营业税改征增值税试点实施办法》第十四条第（二）项的规定，单位或者个人向其他单位或者个人无偿转让无形资产或者不动产的，视同销售服务、无形资产或者不动产，按规定征收增值税，但用于公益事业或者以社会公众为对象的除外。

问题 7-4-4

企业采取一次性全额收款方式销售开发产品如何确认收入的时间？

答：根据《房地产开发经营业务企业所得税处理办法》（国税发〔2009〕31号文件发布）第六条第（一）款的规定，企业通过正式签订《房地产销售合同》或《房地产预售合同》，"采取一次性全额收款方式销售开发产品的，应于实际收讫价款或取得索取价款凭据（权利）之日，确认收入的实现"。

关于增值税纳税义务时间的确定，根据《营业税改征增值税试点实施办法》（财税〔2016〕36 号文件附件 1）第四十五条的规定，现房销售的，对采取一次性全额收款方式销售开发产品的，应于实际收讫价款或取得索取价款凭据（权利）之日为纳税义务发生时间。

关于预缴增值税时间的确定，根据《房地产开发企业销售自行开发的房地产项目增值税征收管理暂行办法》（国家税务总局公告 2016 年第 18 号发布）第十条等的规定，一般纳税人采取预收款方式销售自行开发的房地产项目，应在收到预收款时按照 3% 的预征率预缴增值税。

问题 7-4-5

企业采取分期收款方式销售开发产品如何确认收入的时间？

答：《房地产开发经营业务企业所得税处理办法》（国税发〔2009〕31 号文件发布）第六条第（二）款规定，企业通过正式签订《房地产销售合同》或《房地产预售合同》，"采取分期收款方式销售开发产品的，应按销售合同或协议约定的价款和付款日确认收入的实现。付款方提前付款的，在实际付款日确认收入的实现"。

根据上述政策规定，对采取分期收款方式销售开发产品的，即使约定的付款日期客户没有及时付款，销售方也要按规定确认收入。

关于增值税纳税义务时间的确定，根据《营业税改征增值税试点实施办法》（财税〔2016〕36 号文件附件 1）第四十五条的规定，现房销售的，对企业采取分期收款方式销售开发产品的，为书面合同约定的收款日期的当天，无书面合同的或者书面合同没有约定收款日期的，为交付房屋的当天。

关于预缴增值税，根据《房地产开发企业销售自行开发的房地产项目增值税征收管理暂行办法》（国家税务总局公告 2016 年第 18 号发布）第十条等的规定，一般纳税人采取预收款方式销售自行开发的房地产项目，应在收到预收款时按照 3% 的预征率预缴增值税。

问题 7-4-6

企业采取银行按揭方式销售开发产品如何确认收入的时间？

答：根据《房地产开发经营业务企业所得税处理办法》（国税发〔2009〕31

号文件发布）第六条第（三）款的规定，企业通过正式签订《房地产销售合同》或《房地产预售合同》，"采取银行按揭方式销售开发产品的，应按销售合同或协议约定的价款确定收入额，其首付款应于实际收到日确认收入的实现，余款在银行按揭贷款办理转账之日确认收入的实现"。

关于增值税纳税义务时间的确定，根据《营业税改征增值税试点实施办法》（财税〔2016〕36 号文件附件 1）第四十五条的规定，现房销售的，对企业采取分期收款方式销售开发产品的，为书面合同约定的收款日期的当天，无书面合同的或者书面合同没有约定收款日期的，为交付房屋的当天。

关于预缴增值税，根据《房地产开发企业销售自行开发的房地产项目增值税征收管理暂行办法》（国家税务总局公告 2016 年第 18 号发布）第十条等的规定，一般纳税人采取预收款方式销售自行开发的房地产项目，应在收到预收款时按照 3% 的预征率预缴增值税。

案例 7-14

企业采取银行按揭方式销售开发产品确认收入的时间

A 公司 2017 年 9 月 5 日与甲（个人）签订房屋销售合同，约定价款为 260 万元，首付款为总价的 20%，即 52 万元，合同签订 3 日内首付款到账，其余款项通过银行按揭贷款支付。假定首付款按期到账，银行按揭手续完成，款项于 2017 年 11 月 5 日到账。会计（企业所得税）处理如下（单位：万元）：

1. 首付款 2017 年 9 月 8 日到账时。

借：银行存款（现金）　　　　　　　　　　　　　　　52
　　贷：预收账款——房款　　　　　　　　　　　　　52

2. 首付款预缴增值税。

首付款 52 万元，预缴增值税：$52 \div (1+5\%) \times 3\% = 1.49$（万元）。

借：应交税费——未交增值税（简易计税）　　　　　　1.49
　　贷：银行存款　　　　　　　　　　　　　　　　　1.49

3. 银行按揭款 2017 年 11 月 5 日到账时。

借：银行存款（现金）　　　　　　　　　　　　　　208
　　贷：预收账款——房款　　　　　　　　　　　　　208

4. 银行按揭款预缴增值税。

银行按揭款 208 万元，预缴增值税：$208 \div (1+5\%) \times 3\% = 5.94$（万元）。

借：应交税费——未交增值税（简易计税）　　　　　　5.94
　　贷：银行存款　　　　　　　　　　　　　　　　　5.94

问题 7-4-7

企业采取支付手续费方式委托销售开发产品如何确认收入的时间？

答：根据《房地产开发经营业务企业所得税处理办法》（国税发〔2009〕31号文件发布）第六条第（四）款第 1 点的规定，在采取委托方式销售开发产品时，"采取支付手续费方式委托销售开发产品的，应按销售合同或协议中约定的价款于收到受托方已销开发产品清单之日确认收入的实现"。

关于增值税纳税义务时间的确定，根据《营业税改征增值税试点实施办法》（财税〔2016〕36 号文件附件 1）第四十五条的规定，现房销售的，对企业采取支付手续费方式委托销售开发产品的，委托其他纳税人代销货物，为收到代销单位的代销清单或者收到全部或者部分货款的当天。未收到代销清单及货款的，为发出代销货物满 180 天的当天。

关于预缴增值税，根据《房地产开发企业销售自行开发的房地产项目增值税征收管理暂行办法》（国家税务总局公告 2016 年第 18 号发布）第十条等的规定，一般纳税人采取预收款方式销售自行开发的房地产项目，应在收到预收款，按照 3% 的预征率预缴增值税。

提示： 对于企业支付的手续费，根据《营业税改征增值税试点实施办法》第十五条及所附《销售服务、无形资产、不动产注释》的规定，中介机构提供的服务属于"销售服务——现代服务商务——辅助服务——经纪代理服务"税目，适用税率为 6%。因此，企业支付的手续费可以取得增值税专用发票，其进项税额可以抵扣。

REAL ESTATE
ENTERPRISE **案例 7-15**

企业采取支付手续费方式委托销售开发产品确认收入的时间

A 公司 2018 年 5 月 10 日与 B 房产销售公司（一般纳税人）签订代理销售合同，将开发的甲项目委托 B 公司销售，B 公司按房屋销售价格的 5% 收取手续费。假定 2018 年 12 月 25 日，B 公司将房屋销售清单交给 A 公司，销售房屋 6 套，每套平均价格 600 万元。假定合同约定的价格均为含税价，当期可抵扣土地价款 150 万元。A 公司会计（企业所得税）处理如下（单位：万元）：

1. 收到销售清单时。

确认销售（预收）收入：$6 \times 400 = 2\,400$（万元）；

手续费：$2\,400 \times 5\% = 120$（万元）；

B 公司不含税销售额：$120 \div (1 + 6\%) = 113.21$（万元）；

B 公司开具的增值税专用发票进项税额：$113.21 \times 6\% = 6.79$（万元）。

借：银行存款　　　　　　　　　　　　　　　　　　　2 280

　　　　销售费用——委托代理　　　　　　　　　　　113.21

　　　　应交税费——应交增值税（进项税额）　　　　 6.79

　　贷：预收账款——房款　　　　　　　　　　　　　　　　　2 400

　　2. 增值税计算。

　　不含税销售额：（2 400－150)÷(1＋10%)＝2 045.45（万元）；

　　增值税销项税额：2 045.45×10%＝204.55（万元）。

　　提示：根据《财政部 税务总局关于调整增值税税率的通知》（财税〔2018〕32 号）第一条的规定，自 2018 年 5 月 1 日起，"纳税人发生增值税应税销售行为或者进口货物，原适用 17% 和 11% 税率的，税率分别调整为 16%、10%"。

问题 7-4-8

企业采取视同买断方式委托销售开发产品如何确认收入的时间？

　　答：根据《房地产开发经营业务企业所得税处理办法》（国税发〔2009〕31 号文件发布）第六条第（四）款第 2 点的规定，"采取视同买断方式委托销售开发产品的，属于企业与购买方签订销售合同或协议，或企业、受托方、购买方三方共同签订销售合同或协议的，如果销售合同或协议中约定的价格高于买断价格，则应按销售合同或协议中约定的价格计算的价款于收到受托方已销开发产品清单之日确认收入的实现；如果属于前两种情况中销售合同或协议中约定的价格低于买断价格，以及属于受托方与购买方签订销售合同或协议的，则应按买断价格计算的价款于收到受托方已销开发产品清单之日确认收入的实现"。

　　关于增值税纳税义务时间的确定，根据《营业税改征增值税试点实施办法》（财税〔2016〕36 号文件附件 1）第四十五条的规定，现房销售的，委托其他纳税人代销货物，为收到代销单位的代销清单或者收到全部或者部分货款的当天。未收到代销清单及货款的，为发出代销货物满 180 天的当天。

　　关于预缴增值税，根据《房地产开发企业销售自行开发的房地产项目增值税征收管理暂行办法》（国家税务总局公告 2016 年第 18 号发布）第十条等的规定，一般纳税人采取预收款方式销售自行开发的房地产项目，应在收到预收款时按照 3% 的预征率预缴增值税。

　　提示 1：根据《房地产开发企业销售自行开发的房地产项目增值税征收管理暂行办法》第十一条的规定，预缴增值税按照以下公式计算：应预缴税款＝预收款÷(1＋适用税率或征收率)×3%。

　　提示 2：根据《财政部 税务总局关于调整增值税税率的通知》（财税〔2018〕32 号）第一条的规定，自 2018 年 5 月 1 日起，"纳税人发生增值税应税销售行为或者进口货物，原适用 17% 和 11% 税率的，税率分别调整为 16%、10%"。

REAL ESTATE
ENTERPRISE　**案例 7-16**

企业采取视同买断方式委托销售开发产品确认收入的时间

A 公司 2018 年 5 月 10 日与 B 房产销售公司（一般纳税人）签订代理销售合同，将开发的甲项目委托 B 公司销售，B 公司采取买断方式代理销售，买断价格为每平方米 4 500 元。销售时 A 公司、B 公司、购买方三方共同签订销售合同。假定 2018 年 12 月 25 日，B 公司将房屋销售清单交给 A 公司，销售房屋 6 000 平方米，平均价格每平方米 5 200 元。假定合同约定的价格均为含税价，当期可抵扣土地价款 180 万元。A 公司会计（企业所得税）处理如下（单位：万元）：

1. 收到销售清单时。

确认销售（预收）收入：6 000×5 200＝3 120（万元）；

手续费：（5 200－4 500）×6 000＝420（万元）；

B 公司不含税销售额：420÷（1＋6％）＝396.23（万元）；

B 公司开具的增值税专用发票进项税额：396.23×6％＝23.77（万元）。

　　借：银行存款　　　　　　　　　　　　　　　　　　　　2 700
　　　　销售费用——委托代理　　　　　　　　　　　　　　396.23
　　　　应交税费——应交增值税——进项税额　　　　　　　　23.77
　　　　贷：预收账款——房款　　　　　　　　　　　　　　　　　3 120

2. 增值税计算。

不含税销售额：（3 120－180）÷（1＋10％）＝2 672.73（万元）；

增值税销项税额：2 672.73×10％＝267.27（万元）。

问题 7-4-9

企业采取基价（保底价）并实行超基价双方分成方式委托销售开发产品如何确认收入的时间？

答：根据《房地产开发经营业务企业所得税处理办法》（国税发〔2009〕31 号文件发布）第六条第（四）款第 3 点的规定，"采取基价（保底价）并实行超基价双方分成方式委托销售开发产品的，属于由企业与购买方签订销售合同或协议，或企业、受托方、购买方三方共同签订销售合同或协议的，如果销售合同或协议中约定的价格高于基价，则应按销售合同或协议中约定的价格计算的价款于收到受托方已销开发产品清单之日确认收入的实现，企业按规定支付受托方的分成额，不得直接从销售收入中减除；如果销售合同或协议约定的价格低于基价的，则应按基价计算的价款于收到受托方已销开发产品清单之日确认收入的实现。属于由受托方与购买方直接签订销售合同的，则应按基价加上按规定取得的分成额于收到受托方已销开发产品清单之日确认收入的实现"。

关于增值税纳税义务时间的确定，根据《营业税改征增值税试点实施办法》（财税〔2016〕36 号文件附件 1）第四十五条的规定，现房销售的，采取直接收款方式销售货物，不论货物是否发出，均为收到销售款或者取得索取销售款凭据的当天；委托其他纳税人代销货物，为收到代销单位的代销清单或者收到全部或者部分货款的当天。未收到代销清单及货款的，为发出代销货物满 180 天的当天。

关于预缴增值税，根据《房地产开发企业销售自行开发的房地产项目增值税征收管理暂行办法》第十条等的规定，一般纳税人采取预收款方式销售自行开发的房地产项目，应在收到预收款时按照 3% 的预征率预缴增值税。

提示 1： 根据《房地产开发企业销售自行开发的房地产项目增值税征收管理暂行办法》第十一条的规定，预缴增值税按照以下公式计算：应预缴税款＝预收款÷（1＋适用税率或征收率）×3%。

提示 2： 根据《财政部　税务总局关于调整增值税税率的通知》（财税〔2018〕32 号）第一条的规定，自 2018 年 5 月 1 日起，"纳税人发生增值税应税销售行为或者进口货物，原适用 17% 和 11% 税率的，税率分别调整为 16%、10%"。

REAL ESTATE
ENTERPRISE **案例 7-17**

企业采取基价（保底价）并实行超基价双方分成方式委托销售开发产品确认收入的时间

A 公司 2018 年 8 月 10 日与 B 房产销售公司（一般纳税人）签订代理销售合同，将开发的甲项目委托 B 公司销售，采取基价（保底价）并实行超基价双方分成方式委托代理销售，合同约定保底价为每平方米 4 500 元。超过保底价的部分受托方和委托方按四六分成，合同由 B 公司以 A 公司名义与客户签订。假定 2018 年 12 月 25 日，B 公司将房屋销售清单交给 A 公司，销售房屋 6 000 平方米，平均价格每平方米 5 000 元。假定 A 公司当期可抵扣土地价款 180 万元，会计（企业所得税）处理如下（单位：万元）：

1. 收到销售清单时。

确认销售（预收）收入：6 000×4 500＝2 700（万元）；

超过保底价部分：（5 000－4 500）×6 000＝300（万元）；

手续费：300×0.4＝120（万元）。

B 公司不含税销售额：120÷（1＋6%）＝113.21（万元）；

A 公司取得 B 公司开具的增值税专用发票进项税额：113.21×6%＝6.79（万元）。

借：银行存款   2 580
　　销售费用——委托代理   113.21
　　应交税费——应交增值税——进项税额   6.79
　　贷：预收账款——房款   2 700

2. 增值税计算。

不含税销售额：（2 700－180）÷（1＋10％）＝2 290.91（万元）；

增值税销项税额：2 290.91×10％＝229.09（万元）。

问题 7-4-10

企业采取包销方式委托销售开发产品如何确认收入的时间？

答：根据《房地产开发经营业务企业所得税处理办法》（国税发〔2009〕31号文件发布）第六条第（四）款第 4 点的规定，"采取包销方式委托销售开发产品的，包销期内可根据包销合同的有关约定，参照上述 1 至 3 项规定确认收入的实现；包销期满后尚未出售的开发产品，企业应根据包销合同或协议约定的价款和付款方式确认收入的实现"。

关于增值税纳税义务时间的确定，根据《营业税改征增值税试点实施办法》第四十五条的规定，现房销售的，为收到代销单位的代销清单或者收到全部或者部分房款的当天。未收到代销清单及房款的，为发出代销房屋满 180 天的当天。

关于预缴增值税，根据《房地产开发企业销售自行开发的房地产项目增值税征收管理暂行办法》（国家税务总局公告 2016 年第 18 号发布）第十条等的规定，一般纳税人采取预收款方式销售自行开发的房地产项目，应在收到预收款时按照 3％的预征率预缴增值税。

提示 1： 根据《房地产开发企业销售自行开发的房地产项目增值税征收管理暂行办法》第十一条的规定，应预缴税款按照以下公式计算：应预缴税款＝预收款÷（1＋适用税率或征收率）×3％。

提示 2： 根据《财政部 税务总局关于调整增值税税率的通知》（财税〔2018〕32 号）第一条的规定，自 2018 年 5 月 1 日起，"纳税人发生增值税应税销售行为或者进口货物，原适用 17％和 11％税率的，税率分别调整为 16％、10％"。

REAL ESTATE
ENTERPRISE   **案例 7-18**

企业采取包销方式委托销售开发产品确认收入的时间

A 公司 2018 年 8 月 10 日与 B 房产销售公司（一般纳税人）签订代理销售合同，将开发的甲项目委托 B 公司销售，采取包销方式，由 B 公司与客户签订合同，包销房屋 6 000 平方米，平均价格每平方米 4 500 元，如果截至 12 月 31 日没有销售完毕，房屋归 B 公司（购买），由 B 公司在 5 日内付清房款。假定截至 12 月 31 日，完成销售 5 000 平方米，每平方米价格 5 000 元。假定 A 公司当期可抵扣土地价款 180 万元，会计（企业所得税）处理如下（单位：万元）：

1. 收到销售清单时。

确认完成销售部分：5 000×5 000＝2 500（万元）；

确认 B 公司购买部分：1 000×4 500＝450（万元）；

手续费：（5 000－4 500）×5 000＝250（万元）。

B 公司不含税销售额：250÷（1＋6％）＝235.85（万元）；

B 公司开具的增值税专用发票进项税额：235.85×6％＝14.15（万元）。

```
借：银行存款                                    2 700
    销售费用——委托代理                         235.85
    应交税费——应交增值税——进项税额            14.15
  贷：预收账款——房款                                    2 950
```

2. 增值税计算。

不含税销售额：（2 950－180）÷（1＋10％）＝2 518.18（万元）；

增值税销项税额：2 518.18×10％＝251.82（万元）。

问题 7-4-11

企业销售未完工开发产品取得的收入如何确定计税毛利率？

答：根据《房地产开发经营业务企业所得税处理办法》（国税发〔2009〕31 号文件发布）第八条的规定，"企业销售未完工开发产品的计税毛利率由各省、自治、直辖市国家税务局、地方税务局按下列规定进行确定：

（一）开发项目位于省、自治区、直辖市和计划单列市人民政府所在地城市城区和郊区的，不得低于 15％。

（二）开发项目位于地及地级市城区及郊区的，不得低于 10％。

（三）开发项目位于其他地区的，不得低于 5％。

（四）属于经济适用房、限价房和危改房的，不得低于 3％"。

上述企业销售未完工开发产品的计税毛利率是指企业在计算企业所得税时，计算预计毛利额使用的毛利率，不是企业实际毛利率。

问题 7-4-12

企业销售未完工开发产品取得的收入如何计算当期应纳税所得额？

答：《房地产开发经营业务企业所得税处理办法》（国税发〔2009〕31 号文件发布）第九条规定："企业销售未完工开发产品取得的收入，应先按预计计税毛利率分季（或月）计算出预计毛利额，计入当期应纳税所得额。开发产品完工后，企业应及时结算其计税成本并计算此前销售收入的实际毛利额，同时将其实际毛利额与其对应的预计毛利额之间的差额，计入当年度企业本项目与其他项目合并计算的应纳税所得额。

在年度纳税申报时，企业须出具对该项开发产品实际毛利额与预计毛利额之间差异调整情况的报告以及税务机关需要的其他相关资料。"

关于"企业销售未完工开发产品取得的收入"在营改增后如何确定，因为企业的预售收入要先预缴增值税，待纳税义务正式发生时再按规定计算增值税并开具增值税专用发票，在计算企业所得税预计毛利额时，是否价税分离，目前国家税务总局没有统一规定，但根据价税分离原则，在实务中按不含税价确定。

REAL ESTATE
ENTERPRISE　**案例 7-19**

预计毛利额的计算

A 房地产开发企业 2017 年 1 月销售未完工开发产品取得收入 2 000 万元，预计计税毛利率为 10%。2018 年 1 月，开发产品完工，实际毛利率为 12%。

2017 年 1 月，按预计计税毛利率计算出预计毛利额：$2\,000 \times 10\% = 200$（万元）；

2018 年 1 月，计算出实际毛利额：$2\,000 \times 12\% = 240$（万元）。

实际毛利额与其对应的预计毛利额之间的差额 40 万元，在所属时期 2018 年企业所得税汇算清缴时，计入当年度应纳税所得额。

问题 7-4-13

企业销售经济适用房等的计税毛利率如何确定？

答：《房地产开发经营业务企业所得税处理办法》（国税发〔2009〕31 号文件发布）第八条第（四）项规定："属于经济适用房、限价房和危改房的，不得低于 3%。"

根据上述政策规定，房地产开发企业开发的项目符合当地经济适用房、限价房和危改房条件，且有政府部门项目批准文件的，一般按政府文件规定的计税毛利率执行。目前全国各地基本上按照 3% 确定计税毛利率。

提示：房地产开发企业在享受优惠政策时，要向税务机关报送项目的基本资料，具体可以根据当地税务机关的征管要求办理。

7.5　销售房屋赠送物品业务

"买房赠送物品"及日常营销赠送礼品是房地产开发企业在商品房销售促销

中常用的手段，其中买房赠送的物品有汽车、家电及家具等，一般均在销售广告、售房（预售）合同中有明确记载。这些赠品的价值实质上已包含在购房者（客户）缴纳的购房款中，只是在合同和发票中未单独标明赠品的价格并将其从售房款中分离出来而已。而日常营销礼品，一般情况下均是赠送给潜在客户，不直接对应购房的明确对象。

问题 7-5-1

企业随销售房屋赠送物品如何计算增值税、企业所得税？

答：关于增值税。《营业税改征增值税试点有关事项的规定》（财税〔2016〕36 号文件附件 2）第一条第（一）项规定："试点纳税人销售货物、加工修理修配劳务、服务、无形资产或者不动产适用不同税率或者征收率的，应当分别核算适用不同税率或者征收率的销售额"，未分别核算销售额的，从高适用税率。

根据上述政策规定，房地产开发企业销售商品房赠送汽车、家电及家具等，属于兼营行为。也就是说，销售房屋附赠物品业务应该拆分成两部分：一是销售不动产，税率 11%；二是销售货物，税率 17%。在实际操作中，有的企业销售合同（或补充协议）分别记载了房屋和赠品的价值，有的企业销售合同则没有区分，增值税处理时要注意。

根据《财政部　税务总局关于调整增值税税率的通知》（财税〔2018〕32 号）第一条的规定，自 2018 年 5 月 1 日起，"纳税人发生增值税应税销售行为或者进口货物，原适用 17% 和 11% 税率的，税率分别调整为 16%、10%"。

关于企业所得税。根据《国家税务总局关于企业处置资产所得税处理问题的通知》（国税函〔2008〕828 号）第二条的规定，企业将资产移送他人的下列情形，因资产所有权属已发生改变而不属于内部处置资产，应按规定视同销售确定收入：

"（一）用于市场推广或销售；

（二）用于交际应酬；

（三）用于职工奖励或福利；

（四）用于股息分配；

（五）用于对外捐赠；

（六）其他改变资产所有权属的用途"。

上述企业将资产移送他人的，应按照被移送资产的公允价值确认销售收入，但对被移送资产的税务处理另有规定的，应按照相关规定执行。

提示：《国家税务总局关于企业所得税有关问题的公告》（国家税务总局公告 2016 年第 80 号）第二条规定："企业发生《国家税务总局关于企业处置资产所得税处理问题的通知》（国税函〔2008〕828 号）第二条所述情形的，应按照被移送资产的公允价值确认销售收入，但对被移送资产的税务处理另有规定的，应按照相关规定执行。如企业发生《财政部国家税务总局关于促进企业重组有关企业所得税处理问题的通知》（财税〔2014〕109 号）第三条规定的股权、资产划转行为的，应按照财税〔2014〕109 号文件规定进行税务处理。"

《国家税务总局关于确认企业所得税收入若干问题的通知》（国税函〔2008〕875 号）第三条规定："企业以买一赠一等方式组合销售本企业商品的，不属于捐赠，应将总的销售金额按各项商品的公允价值的比例来分摊确认各项的销售收入。"

REAL ESTATE
ENTERPRISE   **案例 7-20**

企业随销售房屋赠送物品的增值税计算

甲房地产开发公司为一般纳税人，适用一般计税方法计税。2018 年 6 月份新楼盘正式开盘，约定当天签约的购房者，每套房屋赠送价值 8 万元的中央空调一台，取得增值税专用发票上注明价格为 6.90 万元，增值税额为 1.10 万元。乙购买一套房屋，签约价格 183 万元。合同最终约定房屋售价 175 万元、中央空调价值 8 万元。房屋成本 130 万元，对应的土地价款 40 万元。会计处理如下（单位：万元）：

1. 售房赠送中央空调的会计及计税处理。

该赠送中央空调的行为属于《国家税务总局关于确认企业所得税收入若干问题的通知》（国税函〔2008〕875 号）规定的组合销售行为，应按公允价值分别确定销售收入。

（1）购进中央空调时：

借：库存商品 6.90
  应交税费——应交增值税（进项税额） 1.10
  贷：银行存款 8

（2）赠送中央空调时：

借：银行存款 8
  贷：主营业务收入——中央空调 6.90
    应交税费——应交增值税（销项税额） 1.10

（3）结转中央空调成本时：

借：主营业务成本 6.90
  贷：库存商品 6.90

2. 房屋销售的会计及计税处理。

（1）销售房屋时：

出售商品房增值税销项税额：$(175-40) \div (1+10\%) \times 10\% = 12.27$（万元）。

```
借：银行存款                                              175
    主营业务收入——房屋                               162.73
    应交税费——应交增值税（销项税额）               12.27
```
（2）结转成本时：
```
借：主营业务成本                                        130
    贷：开发产品                                         130
```

问题 7-5-2

企业随销售房屋赠送物品如何计算个人所得税？

答：《财政部　国家税务总局关于企业促销展业赠送礼品有关个人所得税问题的通知》（财税〔2011〕50 号）第一条规定，企业在销售商品（产品）和提供服务过程中向个人赠送礼品，属于下列情形之一的，不征收个人所得税：

"1. 企业通过价格折扣、折让方式向个人销售商品（产品）和提供服务；

2. 企业在向个人销售商品（产品）和提供服务的同时给予赠品，如通信企业对个人购买手机赠话费、入网费，或者购话费赠手机等；

3. 企业对累积消费达到一定额度的个人按消费积分反馈礼品。"

根据上述政策规定，因为赠送的物品是"企业在向个人销售商品（产品）和提供服务的同时给予赠品"，实际上价值已经包含在销售的商品（产品）和提供的服务价格中，因此不征收个人所得税。

问题 7-5-3

企业项目营销赠送礼品如何计算增值税、企业所得税？

答：营销赠送礼品主要是指在整个售房活动中，为推广项目，在看房以及节假日等广告、宣传活动中赠送的一些价值不大的物品，例如月饼、油以及小电器等。这些赠送的礼品和销售房屋赠送的物品不一样，赠送的对象主要是潜在的购房者，是纯粹的无偿赠送。

根据《增值税暂行条例实施细则》第四条第（八）项的规定，企业"将自产、委托加工或者购进的货物无偿赠送其他单位或者个人"的行为，视同销售货物。

根据《国家税务总局关于企业处置资产所得税处理问题的通知》（国税函〔2008〕828 号）第二条第（一）项的规定，企业将资产移送他人"用于市场推广或销售"，"因资产所有权属已发生改变而不属于内部处置资产，应按规定视同销售确定收入"。

根据《国家税务总局关于企业所得税有关问题的公告》（国家税务总局公告2016 年第 80 号）第二条的规定，上述视同销售的资产移送"应按照被移送资产的公允价值确认销售收入，但对被移送资产的税务处理另有规定的，应按照相关规定执行"。

在实务中，除特殊营销情况外，一般营销赠送礼品基本上是在营销活动之前近期购买的，其公允价值就是购买价格。

提示：《企业所得税法实施条例》第四十四条规定："企业每一纳税年度发生的符合条件的广告费和业务宣传费，除国务院财政、税务主管部门另有规定外，不超过当年销售（营业）收入15%的部分，准予扣除；超过部分，准予在以后纳税年度结转扣除。"

如果企业在广告、宣传活动中赠送礼品，其支出应该属于"广告费和业务宣传费"，年度企业所得税汇算清缴时，要按照规定的比例计算税前扣除数额。

案例 7-21

企业项目营销赠送礼品的增值税、企业所得税处理

甲房地产开发公司为一般纳税人，适用一般计税方法计税。2018年春节营销活动赠送给看房客户价值80元的小型电暖器，取得增值税专用发票上注明价格为68.38元，增值税额为11.62元。会计处理如下：

1. 购进小型电暖器时：

借：库存商品　　　　　　　　　　　　　　　　　68.38

应交税费——应交增值税（进项税额）　　　11.62

贷：银行存款　　　　　　　　　　　　　　　　　80

2. 赠送小型电暖器时：

借：销售费用——广告宣传费　　　　　　　　　　80

贷：其他业务收入　　　　　　　　　　　　　　68.38

应交税费——应交增值税（销项税额）　　　11.62

3. 结转小型电暖器成本时：

借：其他业务成本　　　　　　　　　　　　　　　68.38

贷：库存商品　　　　　　　　　　　　　　　　68.38

提示：根据《财政部 税务总局关于调整增值税税率的通知》（财税〔2018〕32号）第一条的规定，自2018年5月1日起，"纳税人发生增值税应税销售行为或者进口货物，原适用17%和11%税率的，税率分别调整为16%、10%"。如果上述业务发生在2018年5月1日以后，则相关17%增值税税率调整为16%。

问题 7-5-4

企业项目营销赠送礼品如何进行个人所得税处理？

答：根据《财政部 国家税务总局关于企业促销展业赠送礼品有关个人所得税问题的通知》（财税〔2011〕50号）第二条第1点的规定，"企业在业务宣传、

广告等活动中，随机向本单位以外的个人赠送礼品，对个人取得的礼品所得，按照'其他所得'项目，全额适用 20% 的税率缴纳个人所得税"，税款由赠送礼品的企业代扣代缴。

该通知第三条规定，"企业赠送的礼品是自产产品（服务）的，按该产品（服务）的市场销售价格确定个人的应税所得；是外购商品（服务）的，按该商品（服务）的实际购置价格确定个人的应税所得"。

根据《营业税改征增值税试点实施办法》（财税〔2016〕36 号文件附件 1）第二十七条的规定，企业用于个人消费的购进货物，进项税额不得从销项税额中抵扣。因此，企业在购进货物时，如果能确定系用于个人消费，则需要取得增值税普通发票，不予抵扣。

提示 1：上述政策与"企业随销售房屋赠送物品"的个人所得税处理规定不同，"企业随销售房屋赠送物品"，其赠送的物品不仅与销售房屋联系在一起，且价值实际上已经包含在房屋价格中，而企业在业务宣传、广告等活动中随机向本单位以外的个人赠送礼品与房屋销售没有直接关系，属于纯粹的无偿赠送，因此需要代扣代缴个人所得税。

提示 2：关于应税所得项目，自 2019 年 1 月 1 日起施行的新修订的《个人所得税法》没有列举"经国务院财政部门确定的其他所得"。

REAL ESTATE
ENTERPRISE **案例 7-22**

企业项目营销赠送礼品的个人所得税处理

甲房地产开发公司为一般纳税人，适用一般计税方法计税。2018 年春节营销活动赠送给看房客户价值 80 元的小型电暖器，取得增值税专用发票上注明价格为 68.38 元，增值税额为 11.62 元。

由于甲房地产开发公司赠送给阅读售房资料的市民价值 80 元的小型电暖器，因此，应将价值 80 元的小型电暖器作为税后其他所得，还原成税前其他所得 100 元。

此业务发生在 2019 年 1 月 1 日之前，甲房地产开发公司应代扣代缴"其他所得"税目的个人所得税计算及会计处理如下：

1. 计提个人所得税时：$100 \times 20\% = 20$（元）。

借：销售费用——广告宣传费　　　　　　　　　　　　　　　　20
　　贷：应交税费——个人所得税　　　　　　　　　　　　　　　　　20

2. 实际代扣代缴个人所得税时：

借：应交税费——个人所得税　　　　　　　　　　　　　　　　20
　　贷：银行存款　　　　　　　　　　　　　　　　　　　　　　　20

提示：自 2019 年 1 月 1 日起施行的新修订的《个人所得税法》没有列举"经国务院财政部门确定征税的其他所得"。新《个人所得税法》第二条列举的个人应税所得项目包括九项："（一）工资、薪金所得；（二）劳务报酬所得；（三）稿酬所得；（四）特许权使用费所得；（五）经营所得；（六）利息、股息、红利所得；（七）财产租赁所得；（八）财产转让所得；（九）偶然所得。"

7.6　违约赔偿业务

房地产开发企业在销售商品房时，由于种种原因会出现违约终止销售（合同）行为，既有客户（业主）违约情形，也有房地产开发企业违约情形。违约业务涉及企业所得税、个人所得税及流转税等的处理。

问题 7-6-1

企业收到客户（业主）违约金是否缴纳增值税？

答：《营业税改征增值税试点实施办法》（财税〔2016〕36 号文件附件 1）第三十七条第一款规定："销售额，是指纳税人发生应税行为取得的全部价款和价外费用，财政部和国家税务总局另有规定的除外。"

根据上述政策规定，如果房地产开发企业与业主的合同继续有效，即销售行为仍然成立，企业向购房人收取的违约金属于价外费用，需要按规定计算缴纳增税。

如果销售行为终止，不再成立，企业向购房人收取的违约金属于营业外收入，不需要计算缴纳增值税。

提示：根据《财政部、国家税务总局关于营业税若干政策问题的通知》（财税〔2003〕16 号）第三条第（三）项的规定，"单位和个人提供应税劳务、转让无形资产和销售不动产时，因受让方违约而从受让方取得的赔偿金收入，应并入营业额中征收营业税"。

问题 7-6-2

企业收到客户（业主）违约金是否属于企业所得税收入？

答：《企业所得税法实施条例》第二十二条规定："企业所得税法第六条第（九）项所称其他收入，是指企业取得的除企业所得税法第六条第（一）项至第（八）项收入外的其他收入，包括企业资产溢余收入、逾期未退包装物押金收入、确实无法偿付的应付款项、已作坏账损失处理后又收回的应收款项、债务重组收入、补贴收入、违约金收入、汇兑收益等。"

根据上述政策规定，企业收到的违约金收入属于"其他收入"，按规定计入当期应纳税所得。

REAL ESTATE
ENTERPRISE　**案例 7-23**

企业收到客户（业主）违约金的增值税、企业所得税处理

　　A 房地产开发公司 2017 年 11 月销售两套商品房，12 月，其中购房人甲（自然人）因付款时间等原因违约，向 A 公司支付赔偿金 1 万元。购房人乙在 11 月 25 日签约，合同约定违约赔偿金 2 万元。12 月乙违约终止合同，A 公司没收其交付的定金 2 万元作为赔偿金。A 房地产开发公司为一般纳税人，适用一般计税方法。相关处理如下（单位：万元）：

　　1. 购房人甲。购房人甲支付的 1 万元赔偿金应记入"预收账款"科目，按规定计算预缴增值税等各项税收。会计处理如下：

　　收到赔偿款时：

借：银行存款（现金）	1
贷：预收账款——房款	0.9
——增值税	0.1

　　2. 购房人乙。因不再履行合同，销售终止，原支付的定金转为赔偿金。会计处理如下：

　　（1）收取定金时：

借：银行存款（现金）	2
贷：其他应付款——乙	2

　　（2）没收定金时：

借：其他应付款——乙	2
贷：营业外收入	2

问题 7-6-3

个人在购房时从房地产开发企业取得的违约金或赔偿金如何处理？

　　答：《国家税务总局关于个人取得解除商品房买卖合同违约金征收个人所得税问题的批复》（国税函〔2006〕865 号）规定："商品房买卖过程中，有的房地产公司因未协调好与按揭银行的合作关系，造成购房人不能按合同约定办妥按揭贷款手续，从而无法缴纳后续房屋价款，致使房屋买卖合同难以继续履行，房地产公司因双方协商解除商品房买卖合同而向购房人支付违约金。

　　根据个人所得税法的有关规定，购房个人因上述原因从房地产公司取得的违约金收入，应按照'其他所得'应税项目缴纳个人所得税，税款由支付违约金的房地产公司代扣代缴。"

　　根据上述政策规定，个人在购房时由于房地产开发企业违约而从房地产开发企业取得的违约金或赔偿金，应按照"其他所得"应税项目缴纳个人所得税，税

款由支付违约金的房地产开发企业在支付违约金时代扣代缴。

提示 1：国税函〔2006〕865 号文件规定的情形是"房屋买卖合同难以继续履行，房地产公司因双方协商解除商品房买卖合同而向购房人支付违约金"。个人在购房时由于开发商延期交房或因房屋质量问题而从房产公司取得的违约金或赔偿金实际上具有一定的补偿安抚性质，不属于该文件规定的情形。

提示 2：关于应税所得项目，自 2019 年 1 月 1 日起施行的《个人所得税法》没有列举"经国务院财政部门确定征税的其他所得"。

问题 7-6-4

企业支付违约金如何进行企业所得税处理?

答：《企业所得税法》第八条规定："企业实际发生的与取得收入有关的、合理的支出，包括成本、费用、税金、损失和其他支出，准予在计算应纳税所得额时扣除。"

《企业所得税法实施条例》第二十七条规定："企业所得税法第八条所称有关的支出，是指与取得收入直接相关的支出。

企业所得税法第八条所称合理的支出，是指符合生产经营活动常规，应当计入当期损益或者有关资产成本的必要和正常的支出。"

根据上述政策规定，房地产开发企业在销售开发项目中，因不能履约合同而支付给对方的赔偿金，属于正常的"成本、费用、税金、损失和其他支出"，可以在税前列支。

REAL ESTATE
ENTERPRISE　**案例 7-24**

企业支付个人违约赔偿金的处理

A 房地产开发公司 2017 年 3 月预售商品房，与购房人甲（自然人）签订购房协议，后由于房地产开发公司原因，4 月份合同终止，根据购房协议约定赔付购房人甲 3 万元违约赔偿金（税前）。相关会计处理如下（单位：万元）：

应缴个人所得税：$3 \times 20\% = 0.6$（万元）。

借：营业外支出　　　　　　　　　　　　　　　　　　　　　3
　贷：银行存款　　　　　　　　　　　　　　　　　　　　　2.4
　　　应交税费——应交个人所得税　　　　　　　　　　　0.6

提示：根据个人所得税法的有关规定，购房个人因上述原因从房地产公司取得的违约金收入，应按照"其他所得"应税项目缴纳个人所得税，税款由支付违约金的房地产公司代扣代缴。

自 2019 年 1 月 1 日起施行的新修订的《个人所得税法》没有列举"经国务院财政部门确定征税的其他所得"。新《个人所得税法》第二条列举的个人应税所得项目包括九项："(一)工资、薪金所得;(二)劳务报酬所得;(三)稿酬所得;(四)特许权使用费所得;(五)经营所得;(六)利息、股息、红利所得;(七)财产租赁所得;(八)财产转让所得;(九)偶然所得。"

问题 7-6-5

企业销售商品房发生退款的如何进行增值税处理?

答:房地产开发企业在销售商品时,由于种种原因发生退款,包括销售折让、中止或者退回等情形。增值税处理规定如下:

《营业税改征增值税试点实施办法》(财税〔2016〕36 号文件附件 1)第三十二条规定:"纳税人适用一般计税方法计税的,因销售折让、中止或者退回而退还给购买方的增值税额,应当从当期的销项税额中扣减;因销售折让、中止或者退回而收回的增值税额,应当从当期的进项税额中扣减";第三十六条规定:"纳税人适用简易计税方法计税的,因销售折让、中止或者退回而退还给购买方的销售额,应当从当期销售额中扣减。扣减当期销售额后仍有余额造成多缴的税款,可以从以后的应纳税额中扣减";第十三条规定:"纳税人发生应税行为,将价款和折扣额在同一张发票上分别注明的,以折扣后的价款为销售额;未在同一张发票上分别注明的,以价款为销售额,不得扣减折扣额"。

提示: 根据《财政部 国家税务总局关于营业税若干政策问题的通知》(财税〔2003〕16 号)第三条第(一)项的规定,"单位和个人提供营业税应税劳务、转让无形资产和销售不动产发生退款,凡该项退款已征收过营业税的,允许退还已征税款,也可以从纳税人以后的营业额中减除"。

REAL ESTATE
ENTERPRISE **案例 7-25**
企业销售商品房发生合同终止并退款的增值税处理

A 房地产开发公司 2017 年 6 月销售商品房(现房),与购房人甲(自然人)签订购房协议,约定价格 400 万元,已经交款,7 月底因房地产开发公司原因合同终止,未办理产权过户。相关退款的增值税处理如下(单位:万元):

1. 6 月份,A 公司收到甲购房款时:

借:银行存款 400
 贷:预收账款——房款 360.36
   ——增值税 39.64

2. 7 月初,申报期内预交 3% 增值税:

(1)借:预收账款——增值税 10.81
  贷:应交税费——预交增值税 10.81
(2)借:应交税费——预交增值税 10.81

　　　　　　贷：银行存款　　　　　　　　　　　　　　　　　　10.81
　　3. 7月底，合同终止退房时：
　　　　借：预收账款——房款　　　　　　　　　　　　　　　360.36
　　　　　　　　——增值税　　　　　　　　　　　　　　　　 39.64
　　　　　　应交税费——转出多交增值税　　　　　　　　　　 10.81
　　　　　　贷：银行存款　　　　　　　　　　　　　　　　　 400
　　　　　　　　应交税费——未交增值税　　　　　　　　　　 10.81
　　上述"应交税费——转出多交增值税"10.81万元为多交的增值税，可用于下月抵减应缴纳的增值税额。

问题 7-6-6

企业销售商品房发生退款的如何开具增值税专用发票？

　　答：《营业税改征增值税试点实施办法》（财税〔2016〕36号文件附件1）第四十二的规定："纳税人发生应税行为，开具增值税专用发票后，发生开票有误或者销售折让、中止、退回等情形的，应当按照国家税务总局的规定开具红字增值税专用发票；未按照规定开具红字增值税专用发票的，不得按照本办法第三十二条和第三十六条的规定扣减销项税额或者销售额。"

　　红字增值税专用发票，要根据《国家税务总局关于红字增值税发票开具有关问题的公告》（国家税务总局公告2016年第47号）等文件的规定开具。如果未按照规定开具红字增值税专用发票，不得扣减销项税额或者销售额，同时企业所得税的计税收入也不得减少。

问题 7-6-7

企业销售商品房发生退款的如何进行企业所得税处理？

　　答：《国家税务总局关于确认企业所得税收入若干问题的通知》（国税函〔2008〕875号）第一条第（五）项第三款规定："企业因售出商品的质量不合格等原因而在售价上给的减让属于销售折让；企业因售出商品质量、品种不符合要求等原因而发生的退货属于销售退回。企业已经确认销售收入的售出商品发生销售折让和销售退回，应当在发生当期冲减当期销售商品收入。"

　　根据上述政策规定，未按照规定开具红字增值税专用发票的，不得扣减销项税额或者销售额，企业所得税不得调减计税收入。

7.7　其他销售业务

　　其他销售业务是指围绕销售行为发生的各项业务，涉及增值税、企业所得税及个人所得税处理。

问题 7-7-1

企业按揭贷款保证金（担保金）如何处理？

答：《房地产开发经营业务企业所得税处理办法》（国税发〔2009〕31 号文件发布）第十九条规定："企业采取银行按揭方式销售开发产品的，凡约定企业为购买方的按揭贷款提供担保的，其销售开发产品时向银行提供的保证金（担保金）不得从销售收入中减除，也不得作为费用在当期税前扣除，但实际发生损失时可据实扣除。"

业主断供在会计上是一种或有事项，而税收遵循确定性原则，因此，按揭保证金不能在企业所得税税前扣除。

根据上述政策规定，企业为购买方提供按揭贷款的担保金，不得从销售收入中减除，也不得作为费用在当期税前扣除。但是如果发生实际损失，就是购买方的按揭贷款归还出现问题，企业发生的担保金损失可以据实扣除。记入"营业外支出"科目。

问题 7-7-2

企业支付境外机构销售开发产品的费用（含佣金或手续费）如何计算增值税？

答：根据《营业税改征增值税试点实施办法》（财税〔2016〕36 号文件附件 1）第六条、第二十条的规定："中华人民共和国境外（以下称境外）单位或者个人在境内发生应税行为，在境内未设有经营机构的，以购买方为增值税扣缴义务人。财政部和国家税务总局另有规定的除外"；"境外单位或者个人在境内发生应税行为，在境内未设有经营机构的，扣缴义务人按照下列公式计算应扣缴税额：应扣缴税额＝购买方支付的价款÷（1＋税率）×税率"。

REAL ESTATE
ENTERPRISE　**案例 7-26**

企业支付境外机构销售费用的增值税计算

A 房地产开发公司委托境外某机构面向全球销售房屋，2017 年 10 月 20 日支付销售佣金 500 万元（人民币，含税）。A 房地产开发公司扣缴增值税计算及会计处理如下：

1. 税款计算。

应扣缴增值税额：$500 \div (1 + 6\%) \times 6\% = 28.30$（万元）。

2. 会计处理（单位：万元）。

借：销售费用——外销佣金　　　　　　　　　　　　471.70

应交税费——应缴增值税（进项税额）	28.30
贷：应付账款——外销应付佣金	500

问题 7-7-3

企业支付境外机构销售开发产品费用如何进行会计（企业所得税）处理？

答：根据《房地产开发经营业务企业所得税处理办法》（国税发〔2009〕31号文件发布）第十九条的规定，"企业委托境外机构销售开发产品的，其支付境外机构的销售费用（含佣金或手续费）不超过委托销售收入10%的部分，准予据实扣除"。

REAL ESTATE
ENTERPRISE   **案例 7-27**

企业支付境外机构销售开发产品费用的处理

A 房地产开发公司委托境外某机构面向全球销售房屋，2017 年 10 月 20 日支付销售佣金 500 万元（人民币，含税），销售收入为 4 600 万元（不含税），A 公司为一般纳税人，适用一般计税方法。A 房地产开发公司会计（企业所得税）处理如下：

1. 扣除金额计算。

支付境外机构销售费用限额：$4\,600 \times 10\% = 460$（万元）；

支付境外机构销售费用不含税价格：$500 \div (1 + 6\%) = 471.70$（万元）；

超过扣除标准金额：$471.70 - 460 = 11.70$（万元）。

2. 会计处理（单位：万元）。

（1）佣金发生时：

借：销售费用——外销佣金	471.70
应交税费——应交增值税——进项税额	28.30
贷：应付账款——外销应付佣金	500

（2）企业所得税汇算清缴时：

因为超过扣除标准金额 11.70 万元（471.70－460），所以应调增应纳税所得额 11.70 万元。

问题 7-7-4

企业开发产品转为自用不超过 12 个月又销售的如何处理？

答：根据《房地产开发经营业务企业所得税处理办法》（国税发〔2009〕31号文件发布）第二十四条的规定，"企业开发产品转为自用的，其实际使用时间累计未超过 12 个月又销售的，不得在税前扣除折旧费用"。

REAL ESTATE
ENTERPRISE　**案例 7-28**

企业开发产品转为自用不超过 12 个月又销售的处理

A 公司 2017 年 4 月 20 日将自行开发销售的写字楼中的一套房屋转为办公自用，结转固定资产 280 万元，假定按 20 年提取折旧（无残值）。2017 年 11 月 20 日，因特殊情况该套房屋出售。会计（企业所得税）处理如下（单位：万元）：

1. 结转固定资产时：

借：固定资产　　　　　　　　　　　　　　　　　　　　　　　　　280

　　贷：开发产品——写字楼　　　　　　　　　　　　　　　　　　　280

2. 提取折旧时：

月折旧额：$280 \div (20 \times 12) = 1.17$（万元）；

2017 年 5—11 月折旧额：$1.17 \times 7 = 8.19$（万元）。

借：管理费用——折旧　　　　　　　　　　　　　　　　　　　　　8.19

　　贷：累计折旧　　　　　　　　　　　　　　　　　　　　　　　8.19

3. 结转销售时：

借：固定资产　　　　　　　　　　　　　　　　　　　　　　　　-280

　　贷：开发产品——写字楼　　　　　　　　　　　　　　　　　　-280

借：管理费用——折旧　　　　　　　　　　　　　　　　　　　　-8.19

　　贷：累计折旧　　　　　　　　　　　　　　　　　　　　　　-8.19

提示： 若不做上述累计折旧冲回的会计账务处理，则需要在年末企业所得税汇算清缴时，做纳税调整增加 8.19 万元。

问题 7-7-5

企业开发产品转为自用不超过 12 个月又销售的如何缴纳房产税？

答：《房产税暂行条例》第三条第一款规定："房产税依照房产原值一次减除 10% 至 30% 后的余值计算缴纳。具体减除幅度，由省、自治区、直辖市人民政府规定"；第四条规定："房产税的税率，依照房产余值计算缴纳的，税率为 1.2%"。

根据上述政策规定，自用期间应按规定计算缴纳房产税。

REAL ESTATE
ENTERPRISE　**案例 7-29**

企业开发产品转为自用不超过 12 个月又销售的房产税计算

A 公司 2017 年 4 月 20 日将自行开发销售的写字楼中的一套房屋转为办公自用，结转固定资产 280 万元，假定按 20 年提取折旧（无残值）。2017 年 11 月 20 日，因特殊情况该套房屋出售。房产税计算及会计处理如下：

1. 房产税计算。

年房产税额：$280 \times 70\% \times 1.2\% = 2.35$（万元）；

2017 年房产税额：$2.35 \times (7 \div 12) = 1.37$（万元）。

2. 会计处理（单位：万元）：

借：税金及附加——房产税　　　　　　　　　　　　　1.37

　　贷：应交税费——应交房产税　　　　　　　　　　1.37

第 8 章
房地产开发特殊业务涉税问题

合作建房、视同销售以及转让旧房、单纯卖地等业务，与房地产开发企业正常业务的税收处理相比，在政策上并没有大的区别，主要是业务形式有一定的特殊性。本章选取部分具有特殊业务形式的开发或销售业务进行分析，给大家提供一个解决问题的思路。

8.1　合作建房业务

房地产项目开发中的合作建房，一般是指由一方（以下简称甲方）提供土地使用权，另一方（以下简称乙方）提供资金，合作开发项目。合作建房的形式多种多样，本节主要分析几种主要形式涉及的税收问题。

问题 8-1-1

土地和房屋所有权相互交换不成立合营企业建房如何进行增值税处理?

答：在合作建房业务中，有一种形式是纯粹的"以物易物"，即双方以各自拥有的土地使用权和房屋所有权相互交换，概括为项目合作双方不成立合营企业契约式合作建房。土地使用权和房屋所有权相互交换，双方都取得了部分房屋的所有权。在这一合作过程中，甲方以转让部分土地使用权为代价，换取部分房屋的所有权，发生了转让土地使用权的行为；乙方则以转让部分房屋的所有权为代价，换取部分土地的使用权，发生了销售不动产的行为。

根据《营业税改征增值税试点实施办法》（财税〔2016〕36 号文件附件 1）第十四条第（二）项及所附《销售服务、无形资产、不动产注释》的相关规定，企业转让土地使用权属于"销售无形资产"税目，企业转让建筑物属于"销售不动产"税目；单位或者个人向其他单位或者个人无偿转让无形资产或者不动产的视同销售无形资产或者不动产，按规定征收增值税，但用于公益事业或者以社会公众为对象的除外。

由《销售服务、无形资产、不动产注释》的规定可知，在上述合作建房业务中双方都发生了增值税的应税行为，对甲方应按"销售无形资产"税目中的"土地使用权"子目征收增值税，对乙方应按"销售不动产"税目中的"建筑物"子目征收增值税。由于双方没有进行货币结算，因此，应当按照增值税相关规定分别核定各自的营业额。如果合作建房的双方（或其中任何一方）将分得的房屋销售出去，则又发生了销售不动产行为，应对其销售收入再按"销售不动产——建筑物"税目征收增值税。

根据《营业税改征增值税试点实施办法》第四十四条的规定，上述增值税计税销售额按照以下顺序确定：

"（一）按照纳税人最近时期销售同类服务、无形资产或者不动产的平均价格确定。

（二）按照其他纳税人最近时期销售同类服务、无形资产或者不动产的平均价格确定。

（三）按照组成计税价格确定。组成计税价格的公式为：

组成计税价格＝成本×（1＋成本利润率）

成本利润率由国家税务总局确定。"

提示： 根据《财政部 税务总局关于调整增值税税率的通知》（财税〔2018〕32 号）第一条的规定，自 2018 年 5 月 1 日起，"纳税人发生增值税应税销售行为或者进口货物，原适用 17% 和 11% 税率的，税率分别调整为 16%、10%"。

REAL ESTATE
ENTERPRISE   **案例 8-1**

土地使用权和房屋所有权相互交换的增值税计算

2018 年 7 月，A 房地产开发公司将开发的某项目（老项目）商铺同 B 公司拥有的某地块进行交换，按 A 公司近期销售商铺平均价格计算用于交换的商铺市场价合计为 10 000 万元（含税），对应的土地价款为 5 000 万元。相关增值税计算如下：

1. A 公司增值税计算。

（1）假定 A 公司选择简易计税方法。

不含税价格：10 000÷（1＋5%）＝9 523.81（万元）；

应缴增值税：9 523.81×5%＝476.19（万元）。

（2）假定 A 公司选择一般计税方法。

应缴增值税：（10 000－5 000）÷（1＋10%）×10%＝454.55（万元）；

2. B 公司增值税计算。

B 公司为一般纳税人，于 2016 年底取得该地块，假定按照公允价值（或近期拍卖价）计算此地块总价为 1 亿元。

不含税价格：10 000÷（1＋10%）＝9 090.91（万元）；

增值税销项税额：9 090.91×10%＝909.09（万元）。

问题 8-1-2

企业以出租土地使用权为代价换取房屋所有权不成立合营企业合作建房如何进行增值税处理？

答：在合作建房中，有一种行为是以出租土地使用权为代价换取房屋所有权，就是甲方将土地使用权出租给乙方若干年，乙方出资金在该土地上建造建筑物并使用，租赁期满后，乙方将土地使用权连同所建的建筑物归还甲方。在这一业务过程中，一般认为，乙方是以建筑物为代价换得若干年的土地使用权，甲方是以出租土地使用权为代价换取建筑物，双方都发生了增值税的应税行为。但实际操作中，由于土地使用权依然归属甲方，项目往往只能以甲方名义立项建设，建成的固定资产权属也属于甲方。虽然乙方在建设过程中承担了所有的建造成本，但不拥有该建筑物的所有权，未来归还给甲方时，不存在建筑物所有权的转让。因此，该业务应界定为：甲方将土地使用权出租给乙方若干年换取乙方建造的建筑物，乙方则以承担建筑物的建造成本为代价换取甲方若干年的土地使用权。甲方应按《财政部　国家税务总局关于进一步明确全面推开营改增试点有关劳务派遣服务、收费公路通行费抵扣等政策的通知》（财税〔2016〕47 号）第三条第（二）项"纳税人以经营租赁方式将土地出租给他人使用，按照不动产经营租赁服务缴纳增值税"的规定处理。甲方开具土地租赁发票给乙方，其金额应是乙方建造该建筑物的所有成本支出，账务处理上计入固定资产和他业务收入。乙方应按代建进行业务处理，收到甲方开具的租赁发票计入成本费用（初期最好在待摊费用或长期待摊费用中归集），同时冲减工程建造成本。未来使用该建筑物时，按自用或出租等不同的使用用途分期计入期间费用或成本。

在整个业务中，因双方无直接的货币收付的交易，其计税成本可按照建筑物建造成本计价。该计税成本的金额确定基于以下理解：乙方以代付建造成本的方式提前支付未来若干年使用该建筑物的租金，甲方以同样的金额确认让渡该建筑物使用权或土地使用权的租金收入。相关会计处理如下：

（1）乙方建造工程时，与工程相关支出的票据最好在发生当期提交给甲方入账，以便及时进行增值税进项税额认证抵扣。

甲方：

　借：在建工程

　　　应交税费——应交增值税——进项税额

　　贷：其他应付款——乙方

乙方：

　借：其他应收款——甲方

　　贷：银行存款（应付账款）

（2）乙方在项目建成后将项目移交给甲方，甲方按建造成本计入固定资产，并以同等金额开具土地租金发票给乙方。

甲方：

　借：固定资产

　　贷：在建工程

　借：其他应付款——乙方

　　贷：其他业务收入

　　　应交税费——应交增值税——销项税额

提示 1：不动产进项税额分期抵扣办法。根据《不动产进项税额分期抵扣暂行办法》（国家税务总局公告 2016 年第 15 号发布）第二条的规定，2016 年 5 月

1 日后发生的不动产在建工程，除房地产开发企业自行开发的房地产项目和融资租入的不动产外，其进项税额应按照该办法有关规定分 2 年从销项税额中抵扣，第一年抵扣比例为 60%，第二年抵扣比例为 40%。

上述分 2 年从销项税额中抵扣的进项货物，是指构成不动产实体的材料和设备，包括建筑装饰材料和给排水、采暖、卫生、通风、照明、通讯、煤气、消防、中央空调、电梯、电气、智能化楼宇设备及配套设施。由此可见，分 2 年抵扣的不动产在建工程项目的范围，主要限定在构成不动产实体的货物，以及与不动产联系直接的设计服务、建筑服务。

上述进项税额，甲方在取得进项发票时要进行全部认证，填写《增值税纳税申报表附列资料（五）》（不动产分期抵扣计算表）第 3 项时，其中 60% 的部分于取得扣税凭证的当月认证，次月申报抵扣；填写第 4 项时，40% 的部分为待抵扣进项税额，于取得扣税凭证的当月起第 13 个月从销项税额中抵扣。详见下表。

《增值税纳税申报表附列资料（五）》（不动产分期抵扣计算表）

期初待抵扣不动产进项税额	本期不动产进项税额增加额	本期可抵扣不动产进项税额	本期转入的待抵扣不动产进项税额	本期转出的待抵扣不动产进项税额	期末待抵扣不动产进项税额
1	2	3≤1+2+4	4	5≤1+4	6＝1+2−3+4−5

乙方：

　　借：待摊费用（建筑物所有建造成本支出与进项税金额的差额）

　　　　应交税费——应交增值税——进项税额（对应甲方开具给乙方土地租金发票的销项金额）

　　贷：其他应收款——甲方

（3）乙方未来若干年无偿使用该建筑物时，又分两种情况：

一是自己使用（按使用年限分摊已支出的建筑物建造成本）。

　　借：营业费用

　　贷：待摊费用

二是对外出租。

　　借：银行存款（现金、应收账款）

　　贷：其他业务收入

　　　　应交税费——应交增值税——销项税额

　　借：其他业务成本

　　　　贷：待摊费用

从上述处理方式看，按建造成本计价更具有可操作性。

提示 2：根据《财政部　税务总局关于调整增值税税率的通知》（财税〔2018〕32 号）第一条的规定，自 2018 年 5 月 1 日起，"纳税人发生增值税应税销售行为或者进口货物，原适用 17％ 和 11％ 税率的，税率分别调整为 16％、10％"。

REAL ESTATE
ENTERPRISE　**案例 8-2**

企业以出租土地使用权为代价换取房屋所有权的会计及涉税处理

A 公司于 2018 年 7 月将拥有的某地块交由 B 公司开发商铺，双方合同约定，B 公司可无偿使用商铺 10 年，期满将商铺移交 A 公司。B 公司发生开发成本 1 000 万元，其中增值税进项税额为 90.91 万元。相关会计处理如下（单位：万元）：

1. A 公司将开发用地移交给 B 公司。

（1）A 公司。

　　借：在建工程　　　　　　　　　　　　　　　　　　　909.09
　　　　应交税费——应交增值税——进项税额　　　　　　　90.91
　　　　贷：其他应付款——B 公司　　　　　　　　　　　　　1 000

（2）B 公司。

　　借：其他应收款——A 公司　　　　　　　　　　　　　1 000
　　　　贷：银行存款　　　　　　　　　　　　　　　　　　　1 000

2. B 公司在项目建成后将项目移交给 A 公司，A 公司按建造成本计入固定资产，并以同等金额开具租赁发票给 B 公司。

（1）A 公司。

　　借：固定资产　　　　　　　　　　　　　　　　　　　909.09
　　　　贷：在建工程　　　　　　　　　　　　　　　　　　909.09
　　借：其他应付款——B 公司　　　　　　　　　　　　　1 000
　　　　贷：其他业务收入　　　　　　　　　　　　　　　　909.09
　　　　　　应交税费——应交增值税——销项税额　　　　　90.91

（2）B 公司。

　　借：待摊费用　　　　　　　　　　　　　　　　　　　909.09
　　　　应交税费——应交增值税——进项税额　　　　　　90.91
　　　　贷：其他应收款——A 公司　　　　　　　　　　　　1 000

3. B 公司将该不动产一半自用，一半用于出租，每年含税租金 88.8 万元。

　　借：营业费用——自用摊销　　　　　　　45.45（909.09/2/10 年）

　　其他业务支出——出租摊销　　　　　　　　　　　　45.45

　　银行存款　　　　　　　　　　　　　　　　　　　　88.8

　贷：待摊费用　　　　　　　　　　　　90.90（909.09/10 年）

　　　其他业务收入　　　　　　　　　　　　　　　　　80

　　　应交税金——应交增值税　　　　　　　　　　　　8.8

　　提示：在上述业务操作中，应注意从双方合同签订、立项、发票取得等方面加以规划，比如合同应约定以甲方名义立项，乙方垫付资金代建，代建成本抵冲未来若干年无偿使用的租金。同时，乙方在建造过程中，与施工方签订的合同需要加进甲方，施工发票最终开具给甲方，乙方代为收取并保管，建立固定资产台账，待项目完成验收后交与甲方。如果施工发票开给乙方，由乙方入账，则一方面，由于项目所有权不属于乙方，乙方入账不合理；另一方面，乙方未来交付建筑物给甲方时，需要另外开具发票给甲方，增加税收负担；尤其在营业税时期，增加一道营业税流转税环节；在增值税时期，即使平进平出、假定所有成本都有进项税抵扣（现实中可能性很小），也会增加印花税等税种。

问题 8-1-3

　　成立合营企业以风险共担、利润共享的分配方式合作建房如何进行增值税处理？

　　答：甲方以土地使用权、乙方以货币资金合股，成立合营企业进行建房是合作建房的常见方式。房屋建成后，如果双方采取风险共担、利润共享的分配方式，实际上是双方投资成立企业，只是一方出土地使用权，一方出货币资金。相关税收处理如下：

　　根据《营业税改征增值税试点实施办法》（财税〔2016〕36 号文件附件 1）第十四条第（二）项及所附《销售服务、无形资产、不动产注释》的相关规定，企业转让土地使用权属于"销售无形资产"税目；"单位或者个人向其他单位或者个人无偿转让无形资产或者不动产"，视同销售无形资产或者不动产。

　　在此项业务中，对甲方向合营企业提供的土地使用权，视为有偿转让无形资产，按照"销售无形资产——土地使用权"税目征收增值税，其计税销售额应按照土地使用权入股计价的金额确定，如果计价金额低于公允价值，则按照公允价值确定。一般按照《营业税改征增值税试点实施办法》第四十四条的规定，按照以下顺序确定：

　　"（一）按照纳税人最近时期销售同类服务、无形资产或者不动产的平均价格确定。

　　（二）按照其他纳税人最近时期销售同类服务、无形资产或者不动产的平均价格确定。

（三）按照组成计税价格确定。组成计税价格的公式为：

组成计税价格＝成本×（1＋成本利润率）

成本利润率由国家税务总局确定。"

对合营企业本身销售房屋取得的收入按"销售不动产——建筑物"等税目征收增值税，对双方分得的利润不征收增值税。

提示： 根据《财政部 税务总局关于调整增值税税率的通知》（财税〔2018〕32 号）第一条的规定，自 2018 年 5 月 1 日起，"纳税人发生增值税应税销售行为或者进口货物，原适用 17％和 11％税率的，税率分别调整为 16％、10％"。

REAL ESTATE
ENTERPRISE **案例 8-3**

企业以土地使用权出资的增值税计算

2018 年 1 月，A 公司与 B 公司合作成立一房地产开发公司，A 公司以 2017 年购置的一块开发用地作投资，土地以市场价 5 000 万元（含税）作价，B 公司以现金出资。A 公司为一般纳税人，适用一般计税方法。A 公司增值税计算如下：

不含税销售额：5 000÷（1＋10％）＝4 545.45（万元）；

A 公司增值税销项税额：4 545.45×10％＝454.55（万元）。

问题 8-1-4

成立合营企业采取固定比例提成或提取固定利润方式合作建房如何进行增值税处理？

答：成立合营企业采取固定比例提成或提取固定利润方式合作建房也是常用方式之一。房屋建成后，提供土地的一方采取按销售收入的一定比例提成的方式参与分配，或提取固定利润。

营改增前，《财政部、国家税务总局关于股权转让有关营业税问题的通知》（财税〔2002〕191 号）规定："以无形资产、不动产投资入股，与接受投资方利润分配，共同承担投资风险的行为，不征收营业税"；《国家税务总局关于以不动产或无形资产投资入股收取固定利润征收营业税问题的批复》（国税函〔1997〕490 号）规定："根据《营业税税目注释》的有关规定，以不动产或无形资产投资入股，与投资方不共同承担风险，收取固定利润的行为，应区别以下两种情况征收营业税：以不动产、土地使用权投资入股，收取固定利润的，属于将场地、房屋等转让他人使用的业务，应按'服务业'税目中'租赁业'项目征收营业税；以商标权、专利权、非专利技术、著作权、商誉等投资入股，收取固定利润的，属于转让无形资产使用权的行为，应按'转让无形资产'税目征收营业税"。

营改增后，无具体文件对土地使用权投资入股做明确规定。《营业税改征增值税试点有关事项的规定》（财税〔2016〕36号文件附件2）第一条第（四）项第1点规定："适用一般计税方法的试点纳税人，2016年5月1日后取得并在会计制度上按固定资产核算的不动产或者2016年5月1日后取得的不动产在建工程，其进项税额应自取得之日起分2年从销项税额中抵扣，第一年抵扣比例为60%，第二年抵扣比例为40%。

取得不动产，包括以直接购买、接受捐赠、接受投资入股、自建以及抵债等各种形式取得不动产，不包括房地产开发企业自行开发的房地产项目。"

根据上述政策规定，接受投资入股取得不动产的进项税额可以从销项税额中抵扣，因而可以认定，不动产作价入股是征收增值税的，并可开具增值税专用发票由被投资单位进行抵扣。

由上述分析可知，在此项业务中，向合营企业提供土地使用权的一方，应视为有偿转让无形资产，按照"销售无形资产——土地使用权"税目征收增值税，其计税销售额应按照土地使用权入股计价的金额确定，如果计价金额低于公允价值，则按照公允价值确定。

对于合营企业，按正常房地产开发项目运行，对合营企业销售房屋取得的收入按"销售不动产——建筑物"税目征收增值税，对双方分得的利润不征收增值税。

提示：根据《财政部 税务总局关于调整增值税税率的通知》（财税〔2018〕32号）第一条的规定，自2018年5月1日起，"纳税人发生增值税应税销售行为或者进口货物，原适用17%和11%税率的，税率分别调整为16%、10%"。

REAL ESTATE
ENTERPRISE **案例8-4**

企业采取以土地使用权出资提取固定利润方式合作建房的增值税计算

2018年8月，A公司与B公司合作成立一房地产开发公司，A公司以2017年购置的一块开发用地作投资，土地公允价值5 000万元（含税），A公司获得固定回报为开发项目销售收入的20%。A公司为一般纳税人，适用一般计税方法。A公司增值税计算如下：

不含税销售额：5 000÷（1+10%）=4 545.45（万元）；

A公司增值税销项税额：4 545.45×10%=454.55（万元）。

问题8-1-5

一方出土地成立合营企业采取双方按一定比例分配房屋方式合作建房如何进行增值税处理？

答：一方出土地成立合营企业双方按一定比例分配房屋也是常见方式之一，

相关增值税处理如下：

根据《营业税改征增值税试点实施办法》（财税〔2016〕36 号文件附件 1）所附《销售服务、无形资产、不动产注释》的相关规定，企业转让土地使用权属于"销售无形资产"税目，企业转让建筑物属于"销售不动产"税目；

在土地转让环节，对向合营企业提供土地使用权的一方，视为有偿转让无形资产，按照"销售无形资产——土地使用权"税目征收增值税，其销售额应按照土地使用权入股计价的金额确定，如果计价金额低于公允价值，则按照公允价值确定。一般按照《营业税改征增值税试点实施办法》第四十四条的规定，按照以下顺序确定：

"（一）按照纳税人最近时期销售同类服务、无形资产或者不动产的平均价格确定。

（二）按照其他纳税人最近时期销售同类服务、无形资产或者不动产的平均价格确定。

（三）按照组成计税价格确定。组成计税价格的公式为：

组成计税价格＝成本×（1＋成本利润率）

成本利润率由国家税务总局确定。"

对于合营企业，在房屋建成后对投资双方按一定比例分配房屋，在增值税处理上属于"销售不动产——建筑物"行为，应按视同销售业务处理。

合营企业对投资双方分配房屋后，如果投资双方各自再销售，则再按"销售不动产——建筑物"税目征收增值税。

提示 1：对企业所得税，应按视同销售和股利分配两项业务处理。

（1）视同销售。《房地产开发经营业务企业所得税处理办法》（国税发〔2009〕31 号文件发布）第七条规定："企业将开发产品用于捐赠、赞助、职工福利、奖励、对外投资、分配给股东或投资人、抵偿债务、换取其他企事业单位和个人的非货币性资产等行为，应视同销售，于开发产品所有权或使用权转移，或于实际取得利益权利时确认收入（或利润）的实现。"

关于视同销售计税价格确定，《房地产开发经营业务企业所得税处理办法》第三十一条第（一）项规定："企业、单位以换取开发产品为目的，将土地使用权投资企业的，按下列规定进行处理：

1. 换取的开发产品如为该项土地开发、建造的，接受投资的企业在接受土地使用权时暂不确认其成本，待首次分出开发产品时，再按应分出开发产品（包括首次分出的和以后应分出的）的市场公允价值和土地使用权转移过程中应支付的相关税费计算确认该项土地使用权的成本。如涉及补价，土地使用权的取得成本还应加上应支付的补价款或减除应收到的补价款。

2. 换取的开发产品如为其他土地开发、建造的，接受投资的企业在投资交易发生时，按应付出开发产品市场公允价值和土地使用权转移过程中应支付的相关税费计算确认该项土地使用权的成本。如涉及补价，土地使用权的取得成本还应加上应支付的补价款或减除应收到的补价款"。

（2）股利分配。分配的股利如果属于符合条件的居民企业之间股息、红利等权益性投资收益，免征企业所得税。

提示 2： 土地增值税的处理。《财政部 国家税务总局关于企业改制重组有关土地增值税政策的通知》（财税〔2015〕5 号）第四条规定："单位、个人在改制重组时以国有土地、房屋进行投资，对其将国有土地、房屋权属转移、变更到被投资的企业，暂不征土地增值税"；第五条规定："上述改制重组有关土地增值税政策不适用于房地产开发企业"。因此，以不动产投资入股是否涉及土地增值税，主要看投资主体和被投资主体是否为房地产企业，若一方或双方为房地产企业，则不予减免土地增值税。

提示 3： 根据《财政部 税务总局关于调整增值税税率的通知》（财税〔2018〕32 号）第一条的规定，自 2018 年 5 月 1 日起，"纳税人发生增值税应税销售行为或者进口货物，原适用 17% 和 11% 税率的，税率分别调整为16%、10%"。

REAL ESTATE ENTERPRISE **案例 8-5**

成立合营企业采取双方按一定比例分配房屋方式合作建房的增值税计算

2018 年 7 月，A 公司与 B 公司合作成立一房地产开发公司 C，A 公司以 2017 年购置的一块开发用地作投资，土地公允价值 5 000 万元（含税），作为回报，C 房地产开发公司开发完成后按 6∶4 的比例将开发产品全部分配给 A 公司与 B 公司。A 公司、C 公司为一般纳税人，适用一般计税方法。增值税计算如下：

1. A 公司增值税计算。

不含税销售额：5 000÷（1＋10%）＝4 545.45（万元）；

增值税销项税额：4 545.45×10%＝454.55（万元）。

2. C 公司增值税计算。

C 公司开发项目建成后，按同时期同地段同类产品销售价格计算，C 公司分配给 A 公司与 B 公司的开发产品市场价合计为 1 亿元（含税）。

不含税价格：10 000÷（1＋10%）＝9 090.91（万元）；

增值税销项税额：9 090.91×10%＝909.09（万元）。

问题 8-1-6

企业办理立项后又接受他人投资的项目开发如何计算增值税？

答：房地产开发企业在办理不动产立项后，又接受他人投资参与项目开发建设，并与他人共同分配不动产的，其分配环节的增值税处理如下：

根据《营业税改征增值税试点实施办法》（财税〔2016〕36 号文件附件 1）第十四条第（二）项的规定，"单位或者个人向其他单位或者个人无偿转让无形资产或者不动产"的，视同销售无形资产或者不动产。

在上述业务中，投资人分配不动产实际上是以开发的产品作为利润进行分配，应视同销售无形资产或者不动产，其分配的价格应按照公允价格确定。根据《营业税改征增值税试点实施办法》第四十四条的规定，"纳税人发生应税行为价格明显偏低或者偏高且不具有合理商业目的的，或者发生本办法第十四条所列行为而无销售额的，主管税务机关有权按照下列顺序确定销售额：

（一）按照纳税人最近时期销售同类服务、无形资产或者不动产的平均价格确定。

（二）按照其他纳税人最近时期销售同类服务、无形资产或者不动产的平均价格确定。

（三）按照组成计税价格确定。组成计税价格的公式为：

组成计税价格＝成本×（1＋成本利润率）

成本利润率由国家税务总局确定"。

提示： 根据《财政部　税务总局关于调整增值税税率的通知》（财税〔2018〕32 号）第一条的规定，自 2018 年 5 月 1 日起，"纳税人发生增值税应税销售行为或者进口货物，原适用 17％和 11％税率的，税率分别调整为 16％、10％"。

REAL ESTATE ENTERPRISE **案例 8-6**

企业办理立项后又接受他人投资的项目开发的增值税计算

2018 年 7 月，A 房地产开发公司在项目立项后接受 B 公司投资，按协议约定在开发完成后将 30％的开发产品分配给 B 公司。按分配时 A 房地产开发公司同类产品销售价格计算，分配给 B 公司的开发产品市场价合计为 14 000 万元（含税），对应的土地价款为 4 000 万元。A 公司为一般纳税人，适用一般计税方法。A 公司增值税计算如下：

增值税销项税额：（14 000－4 000）÷（1＋10％）×10％＝909.09（万元）。

问题 8-1-7

企业以集资建房名义销售不动产如何计算增值税?

答:《营业税改征增值税试点实施办法》(财税〔2016〕36 号文件附件 1)第三十七条规定:"销售额,是指纳税人发生应税行为取得的全部价款和价外费用,财政部和国家税务总局另有规定的除外。

价外费用,是指价外收取的各种性质的收费,但不包括以下项目:

(一)代为收取并符合本办法第十条规定的政府性基金或者行政事业性收费。

(二)以委托方名义开具发票代委托方收取的款项。"

根据上述政策规定,房地产开发企业以集资建房名义销售不动产的,其增值税的计税销售额为向出资人收取的全部集资款。

提示:根据《财政部 税务总局关于调整增值税税率的通知》(财税〔2018〕32 号)第一条的规定,自 2018 年 5 月 1 日起,"纳税人发生增值税应税销售行为或者进口货物,原适用 17% 和 11% 税率的,税率分别调整为 16%、10%"。

REAL ESTATE
ENTERPRISE **案例 8-7**

企业以集资建房名义销售不动产的增值税计算

2018 年 7 月,A 房地产开发公司以集资建房名义收取集资款 14 000 万元(含税),在项目完工后向集资人分配,对应的土地价款为 4 000 万元。A 公司为一般纳税人,适用一般计税方法。增值税计算如下:

增值税销项税额:(14 000−4 000)÷(1+10%)×10%=909.09(万元)。

问题 8-1-8

以本企业为主体联合开发按约定分配开发产品的如何进行企业所得税处理?

答:根据《房地产开发经营业务企业所得税处理办法》(国税发〔2009〕31 号文件发布)第三十六条第(一)项的规定,房地产开发企业以本企业为主体联合其他企业、单位、个人合作或合资开发房地产项目,且该项目未成立独立法人公司的,"凡开发合同或协议中约定向投资各方(即合作、合资方,下同)分配开发产品的,企业在首次分配开发产品时,如该项目已经结算计税成本,其应分配给投资方开发产品的计税成本与其投资额之间的差额计入当期应纳税所得额;如未结算计税成本,则将投资方的投资额视同销售收入进行相关的税务处理"。

提示 1:营改增后,在相关业务中,企业向投资各方分配开发产品还要视同销售,计算缴纳增值税。根据《营业税改征增值税试点实施办法》(财税〔2016〕36 号文件附件 1)第十四条第(二)项及所附《销售服务、无形资产、不动产注释》的相关规定，应按"销售不动产"税目征收增值税；"单位或者个人向其他单位或者个人无偿转让无形资产或者不动产"，视同销售无形资产或者不动产。

提示 2：根据《财政部 税务总局关于调整增值税税率的通知》（财税〔2018〕32 号）第一条的规定，自 2018 年 5 月 1 日起，"纳税人发生增值税应税销售行为或者进口货物，原适用 17% 和 11% 税率的，税率分别调整为 16%、10%"。

REAL ESTATE
ENTERPRISE **案例 8-8**

以本企业为主体联合开发按约定分配开发产品的企业所得税处理

2018 年 8 月，A 房地产开发公司联合 B 公司开发某项目，B 公司投入 1 亿元（含税），按协议约定，开发完成后将 30% 的开发产品分配给 B 公司。已知分配给 B 公司开发产品成本（不含税）合计 6 000 万元，市场价合计为 1.2 亿元（含税），A 公司为一般纳税人，适用一般计税方法。A 公司企业所得税处理如下：

该项目已经结算计税成本 6 000 万元，其应分配给投资方开发产品的计税成本与其投资额之间的差额计入当期应纳税所得额。因此，

A 公司应确认应纳税所得额：10 000－6 000＝4 000（万元）。

如果该项目未结算计税成本，则将投资方的投资额视同销售收入进行相关的税务处理，因此 A 公司应确认视同销售收入 10 000 万元。

A 公司会计处理如下（单位：万元，下同）：

（1）收到 B 公司投资款时

借：银行存款		10 000
贷：其他应付款——B 公司		10 000

（2）分配给 B 公司开发产品时，

借：主营业务成本		6 000
贷：开发产品		6 000
借：其他应付款		10 000
贷：主营业务收入		9 090.91
（注：按投资成本 1 亿元计价，不按市场公允价值计价。）		
应交税金——应交增值税		909.09

若暂时尚未结转计税成本，则先做视同销售收入，待计税成本结果出来后，再结转开发产品，结转主营业务成本。

借：其他应付款		10 000
贷：主营业务收入		9 090.91
（注：按投资成本 1 亿元计价，不按市场公允价值计价。）		
应交税金——应交增值税——销项税		909.09

B 公司会计处理如下：

（1）投资时，

借：其他应收款——A 公司   10 000

    贷：银行存款   10 000

（2）收到开发产品时，

借：固定资产（存货）   9 090.91

    应交税金——应交增值税——进项税额   909.09

    贷：其他应收款——A 公司   10 000

问题 8-1-9

企业采取约定分配项目利润形式合作建房的如何进行企业所得税处理？

答：根据《房地产开发经营业务企业所得税处理办法》（国税发〔2009〕31 号文件发布）第三十六条第（二）项的规定，企业以本企业为主体联合其他企业、单位、个人合作或合资开发房地产项目，且该项目未成立独立法人公司的，凡开发合同或协议中约定分配项目利润的，应按以下规定进行处理：

"1. 企业应将该项目形成的营业利润额并入当期应纳税所得额统一申报缴纳企业所得税，不得在税前分配该项目的利润。同时不能因接受投资方投资额而在成本中摊销或在税前扣除相关的利息支出。

2. 投资方取得该项目的营业利润应视同股息、红利进行相关的税务处理。"

在上述业务中，由于约定分配的是项目利润，开发产品的销售由主体企业负责，因此不存在参与合作各方分配开发产品涉及的增值税处理。同时根据《企业所得税法》第十条第（一）项的规定，在计算应纳税所得额时，向投资者支付的股息、红利等权益性投资收益款项不得扣除。因此，分配的项目利润是企业所得税"税后利润"。

REAL ESTATE
ENTERPRISE **案例 8-9**

企业采取约定分配项目利润形式合作建房的企业所得税处理

2016 年 A 房地产开发公司联合 B 公司开发某项目，B 公司贷款投入 5 000 万元，假定 B 公司利息支出为 600 万元。按协议约定开发产品销售完成后，A 房地产开发公司支付 B 公司 30% 的项目利润。

2017 年 A 房地产开发公司支付 B 公司项目利润 1 000 万元，不得在税前扣除。B 公司取得 1 000 万元利润，应视同股息、红利进行相关的税务处理，如果属于符合条件的居民企业之间股息、红利等权益性投资收益则免征企业所得税。B 公司的利息支出 600 万元不得在 A 公司税前扣除。

问题 8-1-10

企业以换取开发产品为目的以土地使用权投资如何进行企业所得税处理?

答：根据《房地产开发经营业务企业所得税处理办法》（国税发〔2009〕31号文件发布）第三十七条的规定，企业以换取开发产品为目的，将土地使用权投资其他企业房地产开发项目的，"企业应在首次取得开发产品时，将其分解为转让土地使用权和购入开发产品两项经济业务进行所得税处理，并按应从该项目取得的开发产品（包括首次取得的和以后应取得的）的市场公允价值计算确认土地使用权转让所得或损失"。

提示 1：营改增后，在相关合作建房业务中，企业转让土地使用权和购入开发产品（销售不动产），还要缴纳增值税。根据《营业税改征增值税试点实施办法》（财税〔2016〕36 号文件附件 1）第十四条第（二）项及所附《销售服务、无形资产、不动产注释》相关规定，企业转让土地使用权属于"销售无形资产"税目，企业销售建筑物属于"销售不动产"税目；"单位或者个人向其他单位或者个人无偿转让无形资产或者不动产"，视同销售无形资产或者不动产。

因此，企业将土地使用权投资其他企业房地产开发项目，应视为有偿转让无形资产，按照"销售无形资产——土地使用权"税目征收增值税；企业取得开发产品时，被投资企业视同转让建筑物，按照"销售不动产"税目征收增值税。

提示 2：根据《财政部　税务总局关于调整增值税税率的通知》（财税〔2018〕32 号）第一条的规定，自 2018 年 5 月 1 日起，"纳税人发生增值税应税销售行为或者进口货物，原适用 17% 和 11% 税率的，税率分别调整为 16%、10%"。

REAL ESTATE
ENTERPRISE **案例 8-10**

企业以换取开发产品为目的以土地使用权投资的企业所得税计算

2018 年 7 月，B 公司以拥有的某地块投入 A 房地产开发公司，该地块账面价值 6 000 万元，于 2017 年底取得。作为回报，B 公司将获得 A 房地产开发公司开发的某项目商铺，按 A 房地产开发公司近期销售商铺平均价格计算，市场价合计为 1 亿元（含税）。

（1）B 公司增值税计算如下：

B 公司为一般纳税人，适用一般计税方法。转让土地使用权增值税：10 000÷（1+10%）×10%=909.09（万元）。

（2）B 公司企业所得税处理如下：

B 公司获得商铺时应确认土地使用权转让所得：10 000－909.09－6 000＝3 090.91（万元）。

问题 8-1-11

企业以换取开发产品为目的将土地使用权投资其他企业，换取的开发产品如为该项土地开发、建造的，接受投资的企业如何进行企业所得税处理？

答：根据《房地产开发经营业务企业所得税处理办法》（国税发〔2009〕31号文件发布）第三十一条第（一）项第 1 点的规定，企业、单位以换取开发产品为目的，将土地使用权投资企业的，"换取的开发产品如为该项土地开发、建造的，接受投资的企业在接受土地使用权时暂不确认其成本，待首次分出开发产品时，再按应分出开发产品（包括首次分出的和以后应分出的）的市场公允价值和土地使用权转移过程中应支付的相关税费计算确认该项土地使用权的成本。如涉及补价，土地使用权的取得成本还应加上应支付的补价款或减除应收到的补价款"。

提示：营改增后，在相关业务中，企业还要缴纳增值税。根据《营业税改征增值税试点实施办法》（财税〔2016〕36 号文件附件 1）第十四条第（二）项及所附《销售服务、无形资产、不动产注释》的相关规定，企业转让土地使用权属于"销售无形资产"税目；"单位或者个人向其他单位或者个人无偿转让无形资产或者不动产"，视同销售无形资产或者不动产。

因此，接受投资的企业在接受土地使用权投资时，需要进行增值税进项税额的处理，同时在分配（分出）开发产品时要进行增值税计算。

实务中，在土地使用权转移时，转出方即按公允价值确认其视同销售收入，计算增值税与企业所得税应纳税所得额。接受方取得的增值税发票注明的增值税额可以抵扣，但接受企业在进行企业所得税处理时，可以在分出开发产品的时点确定土地成本。

REAL ESTATE
ENTERPRISE **案例 8-11**

企业换取的开发产品为该项土地开发、建造的企业所得税处理

2017 年 8 月，A 房地产开发公司与 B 公司签订合作协议，约定 B 公司将一地块转给 A 公司进行开发，开发完成后 B 公司获得该项目所有商铺。2018 年 2 月，A 公司将商铺移交 B 公司，商铺市场价合计为 1 亿元（含税）。B 公司为一般纳税人，开给 A 公司的增值税专用发票注明进项税款为 594.59 万元。A 公司企业所得税处理如下（假定不考虑土地转让过程中的税收）：

在获得土地使用权时暂不确认其成本，2018 年 2 月移交商铺时按商铺市场价（含税）扣除取得的 B 公司开具的增值税专用发票注明的进项税后的金额确认该项土地使用权的成本。

土地使用权成本：$10\,000-594.59=9\,405.41$（万元）。

问题 8-1-12

企业以换取开发产品为目的将土地使用权投资其他企业，换取的开发产品如为其他土地开发、建造的，接受投资的企业如何进行企业所得税处理？

答：根据《房地产开发经营业务企业所得税处理办法》（国税发〔2009〕31号文件发布）第三十一条第（一）项第2点的规定，企业、单位以换取开发产品为目的，将土地使用权投资企业的，"换取的开发产品如为其他土地开发、建造的，接受投资的企业在投资交易发生时，按应付出开发产品市场公允价值和土地使用权转移过程中应支付的相关税费计算确认该项土地使用权的成本。如涉及补价，土地使用权的取得成本还应加上应支付的补价款或减除应收到的补价款"。

提示：营改增后，在相关业务中，企业还要计算缴纳增值税。根据《营业税改征增值税试点实施办法》（财税〔2016〕36号文件附件1）第十四条第（二）项及所附《销售服务、无形资产、不动产注释》的相关规定，企业转让土地使用权属于"销售无形资产"税目；"单位或者个人向其他单位或者个人无偿转让无形资产或者不动产"，视同销售无形资产或者不动产。

因此，接受投资的企业在接受土地使用权投资时，需要进行增值税进项税额的处理，同时在分配（分出）开发产品时要进行增值税计算。

如果换取的开发产品为其他土地开发、建造的，则接受企业应在投资交易发生时确定成本，其取得的增值税发票注明的进项税额可以抵扣。（此处应是视同现房了。）

REAL ESTATE ENTERPRISE 案例 8-12

企业换取的开发产品为其他土地开发、建造的企业所得税处理

2017年7月，A房地产开发公司将开发的某项目所有商铺与B公司拥有的某地块进行交换，商铺市场价合计为1亿元（含税）。B公司为一般纳税人，B公司开给A公司的增值税专用发票注明进项税款为990.99万元。

A公司按商铺市场价（含税）扣除取得的B公司开具的增值税专用发票注明的进项税后的金额确认该项土地使用权的成本：10 000－990.99＝9 009.01（万元）。

问题 8-1-13

企业以股权的形式将土地使用权投资其他企业的成本如何进行企业所得税处理？

答：根据《房地产开发经营业务企业所得税处理办法》（国税发〔2009〕31号文件发布）第三十一条第（二）项的规定，企业、单位以股权的形式，将土地使用权投资企业的，接受投资的企业应在投资交易发生时，按该项土地使用权的市场公允价值和土地使用权转移过程中应支付的相关税费计算确认该项土地使用权的取得成本。如涉及补价，土地使用权的取得成本还应加上应支付的补价款或减除应收到的补价款。

提示：增值税处理。目前无具体文件对土地使用权投资入股做明确规定。《营业税改征增值税试点有关事项的规定》（财税〔2010〕36 号文件附件 2）中规定："2016 年 5 月 1 日后取得并在会计制度上按固定资产核算的不动产或者2016 年 5 月 1 日后取得的不动产在建工程，其进项税额应自取得之日起分 2 年从销项税额中抵扣，取得不动产，包括以直接购买、接受捐赠、接受投资入股、自建以及抵债等各种形式取得不动产。"根据上述政策规定，接受投资入股取得不动产的进项税额可以从销项税额中抵扣，因而可以认定，不动产作价入股是征收增值税的，并可开具增值税专用发票由被投资单位进行抵扣。

问题 8-1-14

合作建房中一方出地一方出资的如何进行土地增值税处理？

答：《财政部、国家税务总局关于土地增值税一些具体问题规定的通知》（财税字〔1995〕48 号）第二条规定："对于一方出地、一方出资金，双方合作建房，建成后按比例分房自用的，暂免征收土地增值税；建成后转让的，应征收土地增值税。"

根据上述政策规定，对于一方出地、一方出资金合作建房，建成后按比例分配的房屋，如果各自自用，包括用于办公、出租或自营，暂免征收土地增值税。建成后转让或自用后再转让的，按规定征收土地增值税。

但对于以土地（房地产）作价入股进行投资或联营的，凡所投资、联营的企业从事房地产开发的，或者房地产开发企业以其建造的商品房进行投资和联营的，均应按规定征收土地增值税。

问题 8-1-15

一方出土地另一方出资金合作建房，房屋建成后先由出资金一方使用一定年限，然后连房带地全部归出地一方所有的，房产税如何缴纳？

答：《房产税暂行条例》第二条规定，房产税由产权所有人缴纳。产权未确定的，由房产代管人或者使用人缴纳。

企业在合作建房中，可能是甲方出土地，乙方出资金，双方合作所建房屋由乙方先使用一定年限，然后连房带地全部归甲方所有。根据上述政策规定，对此种情形，在征收房产税时要区分两种情况：一是产权明确归甲方（或产权未转移的）所有的，乙方的出资实质上具有租金的性质，则房产税由甲方按照乙方的投资额在乙方协议约定使用期间分年度从租计征房产税；二是产权未明确的，由于在协议期间房屋归属乙方控制使用，因此由乙方按从价计征房产税。

REAL ESTATE
ENTERPRISE **案例 8-13**

合作建房中的房产税计算

A 公司提供土地，B 公司出资合作开发商铺，建成后 B 公司可无偿使用商铺10 年，期满将商铺移交给 A 公司，B 公司支付各类开发成本 1 000 万元（含税）。A 公司为一般纳税人。假定该业务发生时间为 2018 年 5 月 1 日以后，则房产税计算如下：

租赁收入：$1\,000 \div (1+10\%) = 909.09$（万元）；

协议期间每年应缴纳从租房产税：$909.09 \div 10 \times 12\% = 10.91$（万元）。

提示： 根据《财政部 税务总局关于调整增值税税率的通知》（财税〔2018〕32 号）第一条的规定，自 2018 年 5 月 1 日起，"纳税人发生增值税应税销售行为或者进口货物，原适用 17% 和 11% 税率的，税率分别调整为 16%、10%"。

问题 8-1-16

合作建房中的契税如何缴纳？

答：根据《契税暂行条例》第一条的规定，土地、房屋权属发生转移的，承受的单位和个人为契税的纳税人，应当缴纳契税。因此土地、房屋权属是否转移，是确定缴纳契税的前提。

根据上述政策规定，合作建房中的契税缴纳，也要依据权属的转移行为确定。例如，《财政部 国家税务总局对河南省财政厅〈关于契税有关政策问题的请示〉的批复》（财税〔2000〕14 号）第一条规定："甲单位拥有土地，乙单位提供资金，共建住房。乙单位获得了甲单位的部分土地使用权，属于土地使用权权属转移，根据《中华人民共和国契税暂行条例》的规定，对乙单位应征收契税，其计税依据为乙单位取得土地使用权的成交价格。

上述甲乙单位合建并各自分得的房屋，不发生权属转移，不征收契税。"

8.2 代建工程业务

房地产开发企业的代建工程一般是指，拥有土地使用权而没有房地产开发资质的企业，为建房而委托有房地产开发资质的企业开发的业务，主要涉及增值税的计算处理。

问题 8-2-1

企业以收取代建手续费为主的代建行为如何计算增值税？

答：代建工程业务的特点主要体现在"代建"行为上，即受托方仅仅负责对项目开发的组织、管理、销售等全部或部分业务，而项目的立项名义、各类权属及收益等均属于委托方。其业务特点有七个：一是由委托方名义立项；二是土地使用权权属归委托方，其间也不发生土地使用权或产权转移；三是建筑物（房屋）的权属归委托方；四是建设资金由委托方支付，受托方不垫付建设资金；五是受托方与委托方事先订有委托代建合同；六是建筑施工企业将建筑业发票开具给委托方；七是受托方收取代建手续费或管理费。

对符合上述代建工程业务要件的行为，属于《营业税改征增值税试点实施办法》（财税〔2016〕36 号文件附件 1）所附《销售服务、无形资产、不动产注释》中规定的"经纪代理服务"税目。即房地产开发企业（受托方）以收取的代建手续费（或管理费）为销售额，按"商务辅助服务——经纪代理服务"税目征收增值税。

《营业税改征增值税试点有关事项的规定》（财税〔2016〕36 号文件附件 2）第一条第（三）项第 4 点规定："经纪代理服务，以取得的全部价款和价外费用，扣除向委托方收取并代为支付的政府性基金或者行政事业性收费后的余额为销售额。向委托方收取的政府性基金或者行政事业性收费，不得开具增值税专用发票。"

根据上述政策规定，代建工程业务不得开具增值税专用发票。

REAL ESTATE ENTERPRISE **案例 8-14**

企业代建行为的增值税计算

2017 年 4 月，A 房地产开发公司受 B 公司委托开发某项目，项目建成后，B 公司支付 A 房地产开发公司手续费 500 万元（含税）。A 公司为一般纳税人，适用一般计税方法。A 公司增值税计算如下：

不含税价格：$500 \div (1+6\%) = 471.70$（万元）；

增值税销项税额：$471.70 \times 6\% = 28.30$（万元）。

提示：营业税上的规定。对房地产开发企业（受托方）符合上述代建工程业务要件的行为，以收取的代建手续费（或管理费）为营业收入，按"服务业——代理业"税目征收营业税。

问题 8-2-2

企业取得土地使用权并办理施工手续后，根据其他单位（委托方）要求进行施工的如何进行增值税处理？

答：房地产开发企业（受托方）取得土地使用权并办理施工手续后根据其他单位（委托方）的要求进行施工，按施工进度向委托方预收房款，工程完工后，受托方替委托方办理产权转移等手续。

根据《营业税改征增值税试点实施办法》（财税〔2016〕36号文件附件1）所附《销售服务、无形资产、不动产注释》的相关规定，企业转让建筑物属于"销售不动产"税目。

根据"销售不动产"税目的规定，受托方的上述行为属于销售不动产，应按"销售不动产——建筑物"税目征收增值税，如果受托方自备施工力量修建该房屋，还应对受托方的自建行为按"建筑服务——工程服务"税目征收增值税。计税销售额为向委托方收取的全部价款和其他各项收入。

根据《财政部 税务总局关于调整增值税税率的通知》（财税〔2018〕32号）第一条的规定，自2018年5月1日起，"纳税人发生增值税应税销售行为或者进口货物，原适用17%和11%税率的，税率分别调整为16%、10%"。

提示：营业税上的规定。受托方的上述行为属于销售不动产，应按"销售不动产"税目征收营业税，如果受托方自备施工力量修建该房屋，还应对受托方的自建行为按"建筑业"税目征收营业税。营业额为向委托方收取的全部价款和其他各项收入。

REAL ESTATE
ENTERPRISE **案例 8-15**

企业取得土地使用权并办理施工手续后根据其他单位（委托方）要求进行施工的增值税计算

2018年8月，A房地产开发公司受B公司委托开发某项目，项目以A公司名义立项，根据B公司要求进行施工，并按施工进度向委托方预收房款，工程完工后，替B公司办理产权转移等手续。开发过程中共收取B公司费用5 000万元（含税）。A公司为一般纳税人，适用一般计税方法。A公司增值税计算如下：

不含税价格：$5\,000 \div (1 + 10\%) = 4\,545.45$（万元）；

增值税销项税额：$4\,545.45 \times 10\% = 454.55$（万元）。

问题 8-2-3

企业（受托方）以自己名义办理工程项目立项的受托代建工程如何进行增值税处理？

答：房地产开发企业（受托方）受托代建不动产，但以自己的名义办理工程项目立项，不动产建成后再将不动产交给委托方。在此项业务中，不动产建成后产权要转移给委托方。

根据《营业税改征增值税试点实施办法》（财税〔2016〕36 号文件附件 1）所附《销售服务、无形资产、不动产注释》的相关规定，企业转让建筑物属于"销售不动产"税目。因此，受托方的上述行为属于销售不动产，应按"销售不动产——建筑物"税目征收增值税。

不论受托方与委托方如何结算，上述行为的计税销售额均为不动产的建设成本及向委托方收取的其他各项收入。

提示：根据《财政部 税务总局关于调整增值税税率的通知》（财税〔2018〕32 号）第一条的规定，自 2018 年 5 月 1 日起，"纳税人发生增值税应税销售行为或者进口货物，原适用 17% 和 11% 税率的，税率分别调整为 16%、10%"。

REAL ESTATE
ENTERPRISE **案例 8-16**

企业（受托方）以自己名义办理工程项目立项的受托代建工程的增值税处理

2018 年 8 月，A 房地产开发公司受 B 公司委托开发某项目，项目以 A 公司名义立项，开发过程中共收取 B 公司费用 5 000 万元（含税）。A 公司为一般纳税人，适用一般计税方法。A 公司增值税计算如下：

不含税价格：5 000÷（1+10%）＝4 545.45（万元）；

增值税销项税额：4 545.45×10%＝454.55（万元）。

提示：营业税上的规定。受托方的上述行为属于销售不动产，应按"销售不动产"税目征收营业税。不动产建成后将不动产交给委托方的，不论与委托方如何结算，其营业额均为不动产的建设成本及向委托方收取的其他各项收入。

问题 8-2-4

企业承办国家机关、企事业单位的统建房如何进行增值税处理？

答：房地产开发公司承办国家机关、企事业单位的统建房，一般不垫付资金，按照委托方的相关要求开发项目。如果委托建房的单位能提供土地使用权证书和有关部门的建设项目批准书以及基建计划等，且房地产开发公司（即受托方）不垫付资金，则根据《营业税改征增值税试点实施办法》（财税〔2016〕36 号文件附件 1）所附《销售服务、无形资产、不动产注释》中"经纪代理服务"

税目的规定，对受托方实际取得的手续费收入按"商务辅助服务——经纪代理服务"税目征收增值税。

如果国家机关、企事业单位的统建房由房地产开发公司立项，建成后再办理移交，则受托方承办建设的项目应按"销售不动产——建筑物"税目征收增值税。

REAL ESTATE
ENTERPRISE　**案例 8-17**

企业承办国家机关、企事业单位统建房的增值税计算

2017 年 4 月，A 房地产开发公司受 B 学校委托开发教师公寓，土地使用权由学校所有，项目由学校立项，学校出资，项目建成后，B 学校支付 A 房地产开发公司手续费 500 万元（含税）。A 公司为一般纳税人，适用一般计税方法。A 公司增值税计算如下：

不含税价格：$500÷(1+6\%)=471.70$（万元）；

增值税销项税额：$471.70×6\%=28.30$（万元）。

问题 8-2-5

企业代建工程确认收入如何进行企业所得税处理？

答：根据《企业所得税法》及其实施条例等规定的原则，开发企业代建工程和提供劳务不超过 12 个月的，可按合同约定的价款结算日或在合同完工之日确认收入的实现；根据《企业所得税法实施条例》第二十三条第（二）项及《国家税务总局关于确认企业所得税收入若干问题的通知》（国税函〔2008〕875 号）第二条的相关规定，开发企业代建工程和提供劳务持续时间超过 12 个月的，采用完工百分比法确认收入的实现。完工百分比法即是根据合同完工进度同比例确认收入和费用。完工进度可按累计实际发生的合同成本占合同预计总成本的比例、已经完成的合同工作量占合同预计总工作量的比例、测量已完成合同工作量等方法确定。

REAL ESTATE
ENTERPRISE　**案例 8-18**

企业代建工程确认收入的企业所得税计算

2017 年 4 月，A 房地产开发公司受 B 公司委托开发某项目，协议约定 A 房地产开发公司收取 B 公司费用 500 万元（含税），截至 2017 年末项目完成工程量为 30％。

不含税价格：$500÷(1+6\%)=471.70$（万元）；

当年 A 公司确认收入：$471.70×30\%=141.51$（万元）。

问题 8-2-6

企业代建工程节省的材料、下脚料等如何进行企业所得税处理？

答：《企业所得税法》第六条规定："企业以货币形式和非货币形式从各种来源取得的收入，为收入总额。"因此，房地产开发企业在代建工程、提供劳务过程中节省的材料、下脚料、报废工程或产品的残料等，如按合同规定留归开发企业所有，应于实际取得时按市场公平成交价确认收入的实现。

REAL ESTATE
ENTERPRISE　**案例 8-19**

企业代建工程节省的材料、下脚料的企业所得税处理

A 房地产开发公司为小规模纳税人，受 B 公司委托开发某项目，协议约定代建工程中节省的材料、下脚料留归开发 A 房地产开发公司所有。项目于 2017 年 12 月完工，节省的材料、下脚料市场价约为 30 万元（含税）。A 房地产开发公司应于实际取得时确认收入 30 万元，会计处理如下（单位：万元）：

（1）确认收入时：

借：原材料　　　　　　　　　　　　　　　　　　　　　30
　　贷：其他业务收入　　　　　　　　　　　　　　　　29.13
　　　　应交税金——应交增值税——销项税额　　　　　0.87

（2）收到款项时：

借：银行存款　　　　　　　　　　　　　　　　　　　　30
　　贷：原材料　　　　　　　　　　　　　　　　　　　　30

问题 8-2-7

企业代建工程尾款、质量保证金等如何进行企业所得税处理？

答：《企业所得税法实施条例》第二十二条规定："企业所得税法第六条第（九）项所称其他收入，是指企业取得的除企业所得税法第六条第（一）项至第（八）项收入外的其他收入，包括企业资产溢余收入、逾期未退包装物押金收入、确实无法偿付的应付款项、已作坏账损失处理后又收回的应收款项、债务重组收入、补贴收入、违约金收入、汇兑收益等。"

根据上述政策规定，房地产开发企业应付施工单位的工程尾款、质量保证金、超过合同或协议规定支付期尚未付出的，如果有确切证据（证明）表明不再支付（或无法支付）的，应作为收入处理，以后实际支付时可在税前列支。

8.3 视同销售行为业务

增值税、企业所得税、土地增值税及会计上都有视同销售的概念，但是处理方式有一定差异。

问题 8-3-1

增值税上视同销售的行为主要有哪些情形？

答：《营业税改征增值税试点实施办法》（财税〔2016〕36 号文件附件 1）第十四条规定，下列情形视同销售服务、无形资产或者不动产：

"（一）单位或者个体工商户向其他单位或者个人无偿提供服务，但用于公益事业或者以社会公众为对象的除外。

（二）单位或者个人向其他单位或者个人无偿转让无形资产或者不动产，但用于公益事业或者以社会公众为对象的除外。

（三）财政部和国家税务总局规定的其他情形"。

根据上述政策规定，房地产开发企业将开发产品用于分配给股东、赠送、投资等各种形式的"无偿转让"，除用于公益事业或者以社会公众为对象的以外，均应视同销售无形资产或者不动产。

问题 8-3-2

企业发生视同销售开发产品的行为如何确定增值税销售额？

答：《营业税改征增值税试点实施办法》（财税〔2016〕36 号文件附件 1）第四十四条规定："纳税人发生应税行为价格明显偏低或者偏高且不具有合理商业目的的，或者发生本办法第十四条所列行为而无销售额的，主管税务机关有权按照下列顺序确定销售额：

（一）按照纳税人最近时期销售同类服务、无形资产或者不动产的平均价格确定。

（二）按照其他纳税人最近时期销售同类服务、无形资产或者不动产的平均价格确定。

（三）按照组成计税价格确定。组成计税价格的公式为：

组成计税价格＝成本×（1＋成本利润率）

成本利润率由国家税务总局确定。"

在实务中，销售自行开发项目的房地产开发企业比照同期同类销售价格即可确定，对于没有自有开发产品销售的，一般比照其他房地产开发企业的价格或者市场公允价格。

提示： 根据《财政部 税务总局关于调整增值税税率的通知》（财税〔2018〕32 号）第一条的规定，自 2018 年 5 月 1 日起，"纳税人发生增值税应税销售行为或者进口货物，原适用 17％和 11％税率的，税率分别调整为 16％、10％"。

REAL ESTATE
ENTERPRISE **案例 8-20**

视同销售开发产品行为的增值税销售额的确定

2018 年 8 月 10 日，A 房地产开发公司将一套自行开发的商品房无偿赠送给 B 公司，A 公司同期该类商品房销售平均价格为 600 万元（含税），土地成本为 150 万元。A 公司为一般纳税人，适用一般计税方法。

A 公司向 B 公司无偿赠送开发产品应视同销售行为，根据《营业税改征增值税试点实施办法》（财税〔2016〕36 号文件附件 1）第四十四条第（一）项的规定，由于 A 公司最近时期该类商品房销售平均价格为 600 万元（含税），因此销售额确定为 600 万元（含税）。A 房地产开发公司处理如下：

不含税销售价格：（600－150）÷（1＋10％）＝409.09（万元）；

销项税额：409.09×10％＝40.91（万元）。

问题 8-3-3

企业视同销售行为的增值税纳税义务发生时间如何确定？

答：《营业税改征增值税试点实施办法》（财税〔2016〕36 号文件附件 1）第四十五条规定，纳税人的纳税义务发生时间为发生应税行为并收讫销售款项或者取得索取销售款项凭据的当天；先开具发票的，为开具发票的当天。对于纳税人发生视同销售行为的，其纳税义务发生时间为服务、无形资产转让完成的当天或者不动产权属变更的当天。

根据上述政策规定，对于纳税人发生视同销售的行为，如果没有开具发票（或暂时没有开具发票），也没有收取价款，则纳税义务发生时间为服务、无形资产转让完成的当天或者不动产权属变更的当天。如果在权属变更之前开具发票的，则为开具发票的当天。上述取得索取销售款项凭据的当天，签订了合同的，按合同约定的时间，未签订合同或合同未明确时间的，则按应税行为完成的当天。因此，如果签订了合同，且在合同里约定了销售额的付款日期，则按合同约定日期确定纳税义务发生时间。

问题 8-3-4

企业发生视同销售开发产品的行为如何确认企业所得税收入？

答：《房地产开发经营业务企业所得税处理办法》（国税发〔2009〕31 号文

件发布）第七条规定："企业将开发产品用于捐赠、赞助、职工福利、奖励、对外投资、分配给股东或投资人、抵偿债务、换取其他企事业单位和个人的非货币性资产等行为，应视同销售，于开发产品所有权或使用权转移，或于实际取得利益权利时确认收入（或利润）的实现。确认收入（或利润）的方法和顺序为：

（一）按本企业近期或本年度最近月份同类开发产品市场销售价格确定；

（二）由主管税务机关参照当地同类开发产品市场公允价值确定；

（三）按开发产品的成本利润率确定。开发产品的成本利润率不得低于15％，具体比例由主管税务机关确定。"

营改增后，上述行为根据增值税政策规定，要视同销售无形资产或者不动产，因此上述视同销售的行为在确定企业所得税收入时是不含税收入。

提示： 根据《财政部　税务总局关于调整增值税税率的通知》（财税〔2018〕32 号）第一条的规定，自 2018 年 5 月 1 日起，"纳税人发生增值税应税销售行为或者进口货物，原适用 17％和 11％税率的，税率分别调整为 16％、10％"。

REAL ESTATE
ENTERPRISE **案例 8-21**

企业发生视同销售开发产品的收入确认

2018 年 8 月 10 日，A 房地产开发公司将一套自行开发的商品房无偿赠送给 B 公司，土地成本为 150 万元，A 公司同期该类商品房销售平均价格为 600 万元（不含税）。

A 公司向 B 公司无偿赠送开发产品应视同销售行为，根据《房地产开发经营业务企业所得税处理办法》（国税发〔2009〕31 号文件发布）第七条第（一）项，以及《营业税改征增值税试点实施办法》（财税〔2016〕36 号文件附件 1）第四十四条第（一）项的规定，由于 A 公司最近时期该类商品房销售平均价格为 600 万元（含税），因此销售额确定为 600 万元（含税）。A 公司的处理如下：

不含税销售价格：（600－150）÷（1＋10％）＝409.09（万元）；

销项税额：409.09×10％＝40.91（万元）；

企业所得税确认收入：600－40.91＝559.09（万元）。

问题 8-3-5

企业发生视同销售开发产品的行为如何进行会计处理？

答：根据《营业税改征增值税试点实施办法》（财税〔2016〕36 号文件附件 1）第十四条以及《房地产开发经营业务企业所得税处理办法》（国税发〔2009〕31 号文件发布）第七条的规定，房地产开发企业发生的无偿赠送（转让开发产品）行为要视同销售，因此要在纳税义务发生时计算增值税销项税额，并按规定结转收入及相应成本。

增值税处理为：凡自产或委托加工的货物，无论对内还是对外，一律视同销售。凡是外购的货物，只有对外才视同销售，对内不视同销售，做进项税转出。

因此，企业的视同销售行为，在会计处理上要根据不同的业务性质记入不同科目，具体如下：

（1）将开发产品用于投资的，借：长期股权投资；贷：主营业务收入、应交税费——应交增值税（销项税额）。

（2）将开发产品分配给股东或投资者的，借：未分配利润；贷：主营业务收入、应交税费——应交增值税（销项税额）。

（3）将开发产品用于集体福利或个人消费的，借：管理费费用；贷：主营业务收入、应交税费——应交增值税（销项税额）。

（4）将开发产品用于非公益捐赠的，借：营业外支出；贷：主营业务收入、应交税费——应交增值税（销项税额）。

REAL ESTATE
ENTERPRISE **案例 8-22**

企业无偿赠送商品房的综合税务处理

2018 年 8 月，A 房地产开发公司将一套正常售价为 240 万元的商品房无偿捐赠给某机构，为非公益性捐赠。商品房成本为 180 万元，则该公司对此无偿捐赠的商品房，首先应视同销售缴纳增值税（城市维护建设税、教育费附加等略）。

1. 增值税计算。

（1）适用简易计税方法。

不含税价格：$240 \div (1+5\%) = 228.57$（万元）；

应缴纳增值税：$228.57 \times 5\% = 11.43$（万元）。

（2）适用一般计税方法，假设对应的土地价款为 100 万元。

增值税销项税额：$(240-100) \div (1+10\%) \times 10\% = 12.73$（万元）。

2. 企业所得税计算（假定为一般纳税人）。

应视同销售确认应纳税所得额会计。处理如下（单位：万元）：

（1）确认收入时：

借：营业外支出——捐赠   240

 贷：主营业务收入——房屋   227.27

   应交税费——应交增值税——销项税额 12.73

（2）结转成本时：

借：主营业务成本   180

 贷：开发产品——房屋   180

提示：对于企业所得税，税收法规将无偿赠送财产行为分解为正常销售和捐赠两种情形，如果捐赠财产的行为符合公益救济性捐赠企业所得税前扣除规定，可以按照规定的标准予以税前扣除。

问题 8-3-6

企业发生视同销售开发产品的行为如何进行土地增值税处理?

答:《国家税务总局关于房地产开发企业土地增值税清算管理有关问题的通知》(国税发〔2006〕187 号)第三条第(一)项规定:"房地产开发企业将开发产品用于职工福利、奖励、对外投资、分配给股东或投资人、抵偿债务、换取其他单位和个人的非货币性资产等,发生所有权转移时应视同销售房地产,其收入按下列方法和顺序确认:

1. 按本企业在同一地区、同一年度销售的同类房地产的平均价格确定;

2. 由主管税务机关参照当地当年、同类房地产的市场价格或评估价值确定。"

在清算鉴证时,《土地增值税清算鉴证业务准则》(国税发〔2007〕132 号文件发布)第二十三条规定:"纳税人将开发的房地产用于职工福利、奖励、对外投资、分配给股东或投资人、抵偿债务、换取其他单位和个人的非货币性资产等,发生所有权转移时应视同销售房地产,其视同销售收入按下列方法和顺序审核确认:

(一)按本企业当月销售的同类房地产的平均价格核定。

(二)按本企业在同一地区、同一年度销售的同类房地产的平均价格确认。

(三)参照当地当年、同类房地产的市场价格或评估价值确认。"

根据上述政策规定,房地产开发企业将开发产品用于职工福利、奖励、对外投资、分配给股东或投资人、抵偿债务、换取其他单位和个人的非货币性资产等,要视同销售,并按规定确认销售收入。营改增后,确认的销售收入为不含税收入。

提示:根据《土地增值税暂行条例实施细则》第二条以及《财政部、国家税务总局关于土地增值税一些具体问题规定的通知》(财税字〔1995〕48 号)第四条的规定,房地产开发企业通过中国境内非营利的社会团体、国家机关将房屋产权、土地使用权赠与教育、民政和其他社会福利、公益事业的,不征土地增值税。

问题 8-3-7

企业安置回迁户的土地增值税如何处理?

答:对于房地产开发企业安置回迁户行为,《关于营改增后土地增值税若干征管规定的公告》(国家税务总局公告 2016 年第 70 号)第二条规定:"纳税人将开发产品用于职工福利、奖励、对外投资、分配给股东或投资人、抵偿债务、换取其他单位和个人的非货币性资产等,发生所有权转移时应视同销售房地产,其收入应按照《国家税务总局关于房地产开发企业土地增值税清算管理有关问题的通知》（国税发〔2006〕187号）第三条规定执行。纳税人安置回迁户，其拆迁安置用房应税收入和扣除项目的确认，应按照《国家税务总局关于土地增值税清算有关问题的通知》（国税函〔2010〕220号）第六条规定执行"。

《国家税务总局关于土地增值税清算有关问题的通知》（国税函〔2010〕220号）第六条"关于拆迁安置土地增值税计算问题"规定：

"（一）房地产企业用建造的本项目房地产安置回迁户的，安置用房视同销售处理，按《国家税务总局关于房地产开发企业土地增值税清算管理有关问题的通知》（国税发〔2006〕187号）第三条第（一）款规定确认收入，同时将此确认为房地产开发项目的拆迁补偿费。房地产开发企业支付给回迁户的补差价款，计入拆迁补偿费；回迁户支付给房地产开发企业的补差价款，应抵减本项目拆迁补偿费。

（二）开发企业采取异地安置，异地安置的房屋属于自行开发建造的，房屋价值按国税发〔2006〕187号第三条第（一）款的规定计算，计入本项目的拆迁补偿费；异地安置的房屋属于购入的，以实际支付的购房支出计入拆迁补偿费。

（三）货币安置拆迁的，房地产开发企业凭合法有效凭据计入拆迁补偿费。"

根据上述政策规定，房地产开发企业的视同销售行为要进行土地增值税处理，其用建造的本项目房地产安置回迁户的，安置用房视同销售处理。

问题 8-3-8

企业将房产转为自用或用于出租的如何进行土地增值税处理？

答：根据《土地增值税清算管理规程》（国税发〔2009〕91号文件发布）第十九条第（二）项的规定，房地产开发企业将开发的部分房地产转为企业自用或用于出租等商业用途时，如果产权未发生转移，不征收土地增值税，在税款清算时不列收入，不扣除相应的成本和费用。

征收土地增值税的前提是权属发生转移并取得收入，因此上述行为中如果产权未发生转移，不征收土地增值税。对于上述行为企业所得税的处理，可以按规定提取折旧，在企业所得税前扣除。

问题 8-3-9

企业发生以继承、赠与方式无偿转让房地产的行为如何进行土地增值税处理？

答：根据《土地增值税暂行条例实施细则》第二条的规定，土地增值税上的转让国有土地使用权、地上的建筑物及其附着物并取得收入，是指以出售或者其他方式有偿转让房地产的行为。不包括以赠与方式无偿转让房地产的行为。

《财政部、国家税务总局关于土地增值税一些具体问题规定的通知》（财税字

〔1995〕48 号）第四条第（二）项规定："房产所有人、土地使用权所有人通过中国境内非营利的社会团体、国家机关将房屋产权、土地使用权赠与教育、民政和其他社会福利、公益事业的。

上述社会团体是指中国青少年发展基金会、希望工程基金会、宋庆龄基金会、减灾委员会、中国红十字会、中国残疾人联合会、全国老年基金会、老区促进会以及经民政部门批准成立的其他非营利的公益性组织。"

根据上述政策规定，房地产开发企业通过中国境内非营利的社会团体、国家机关将房屋产权、土地使用权赠与教育、民政和其他社会福利、公益事业的，不征收土地增值税。

8.4 售后回租业务

售后回租是房地产开发企业采取的一种特殊销售方式，是指房地产开发企业在销售商品房时，同时与购房者签订该房的租赁合同。在租赁合同中，开发商承诺在购房若干年后给予购房者固定租金，购房者所购房屋由开发商在一定期限内承租或者代为出租给其他公司或个人用于商业经营。

问题 8-4-1

企业售后回租的业务性质如何认定？

答：售后回租是将自制或外购的资产出售，然后向买方租回使用。承租人将其所拥有的物品出售给出租人，再从出租人手里将该物品重新租回，此种租赁形式称为回租。采用这种租赁方式可使承租人迅速回收购买物品的资金，加速资金周转。在实务操作中，承租人和出租人要根据租赁分类原则，将售后回租交易认定为融资租赁或经营租赁。

根据《企业会计准则第 21 号——租赁》的规定，融资租赁，是指实质上转移了与资产所有权有关的全部风险和报酬的租赁。其所有权最终可能转移，也可能不转移；经营租赁是指除融资租赁以外的其他租赁。售后回租交易认定为融资租赁的，售价与资产账面价值之间的差额应当予以递延，并按照该项租赁资产的折旧进度进行分摊，作为折旧费用的调整；售后回租交易认定为经营租赁的，售价与资产账面价值之间的差额应当予以递延，并在租赁期内按照与确认租金费用相一致的方法进行分摊，作为租金费用的调整。但是，有确凿证据表明售后回租交易是按照公允价值达成的，售价与资产账面价值之间的差额应当计入当期损益。

《国家税务总局关于融资性售后回租业务中承租方出售资产行为有关税收问

题的公告》（国家税务总局公告 2010 年第 13 号）规定："融资性售后回租业务是指承租方以融资为目的将资产出售给经批准从事融资租赁业务的企业后，又将该项资产从该融资租赁企业租回的行为。融资性售后回租业务中承租方出售资产时，资产所有权以及与资产所有权有关的全部报酬和风险并未完全转移。"根据该项政策规定，企业从事融资租赁业务必须经过批准。

《关于融资性售后经批准从事融资租赁业务》（国家税务总局公告 2015 年第 90 号）第三条规定："纳税人提供有形动产融资性售后回租服务，计算当期销售额时可以扣除的有形动产价款本金，为书面合同约定的当期应当收取的本金。"

上述融资性售后回租业务，其对象均是经批准符合条件的从事融资租赁业务的金融公司，售后回租目的主要是融资。而实务中房地产企业的售后回租并不属于上述文件所述的情形，房地产企业的售后回租对象往往是购买产品的业主，其目的主要是促销或后期统一经营。

对于房地产开发企业而言，售后回租是企业采取的一种特殊销售方式，是指房地产开发企业在销售商品房时，同时与购房者签订该房的租赁合同。在租赁合同中，开发商承诺在购房若干年后给予购房者固定租金，购房者所购房屋由开发商在一定期限内承租或者代为出租给其他公司或个人用于商业经营。因此，房地产开发企业采取的售后回租销售方式，其交易属于经营租赁。

根据《企业会计准则解释 2 号》的规定，企业的售后租回交易认定为经营租赁的，应当分别以下情况处理：

（1）有确凿证据表明售后租回交易是按照公允价值达成的，售价与资产账面价值的差额应当计入当期损益。

（2）售后租回交易如果不是按照公允价值达成的，售价低于公允价值的差额，应计入当期损益；但若该损失将由低于市价的未来租赁付款额补偿，有关损失应予以递延（递延收益），并按与确认租金费用相一致的方法在租赁期内进行分摊；如果售价大于公允价值，其大于公允价值的部分应计入递延收益，并在租赁期内分摊。

提示：《财政部、国家税务总局关于企业以售后回租方式进行融资等有关契税政策的通知》（财税〔2012〕82 号）第一条规定："对金融租赁公司开展售后回租业务，承受承租人房屋、土地权属的，照章征税。对售后回租合同期满，承租人回购原房屋、土地权属的，免征契税。"

REAL ESTATE
ENTERPRISE **案例 8-23**

企业售后回租业务的处理

2017 年 1 月，A 房地产公司将一套市场价 550 万元的商铺以 460 万元（不含税）的价格出售给乙公司，同时签订一份租回该商铺的经营租赁合同，约定租赁期为 5 年，年租金为 25 万元（市场价格为 30 万元），于每年年末支付，期满后乙公司收回商铺。该商铺账面成本为 480 万元（不含税），预计尚可使用年限为 20 年。A 公司为一般纳税人，项目为营改增后项目。A 公司相关处理如下（单位：万元）：

此项交易属于 A 公司售后租回交易形成的经营租赁，售价低于公允价值且低于账面价值，但该损失能够得到补偿，所以售价与账面价值之间的差额计入递延收益，并在租赁期内摊销。每年摊销额：（480－460）÷5＝4（万元）。

1. 房产销售时：

借：银行存款　　　　　　　　　　　　　　　　　460

递延收益　　　　　　　　　　　　　　　　20

贷：开发产品　　　　　　　　　　　　　　　　　480

2. 每年摊销时：

借：营业费用　　　　　　　　　　　　　　　　　4

贷：递延收益　　　　　　　　　　　　　　　　　4

提示：房地产企业在售后回租业务中，往往将房屋以远低于市场水平的价格销售给业主，换取无偿或低价回租若干年使用权。整个交易环节中，会产生增值税、企业所得税、契税、土地增值税、个人所得税等诸多税收风险。

问题 8-4-2

企业售后回租如何进行增值税处理？

答：经营租赁性质的售后回租，即房地产开发公司销售不动产，采取优惠方式要求购房者无偿或低价将不动产交给开发公司使用若干年。这一经营方式名义上是开发商让利给购房者，实质上是优先取得了购房者的不动产的使用权，即其他经济利益。

根据《营业税改征增值税试点实施办法》（财税〔2016〕36 号文件附件 1）的规定，在上述业务中，对房地产开发企业，在销售商品房时，按照"销售不动——建筑物"税目征收增值税。如果售后回租再出租，则按"租赁服务——经营租赁服务"税目征收增值税。

提示：根据《财政部　税务总局关于调整增值税税率的通知》（财税〔2018〕32 号）第一条的规定，自 2018 年 5 月 1 日起，"纳税人发生增值税应税销售行为或者进口货物，原适用 17％和 11％税率的，税率分别调整为 16％、10％"。

REAL ESTATE
ENTERPRISE **案例 8-24**

企业售后回租，承租方的企业所得税及增值税处理

甲房地产开发企业为增值税一般纳税人。2018 年 8 月 1 日，甲公司与乙公司

签订一份商铺销售合同，约定售价为 2 000 万元。同时约定售后回租该商铺，年租金为 190 万元，假定该商铺成本 1 400 万元，对应的土地价款 500 万元，甲公司转租后年租金收入为 210 万元，租金按年支付，其他税种略。甲房地产开发企业会计及计税处理如下（单位：万元）：

1. 销售房屋时：

增值税销项税额：$(2\,000-500)\div(1+10\%)\times10\%=136.36$（万元）。

借：银行存款	2 000
贷：主营业务收入——房屋	1 863.64
应交税费——应交增值税——销项税额	136.36

2. 结转成本时：

借：主营业务成本	1 400
贷：开发产品	1 400

3. 支付租金时：

假设乙公司为一般纳税人，开具的增值税专用发票注明税款为 17.27 万元。

借：其他业务支出	172.73
应交税费——应交增值税——进项税额	17.27
贷：银行存款	190

4. 出租房屋收到租金时：

增值税销项税额：$210\div(1+10\%)\times10\%=19.09$（万元）。

借：银行存款	210
贷：其他业务收入	190.91
应交税费——应交增值税——销项税额	19.09

提示： 在实务中，房地产公司通常把售后回租期间的租金总额直接在销售的房价中抵冲，按抵冲后的房价销售给企业或个人，而后约定回租期内无租使用该房屋。销售发票亦以冲抵后的金额开具，以减少交易环节的诸多税收计税基数（依据），在无偿使用过程中，亦不要求业主提供租金发票。这样处理会导致房地产开发公司和业主均有较大的涉税风险。无论财务上如何处理，发票如何开具，都会被按市场价格计征增值税、企业所得税、印花税、契税以及土地增值税。正确的处理是：将房产的市场价格与实际低价销售的价格之间的差额作为免租期内的租金金额，约定由业主开具租金发票给房地产开发公司。房地产开发公司对外出租时，再按规定给承租方开具发票缴纳相关税收。

上述售后回租行为，无形中增加了诸多环节的税收，税收成本比较高。实务中，如果房地产开发公司租回房屋继续对外出租，可以考虑由房地产公司作为中介代理方，以收取代理费的方式连接业主及下游承租方，代理费可以按比例收取，亦可以按高于约定租金的提成收取。这样一来，能使上述案例中的各方的收益不变，同时可以少交一道租赁环节的税收。

问题 8-4-3

企业融资性售后回租涉及的收入如何进行企业所得税处理?

答：融资性售后回租是指承租方以融资为目的将资产出售给经批准从事融资租赁业务的企业后，又将该项资产从该融资租赁企业租回的行为。在融资性售后回租业务中，承租方出售资产时，资产所有权以及与资产所有权有关的全部报酬和风险并未完全转移。

根据《国家税务总局关于融资性售后回租业务中承租方出售资产行为有关税收问题的公告》（国家税务总局公告 2010 年第 13 号）第二条的规定，"根据现行企业所得税法及有关收入确定规定，融资性售后回租业务中，承租人出售资产的行为，不确认为销售收入，对融资性租赁的资产，仍按承租人出售前原账面价值作为计税基础计提折旧。租赁期间，承租人支付的属于融资利息的部分，作为企业财务费用在税前扣除"。

问题 8-4-4

企业售后回租涉及的融资利息如何进行企业所得税处理?

答：《企业所得税法》第八条规定："企业实际发生的与取得收入有关的、合理的支出，包括成本、费用、税金、损失和其他支出，准予在计算应纳税所得额时扣除。"

《国家税务总局关于融资性售后回租业务中承租方出售资产行为有关税收问题的公告》（国家税务总局公告 2010 年第 13 号）第二条规定："根据现行企业所得税法及有关收入确定规定，融资性售后回租业务中，承租人出售资产的行为，不确认为销售收入，对融资性租赁的资产，仍按承租人出售前原账面价值作为计税基础计提折旧。租赁期间，承租人支付的属于融资利息的部分，作为企业财务费用在税前扣除。"

根据上述政策规定，在租赁期间，承租人支付的属于融资利息的部分，可作为企业财务费用在税前扣除。

REAL ESTATE
ENTERPRISE　**案例 8-25**

企业售后回租涉及的融资利息的企业所得税处理

A 房地产开发企业将一间商铺销售给某融资租赁公司，又将该项资产从该融资租赁公司租回，年租金为 100 万元。此租金属于融资利息，可以作为企业财务费用在税前扣除。会计处理如下（单位：万元）：

借：财务费用　　　　　　　　　　　　　　　　　　　　　　　　100
贷：未确认融资费用　　　　　　　　　　　　　　　　　　　　100

问题 8-4-5

企业售后回租如何进行个人所得税处理？

答：根据《国家税务总局关于个人与房地产开发企业签订有条件优惠价格协议购买商店征收个人所得税问题的批复》（国税函〔2008〕576 号）的规定，房地产开发企业与商品房购买者个人签订协议规定，房地产开发企业按优惠价格出售其开发的商铺给购买者个人，但购买者个人在一定期限内必须将购买的商铺无偿提供给房地产开发企业对外出租使用。其实质是购买者个人以所购商铺交由房地产开发企业出租而取得的房屋租赁收入支付了部分购房价款。

根据个人所得税法的有关规定，对上述情形的购买者个人少支出的购房价款，应视同个人财产租赁所得，按照"财产租赁所得"项目征收个人所得税。每次财产租赁所得的收入额，按照少支出的购房价款和协议规定的租赁月份数平均计算确定。

REAL ESTATE
ENTERPRISE　**案例 8-26**

企业售后回租的增值税、个人所得税计算

2017 年 7 月，张某购买 A 房地产开发公司开发的商铺，商铺市场价 200 万元，A 公司以 176 万元销售，但张某需要将购买的商铺无偿提供给 A 公司对外出租使用两年。

对张某少支出的购房价款 24 万元，应视同个人财产租赁所得，按照"财产租赁所得"项目在两年内分期征收个人所得税。

假定当地增值税起征点为 5 000 元，其他税种略（城市维护建设税、教育附加等）。

每月确认收入：24 万元÷24 个月÷(1＋5％)＝9 523.81 元；

每月应缴纳增值税：9 523.81×5％＝476.19（元）；

每月应缴纳个人所得税：9 523.81×(1－20％)×20％＝1 523.81（元）。

提示：根据《国家税务总局关于全面推开营业税改征增值税试点有关税收征收管理事项的公告》（国家税务总局公告 2016 年第 23 号）第六条第（四）项的规定，"其他个人采取预收款形式出租不动产，取得的预收租金收入，可在预收款对应的租赁期内平均分摊，分摊后的月租金收入不超过 3 万元的，可享受小微企业免征增值税优惠政策"。

由于分摊后的月租金收入不超过 3 万元，可享受小微企业免征增值税优惠政策。

每月确认收入：24 万元÷24 个月＝10 000 元；

每月应缴纳个人所得税：10 000×（1－20%）×20%＝1 600（元）。

8.5　售后回购业务

售后回购也是房地产开发企业一种特殊形式的销售业务，它是指房地产开发企业在销售商品的同时，与购房者签订回购合同或在购房合同中增加回购条款，并按照合同条款（如回购价格等内容），将售出的商品房重新买回。

问题 8-5-1

企业售后回购的性质如何认定？如何进行会计处理？

答：在售后回购交易中，因为销售方通过售后回购协议对已销售商品仍具有控制管理权，所以售后回购不符合收入确认条件，在本质上，售后回购交易属于融资活动。在大多数情况下，回购价格固定或为原售价加合理回报，售后回购交易属于融资交易，企业不应确认收入，回购价大于原售价的差额，企业应在回购期间按期计提利息费用，计入财务费用。

对于售后回购业务，在税收上如果判断该项销售行为属于融资性质，可以不确认计税收入，取得的款项确认为负债。因此，对于售后回购业务的处理税收与会计（回购价格高于原售价）上基本一致。

根据《企业会计准则第 14 号——收入》第三十八条的规定，对于售后回购交易，企业应当区分下列两种情形分别进行会计处理：

"（一）企业因存在与客户的远期安排而负有回购义务或企业享有回购权利的，表明客户在销售时点并未取得相关商品控制权，企业应当作为租赁交易或融资交易进行相应的会计处理。其中，回购价格低于原售价的，应当视为租赁交易，按照《企业会计准则第 21 号——租赁》的相关规定进行会计处理；回购价格不低于原售价的，应当视为融资交易，在收到客户款项时确认金融负债，并将该款项和回购价格的差额在回购期间内确认为利息费用等。企业到期未行使回购权利的，应当在该回购权利到期时终止确认金融负债，同时确认收入。

（二）企业负有应客户要求回购商品义务的，应当在合同开始日评估客户是否具有行使该要求权的重大经济动因。客户具有行使该要求权重大经济动因的，企业应当将售后回购作为租赁交易或融资交易，按照本条（一）规定进行会计处理；否则，企业应当将其作为附有销售退回条款的销售交易，按照本准则第三十二条规定进行会计处理"。

问题 8-5-2

企业售后回购如何进行增值税处理?

答:根据《营业税改征增值税试点实施办法》(财税〔2016〕36 号文件附件 1)等增值税政策规定,在售后回购业务中,对房地产开发企业(售房方)在销售环节应按照"销售不动产——建筑物"税目征收增值税等相关税收,在回购环节应按照正常房产购入进行相关涉税处理;对购房方,则在销售环节应按照正常房产购入进行相关涉税处理,在回购环节应按照"销售不动产——建筑物"税目征收增值税等相关税收。

提示: 根据《财政部 税务总局关于调整增值税税率的通知》(财税〔2018〕32 号)第一条的规定,自 2018 年 5 月 1 日起,"纳税人发生增值税应税销售行为或者进口货物,原适用 17% 和 11% 税率的,税率分别调整为 16%、10%"。

REAL ESTATE
ENTERPRISE 案例 8-27

企业售后回购的增值税计算

甲房地产开发公司 2018 年 8 月 1 日向乙公司销售一套商品房,销售价格为 800 万元,对应的土地价款为 200 万元。协议约定:甲公司应于 12 月 30 日将所售商品购回,回购价为 850 万元。甲、乙公司均为增值税一般纳税人。相关增值税处理如下:

1. 甲公司销售商品房时的增值税计算。

应缴纳增值税:$(800-200) \div (1+10\%) \times 10\% = 54.55$(万元)。

2. 回购时乙公司的增值税计算。

不含税价格:$850 \div (1+10\%) = 772.73$(万元);

应缴纳增值税:$772.73 \times 10\% = 77.27$(万元)。

问题 8-5-3

企业售后回购如何进行企业所得税处理?

答:根据《国家税务总局关于确认企业所得税收入若干问题的通知》(国税函〔2008〕875 号)的规定,采用售后回购方式销售商品的,销售的商品按售价确认收入,回购的商品作为购进商品处理。有证据表明不符合销售收入确认条件的,如以销售商品方式进行融资,收到的款项应确认为负债,回购价格大于原售价的,差额应在回购期间确认为利息费用。

营改增后,上述业务中确定的收入为不含税收入。

REAL ESTATE
ENTERPRISE **案例 8-28**

企业售后回购的会计核算及税款计算

甲房地产开发公司为增值税一般纳税人，2017 年 4 月 1 日向乙公司销售一套商品房，销售价格为 800 万元（开出的增值税发票上注明的销售价款为 740.54 万元，增值税额为 59.46 万元），成本为 450 万元，对应的土地价款为 200 万元。协议约定：甲公司应于 12 月 30 日将所售商品购回，回购价为 850 万元（含税价）。甲公司相关会计核算（单位：万元）及税款计算如下：

1. 销售商品房时。

增值税销项税额：$(800-200) \div (1+11\%) \times 11\% = 59.46$（万元）。

借：银行存款	800
贷：其他应付款	740.54
应交税费——应交增值税（销项税额）	59.46
借：发出商品——回购房屋	450
贷：开发产品——房屋	450

2. 回购价大于原售价的差额，应在回购期间按期计提利息费用，计入当期财务费用。回购期间为 8 个月，假设采用实际利率用直线法计提利息费用。

每月计提利息费用：$(850-800) \div 8 = 6.25$（万元）。

借：财务费用	6.25
贷：其他应付款	6.25

……（连续计提 7 个月）

3. 12 月 30 日回购商品时。

进项税额：$850 \div (1+11\%) \times 0.11 = 84.23$（万元）。

(1)	借：财务费用	6.25
	贷：其他应付款	6.25
(2)	借：开发产品	450
	贷：发出商品	450
(3)	借：其他应付款	740.54
	应交税费——应交增值税（进项税额）	84.23
	贷：银行存款	824.77
(4)	借：其他应付款	50
	贷：银行存款	50

提示：根据《财政部 税务总局关于调整增值税税率的通知》（财税〔2018〕32 号）第一条的规定，自 2018 年 5 月 1 日起，"纳税人发生增值税应税销售行为或者进口货物，原适用 17% 和 11% 税率的，税率分别调整为 16%、10%"。如果

上述业务发生在 2018 年 5 月 1 日以后，则涉及的 11% 税率调整为 10%。

8.6 转让旧房业务

旧房主要是指建成后已经使用或购买（新房）后已经使用的房屋，其在再次转让时涉及增值税、土地增值税等业务。

问题 8-6-1

计算土地增值税时对旧房使用时间和磨损程度标准是如何认定的？

答：企业销售旧房计算土地增值税时，需要对旧房使用时间和磨损程度确定一个标准。《财政部、国家税务总局关于土地增值税一些具体问题规定的通知》（财税字〔1995〕48 号）规定："关于新建房与旧房的界定问题，新建房是指建成后未使用的房产。凡是已使用一定时间或达到一定磨损程度的房产均属旧房。使用时间和磨损程度标准可由各省、自治区、直辖市财政厅（局）和地方税务局具体规定。"

以江苏省为例，《江苏省财政厅 江苏省国家税务局 江苏省地方税务局转发关于土地增值税一些具体问题规定的通知》（苏地税发〔1995〕143 号）进一步明确："'旧房'，是指建成后已交付使用了一定时间的房产，其使用时间可掌握在一年以上"。

《江苏省财政厅 江苏省地方税务局转发财政部 国家税务总局关于土地增值税若干问题的通知》（苏财税〔2007〕45 号）规定："土地增值税中的旧房，是指已建成并办理房屋产权证或取得购房发票的房产以及虽未办理房屋产权证但已建成并交付使用的房产。"该条已经被苏地税规〔2015〕8 号文件废止，新文件内容如下：

"六、关于新建房问题

房地产开发企业建造的商品房（不含已列入固定资产或作为投资性房地产的房屋），应按照转让新建房的政策规定缴纳土地增值税。非房地产开发企业自建房屋，自房屋竣工之日起 3 年内（含）转让的，可按照转让新建房的政策规定缴纳土地增值税。"

问题 8-6-2

企业销售 2016 年 4 月 30 日前自建的房屋如何计算增值税？

答：《纳税人转让不动产增值税征收管理暂行办法》（国家税务总局公告 2016 年第 14 号发布）第三条第（二）款规定："一般纳税人转让其 2016 年 4 月

30 日前自建的不动产，可以选择适用简易计税方法计税，以取得的全部价款和价外费用为销售额，按照 5％的征收率计算应纳税额。纳税人应按照上述计税方法向不动产所在地主管地税机关预缴税款，向机构所在地主管国税机关申报纳税"；第（四）款规定："一般纳税人转让其 2016 年 4 月 30 日前自建的不动产，选择适用一般计税方法计税的，以取得的全部价款和价外费用为销售额计算应纳税额。纳税人应以取得的全部价款和价外费用，按照 5％的预征率向不动产所在地主管地税机关预缴税款，向机构所在地主管国税机关申报纳税"。

根据上述政策规定，纳税人转让其 2016 年 4 月 30 日前自建的不动产，可以自行选择适用简易计税方法计税或适用一般计税方法计税。在实务中，因为 2016 年 4 月 30 日前自建的不动产并没有增值税进项税额抵扣，所以企业会选择适用简易计税方法。

案例 8-29

企业销售 2016 年 4 月 30 日前自建房屋的增值税计算

A 房地产开发公司 2018 年 7 月转让于 2010 年自建的一处办公房，转让价款为 200 万元（含税）。A 公司为一般纳税人，增值税计算如下：

选择简易计税方法应缴增值税：$200 \div (1 + 5\%) \times 5\% = 9.52$（万元）；

选择一般计税方法增值税销项税额：$200 \div (1 + 10\%) \times 10\% = 18.18$（万元）。

提示： 根据《财政部 税务总局关于调整增值税税率的通知》（财税〔2018〕32 号）第一条的规定，自 2018 年 5 月 1 日起，"纳税人发生增值税应税销售行为或者进口货物，原适用 17％和 11％税率的，税率分别调整为 16％、10％"。

问题 8-6-3

企业销售非自行开发的 2016 年 4 月 30 日前取得的房屋如何计算增值税？

答：《纳税人转让不动产增值税征收管理暂行办法》（国家税务总局公告 2016 年第 14 号发布）第三条第（一）款规定："一般纳税人转让其 2016 年 4 月 30 日前取得（不含自建）的不动产，可以选择适用简易计税方法计税，以取得的全部价款和价外费用扣除不动产购置原价或者取得不动产时的作价后的余额为销售额，按照 5％的征收率计算应纳税额。纳税人应按照上述计税方法向不动产所在地主管地税机关预缴税款，向机构所在地主管国税机关申报纳税"；第（三）款规定："一般纳税人转让其 2016 年 4 月 30 日前取得（不含自建）的不动产，选择适用一般计税方法计税的，以取得的全部价款和价外费用为销售额计算应纳税额。纳税人应以取得的全部价款和价外费用扣除不动产购置原价或者取得不动产时的作价后的余额，按照 5％的预征率向不动产所在地主管地税机关预缴税款，向机构所在地主管国税机关申报纳税"。

根据上述政策规定，纳税人转让其 2016 年 4 月 30 日前取得（不含自建）的不动产，可以自行选择适用简易计税方法计税或适用一般计税方法计税。在实务中，若当初取得时无增值税进项税额抵扣，则会选择简易计税方法。

――REAL ESTATE
ENTERPRISE   **案例 8-30**

企业销售非自行开发的 2016 年 4 月 30 日前取得房屋的增值税计算

A 房地产开发公司 2018 年 7 月转让于 2010 年购置的一处办公房，转让价款为 200 万元（含税），购置原价为 100 万元。A 公司为一般纳税人，增值税计算如下：

选择简易计税方法应缴增值税：$(200-100)÷(1+5\%)×5\%＝4.76$（万元）；

选择一般计税方法增值税销项税额：$200÷(1+10\%)×10\%＝18.18$（万元）。

提示：根据《财政部 税务总局关于调整增值税税率的通知》（财税〔2018〕32 号）第一条的规定，自 2018 年 5 月 1 日起，"纳税人发生增值税应税销售行为或者进口货物，原适用 17% 和 11% 税率的，税率分别调整为 16%、10%"。

问题 8-6-4

企业销售 2016 年 5 月 1 日以后自建的房屋如何计算增值税？

答：《纳税人转让不动产增值税征收管理暂行办法》（国家税务总局公告 2016 年第 14 号发布）第三条第（六）款规定："一般纳税人转让其 2016 年 5 月 1 日后自建的不动产，适用一般计税方法，以取得的全部价款和价外费用为销售额计算应纳税额。纳税人应以取得的全部价款和价外费用，按照 5% 的预征率向不动产所在地主管地税机关预缴税款，向机构所在地主管国税机关申报纳税。"

根据上述政策规定，一般纳税人转让其 2016 年 5 月 1 日后自建的不动产，只能适用一般计税方法，不得选择简易计税方法计税。

提示：根据《财政部 税务总局关于调整增值税税率的通知》（财税〔2018〕32 号）第一条的规定，自 2018 年 5 月 1 日起，"纳税人发生增值税应税销售行为或者进口货物，原适用 17% 和 11% 税率的，税率分别调整为 16%、10%"。

――REAL ESTATE
ENTERPRISE   **案例 8-31**

企业销售 2016 年 5 月 1 日以后自建房屋的增值税计算

A 房地产开发公司 2018 年 7 月转让于 2016 年 6 月自建的一处办公房，转让价款为 200 万元（含税）。A 公司为一般纳税人，增值税计算如下：

增值税销项税额：$200÷(1+10\%)×10\%＝18.18$（万元）。

问题 8-6-5

企业销售非自行开发的 2016 年 5 月 1 日后取得的房屋如何计算增值税?

答:《纳税人转让不动产增值税征收管理暂行办法》(国家税务总局公告 2016 年第 14 号发布) 第三条第(五)款规定:"一般纳税人转让其 2016 年 5 月 1 日后取得(不含自建)的不动产,适用一般计税方法,以取得的全部价款和价外费用为销售额计算应纳税额。纳税人应以取得的全部价款和价外费用扣除不动产购置原价或者取得不动产时的作价后的余额,按照 5% 的预征率向不动产所在地主管地税机关预缴税款,向机构所在地主管国税机关申报纳税。"

根据上述政策规定,一般纳税人转让其 2016 年 5 月 1 日后取得(不含自建)的不动产,只能适用一般计税方法,不得选择简易计税方法计税。

提示: 根据《财政部　税务总局关于调整增值税税率的通知》(财税〔2018〕32 号) 第一条的规定,自 2018 年 5 月 1 日起,"纳税人发生增值税应税销售行为或者进口货物,原适用 17% 和 11% 税率的,税率分别调整为 16%、10%"。

REAL ESTATE ENTERPRISE　**案例 8-32**

企业销售非自行开发的 2016 年 5 月 1 日后取得房屋的增值税计算

A 房地产开发公司 2018 年 7 月转让于 2016 年 6 月购置的一处办公房,转让价款为 200 万元(含税),购置原价为 100 万元(含税)。A 公司为一般纳税人,增值税计算如下:

增值税销项税额:$200 \div (1 + 10\%) \times 10\% = 18.18$(万元)。

问题 8-6-6

企业转让不动产无法提供取得时发票的如何处理?

答:企业转让不动产应当提供取得时的发票。根据《国家税务总局关于纳税人转让不动产缴纳增值税差额扣除有关问题的公告》(国家税务总局公告 2016 年第 73 号) 的规定,纳税人转让不动产缴纳增值税差额扣除有关问题处理如下:

"一、纳税人转让不动产,按照有关规定差额缴纳增值税的,如因丢失等原因无法提供取得不动产时的发票,可向税务机关提供其他能证明契税计税金额的完税凭证等资料,进行差额扣除。

二、纳税人以契税计税金额进行差额扣除的,按照下列公式计算增值税应纳税额:

(一) 2016 年 4 月 30 日及以前缴纳契税的

$$\substack{增值税 \\ 应纳税额} = \left[\substack{全部交易价格 \\ (含增值税)} - \substack{契税计税金额 \\ (含营业税)} \right] \div (1 + 5\%) \times 5\%$$

（二）2016 年 5 月 1 日及以后缴纳契税的

$$\begin{matrix}增值税\\应纳税额\end{matrix}=\left[\begin{matrix}全部交易价格\\（含增值税）\end{matrix}\div（1+5\%）-\begin{matrix}契税计税金额\\（不含增值税）\end{matrix}\right]\times5\%$$

三、纳税人同时保留取得不动产时的发票和其他能证明契税计税金额的完税凭证等资料的，应当凭发票进行差额扣除"。

根据上述政策规定，企业转让不动产，如因丢失等原因无法提供取得不动产时的发票，可向税务机关提供其他能证明契税计税金额的完税凭证等资料，进行差额扣除。如果无法向税务机关提供其他能证明契税计税金额的完税凭证等资料，则不能进行差额扣除。

问题 8-6-7

企业转让旧房签订的合同如何贴花？

答：根据《印花税暂行条例》的规定，转让旧房签订的合同按产权转移书据征收印花税，按合同所载金额的万分之五贴花。一般情况下，如果合同分别记载价税，则可以按不含税价计算。产权转移书据由立据人贴花，所立书据以合同方式签订的应由持有书据的各方分别按全额贴花。

REAL ESTATE
ENTERPRISE　**案例 8-33**

企业转让旧房合同的印花税计算

B 房地产开发公司 2017 年 7 月转让一处办公房，合同记载总金额为 200 万元。印花税计算如下：

应缴印花税：2 000 000×0.000 5＝1 000（元）。

问题 8-6-8

企业转让旧房提供评估价格的如何计算土地增值税扣除项目？

答：根据《土地增值税暂行条例》及其实施细则的规定，转让旧房提供评估价格的，应按房屋及建筑物的评估价格、取得土地使用权所支付的地价款和按国家统一规定交纳的有关费用以及在转让环节缴纳的税金（不包括增值税）作为扣除项目金额计征土地增值税。对取得土地使用权时未支付地价款或不能提供已支付的地价款凭据的，不允许扣除取得土地使用权所支付的金额。计算公式如下：

$$\begin{matrix}扣除项\\目金额\end{matrix}=\begin{matrix}取得土地使用权\\所支付的金额\end{matrix}+\begin{matrix}旧房评\\估价格\end{matrix}+\begin{matrix}评估\\费用\end{matrix}+\begin{matrix}转让旧房时\\缴纳的税金\end{matrix}$$

$$\begin{matrix}取得土地使用权\\所支付的金额\end{matrix}=\begin{matrix}取得土地使用权\\所支付的地价款\end{matrix}+\begin{matrix}按国家统一规定\\交纳的有关费用\end{matrix}$$

$$\frac{旧房评}{估价格} = \frac{旧房建筑物}{重置成本价} \times 成新率$$

REAL ESTATE
ENTERPRISE **案例 8-34**

企业按评估价转让旧房的土地增值税计算

B 房地产开发公司 2017 年 7 月转让于 2010 年 6 月自建的一处办公房,转让价款为 200 万元,评估价格为 70 万元,取得土地使用权所支付的金额为 100 万元,按简易计税方法缴纳增值税 9.52 万元,缴纳城市维护建设税、教育费附加与地方教育附加合计 1.14 万元,缴纳印花税 1 000 元。土地增值税计算如下:

土地增值税扣除项目金额:$100+70+1.14+0.1=171.24$(万元);

增值额:$200\div(1+5\%)-171.24=19.24$(万元)。

增值额未超过扣除项目金额 50%,适用税率 30%;

土地增值税额:$19.24\times30\%=5.772$(万元)。

问题 8-6-9

企业转让旧房只能提供购房发票的如何计算土地增值税扣除项目?

答:《国家税务总局关于营改增后土地增值税若干征管规定的公告》(国家税务总局公告 2016 年第 70 号)规定:"营改增后,纳税人转让旧房及建筑物,凡不能取得评估价格,但能提供购房发票的,《中华人民共和国土地增值税暂行条例》第六条第一、三项规定的扣除项目的金额按照下列方法计算:

(一)提供的购房凭据为营改增前取得的营业税发票的,按照发票所载金额(不扣减营业税)并从购买年度起至转让年度止每年加计 5% 计算。

(二)提供的购房凭据为营改增后取得的增值税普通发票的,按照发票所载价税合计金额从购买年度起至转让年度止每年加计 5% 计算。

(三)提供的购房发票为营改增后取得的增值税专用发票的,按照发票所载不含增值税金额加上不允许抵扣的增值税进项税额之和,并从购买年度起至转让年度止每年加计 5% 计算。"

《财政部 国家税务总局关于土地增值税若干问题的通知》(财税〔2006〕21 号)第三条规定:"对纳税人购房时缴纳的契税,凡能提供契税完税凭证的,准予作为'与转让房地产有关的税金'予以扣除,但不作为加计 5% 的基数。"

《国家税务总局关于土地增值税清算有关问题的通知》(国税函〔2010〕220 号)第七条规定:"计算扣除项目时'每年'按购房发票所载日期起至售房发票开具之日止,每满 12 个月计一年;超过一年,未满 12 个月但超过 6 个月的,可以视同为一年。"

根据上述政策规定，企业计算土地增值税扣除项目的公式为：

$$扣除项目金额 = 购房发票金额 \times (1 + 旧房持有年数 \times 5\%) + 购房契税 + 转让旧房时缴纳的税金$$

REAL ESTATE ENTERPRISE **案例 8-35**

企业转让旧房只能提供发票的土地增值税计算

B 房地产开发公司 2017 年 7 月转让于 2010 年 6 月购置的一处办公房，转让价款为 200 万元。购置原价为 100 万元（只能提供发票），缴纳契税 3 万元。转让时按简易计税方法缴纳增值税 4.76 万元，缴纳城市维护建设税、教育费附加与地方教育附加合计 0.57 万元，缴纳印花税 1 000 元。B 公司增值税计算如下：

土地增值税扣除项目金额：$100 \times (1 + 7 \times 5\%) + 3 + 0.67 = 138.67$（万元）；

增值额：$200 - 4.76 - 138.67 = 56.57$（万元）。

增值额未超过扣除项目金额 50%，适用税率 30%；

土地增值税额：$56.57 \times 30\% = 16.971$（万元）。

问题 8-6-10

企业转让旧房没有评估价格又不能提供购房发票的如何计算土地增值税？

答：《财政部 国家税务总局关于土地增值税若干问题的通知》（财税〔2006〕21 号）规定："对于转让旧房及建筑物，既没有评估价格，又不能提供购房发票的，地方税务机关可以根据《中华人民共和国税收征收管理法》第三十五条的规定，实行核定征收。"

《国家税务总局关于加强土地增值税征管工作的通知》（国税发〔2010〕53 号）第四条规定："为了规范核定工作，核定征收率原则上不得低于 5%，各省级税务机关要结合本地实际，区分不同房地产类型制定核定征收率。"

根据上述政策规定，对于转让旧房及建筑物的额，原则上不予核定征收。如果确实出现了"既没有评估价格，又不能提供购房发票的"情形需要核定征收的，则核定率不低于 5%，具体核定征收率由各省级税务机关制定。

REAL ESTATE ENTERPRISE **案例 8-36**

企业转让旧房的土地增值税核定征收

B 房地产开发公司 2017 年 7 月转让一处办公房，转让价款为 200 万元（不含税）。B 房地产开发公司既没有评估价格，又不能提供购房发票。

税务机关根据《税收征收管理法》第三十五条的规定，实行核定征收。

当地征收率为 5%，土地增值税为：$200 \times 5\% = 10$（万元）。

问题 8-6-11

企业转让旧房如何进行会计（企业所得税）处理？

答：根据《企业会计准则第 4 号——固定资产》第二十三条的规定，企业出售、转让、报废固定资产或发生固定资产毁损，应当将处置收入扣除账面价值和相关税费后的金额计入当期损益。固定资产的账面价值是固定资产成本扣减累计折旧和累计减值准备后的金额。

在具体处理上，按旧房的账面价值，借记"固定资产清理"科目，按已计提的累计折旧，借记"累计折旧"科目，按其账面原价，贷记"固定资产"科目。

转让旧房取得的转让收入，借记"银行存款"科目，贷记"固定资产清理"、"应交税费——应交增值税——销项税额"科目。

转让旧房过程中应支付的相关税费及其他费用，借记"固定资产清理"科目，贷记"银行存款""应交税费"等科目。

转让完成后，"固定资产清理"科目如为贷方余额，借记"固定资产清理"科目，贷记"营业外收入"科目；反之，借记"营业外支出"科目，贷记"固定资产清理"科目。

根据《企业所得税法》关于收入、支出的政策规定，上述转让旧房处理完毕后，如果有盈余，即"营业外收入"科目为贷方余额，则结转当年所得，计算缴纳企业所得税；如果发生亏损，即"营业外支出"科目为借方余额，则可以在企业所得税税前扣除。

REAL ESTATE
ENTERPRISE **案例 8-37**

企业转让旧房的会计（企业所得税）处理

B 房地产开发公司 2017 年 7 月转让于 2010 年 6 月购置的一处办公房，转让价款为 200 万元。办公房账面原价为 103 万元，已计提折旧 36 万元。转让时按简易计税方法缴纳增值税 4.76 万元，城市维护建设税、教育费附加与地方教育附加合计 0.57 万元，印花税 1 000 元，土地增值税 17 万元。

会计处理如下（单位：万元）：

1. 将旧房转入"固定资产清理"科目。

借：固定资产清理	67
累计折旧	36
贷：固定资产	103

2. 取得转让收入时。

借：银行存款	200
贷：固定资产清理	195.24

应交税费——简易计税   4.76

3. 转让过程中应支付的城市维护建设税、教育费附加与地方教育附加及印花税、土地增值税合计 17.67 万元。

借：固定资产清理   17.67

贷：应交税费   17.67

4. 结转"固定资产清理"科目时。

借：固定资产清理   110.57

贷：营业外收入   110.57

提示：根据《财政部 税务总局关于调整增值税税率的通知》（财税〔2018〕32 号）第一条的规定，自 2018 年 5 月 1 日起，"纳税人发生增值税应税销售行为或者进口货物，原适用 17％和 11％税率的，税率分别调整为 16％、10％"。如果上述业务发生在 2018 年 5 月 1 日以后，则涉及的 11％税率调整为 10％。

8.7 转让在建工程业务

在建工程是指已进入建筑物施工阶段的项目，购买或转让在建工程涉及增值税计算、企业所得税处理等业务。

问题 8-7-1

企业转让在建工程如何计算增值税？

答：企业转让在建工程的业务实质与销售自行开发的房地产项目相同，具体按照《房地产开发企业销售自行开发的房地产项目增值税征收管理暂行办法》（国家税务总局公告 2016 年第 18 号发布）等文件规定处理。

对于跨营改增的项目，《房地产开发企业销售自行开发的房地产项目增值税征收管理暂行办法》第八条规定："一般纳税人销售自行开发的房地产老项目，可以选择适用简易计税方法按照 5％的征收率计税。一经选择简易计税方法计税的，36 个月内不得变更为一般计税方法计税。

房地产老项目，是指：

（一）《建筑工程施工许可证》注明的合同开工日期在 2016 年 4 月 30 日前的房地产项目；

（二）《建筑工程施工许可证》未注明合同开工日期或者未取得《建筑工程施工许可证》但建筑工程承包合同注明的开工日期在 2016 年 4 月 30 日前的建筑工程项目。"

该办法第九条规定："一般纳税人销售自行开发的房地产老项目适用简易计

税方法计税的，以取得的全部价款和价外费用为销售额，不得扣除对应的土地价款。"

---REAL ESTATE
ENTERPRISE　**案例 8-38**

企业转让在建工程的增值税计算

B 房地产开发公司 2017 年 7 月转让一房地产在建项目，转让收入 1 亿元，该项目于 2010 年 6 月以出让方式取得土地，土地价款 4 000 万元。增值税计算如下：

1. 适用简易计税方法的。

不含税价格：10 000÷（1＋5％）＝9 523.81（万元）；

应缴增值税：9 523.81×5％＝476.19（万元）。

2. 适用一般计税方法的。

增值税销项税额：（10 000－4 000）÷（1＋10％）×10％＝545.45（万元）。

提示：根据《财政部 税务总局关于调整增值税税率的通知》（财税〔2018〕32 号）第一条的规定，自 2018 年 5 月 1 日起，"纳税人发生增值税应税销售行为或者进口货物，原适用 17％和 11％税率的，税率分别调整为 16％、10％"。

问题 8-7-2

企业签订转让在建工程合同如何贴花？

答：根据《印花税暂行条例》的规定，转让在建工程合同按产权转移书据征收印花税，按合同所载金额的万分之五贴花。一般情况下，如果合同分别记载价税，则可以按不含税价计算。产权转移书据由立据人贴花，所立书据以合同方式签订的应由持有书据的各方分别按全额贴花。

---REAL ESTATE
ENTERPRISE　**案例 8-39**

企业转让在建工程合同的印花税计算

B 房地产开发公司 2017 年 7 月转让一房地产在建项目，合同记载总金额为 1 亿元。印花税计算如下：

应缴印花税：10 000×0.000 5＝5（万元）。

提示：如果合同中是价税分开的，则按不含税价格计算贴花。

问题 8-7-3

企业转让在建工程如何计算土地增值税？

答：根据《土地增值税暂行条例》的规定，纳税人转让在建工程的收入减除扣除项目金额后的余额，为增值额。根据增值额和税率计算征收。计算增值额的扣除项目包括：取得土地使用权所支付的金额；开发土地的成本、费用；新建房及配套设施的成本、费用；与转让房地产有关的税金；从事房地产开发的纳税人可按取得土地使用权所支付的金额及房地产开发的成本的金额之和，加计 20％的扣除。

---REAL ESTATE
ENTERPRISE　**案例 8-40**

企业转让在建工程的土地增值税计算

B 房地产开发公司 2017 年 7 月转让一房地产在建项目，转让收入 1 亿元，该项目于 2010 年 6 月以出让方式取得土地，土地成本合计 4 000 万元。已发生开发成本 1 000 万元，不能准确计算此项目分摊的利息支出，已按简易计税方法缴纳增值税 476.19 万元，城市维护建设税、教育费附加与地方教育附加合计 57.14 万元，印花税 5 万元。B 公司的土地增值税计算如下：

土地增值税扣除项目金额：4 000＋1 000＋（4 000＋1 000）×10％＋57.14＋（4 000＋1 000）×20％＝6 557.14（万元）；

增值额：10 000－476.19－6 557.14＝2 966.67（万元）；

增值额未超过扣除项目金额 50％，适用税率 30％；

土地增值税额：2 966.67×30％＝890.001（万元）。

问题 8-7-4

企业转让在建工程如何进行会计（企业所得税）处理？

答：企业转让在建工程的业务实质与销售自行开发的房地产项目相同，企业所得税依据《房地产开发经营业务企业所得税处理办法》（国税发〔2009〕31 号文件发布）的规定处理。

在具体会计处理上，其取得转让收入，借记"银行存款"科目，贷记"营业收入"、"应交税费——应交增值税——销项税额"或"应交税费——简易计税"科目。

转让过程中应支付的相关税费及其他费用，借记"税金及附加"科目，贷记"应交税费"科目。

结转成本时，按已发生的开发成本金额，借记"营业成本"科目，贷记"开发产品"科目。

---REAL ESTATE
ENTERPRISE　**案例 8-41**

企业转让在建工程的会计（企业所得税）处理

A 房地产开发公司 2017 年 7 月转让一房地产在建项目，转让收入 1 亿元，该项目于 2010 年 6 月以出让方式取得土地，土地成本合计 4 000 万元。已发生开发成本 1 000 万元，按简易计税方法缴纳增值税 476.19 万元，城市维护建设税、教育费附加与地方教育附加合计 57.14 万元，印花税 5 万元，土地增值税 890 万元。会计处理如下（单位：万元）：

1. 取得转让收入时。

借：银行存款 10 000

　　贷：营业收入 9 523.81

　　　　应交税费——简易计税 476.19

2. 计提各项税费时。

转让过程中应支付的城市维护建设税、教育费附加与地方教育附加及印花税、土地增值税合计 952.14 万元。

借：税金及附加 952.14

　　贷：应交税费 952.14

3. 结转成本时。

借：营业成本 5 000

　　贷：开发产品 5 000

8.8 转让土地使用权业务

此项业务包括转让未经开发的土地使用权或已开发尚未进入建筑物施工阶段的土地。

问题 8-8-1

企业转让土地使用权如何计算增值税？

答：房地产开发企业转让土地使用权的，应按"销售无形资产——转让土地使用权"税目缴纳增值税，具体分以下两种情况：

一是根据《财政部 国家税务总局关于进一步明确全面推开营改增试点有关劳务派遣服务、收费公路通行费抵扣等政策的通知》（财税〔2016〕47 号）第三条第（二）项第二款的规定，"纳税人转让 2016 年 4 月 30 日前取得的土地使用权，可以选择适用简易计税方法，以取得的全部价款和价外费用减去取得该土地使用权的原价后的余额为销售额，按照 5% 的征收率计算缴纳增值税"。

二是纳税人发生除财税〔2016〕47 号文件规定情形以外的转让土地使用权行为，一般纳税人应以销售额全额按适用税率即 11% 计算缴纳增值税，小规模纳税人应以销售额全额按 3% 的征收率计算缴纳增值税。

根据《财政部 税务总局关于调整增值税税率的通知》（财税〔2018〕32 号）第一条的规定，自 2018 年 5 月 1 日起，"纳税人发生增值税应税销售行为或者进口货物，原适用 17% 和 11% 税率的，税率分别调整为 16%、10%"。

REAL ESTATE
ENTERPRISE **案例 8-42**

企业转让 2016 年 4 月 30 日前取得的土地使用权的增值税计算

B 房地产开发公司（一般纳税人）2018 年 7 月转让土地使用权，转让收入 1 亿元（含税），该项目于 2015 年 6 月以出让方式取得土地，土地价款 4 000 万元。增值税计算如下：

1. 选择简易计税方法的。

应缴增值税：$(10\,000-4\,000)\div(1+5\%)\times5\%=285.71$（万元）；

2. 选择一般计税方法的。

增值税销项税额：$10\,000\div(1+10\%)\times10\%=909.09$（万元）。

REAL ESTATE
ENTERPRISE **案例 8-43**

企业转让 2016 年 4 月 30 日后取得的土地使用权的增值税计算

B 房地产开发公司 2018 年 7 月转让土地使用权，转让收入 1 亿元（含税），该项目于 2016 年 6 月以出让方式取得土地，土地价款 8 000 万元。增值税计算如下：

1. 一般纳税人。

增值税销项税额：$10\,000\div(1+10\%)\times10\%=909.09$（万元）；

2. 小规模纳税人。

应缴增值税：$10\,000\div(1+3\%)\times3\%=291.26$（万元）。

问题 8-8-2

企业签订转让土地使用权合同如何贴花？

答：根据《财政部、国家税务总局关于印花税若干政策的通知》（财税〔2006〕162 号）的规定，土地使用权出让合同、土地使用权转让合同按产权转移书据征收印花税，按所载金额的万分之五贴花。一般情况下，如果合同分别记载价税，则可以按不含税价计算。产权转移书据由立据人贴花，所立书据以合同方式签订的应由持有书据的各方分别按全额贴花。也就是说，出让方、受让方均要按规定计算贴花。

REAL ESTATE
ENTERPRISE **案例 8-44**

企业转让土地使用权合同的印花税计算

B 房地产开发公司 2017 年 1 月与 A 公司签订土地转让合同，合同记载金额 50 000 万元（含税）。印花税计算如下：

应缴印花税：50 000×0.000 5＝25（万元）。

问题 8-8-3

企业转让土地使用权如何计算土地增值税？

答：根据《土地增值税暂行条例》、《土地增值税宣传提纲》（国税函发〔1995〕110 号文件发布）的规定，对取得土地或房地产使用权后，未进行开发即转让的，计算其增值额时，只允许扣除取得土地使用权时支付的地价款、交纳的有关费用，以及在转让环节缴纳的税金，不得扣除房地产开发费用。

对取得土地使用权后投入资金，将土地变为熟地转让的，计算其增值额时，允许扣除取得土地使用权时支付的地价款、交纳的有关费用，和开发土地所需成本再加计开发成本的 20％以及在转让环节缴纳的税金，不得扣除房地产开发费用。

REAL ESTATE
ENTERPRISE　**案例 8-45**

企业转让未开发土地的使用权的土地增值税计算

B 房地产开发公司（一般纳税人）2017 年 7 月转让一未经开发土地的使用权，转让收入 1 亿元（含税），该项目于 2016 年 6 月以出让方式取得土地，土地成本 7 000 万元。转让时缴纳增值税 990.99 万元，城市维护建设税、教育费附加与地方教育附加合计 118.92 万元，印花税 5 万元。土地增值税计算如下：

土地增值税扣除项目金额：7 000＋118.92＋5＝7 123.92（万元）；

增值额：10 000－990.99－7 123.92＝1 885.09（万元）；

增值额未超过扣除项目金额 50％，适用税率 30％；

土地增值税额：1 885.09×30％＝565.527（万元）。

REAL ESTATE
ENTERPRISE　**案例 8-46**

企业转让已开发土地的使用权的土地增值税计算

B 房地产开发公司（一般纳税人）2017 年 7 月转让一地块，转让收入 1 亿元（含税），该项目于 2016 年 6 月以出让方式取得土地，土地成本 7 000 万元，已发生土地开发成本 1 000 万元，转让时缴纳增值税 990.99 万元，城市维护建设税、教育费附加、地方教育附加合计 118.92 万元，印花税 5 万元。土地增值税计算如下：

土地增值税扣除项目金额：7 000＋1 000＋1 000×20％＋118.92＋5＝8 323.92（万元）；

增值额：10 000－990.99－8 323.92＝685.09（万元）；

增值额未超过扣除项目金额 50％，适用税率 30％；

土地增值税额：685.09×30％＝205.527（万元）。

问题 8-8-4

企业转让土地使用权如何进行企业所得税（会计）处理？

答：根据《企业所得税法》及《房地产开发经营业务企业所得税处理办法》（国税发〔2009〕31 号文件发布）关于收入、支出的政策规定，企业转让土地使用权，如果有盈余，即"营业外收入"科目贷方余额，则结转当年所得，计算缴纳企业所得税；如果发生亏损，即"营业外支出"科目借方余额，则可以在企业所得税税前扣除。

根据《会计准则 6 号——无形资产》的规定，企业转让土地使用权应当将取得的价款与该土地使用权账面价值的差额计入当期损益。具体处理如下：

取得转让收入时，借记"银行存款"科目，按已计提的累计摊销，借记"累计摊销"科目，按其成本，贷记"无形资产"科目；

缴纳相关税费时，按应缴纳的相关税费，贷记"应交税费——应交增值税——销项税额"或"应交税费——简易计税"、"应交税费——应交土地增值税"等科目。

结转收入成本时，按其差额，贷记"营业外收入——非流动资产处置净收益"或借记"营业外支出——非流动资产处置净损失"科目。

REAL ESTATE
ENTERPRISE **案例 8-47**

企业转让土地使用权的会计处理

B 房地产开发公司（一般纳税人）2017 年 7 月转让一未经开发的土地使用权，转让收入 1 亿元（含税），该项目于 2016 年 6 月以出让方式取得土地，土地成本 7 000 万元，已累计摊销 100 万元。转让时缴纳增值税 990.99 万元，城市维护建设税 69.37 万元，教育费附加与地方教育附加 49.55 万元，印花税 5 万元，土地增值税 565.527 万元。会计处理如下（单位：万元）：

借：银行存款　　　　　　　　　　　　　　　　　10 000
　　累计摊销　　　　　　　　　　　　　　　　　　100
　贷：无形资产　　　　　　　　　　　　　　　　7 000
　　　应交税费——应交增值税——销项税额　　　990.99
　　　　　　　——应交城市维护建设税　　　　　69.37
　　　　　　　——应交教育费附加与地方教育附加　49.55
　　　　　　　——应交印花税　　　　　　　　　　5
　　　　　　　——应交土地增值税　　　　　　　565.527
　　　营业外收入　　　　　　　　　　　　　　1 419.563

　　提示：根据《财政部　税务总局关于调整增值税税率的通知》（财税〔2018〕32 号）第一条的规定，自 2018 年 5 月 1 日起，"纳税人发生增值税应税销售行为或者进口货物，原适用 17% 和 11% 税率的，税率分别调整为 16%、10%"。如果上述业务发生在 2018 年 5 月 1 日以后，则涉及的 11% 税率调整为 10%。

第 9 章
自持物业业务涉税问题

房地产开发企业根据经营的需要，可以将自建开发产品转为固定资产、投资性房地产。一般情况下，如果持有物业是为了生产经营使用，应当计入固定资产；如果持有物业是为了赚取租金或资本增值，则应当计入投资性房地产。本章分析的业务问题涉及房屋使用过程中涉及的各项税收业务，包括增值税、房产税以及企业所得税等。

9.1 开发产品转固定资产等业务

企业将开发产品转为固定资产的主要目的是自用，涉及结转的处理、固定资产的各项后续处理，以及房产税、城镇土地使用税、企业所得税等多项税收业务。

问题 9-1-1

开发产品转固定资产如何进行会计处理？

答：根据《企业会计准则第 4 号——固定资产》第三条的规定，为生产商品、提供劳务、出租或经营管理而持有的房屋为企业的固定资产。房地产开发企业根据需要将开发产品转为固定资产自用，因为开发产品并未发生权属转移，所以不需要缴纳增值税、土地增值税及企业所得税等。

结转的会计处理是从"开发产品"科目的贷方结转到"固定资产"科目的借方。

根据《〈企业会计准则第 6 号——无形资产〉应用指南》第六条"土地使用权的处理"的规定，"企业取得的土地使用权通常应确认为无形资产，但改变土地使用权用途，用于赚取租金或资本增值的，应当将其转为投资性房地产。

自行开发建造厂房等建筑物，相关的土地使用权与建筑物应当分别进行处理。外购土地及建筑物支付的价款应当在建筑物与土地使用权之间进行分配；难以合理分配的，应当全部作为固定资产。

企业（房地产开发）取得土地用于建造对外出售的房屋建筑物，相关的土地使用权账面价值应当计入所建造的房屋建筑物成本"。

对于"无形资产——土地"科目的核算，在实际操作中，房地产开发企业的土地成本直接分配计入开发成本。如果开发产品转入固定资产，则相应的土地成本要转入"无形资产——土地"科目，可以按照每平方米建筑面积承担的土地成本计算结转。

REAL ESTATE
ENTERPRISE **案例 9-1**

企业开发产品转固定资产的会计处理

A 房地产开发公司 2017 年 3 月 20 日，将自行开发的一栋七层写字楼中的第一层、第二层转为固定资产，假定其他楼层已经全部销售完毕。该两层开发产品成本金额 1 200 万元（含土地、建筑），每层楼建筑面积 1 000 平方米，两层共计 2 000 平方米，每平方米土地成本 3 200 元。假定房屋折旧期为 20 年（无残值），土地成本按 50 年摊销（商业土地），结转的会计处理如下：

1. 价格计算。

开发产品中的土地成本：2 000×0.32＝640（万元）；

开发产品中的建筑成本：1 200－640＝560（万元）；

土地成本月摊销额：640÷（50×12）＝1.07（万元）；

2017年当年摊销额：1.07×9＝9.63（万元）；

房屋月折旧额：560÷（20×12）＝2.33（万元）；

2017年当年折旧额：2.33×9＝20.97（万元）。

2. 会计处理（单位：万元）。

（1）资产结转时：

借：无形资产	640
固定资产	560
贷：开发产品	1 200

（2）计提折旧与摊销时（2017年）：

借：管理费用——房屋折旧	20.97
——土地摊销	9.63
贷：累计折旧	20.97
无形资产	9.63

问题 9-1-2

开发产品转固定资产如何计算房产税？

答：《房产税暂行条例》第三条第一款规定："房产税依照房产原值一次减除10％至30％后的余值计算缴纳。具体减除幅度，由省、自治区、直辖市人民政府规定"；第四条规定："房产税的税率，依照房产余值计算缴纳的，税率为1.2％"。

《财政部、国家税务总局关于安置残疾人就业单位城镇土地使用税等政策的通知》（财税〔2010〕121号）第三条"关于将地价计入房产原值征收房产税问题"规定："对按照房产原值计税的房产，无论会计上如何核算，房产原值均应包含地价，包括为取得土地使用权支付的价款、开发土地发生的成本费用等。宗地容积率低于0.5的，按房产建筑面积的2倍计算土地面积并据此确定计入房产原值的地价。"

根据以上政策规定，房产税的计税房产原值包括土地成本。

REAL ESTATE ENTERPRISE 案例 9-2

企业开发产品转固定资产的房产税计算

A房地产开发公司2017年3月20日，将自行开发的一栋七层写字楼中的第一层、第二层转为固定资产，该两层开发产品中土地成本640万元、建筑成本等560万元。假定当地规定的房产余值为原值减除30%，宗地容积率大于0.5，房产税计算及会计处理如下：

1. 房产税计算。

房产税计税原值：$640+560=1\,200$（万元）；

房产余值：$1\,200\times(1-30\%)=840$（万元）；

年应缴税额：$840\times1.2\%=10.08$（万元）；

2017年应纳税额：$10.08\times(9\div12)=7.56$（万元）。

2. 会计处理（单位：万元）。

借：税金及附加	7.56
贷：应交税费——应交房产税	7.56

问题 9-1-3

企业开发产品转固定资产如何计算城镇土地使用税？

答：根据《城镇土地使用税暂行条例》的规定，在城市、县城、建制镇、工矿区范围内使用土地的单位和个人，为城镇土地使用税的纳税人，应当依照该条例的规定缴纳土地使用税。

城镇土地使用税以纳税人实际占用的土地面积为计税依据，依照规定税额计算征收。

REAL ESTATE
ENTERPRISE **案例 9-3**

企业自用固定资产房屋的城镇土地使用税计算及会计处理

A房地产开发公司2017年3月20日将自行开发的一栋七层写字楼中的第一层、第二层转为固定资产，该两层开发产品中土地成本640万元、建筑成本等560万元。写字楼总建筑面积7\,000平方米，每层楼建筑面积1\,000平方米，写字楼占地面积（计税）2\,000平方米，其他楼层已经销售完毕。假定当地规定的城镇土地使用税额为每平方米15元，城镇土地使用税计算及会计处理如下：

1. 两层房屋实际占用面积：$2\,000\times(2\,000\div7\,000)=571.43$（平方米）；

应缴城镇土地使用税：$571.43\times15=8\,571.45$（元）。

2. 会计处理：

借：税金及附加	8\,571.45
贷：应交税费——应交城镇土地使用税	8\,571.45

提示：如果其他楼层还没有销售，则城镇土地使用税计算如下：

城镇土地使用税应缴税额（年）：$2\,000\times15=30\,000$（元）。

（1）计提城镇土地使用税时：

借：税金及附加　　　　　　　　　　　　　　　　　　　　　300 000
　　贷：应交税金——应交城镇土地使用税　　　　　　　　　　　30 000
（2）缴纳税金时：
借：应交税金——应交城镇土地使用税　　　　　　　　　　　　30 000
　　贷：银行存款　　　　　　　　　　　　　　　　　　　　　30 000

问题 9-1-4

企业自有毛坯房屋初次装修费用如何处理？

答：《企业会计准则第 4 号——固定资产》第八条规定："外购固定资产的成本，包括购买价款、相关税费、使固定资产达到预定可使用状态前所发生的可归属于该项资产的运输费、装卸费、安装费和专业人员服务费等"；第九条规定："自行建造固定资产的成本，由建造该项资产达到预定可使用状态前所发生的必要支出构成"。

《企业所得税法实施条例》第五十八条规定，固定资产按照以下方法确定计税基础：

"（一）外购的固定资产，以购买价款和支付的相关税费为计税基础；

（二）自行建造的固定资产，以竣工结算前发生的支出为计税基础"。

根据上述政策规定作出判断的关键是"资产达到预定可使用状态前所发生的必要支出构成"。对于购买的"装修房"或自行开发的"装修房"，由于已经"达到预定可使用状态"，因此其购买价格或全部成本（含装修成本）就是"固定资产——房屋"的价值。对于购买或自行开发的毛坯房，因不具有可使用状态，作为"达到预定可使用状态前所发生的必要支出"的装修费用支出，就构成该房屋的固定资产价值。

REAL ESTATE
ENTERPRISE　**案例 9-4**

企业自有毛坯房屋初次装修费用的处理

A 房地产开发公司 2018 年 3 月 20 日将自行开发的一栋写字楼转为固定资产，该楼建筑面积 5 000 平方米，其中每平方米土地成本 0.32 万元，每平方米开发成本 0.23 万元，每平方米装修费用 0.05 万元。房屋成本的处理如下：

1. 成本计算。

装修成本：5 000×0.05＝250（万元）；

土地成本：5 000×0.32＝1 600（万元）；

开发成本：5 000×0.23＝1 150（万元）。

房屋总成本＝土地成本＋开发成本（不含土地成本）＋装修成本＝1 600＋1 150＋250＝3 000（万元）。

2. 会计处理（单位：万元）。

（1）结转开发产品时：

借：开发产品——土地   1 600

          ——房屋   1 150

          ——装修   250

    贷：开发成本——土地   1 600

             ——房屋   1 150

             ——装修   250

（2）结转固定资产时：

借：固定资产——房屋   1 400

    贷：开发产品——房屋   1 150

             ——装修   250

（3）转"无形资产——土地"时：

借：无形资产——土地   1 600

    贷：开发产品——土地   1 600

问题 9-1-5

企业自有房屋的后续装修费用如何处理？

答：《〈企业会计准则第 4 号——固定资产〉应用指南》第二条规定："固定资产的后续支出是指固定资产在使用过程中发生的更新改造支出、修理费用等。固定资产的更新改造等后续支出，满足本准则第四条规定确认条件的，应当计入固定资产成本，如有被替换的部分，应扣除其账面价值；不满足本准则第四条规定确认条件的固定资产修理费用等，应当在发生时计入当期损益。"

《企业所得税法》第十三条规定，"固定资产的大修理支出""其他应当作为长期待摊费用的支出"作为长期待摊费用，按照规定摊销的，准予扣除。

《企业所得税法实施条例》第五十八条第（六）项规定："改建的固定资产，除企业所得税法第十三条第（一）项、第（二）项规定外，以改建过程中发生的改建支出增加计税基础。"

根据上述政策规定，房屋后续的装修、维修及大修（或称更新改造）等支出可分为三类：

1. 资本化大修。

房屋后续的装修、维修及大修（或称更新改造）等支出，凡是符合资本化要求的要进行资本化处理。

关于符合资本化处理的条件及摊销年限，《企业所得税法实施条例》第六十九条规定："企业所得税法第十三条第（三）项所称固定资产的大修理支出，是指同时符合下列条件的支出：

（一）修理支出达到取得固定资产时的计税基础 50％以上；

（二）修理后固定资产的使用年限延长 2 年以上。

企业所得税法第十三条第（三）项所规定的支出，按照固定资产尚可使用年限分期摊销"。

根据上述政策规定，对于修理支出达到取得固定资产时的计税基础 50％以上，且修理后固定资产的使用年限延长 2 年以上的，要按照长期待摊费用处理，其待摊年限要按照固定资产尚可使用年限分期摊销。一般情况下，这类大修主要是针对房屋已经破损，且影响正常使用的情况。

2. 资本化装修或达不到大修条件的维修。

《企业所得税法实施条例》第七十条规定："企业所得税法第十三条第（四）项所称其他应当作为长期待摊费用的支出，从支出发生月份的次月起，分期摊销，摊销年限不得低于 3 年。"

对于一般装饰性装修或达不到政策规定的大修要件的，根据上述政策规定，应作为"其他应当作为长期待摊费用的支出"，其摊销年限应根据其使用周期确定，不得低于 3 年。

3. 计入当期损益的修补。

对于一般临时性修补，凡是不符合资本化条件的，应当在发生时计入当期损益，例如玻璃破损、墙体渗水等。

此外，根据《企业会计准则第 4 号——固定资产》第五条的规定，"固定资产的各组成部分具有不同使用寿命或者以不同方式为企业提供经济利益，适用不同折旧率或折旧方法的，应当分别将各组成部分确认为单项固定资产"，应单独入账核算。因此，在大修或支出低于大修条件的维修中，如果涉及电梯、中央空调等大型设备的更换，则原并入房屋固定资产价值的电梯、中央空调等大型设备应单独核算。

REAL ESTATE
ENTERPRISE　**案例 9-5**

企业自有房屋后续大修、装修费用的处理

A 房地产开发公司 2014 年 3 月 20 日将自行开发的一栋写字楼中的第一层、第二层转为固定资产，"开发产品"科目金额 1 200 万元，其中土地成本 640 万元，建筑成本 560 万元（含电梯、中央空调等各类装修费用）。2017 年 12 月 A 公司决定对房屋进行重新装修，2018 年 3 月 20 日开始装修，在装修工程中，变卖拆除的原计入成本中的各类装饰性材料、物品等 2 万元（未抵扣过进项税），2018 年 6 月装修完成，支出装修费用 50 万元。假定装修公司为小规模纳税人，开具的是增值税普通发票，无进项税额抵扣。相关会计及税收处理如下（单位：

万元）：

1. 房屋原值（原入账价值）。

借：固定资产——自用　　　　　　　　　　　　　　　　560

　　　无形资产——土地　　　　　　　　　　　　　　640

　　贷：开发产品——写字楼　　　　　　　　　　　　1 200

2. 装修事项会计处理。

（1）变卖材料及物品时：

借：银行存款/现金　　　　　　　　　　　　　　　　　2

　　贷：营业务收入　　　　　　　　　　　　　　　　　2

（2）装修费核算时：

借：长期待摊费用　　　　　　　　　　　　　　　　　50

　　贷：银行存款/现金　　　　　　　　　　　　　　　50

（3）分3年摊销装修费时：

2018年应摊销装修费：$50 \div 36 \times 6 = 8.33$（万元）。

借：管理费用　　　　　　　　　　　　　　　　　　8.33

　　贷：长期待摊费用　　　　　　　　　　　　　　8.33

问题 9-1-6

企业自有房屋后续大修更换设备如何进行企业所得税处理？

答：自有房屋后续大修更换设备，主要是指原计入房屋成本的电梯、中央空调等设备，需要更新的业务。根据《企业所得税法》第十三条的规定，"固定资产的大修理支出、其他应当作为长期待摊费用的支出"作为长期待摊费用，按照规定摊销的，准予扣除。

《企业所得税法实施条例》第六十九条规定："企业所得税法第十三条第（三）项所称固定资产的大修理支出，是指同时符合下列条件的支出：

（一）修理支出达到取得固定资产时的计税基础50%以上；

（二）修理后固定资产的使用年限延长2年以上。

企业所得税法第十三条第（三）项所规定的支出，按照固定资产尚可使用年限分期摊销。"

在会计处理上，根据《企业会计准则第4号——固定资产》第五条的规定，"固定资产的各组成部分具有不同使用寿命或者以不同方式为企业提供经济利益，适用不同折旧率或折旧方法的，应当分别将各组成部分确认为单项固定资产"，应单独入账核算。

因此，在大修中或支出低于大修条件的维修中，如果涉及电梯、中央空调等大型设备的更换，则原并入房屋成本的电梯、中央空调等大型设备应单独核算。

如果是自行建造的房屋，电梯、中央空调等大型设备也应单独核算。

《财政部　税务总局关于设备　器具扣除有关企业所得税政策的通知》（财税〔2018〕54 号）第一条规定："企业在 2018 年 1 月 1 日至 2020 年 12 月 31 日期间新购进的设备、器具，单位价值不超过 500 万元的，允许一次性计入当期成本费用在计算应纳税所得额时扣除，不再分年度计算折旧；单位价值超过 500 万元的，仍按企业所得税法实施条例、《财政部　国家税务总局关于完善固定资产加速折旧企业所得税政策的通知》（财税〔2014〕75 号）、《财政部　国家税务总局关于进一步完善固定资产加速折旧企业所得税政策的通知》（财税〔2015〕106 号）等相关规定执行"；第二条规定："本通知所称设备、器具，是指除房屋、建筑物以外的固定资产"。

根据上述政策规定，企业在 2018 年 1 月 1 日至 2020 年 12 月 31 日期间购置的除房屋、建筑物以外的固定资产，可以一次性计入当期成本费用在计算应纳税所得额时扣除，不再分年度计算折旧。

问题 9-1-7

企业自有房屋后续大修更换设备如何计算房产税？

答：《国家税务总局关于进一步明确房屋附属设备和配套设施计征房产税有关问题的通知》（国税发〔2005〕173 号）规定："一、为了维持和增加房屋的使用功能或使房屋满足设计要求，凡以房屋为载体，不可随意移动的附属设备和配套设施，如给排水、采暖、消防、中央空调、电气及智能化楼宇设备等，无论在会计核算中是否单独记账与核算，都应计入房产原值，计征房产税。

二、对于更换房屋附属设备和配套设施的，在将其价值计入房产原值时，可扣减原来相应设备和设施的价值；对附属设备和配套设施中易损坏、需要经常更换的零配件，更新后不再计入房产原值。"

根据上述政策规定，电梯、中央空调等以房屋为载体、不可随意移动的附属设备和配套设施，均是房产税的计税原值构成部分。

提示：《财政部　税务总局关于设备　器具扣除有关企业所得税政策的通知》（财税〔2018〕54 号）第一条规定："企业在 2018 年 1 月 1 日至 2020 年 12 月 31 日期间新购进的设备、器具，单位价值不超过 500 万元的，允许一次性计入当期成本费用在计算应纳税所得额时扣除，不再分年度计算折旧；单位价值超过 500 万元的，仍按企业所得税法实施条例、《财政部　国家税务总局关于完善固定资产加速折旧企业所得税政策的通知》（财税〔2014〕75 号）、《财政部　国家税务总局关于进一步完善固定资产加速折旧企业所得税政策的通知》（财税〔2015〕106 号）等相关规定执行"；第二条规定："本通知所称设备、器具，是指除房屋、建筑物以外的固定资产"。

因为房产税的计税依据是房屋及包括与房屋不可分割的部分的原值，不涉及固定资产的折旧，因此与房屋不可分割的部分涉及的设备等均按照原值计入房产税的计税依据。

REAL ESTATE
ENTERPRISE **案例 9-6**

企业自有房屋后续大修更换设备的房产税计算

A 房地产开发公司 2018 年 3 月 5 日对自用的办公大楼进行电梯更新，4 月 5 日工程完毕，总计费用 46.80 万元，其中电梯价格 40 万元（不含税），增值税 6.80 万元。办公大楼原值 1 500 万元，包括电梯等各种附属设备和配套设施，其中电梯原值 30 万元，累计折旧 24 万元，清理变卖收入 2 万元。假定当地规定的房产余值为原值减除 30%，相关税款及会计处理如下：

1. 房产税计算。

原房产税计税原值：1 500 万元；

现房产税计税原值：$1\ 500-30+40=1\ 510$（万元）；

房产税年应缴税额：$1\ 510\times70\%\times1.2\%=12.68$（万元）；

2018 年应缴税款：$1\ 510\times70\%\times1.2\%\times(8\div12)+1\ 500\times70\%\times1.2\%\times(4\div12)=12.66$（万元）。

2. 会计处理（单位：万元）。

（1）新增电梯：

借：固定资产——电梯	40
应交税费——应交增值税——进项税额	6.8
贷：银行存款	46.8

（2）清理旧电梯：

借：固定资产清理——电梯	6
累计折旧	24
贷：固定资产——电梯	30
借：固定资产清理	2
贷：营业外收入	2
借：营业外支出	8
贷：固定资产清理	8

提示： 如果上述业务发生在 2018 年 1 月 1 日至 2020 年 12 月 31 日期间，则新购进的设备、器具，单位价值不超过 500 万元的，允许一次性计入当期成本费用，在计算企业所得税应纳税所得额时扣除。

问题 9-1-8

企业在物业管理服务中收取的自来水水费如何计算增值税？

答：根据《国家税务总局关于物业管理服务中收取的自来水水费增值税问题的公告》（国家税务总局公告 2016 年第 54 号）的规定，"提供物业管理服务的纳税人，向服务接受方收取的自来水水费，以扣除其对外支付的自来水水费后的余额为销售额，按照简易计税方法依 3% 的征收率计算缴纳增值税"。

9.2　开发产品转投资性房地产业务

《企业会计准则第 3 号——投资性房地产》第二条规定："投资性房地产，是指为赚取租金或资本增值，或两者兼有而持有的房地产"；"投资性房地产应当能够单独计量和出售"。房地产开发公司开发的项目，出于长期经营的需要，将部分产品用于出租等，涉及房产税、城镇土地使用税、企业所得税等多项税收业务。

问题 9-2-1

企业按成本计量的投资性房地产如何结转？

答：《企业会计准则第 3 号——投资性房地产》规定，房地产开发企业将自行开发的项目结转为投资性房地产，如果采用成本计量方式核算，则会计处理与结转为固定资产的处理一致，即"建造该项资产达到预定可使用状态前所发生的必要支出构成"。

《企业所得税法实施条例》第五十八条规定，固定资产按照以下方法确定计税基础：

"（一）外购的固定资产，以购买价款和支付的相关税费为计税基础；

（二）自行建造的固定资产，以竣工结算前发生的支出为计税基础；

……

（六）改建的固定资产，除企业所得税法第十三条第（一）项、第（二）项规定外，以改建过程中发生的改建支出增加计税基础"。

根据上述政策规定，房地产开发企业将自行开发的项目结转为投资性房地产，采用成本计量方式核算的，从"开发产品——房屋"科目结转到"投资性房地产"科目时，会计处理是一致的。

提示：根据上述政策规定，如果投资性房地产已经用于出租，则房产税从租计征，在出租前从价计征，其计税价值同样既包括房屋的成本（含不可分割的附属设备及配套设施），也包括在"无形资产——土地"科目核算的土地成本。城镇土地使用税按房屋实际占有（使用）的面积计算。

案例 9-7

企业按成本计量的投资性房地产结转及房产税的处理

A 房地产开发公司 2017 年 3 月 30 日将自行开发（产权全部归属 A 公司）的一栋写字楼中的第一层、第二层转对外出租，每年租金 120 万元。"开发产品"科目金额 1 200 万元（含土地），每层楼建筑面积 1 000 平方米，每平方米土地成本 3 200 元。公司选择按成本计量方式计量。A 公司该栋写字楼已经按实际占地面积缴纳城镇土地使用税，两层转对外出租部分相关房产税计算及会计处理如下：

1. 房产税计算。

房产税计税原值：1 200 万元；

房产余值：$1\,200 \times (1 - 30\%) = 840$（万元）；

年应纳税额：$840 \times 1.2\% = 10.08$（万元）；

2017 年应纳税额：$10.08 \times (9 \div 12) = 7.56$（万元）。

2. 会计处理（单位：万元）。

（1）开发产品转为出租时：

借：投资性房地产	1 200
贷：开发产品	1 200

（2）计提折旧时：

假定折旧按 20 年计提，则 2017 年应计提折旧：$1\,200 \div 240 \times 9 = 45$（万元）。

借：其他业务支出	45
贷：投资性房地产累计折旧	45

（3）计提房产税（从价）时：

借：税金及附加	7.56
贷：应交税费——应交房产税	7.56

（4）取得租金收入时（相关税收略）：

2017 年租金收入：$120 \div 12 \times 9 = 90$（万元）。

借：银行存款	90
贷：其他业务收入	90

问题 9-2-2

企业按公允价值模式计量的投资性房地产如何进行企业所得税处理？

答：《企业会计准则第 3 号——投资性房地产》第十条规定："有确凿证据表明投资性房地产的公允价值能够持续可靠取得的，可以对投资性房地产采用公允价值模式进行后续计量。采用公允价值模式计量的，应当同时满足下列条件：

（一）投资性房地产所在地有活跃的房地产交易市场；

（二）企业能够从房地产交易市场上取得同类或类似房地产的市场价格及其他相关信息，从而对投资性房地产的公允价值做出合理的估计。"

该准则第十一条规定："采用公允价值模式计量的，不对投资性房地产计提折旧或进行摊销，应当以资产负债表日投资性房地产的公允价值为基础调整其账面价值，公允价值与原账面价值之间的差额计入当期损益。"

根据会计准则的上述规定，其价值的变化是根据市场做出的合理估计，公允价值与原账面价值之间的差额计入当期损益。

从企业所得税政策角度分析，《企业所得税法》第六条规定："企业以货币形式和非货币形式从各种来源取得的收入，为收入总额"；第八条规定："企业实际发生的与取得收入有关的、合理的支出，包括成本、费用、税金、损失和其他支出，准予在计算应纳税所得额时扣除"。

《企业所得税法实施条例》第五十六条规定："企业的各项资产，包括固定资产、生物资产、无形资产、长期待摊费用、投资资产、存货等，以历史成本为计税基础。

前款所称历史成本，是指企业取得该项资产时实际发生的支出。

企业持有各项资产期间产生资产增值或者减值，除国务院财政、税务主管部门规定可以确认损益外，不得调整该资产的计税基础。"

由于投资性房地产用于出租，根据上述企业所得税收入与成本的配比原则，其租金收入与折旧等成本形成配比，同时税法规定固定资产的计税基础为历史成本，因此可以原入账的历史成本提取折旧。

但是投资性房地产公允价值变动损益属于未实现的利得或损失，不作为企业所得税的收入总额组成部分，即不作为企业所得税应纳税额的基数，同样，其价值变动减少也不能作为"实际发生的与取得收入有关的成本"，在税前扣除。

从税会差异来讲，企业采用公允价值计量的投资性房地产根据会计准则不再计提折旧，但按照税法规定可以提取折旧税前扣除，因此在市价上涨时将产生应纳税暂时性差异，而在市价下跌时会产生可抵扣暂时性差异。这两项差异将会产生递延所得税负债或递延所得税资产，导致所得税费用增加或减少，进而导致净利润的增减变化。

提示：根据房产税政策规定，如果投资性房地产已经用于出租，则房产税从租计征，在出租前从价计征，其计税价值同样既包括房屋的成本（含不可分割的附属设备及配套设施），也包括在"无形资产——土地"科目核算的土地成本，其成本为历史成本。城镇土地使用税按房屋实际占有（使用）的面积计算。

REAL ESTATE
ENTERPRISE　**案例 9-8**

企业按公允价值模式计量的投资性房地产折旧的会计与税收处理

A 房地产开发公司 2017 年 1 月 1 日将自行开发（产权全部归属 A 公司）的一栋七层写字楼中的第一层、第二层转为投资性房地产后用于出租，每年租金收入 120 万元。假如该投资性房地产结转时实际成本 1 200 万元（含土地），该公司采用公允价值计量模式。A 公司该投资性房地产相关会计及企业所得税处理如下：

1. 开发产品转为出租时。

借：投资性房地产　　　　　　　　　　　　　　　　　　　　　1 200
　　贷：开发产品　　　　　　　　　　　　　　　　　　　　　　1 200

2. 取得 2017 年租金收入 120 万元时（相关税收略）。

借：银行存款　　　　　　　　　　　　　　　　　　　　　　　120
　　贷：其他业务收入　　　　　　　　　　　　　　　　　　　　120

3. 按公允价值计量时。

（1）若期末公允价值为 1 300 万元：

借：投资性房地产——公允价值变动　　　　　　　　　　　　　100
　　贷：公允价值变动损益　　　　　　　　　　　　　　　　　　100

（2）若期末公允价值为 1 050 万元：

借：公允价值变动损益　　　　　　　　　　　　　　　　　　　150
　　贷：投资性房地产——公允价值变动　　　　　　　　　　　　150

4. 折旧处理。

公允价值计量模式下，会计不做计提折旧的账务处理。

5. 企业所得税处理。

企业所得税汇算清缴时，可以税前扣除折旧。

假定折旧年限为 20 年（没有残值），每年可扣除折旧（年）：1 200÷20＝60（万元）。企业所得税汇算清缴时，做纳税调整减少 60 万元。

问题 9-2-3

企业按公允价值模式计量的投资性房地产如何计算房产税？

答：《房产税暂行条例》第三条规定："房产税依照房产原值一次减除 10% 至 30% 后的余值计算缴纳。"

《财政部 国家税务总局关于安置残疾人就业单位城镇土地使用税等政策的通知》（财税〔2010〕121 号）第三条规定："对按照房产原值计税的房产，无论会计上如何核算，房产原值均应包含地价，包括为取得土地使用权支付的价款、开发土地发生的成本费用等。宗地容积率低于 0.5 的，按房产建筑面积的 2 倍计算土地面积并据此确定计入房产原值的地价。"

根据上述政策规定，房产税的计税价值包括房产原值和为取得土地使用权支付的价款、开发土地发生的成本费用等。因此，对于按公允价值模式计量的投资性房地产，房产税的计税价值仍然是其原值。

投资性房地产用于出租的，以租金收入为房产税的计税依据，在空租期及其他各种形式使用期间从价计征房产税。

RREAL ESTATE
ENTERPRISE **案例 9-9**

企业按公允价值模式计量的投资性房地产的房产税计算

A 房地产开发公司 2017 年 1 月 1 日将自行开发（产权全部归属 A 公司）的一栋七层写字楼中的第一层、第二层转为投资性房地产后用于出租，租期为 10 个月（2017 年 1 月 1 日—10 月 31 日），租金 50 万元。2018 年 1 月 1 日再次出租。假如该投资性房地产结转时实际成本 1 200 万元（含土地），该公司采用公允价值计量模式。该栋写字楼已经按实际占地面积缴纳城镇土地使用税，增值税等计算略，A 公司房产税计算及会计处理如下（单位：万元）：

1. 开发产品转为出租时。

　　借：投资性房地产　　　　　　　　　　　　　　　　　　1 200
　　　　贷：开发产品　　　　　　　　　　　　　　　　　　1 200

2. 按公允价值计量时。

（1）若期末公允价值为 1 300 万元：

　　借：投资性房地产——公允价值变动　　　　　　　　　　100
　　　　贷：公允价值变动损益　　　　　　　　　　　　　　100

（2）若期末公允价值为 1 050 万元：

　　借：公允价值变动损益　　　　　　　　　　　　　　　　150
　　　　贷：投资性房地产——公允价值变动　　　　　　　　150

3. 取得租金收入时。

　　借：银行存款　　　　　　　　　　　　　　　　　　　　50
　　　　贷：其他业务收入　　　　　　　　　　　　　　　　50

4. 计提房产税（从租计征）时。

从租计征房产税：50×12％＝6（万元）。

　　借：税金及附加　　　　　　　　　　　　　　　　　　　6
　　　　贷：应交税费——应交房产税　　　　　　　　　　　6

5. 空租期房产税计算。

空租期为 2 个月（2017 年 11 月 1 日—12 月 31 日）。

从价计征房产税：1 200×70％×1.2％×(2÷12)＝1.68（万元）。

借：税金及附加 1.68

贷：应交税费——应交房产税 1.68

问题 9-2-4

企业按公允价值模式计量的投资性房地产增加的资本公积如何计算印花税？

答：《国家税务局关于印花税若干具体问题的规定》（国税地〔1988〕25 号）第十六条规定："凡是记载资金的账簿，启用新账时，资金未增加的，不再按件定额贴花。"根据《国家税务总局关于资金账簿印花税问题的通知》（国税发〔1994〕25 号）的规定，对"记载资金的账簿"，印花税的计税依据为"实收资本"与"资本公积"两项资金的合计金额。

根据上述政策规定，房地产开发企业按公允价值模式计量的投资性房地产增加的资本公积，应按照规定计算贴花。

自 2018 年 5 月 1 日起，对记载资金的账簿和其他账簿贴花政策发生变化，《财政部 税务总局关于对营业账簿减免印花税的通知》（财税〔2018〕50 号）规定："自 2018 年 5 月 1 日起，对按万分之五税率贴花的资金账簿减半征收印花税，对按件贴花五元的其他账簿免征印花税。"

根据上述政策规定，自 2018 年 5 月 1 日起，企业"实收资本"与"资本公积"科目增加的金额，按万分之五税率计算并减半贴花。企业的日记账簿和各明细分类账簿，即按件（每个账本）贴花五元的其他账簿免征印花税。

9.3　配套设施使用业务

开发项目完成后，一些房地产开发公司会保留（自持）一部分能有偿转让的公共配套设施，例如车位（库）、商店、幼儿园等，同时还会代管一部分不能有偿转让的公共配套设施，例如地下人防设施等。涉及房产税、城镇土地使用税、企业所得税以及流转税等多项税收业务。

问题 9-3-1

停车场收取的停车费如何计算增值税？

答：《营业税改征增值税试点实施办法》（财税〔2016〕36 号文件附件1）所附《销售服务、无形资产、不动产注释》规定，车辆停放服务为经营租赁服务。

《营业税改征增值税试点实施办法》第十五条第（一）项规定，经营租赁服务税率为 6％。

根据上述政策规定，房地产开发公司将有产权（未销售完）的停车位或保留的无产权停车位，用于车辆停放服务收取停车费的，应按 6% 的税率计算增值税。

案例 9-10

停车场收取的停车费的增值税计算

A 公司从 2017 年 5 月 1 日开始，对开发项目地下停车场部分未销售的车位开展有偿停车服务，当月收取费用 15 000 元。增值税计算如下（城市维护建设税等附加略）：

不含税销售额：15 000÷(1+6%)=14 150.94（元）；

销项税额：14 150.94×6%=849.06（元）。

问题 9-3-2

企业拥有产权或使用的地下建筑是否征收房产税？

答：《财政部、国家税务总局关于具备房屋功能的地下建筑征收房产税的通知》（财税〔2005〕181 号）第一条规定："凡在房产税征收范围内的具备房屋功能的地下建筑，包括与地上房屋相连的地下建筑以及完全建在地面以下的建筑、地下人防设施等，均应当依照有关规定征收房产税。

上述具备房屋功能的地下建筑是指有屋面和维护结构，能够遮风避雨，可供人们在其中生产、经营、工作、学习、娱乐、居住或储藏物资的场所。"

《房产税暂行条例》第二条规定："房产税由产权所有人缴纳"；产权所有人"不在房产所在地的，或者产权未确定及租典纠纷未解决的，由房产代管人或者使用人缴纳"。

根据上述政策规定，企业拥有产权或使用权的地下建筑，均要按规定计算缴纳房产税。

问题 9-3-3

企业拥有产权或使用的地下建筑如何计算房产税？

答：《财政部、国家税务总局关于具备房屋功能的地下建筑征收房产税的通知》（财税〔2005〕181 号）第二条规定："自用的地下建筑，按以下方式计税：

1. 工业用途房产，以房屋原价的 50—60% 作为应税房产原值。

应纳房产税的税额=应税房产原值×[1-(10%—30%)]×1.2%。

2. 商业和其他用途房产，以房屋原价的 70—80% 作为应税房产原值。

应纳房产税的税额=应税房产原值×[1-(10%—30%)]×1.2%。

房屋原价折算为应税房产原值的具体比例，由各省、自治区、直辖市和计划单列市财政和地方税务部门在上述幅度内自行确定。"

根据上述政策规定，企业自用的地下建筑，按不同用途确定应税房产原值，对于出租的，按照租金收入缴纳增值税、房产税等。

---REAL ESTATE
ENTERPRISE **案例 9-11**

企业拥有产权或使用的地下建筑的房产税计算

A 房地产开发公司拥有某自行开发的写字楼地下室产权，地下室入账原值 380 万元，用于开展停车服务、洗车等经营。假定当地确定房产税按房产原值一次减除 30% 后的余值计算缴纳；确定的商业和其他用途房产，以房屋原价的 70% 作为应税房产原值。A 公司地下建筑房产税计算如下：

计税房产原值：$380 \times 70\% = 26.60$（万元）；

计税房产余值：$26.60 \times (1 - 30\%) = 18.62$（万元）；

年应缴纳税额：$18.62 \times 1.2\% = 0.22$（万元）。

问题 9-3-4

企业拥有产权或使用的与地上房屋相连的地下建筑如何计算房产税？

答：《财政部、国家税务总局关于具备房屋功能的地下建筑征收房产税的通知》（财税〔2005〕181 号）第二条第 3 点规定："对于与地上房屋相连的地下建筑，如房屋的地下室、地下停车场、商场的地下部分等，应将地下部分与地上房屋视为一个整体按照地上房屋建筑的有关规定计算征收房产税。"

根据上述政策规定，如果企业拥有产权或使用的地下建筑与地上房屋相连，即同为企业的资产，则应将地下部分与地上房屋视为一个整体，按照地上房屋建筑的有关规定计算征收房产税。

---REAL ESTATE
ENTERPRISE **案例 9-12**

企业拥有产权或使用的与地上房屋相连的地下建筑的房产税计算

A 房地产开发公司拥有某自行开发的写字楼地上三层（商业用房）及地下二层产权，地上建筑入账原值 1 500 万元，用于自营业务，土地使用证注明实际占地面积 260 平方米，地下建筑入账原值 380 万元，用于开展停车服务、洗车等经营。假定当地确定房产税按房产原值一次减除 30% 后的余值计算缴纳，城镇土地使用税单位税额每平方米 10 元。A 公司地下建筑房产税计算如下：

计税房产余值：$(1\,500 + 380) \times (1 - 30\%) = 1\,316$（万元）；

年应缴纳房产税额：$1\,316 \times 1.2\% = 15.79$（万元）；

年应缴纳城镇土地使用税额：260×10＝2 600（元）。

问题 9-3-5

企业拥有产权或使用权的地下建筑出租的如何计算房产税？

答：《房产税暂行条例》第三条规定："房产出租的，以房产租金收入为房产税的计税依据。"

《关于具备房屋功能的地下建筑征收房产税的通知》（财税〔2005〕181号）第三条规定："出租的地下建筑，按照出租地上房屋建筑的有关规定计算征收房产税。"

根据上述政策规定，房地产开发企业将拥有产权的地下室出租给其他纳税人，用于开展停车、洗车及建立地下商场等，以租金收入为房产税的计税依据计征房产税。

REAL ESTATE
ENTERPRISE **案例 9-13**

企业拥有产权或使用权的地下建筑出租的房产税计算

A房地产开发公司拥有某自行开发的写字楼地下室产权，地下室入账原值380万元，出租给地上某商场用于开展停车服务、洗车等经营，年租金30万元，增值税3.30万元，租赁期5年，按年支付并开具发票。A公司地下建筑房产税等各项税收计算如下：

1. 税款计算。

（1）印花税额：30×5×0.001＝0.15（万元）；

（2）增值税销项税额：30×11％＝3.30（万元）；

（3）房产税额（每年）：30×12％＝3.60（万元）。

2. 会计处理（单位：万元）。

（1）签合同时：

借：税金及附加		0.15
贷：应交税费——应交印花税		0.15

（2）收取租金开具发票时：

借：银行存款		33.30
贷：其他业务收入		30
应交税费——应交增值税——销项税额		3.30

（3）计算房产税时：

借：税金及附加		3.60
贷：应交税费——应交房产税		3.60

问题 9-3-6

企业拥有产权或使用权的地下建筑如何计算城镇土地使用税？

答：《财政部、国家税务总局关于房产税 城镇土地使用税有关问题的通知》（财税〔2009〕128 号）第四条规定："对在城镇土地使用税征税范围内单独建造的地下建筑用地，按规定征收城镇土地使用税。其中，已取得地下土地使用权证的，按土地使用权证确认的土地面积计算应征税款；未取得地下土地使用权证或地下土地使用权证上未标明土地面积的，按地下建筑垂直投影面积计算应征税款。

对上述地下建筑用地暂按应征税款的 50% 征收城镇土地使用税。"

根据上述政策规定，对于单独建造的地下建筑用地，要按规定计算城镇土地使用税。

提示：上述政策是对单独建造的地下建筑用地征收城镇土地使用的规定，对于非单独建造与地上建筑连成一体的建筑，如果产权也是一体的，则根据《城镇土地使用税暂行条例》第三条"土地使用税以纳税人实际占用的土地面积为计税依据，依照规定税额计算征收"的规定处理。

REAL ESTATE
ENTERPRISE **案例 9-14**

地下建筑的城镇土地使用税计算

A 房地产开发公司单独拥有自行开发的写字楼甲楼地下室产权，地下室入账原值 380 万元，因单独拥有产权，取得的地下土地使用权证注明面积为 1 200 平方米。同时拥有乙楼裙楼及地下室产权，乙楼裙楼土地使用证面积为 150 平方米。假定当地确定的单位税额为每平方米 10 元，城镇土地使用税计算及会计处理如下：

1. 税款计算。

甲楼年应缴纳税额：$1\,200 \times 10 = 12\,000$（元）；

甲楼年实际应缴纳税额：$12\,000 \times 50\% = 6\,000$（元）。

乙楼地下室因没有单独土地产权，故不涉及城镇土地使用税。

2. 会计处理。

借：税金及附加   6 000

  贷：应交税费——应交城镇土地使用税   6 000

9.4 委托下属公司出租房屋业务

企业委托下属公司出租房屋，在实务中有的是单纯的委托业务，有的是先以租赁形式出租给下属公司，然后下属公司再出租，这些业务涉及不同的税收处理。

企业委托下属子公司出租自有房产如何进行增值税处理？

答：房地产开发企业委托下属子公司出租自有的房产，子公司以母公司名义出租房产，收益归母公司，业务实质是母公司为房屋出租方，承担收取租金的相关税费。子公司承担的是经纪代理服务，母公司向子公司支付经纪代理服务费。

根据《营业税改征增值税试点实施办法》（财税〔2016〕36 号文件附件 1）所附《销售服务、无形资产、不动产注释》的规定，房地产开发企业委托下属子公司出租自有的房产，下属子公司提供的服务属于"销售服务——现代服务商务——辅助服务——经纪代理服务"税目。

《营业税改征增值税试点实施办法》第十五条规定，经纪代理服务适用税率为 6%；第十八条规定，如果子公司是一般纳税人，适用税率为 6%，应开具增值税专用发票，其进项税额可以抵扣；第十九条规定，如果子公司是小规模纳税人，其发生应税行为适用简易计税方法计税，则只能开具增值税普通发票。适用简易计税方法的征收率为 3%。

提示：母公司支付的经纪代理服务费要符合公允价值，否则税务机关有权调整。《营业税改征增值税试点实施办法》第十四条第（一）项规定："单位或者个体工商户向其他单位或者个人无偿提供服务"，视同销售服务，但用于公益事业或者以社会公众为对象的除外；第四十四条规定，纳税人发生应税行为价格明显偏低或者偏高且不具有合理商业目的的，或者发生该办法第十四条所列行为而无销售额的，主管税务机关有权按照下列顺序确定销售额：

"（一）按照纳税人最近时期销售同类服务、无形资产或者不动产的平均价格确定。

（二）按照其他纳税人最近时期销售同类服务、无形资产或者不动产的平均价格确定。

（三）按照组成计税价格确定。组成计税价格的公式为：

组成计税价格＝成本×（1＋成本利润率）

成本利润率由国家税务总局确定。

不具有合理商业目的，是指以谋取税收利益为主要目的，通过人为安排，减少、免除、推迟缴纳增值税税款，或者增加退还增值税税款。"

根据上述政策规定，对不符合公允价值的，特别是不具有合理商业目的的，税务机关有权调整。

REAL ESTATE
ENTERPRISE **案例 9-15**

企业委托下属子公司出租自建房产的增值税处理

A 房地产开发公司 2017 年 1 月将自行开发的房产委托下属 B 子公司出租，支付的费用为房屋租金收入的 4％，假定 2017 年 1 月 A 公司与 C 公司签订租赁合同，全年收取租金 120 万元（含税），A 公司支付 B 子公司服务费 4.80 万元（含税）。A 公司的增值税处理如下：

1. 增值税计算。

B 子公司取得不含税收入：$4.80÷(1+6％)＝4.53$（万元）；

B 子公司销项税额：$4.53×6％＝0.27$（万元）。

B 公司开具增值税专用发票，A 公司进项税额 0.27 万元可以抵扣。

2. 会计处理（单位：万元）。

（1）A 公司：

借：其他业务成本——委托经营房屋服务费　　　　　　　4.53

　　应交税费——应交增值税——进项税额　　　　　　　0.27

　　贷：银行存款　　　　　　　　　　　　　　　　　　4.80

（2）B 公司：

借：银行存款　　　　　　　　　　　　　　　　　　　4.80

　　贷：其他业务收入　　　　　　　　　　　　　　　　4.53

　　　　应交税费——应交增值税——销项税额　　　　　0.27

问题 9-4-2

企业委托下属子公司出租自建房产，支付的服务费如何在税前扣除？

答：房地产开发企业委托下属子公司出租自建的房产，下属子公司提供的服务适用"销售服务——现代服务商务——辅助服务——经纪代理服务"税目。

《财政部、国家税务总局关于企业手续费及佣金支出税前扣除政策的通知》（财税〔2009〕29 号）第一条第 2 点规定，企业发生与生产经营有关的手续费及佣金支出，不超过规定计算限额以内的部分，准予扣除；超过部分，不得扣除，其中其他企业，"按与具有合法经营资格中介服务机构或个人（不含交易双方及其雇员、代理人和代表人等）所签订服务协议或合同确认的收入金额的 5％计算限额"。

根据上述政策规定，房地产开发企业委托下属子公司出租自建的房产，支付的服务费用，不超过租金收入 5％的部分，可以税前扣除。

REAL ESTATE
ENTERPRISE   **案例9-16**

企业委托下属子公司出租自建房产的税前扣除服务费计算

A 房地产开发公司 2017 年 1 月将自行开发的房产委托下属 B 子公司出租，支付的费用为房屋租金收入的 4%，假定 2017 年 1 月 A 公司与 C 公司签订租赁合同，全年收取租金 120 万元（含税），A 公司支付 B 子公司服务费 4.80 万元（含税）。A 公司的税前扣除服务费计算如下：

服务费列支限额：120×5%＝6（万元）。

A 公司支付的服务费低于 5%，可以全额在税前扣除。

问题 9-4-3

企业委托下属子公司出租自有房产收取的租金如何进行增值税处理？

答：房地产开发企业委托下属子公司出租自有的房产，因出租合同是以房地产开发企业（出租方）名义与承租户签订的，故其收取的租金属于出租方所有。

《营业税改征增值税试点实施办法》（财税〔2016〕36 号文件附件 1）所附《销售服务、无形资产、不动产注释》规定："经营租赁服务，是指在约定时间内将有形动产或者不动产转让他人使用且租赁物所有权不变更的业务活动。"

《营业税改征增值税试点实施办法》第十五条规定，提供不动产租赁服务，税率为 11%。

根据《财政部 税务总局关于调整增值税税率的通知》（财税〔2018〕32 号）第一条的规定，自 2018 年 5 月 1 日起，"纳税人发生增值税应税销售行为或者进口货物，原适用 17% 和 11% 税率的，税率分别调整为 16%、10%"。

根据上述政策规定，房地产开发企业出租房屋收取租金时，按 11% 计算增值税并开具增值税专用发票（一般纳税人）。而下属子公司提供的服务属于经纪代理服务业务，适用"销售服务——现代服务商务——辅助服务——经纪代理服务"税目。

REAL ESTATE
ENTERPRISE   **案例9-17**

企业委托下属子公司出租自建房产收取租金的增值税处理

A 房地产开发公司 2018 年 7 月将自行开发的房产委托下属 B 子公司出租，支付的费用为房屋租金收入的 4%。假定 2017 年 1 月 A 公司与 C 公司签订租赁合同，全年收取租金 120 万元（含税），A 公司支付 B 子公司服务费 4.80 万元（含税）。A 公司的增值税处理如下：

1. 增值税计算。

A 公司取得不含税收入：120÷（1+10%）＝109.09（万元）；

A 子公司销项税额：109.09×10％＝10.91（万元）。

A 公司开具增值税专用发票。

2. 会计处理（单位：万元）。

借：银行存款　　　　　　　　　　　　　　　　　　　　　120

　　贷：其他业务收入——出租房屋　　　　　　　　　　　109.09

　　　　应交税费——应交增值税——销项税额　　　　　　 10.91

问题 9-4-4

企业委托下属子公司出租自有房产所签订的合同如何计算印花税？

答：在房地产开发企业委托下属子公司出租自有房产行为中，企业与下属子公司签订的是经纪代理服务（中介）合同。由《印花税暂行条例》所附《印花税税目税率表》可知，经纪代理服务（中介）合同不属于应税合同，不需要贴花。

对于房地产开发企业（出租方）与承租方签订的租赁合同，由《印花税暂行条例》所附《印花税税目税率表》可知，财产租赁合同包括租赁房屋合同，由立合同人按租赁金额千分之一贴花。

对租赁合同，出租方、承租方均要按规定计算贴花。

案例 9-18

企业委托下属子公司出租自建房产合同的印花税计算

A 房地产开发公司 2017 年 1 月将自行开发的房产委托下属 B 子公司出租，支付的费用为房屋租金收入的 4％。假定 2017 年 1 月 A 公司与 C 公司签订租赁合同，全年收取租金 120 万元（含税），A 公司支付 B 子公司服务费 4.80 万元（含税）。A 公司印花税计算及会计处理如下：

1. 印花税计算。

应缴印花税：120×0.001＝0.12（万元）。

2. 会计处理（单位：万元）。

借：税金及附加　　　　　　　　　　　　　　　　　　　0.12

　　贷：应交税费——应交印花税　　　　　　　　　　　　0.12

问题 9-4-5

企业委托下属子公司出租自有房产的房产税、城镇土地使用税如何计算？

答：房地产开发企业委托下属子公司出租自有的房产，下属子公司提供的服务适用"销售服务——现代服务商务——辅助服务——经纪代理服务"税目。

《房产税暂行条例》规定："房产出租的，以房产租金收入为房产税的计税依据"；"依照房产租金收入计算缴纳的，税率为 12％"。

《财政部 国家税务总局关于营改增后契税 房产税 土地增值税 个人所得税计税依据问题的通知》（财税〔2016〕43号）第二条规定："房产出租的，计征房产税的租金收入不含增值税。"

《城镇土地使用税暂行条例》规定，在城市、县城、建制镇、工矿区范围内使用土地的单位和个人，为城镇土地使用税的纳税人，应当依照该条例的规定缴纳土地使用税。

城镇土地使用税以纳税人实际占用的土地面积为计税依据，依照规定税额计算征收。

根据上述政策规定，房地产开发企业委托下属子公司出租自有的房产，收取租金的房地产开发企业为房产税、城镇土地使用人纳税义务人。其中房产税以房产租金收入为房产税的计税依据，城镇土地使用税以纳税人实际占用的土地面积（规定的单位税额）为计税依据。

REAL ESTATE
ENTERPRISE **案例 9-19**

企业委托下属子公司出租自建房产的房产税、城镇土地使用税计算

A房地产开发公司 2017 年 1 月将自行开发的房产委托下属 B 子公司出租，支付的费用为房屋租金收入的 4%。假定 2017 年 1 月 A 公司与 C 公司签订租赁合同，全年收取租金 120 万元（含税），A 公司支付 B 子公司服务费 4.80 万元（含税），房屋实际占地面积 1 500 平方米，当地城镇土地使用税额为每平方米 10 元。A 公司房产税、城镇土地使用税计算及会计处理如下：

1. 房产税、城镇土地使用税计算。

应缴房产税：$108.11 \times 12\% = 12.97$（万元）；

应缴城镇土地使用税：$1\,500 \times 10 = 1.5$（万元）。

2. 会计处理（单位：万元）。

借：税金及附加——房产税　　　　　　　　　　12.97

　　　　　　　　——城镇土地使用税　　　　　　1.5

　　贷：应交税费——应交房产税　　　　　　　　12.97

　　　　　　　　——应交城镇土地使用税　　　　1.5

问题 9-4-6

企业委托下属子公司出租自建房产如何进行企业所得税处理？

答：《企业所得税法实施条例》第九条规定："企业应纳税所得额的计算，以权责发生制为原则，属于当期的收入和费用，不论款项是否收付，均作为当期的收入和费用；不属于当期的收入和费用，即使款项已经在当期收付，也不作为当期的收入和费用。"

《国家税务总局关于贯彻落实企业所得税法若干税收问题的通知》(国税函〔2010〕79号)第一条第一款规定:"根据《实施条例》第十九条的规定,企业提供固定资产、包装物或者其他有形资产的使用权取得的租金收入,应按交易合同或协议规定的承租人应付租金的日期确认收入的实现。其中,如果交易合同或协议中规定租赁期限跨年度,且租金提前一次性支付的,根据《实施条例》第九条规定的收入与费用配比原则,出租人可对上述已确认的收入,在租赁期内,分期均匀计入相关年度收入。"

根据上述政策规定,企业收取的房屋租金应在租赁合同约定的租赁期内,分期均匀计入相关年度。

问题 9-4-7

企业将自有房出租给下属子公司,子公司再出租如何进行涉税处理?

答:(1)印花税。由《印花税暂行条例》所附《印花税税目税率表》可知,财产租赁合同包括租赁房屋合同,由立合同人按租赁金额千分之一贴花。因此,企业将自建房出租给下属子公司,子公司再出租,其中两次签订的房屋租赁合同均要按规定计算贴花。对租赁合同,出租方、承租方均要按规定计算贴花。

(2)增值税。根据《营业税改征增值税试点实施办法》(财税〔2016〕36号文件附件1)所附《销售服务、无形资产、不动产注释》的规定,房地产开发企业委托下属子公司出租自有的房产,下属子公司收取的服务费适用"销售服务——现代服务商务——辅助服务——经纪代理服务"税目;如果房地产开发企业将自有房出租给下属子公司,子公司再出租,则房地产收取下属企业的租金适用"销售服务——现代服务商务——经营租赁服务"税目。

根据《营业税改征增值税试点实施办法》第十五条及《财政部 税务总局关于调整增值税税率的通知》(财税〔2018〕32号)第一条的规定,纳税人发生"经纪代理服务"及"经营租赁服务"适用税率为11%,自2018年5月1日起,原适用11%税率的,税率调整为10%。

出租房屋的企业,收取的租金适用"经营租赁服务"税目。如果房地产开发企业将自有房出租给下属子公司,子公司再出租,则房地产收取下属企业的租金适用"经营租赁服务"税目,发票开具给下属企业。下属企业再对外出租,也适用"经营租赁服务"税目,发票开具给具体承租户。

(3)城镇土地使用税。根据《城镇土地使用税暂行条例》的规定,拥有土地使用权的出租企业为城镇土地使用税纳税人。

(4)房产税。根据《房产税暂行条例》的规定,拥有房屋产权的出租房屋的企业为房产税纳税人,按收取的租金计算缴纳房产税,子公司转租收取的租金缴纳增值税,不缴纳房产税。

问题 9-4-8

企业委托中介机构出租房产如何进行涉税处理？

答：企业委托中介机构出租房产的涉税处理，与前述企业委托下属子公司出租房产的各项涉税业务基本一致。所不同的是，企业委托下属子公司出租房产，如果发生没有收取服务费的情况，需要视同销售核定相关收入。

提示：根据《财政部 税务总局关于调整增值税税率的通知》（财税〔2018〕32号）第一条的规定，自2018年5月1日起，"纳税人发生增值税应税销售行为或者进口货物，原适用17%和11%税率的，税率分别调整为16%、10%"。

REAL ESTATE
ENTERPRISE **案例 9-20**

企业委托中介机构出租房产的综合涉税处理

A房地产开发公司2018年7月将自行开发的房产（已转投资性房地产）委托B房屋中介公司出租，支付的费用为房屋租金收入的4%。假定2018年1月经B公司中介，A公司与C公司签订租赁合同，全年收取租金120万元（含税），A公司支付B公司服务费4.80万元（含税），房屋实际占地面积1500平方米，当地城镇土地使用税额为每平方米10元，A、B及C公司均为一般纳税人，适用一般计税方法。A公司相关涉税及会计处理如下：

1. 各项涉税计算。

（1）增值税计算。

取得不含税收入：120÷(1+10%)=109.09（万元）；

销项税额：109.09×10%=10.91（万元）。

A公司应开具增值税专用发票。

（2）支付中介费进项税额计算。

不含税价格：4.80÷(1+6%)=4.53（万元）；

进项税额：4.53×6%=0.27（万元）。

A公司取得B公司开具的增值税专用发票，进项税额0.27万元可以抵扣。

（3）其他各税计算。

应缴房产税：109.09×12%=13.09（万元）；

应缴城镇土地使用税：1500×10=1.5（万元）；

应缴印花税：120×0.001=0.12（万元）。

2. 会计处理（单位：万元）。

（1）收取租金时：

借：银行存款　　　　　　　　　　　　　　　　120

　　贷：其他业务收入——出租房屋　　　　　　　　　109.09

| | 应交税费——应交增值税——销项税额 | 10.91 |

（2）支付中介费时：

借：其他业务成本——委托经营房屋服务费　　　　　　　4.53

　　　应交税费——应交增值税——进项税额　　　　　　　0.27

　　贷：银行存款　　　　　　　　　　　　　　　　　　　4.80

（3）计提其他各项税收时：

借：税金及附加——房产税　　　　　　　　　　　　　 13.09

　　　　　　——城镇土地使用税　　　　　　　　　　　1.5

　　　　　　——印花税　　　　　　　　　　　　　　　0.12

　　贷：应交税费——应交房产税　　　　　　　　　　　 13.09

　　　　　　　　——应交城镇土地使用税　　　　　　　1.5

　　　　　　　　——应交印花税　　　　　　　　　　　0.12

3. 企业所得税汇算清缴。

（1）中介服务费处理。A 公司列支房屋出租中介服务费限额：$120 \times 5\% = 6$（万元）。

因 A 公司支付的服务费低于租金收入的 5%，故可以全额在税前扣除。

（2）出租房屋折旧处理。出租房屋的折旧（含"无形资产——土地"的摊销）可以在税前扣除。

第 10 章
利润分配及注销清算业务涉税问题

房地产开发企业的利润分配及注销业务涉及法人、自然人股东的分配，其利润分配的形式既可以是现金，也可以是其他各项资产。本章主要分析利润分配及注销过程中各项业务涉及的税收问题，涉及个人所得税、企业所得税以及增值税等税种。

10.1　利润分配业务

利润分配业务涉及法人、自然人股东的分配，其利润分配的形式既可以是现金，也可以是其他各项资产，相关业务涉及个人所得税、企业所得税等，其中视同销售业务涉及增值税等。

问题 10-1-1

企业分配利润时如何进行会计处理？

答：根据《会计准则》附录《会计科目和主要账务处理》的规定，企业分配利润时，先从净利润中提取盈余公积，借记"利润分配——提取法定盈余公积、提取任意盈余公积"科目，贷记"盈余公积——法定盈余公积、任意盈余公积"科目。

向投资者分配利润时，借记"利润分配——应付利润"科目，贷记"应付利润"科目。

用盈余公积弥补亏损，借记"盈余公积——法定盈余公积或任意盈余公积"科目，贷记"利润分配——盈余公积补亏"科目。

提示： 房地产开发企业将开发产品分配给投资人的，要视同销售计算缴纳增值税。分配给自然人股东的，还要计算代扣代缴个人所得税。

───REAL ESTATE
└ENTERPRISE　**案例 10-1**

企业分配利润时的会计处理

A 房地产开发公司由甲公司与乙公司各出资 50％ 成立，2017 年实现税后净利润 2 000 万元，按 10％ 的比例提取法定盈余公积；同时经股东会批准按 5％ 的比例提取任意盈余公积，另向股东分配利润 600 万元。会计处理如下（单位：万元）：

1. 提取盈余公积时：

借：利润分配——提取法定盈余公积	200
——任意盈余公积	100
贷：盈余公积——法定盈余公积	200
——任意盈余公积	100

2. 分配时：

借：利润分配——应付利润	600
贷：应付利润——甲公司	300
——乙公司	300

问题 10-1-2

企业向个人投资者分配利润如何扣缴个人所得税?

答:自 2019 年 1 月 1 日起施行的新修订的《个人所得税法》第二条第(六)项规定,"利息、股息、红利所得"应当缴纳个人所得税;第三条第(三)规定,"利息、股息、红利所得,财产租赁所得,财产转让所得和偶然所得,适用比例税率,税率为百分之二十";第九条规定:"个人所得税以所得人为纳税人,以支付所得的单位或者个人为扣缴义务人"。这些规定与修订前的《个人所得税法》相同。

根据上述政策规定,支付(分配)利息、股息、红利的企业为扣缴义务人,并以支付利息、股息、红利时(个人股东)取得的收入为一次计算应缴税款。

提示:根据税收征管法的规定,扣缴义务人未履行代扣代缴义务的,税务机关依法给予处理(处罚)。

REAL ESTATE
ENTERPRISE **案例 10-2**

企业向个人投资者分配利润的扣缴个人所得税处理

A 房地产开发企业于 2018 年 2 月分配 2017 年利润,其中个人股东甲取得 30 万元分配的利润。个人所得税计算及会计处理如下:

1. 个人所得税计算。

股东甲应缴个人所得:$30 \times 20\% = 6$(万元)。

A 房地产开发企业应于支付分配的利润时扣缴股东甲"利息、股息、红利所得"个人所得税 6 万元。

2. 会计处理(单位:万元)。

借:应付利润——甲 6

贷:应交税费——应交个人所得税 6

问题 10-1-3

企业将开发产品分配给投资者如何计算增值税?

答:《营业税改征增值税试点实施办法》(财税〔2016〕36 号文件附件 1)第十四条第(二)项规定:"单位或者个人向其他单位或者个人无偿转让无形资产或者不动产,但用于公益事业或者以社会公众为对象的除外";第四十四条规定:"发生本办法第十四条所列行为而无销售额的,主管税务机关有权按照下列顺序确定销售额:

(一)按照纳税人最近时期销售同类服务、无形资产或者不动产的平均价格确定。

(二)按照其他纳税人最近时期销售同类服务、无形资产或者不动产的平均价格确定。

（三）按照组成计税价格确定。组成计税价格的公式为：

组成计税价格＝成本×（1＋成本利润率）"。

根据《财政部　税务总局关于调整增值税税率的通知》（财税〔2018〕32 号）第一条的规定，自 2018 年 5 月 1 日起，"纳税人发生增值税应税销售行为或者进口货物，原适用 17％和 11％税率的，税率分别调整为 16％、10％"。

根据上述政策规定，房地产开发企业将开发产品分配给投资者要视同销售处理，其价格可以按市场公允价值或按照政策规定的方式确定。

提示： 如果房地产开发企业将其他物品分配给投资者，也要视同销售处理。《增值税暂行条例实施细则》第四条第（七）项规定，企业"将自产、委托加工或者购进的货物分配给股东或者投资者"的行为，视同销售货物；第十六条规定，视同销售货物。按下列顺序确定销售额：

"（一）按纳税人最近时期同类货物的平均销售价格确定；

（二）按其他纳税人最近时期同类货物的平均销售价格确定；

（三）按组成计税价格确定。组成计税价格的公式为：

组成计税价格＝成本×（1＋成本利润率）"。

---REAL ESTATE
└ENTERPRISE **案例 10-3**

企业向投资者分配开发产品的增值税计算

A 房地产开发公司于 2018 年 8 月将自行开发的一套商品房（新项目）作为利润分配给股东 B 公司，按 A 公司近期同类商品房平均售价计算市场价为 300 万元（含税），分摊的土地价款为 100 万元。A 公司为一般纳税人，适用一般计税方法。A 公司增值税计算如下：

不含税价格：（300－100）÷（1＋10％）＝181.82（万元）；

销项税额：181.82×10％＝18.18（万元）。

问题 10-1-4

企业以开发产品分配利润如何进行企业所得税处理？

答：《房地产开发经营业务企业所得税处理办法》（国税发〔2009〕31 号文件发布）第七条规定："企业将开发产品用于捐赠、赞助、职工福利、奖励、对外投资、分配给股东或投资人、抵偿债务、换取其他企事业单位和个人的非货币性资产等行为，应视同销售，于开发产品所有权或使用权转移，或于实际取得利益权利时确认收入（或利润）的实现。确认收入（或利润）的方法和顺序为：

（一）按本企业近期或本年度最近月份同类开发产品市场销售价格确定；

（二）由主管税务机关参照当地同类开发产品市场公允价值确定；

（三）按开发产品的成本利润率确定。开发产品的成本利润率不得低于

15%，具体比例由主管税务机关确定。"

根据上述政策规定，房地产开发企业以开发产品分配利润时，应视同销售，于开发产品所有权或使用权转移，或于实际取得利益权利时确认收入（或利润）的实现。营改增后，其确认的收入为不含税收入。

在会计处理上，企业分配利润时，若以开发产品分配利润，按开发产品市场价格（含税）借记"利润分配——应付利润"科目，贷记"应付利润"科目；按开发产品市场价格确认收入借记"应付利润"科目，贷记"主营业务收入"、"应交税费——应交增值税——销项税额"或"应交税费——简易计税"科目；结转成本时，借记"主营业务成本"科目，贷记"开发产品"科目。

提示：企业以其他资产用于股息分配也要视同销售进行企业所得税处理。根据《国家税务总局关于企业处置资产所得税处理问题的通知》（国税函〔2008〕828号）第二条第（四）项的规定，企业将资产移送他人"用于股息分配"，因资产所有权属已发生改变而不属于内部处置资产，应按规定视同销售确定收入。

《国家税务总局关于企业所得税有关问题的公告》（国家税务总局公告2016年第80号）第二条规定："企业发生《国家税务总局关于企业处置资产所得税处理问题的通知》（国税函〔2008〕828号）第二条规定情形的，除另有规定外，应按照被移送资产的公允价值确定销售收入。"

REAL ESTATE
ENTERPRISE **案例 10-4**

企业向投资者分配开发产品的会计处理

A房地产开发公司于2018年8月将自行开发的一套商品房（新项目）作为利润分配给股东B公司，账面成本为230万元，按A公司近期同类商品房平均售价计算，市场价为300万元（含税），分摊的土地价款为100万元。A公司为一般纳税人。A公司税款计算及会计处理如下：

1. 税款计算。

（1）增值税计算：

不含税价格：$(300-100)\div(1+10\%)=181.82$（万元）；

销项税额：$181.82\times10\%=18.18$（万元）。

（2）确认所得：

企业所得税应税所得：$300-18.18-230=51.82$（万元）。

2. 会计处理（单位：万元）。

（1）分配利润时：

借：利润分配——应付利润   300

贷：应付利润   300

（2）确认收入时：

借：应付利润　　　　　　　　　　　　　　　　　　　　　　　300

　　贷：主营业务收入　　　　　　　　　　　　　　　　　281.82

　　　　应交税费——应交增值税——销项税额　　　　　　18.18

（3）结转成本时：

借：主营业务成本　　　　　　　　　　　　　　　　　　　　230

　　贷：开发产品　　　　　　　　　　　　　　　　　　　　230

提示： 根据《财政部 税务总局关于调整增值税税率的通知》（财税〔2018〕32 号）第一条的规定，自 2018 年 5 月 1 日起，"纳税人发生增值税应税销售行为或者进口货物，原适用 17％和 11％税率的，税率分别调整为 16％、10％"。

问题 10-1-5

企业将开发产品分配给个人投资者如何进行涉税处理？

答：根据增值税、企业所得税等相关政策规定，企业将开发产品分配给个人投资者要视同销售，计算相关增值税、企业所得税等（前面已分析）。

自 2019 年 1 月 1 日起施行的新修订的《个人所得税法》第二条第（六）项规定，"利息、股息、红利所得"应当缴纳个人所得税；第三条第（三）规定，"利息、股息、红利所得，财产租赁所得，财产转让所得和偶然所得，适用比例税率，税率为百分之二十"。这些规定与修订前的《个人所得税法》相同。

现行政策规定，个人所得的形式，包括现金、实物、有价证券和其他形式的经济利益。所得为实物的，应当按照取得的凭证上所注明的价格计算应纳税所得额；无凭证的实物或者凭证上所注明的价格明显偏低的，参照市场价格核定应纳税所得额。

根据上述政策规定，企业将开发产品分配给个人投资者的，应按照企业正常价格计算，价格偏低的，参照市场价格核定应纳税所得额。

┌─ REAL ESTATE
└─ ENTERPRISE　**案例 10-5**

企业向个人投资者分配开发产品的涉税处理

A 房地产开发企业于 2018 年 8 月将自行开发的一套商品房作为利润分配给个人股东张某，账面成本为 80 万元，按 A 公司近期同类商品房平均售价计算，市场价为 100 万元（含税），分摊的土地价款为 30 万元。A 公司为一般纳税人，适用一般计税方法。增值税、个人所得税计算及会计处理如下：

1. 增值税计算。

不含税价格：$(100-30) \div (1+10\%) = 63.64$（万元）；

销项税额：$63.64 \times 10\% = 6.36$（万元）。

2. "利息、股息、红利"所得个人所得税计算。

应扣缴张某个人所得税：$93.64 \times 20\% = 19.73$（万元）。

3. 会计处理（单位：万元）。

（1）分配利润时：

　　借：利润分配——应付利润　　　　　　　　　　　　　　　100

　　　　贷：应付利润　　　　　　　　　　　　　　　　　　　　100

（2）确认收入时：

　　借：应付利润　　　　　　　　　　　　　　　　　　　　　100

　　　　贷：主营业务收入　　　　　　　　　　　　　　　　　93.64

　　　　　　应交税费——应交增值税——销项税额　　　　　　6.36

（3）结转成本时：

　　借：主营业务成本　　　　　　　　　　　　　　　　　　　80

　　　　贷：开发产品　　　　　　　　　　　　　　　　　　　　80

（4）代扣个人所得税时：

　　借：其他应收款——张某　　　　　　　　　　　　　　　19.73

　　　　贷：应交税费——应交个人所得税　　　　　　　　　19.73

提示：根据《财政部 税务总局关于调整增值税税率的通知》（财税〔2018〕32号）第一条的规定，自 2018 年 5 月 1 日起，"纳税人发生增值税应税销售行为或者进口货物，原适用 17% 和 11% 税率的，税率分别调整为 16%、10%"。

问题 10-1-6

企业将开发产品分配给投资者是否缴纳土地增值税？

答：《国家税务总局关于房地产开发企业土地增值税清算管理有关问题的通知》（国税发〔2006〕187 号）第三条第（一）项规定："房地产开发企业将开发产品用于职工福利、奖励、对外投资、分配给股东或投资人、抵偿债务、换取其他单位和个人的非货币性资产等，发生所有权转移时应视同销售房地产，其收入按下列方法和顺序确认：

1. 按本企业在同一地区、同一年度销售的同类房地产的平均价格确定；

2. 由主管税务机关参照当地当年、同类房地产的市场价格或评估价值确定。"

营改增后，根据增值税、企业所得税及土地增值税政策规定，房地产开发企业将开发产品用于职工福利、奖励、对外投资、分配给股东或投资人、抵偿债务、换取其他单位和个人的非货币性资产等，要视同销售处理，其确定的收入为不含税收入。在实务中，若无同类房地产的市场价格可供参考，税务部门一般会参照有资质的评估机构的评估结果，或者按照实际交易时缴纳契税的基数确定（注：缴纳契税时，若交易价格低于同地段、同时期、同类型房屋的市场价格的最低限，或者无交易价格，征管部门则会根据市场价格的最低限核定契税缴纳的基数）。

问题 10-1-7

企业将房屋及其他财产所有权登记为投资者个人等的如何处理?

答:《财政部、国家税务总局关于规范个人投资者个人所得税征收管理的通知》(财税〔2003〕158 号)第一条规定:企业的个人投资者,"以企业资金为本人、家庭成员及其相关人员支付与企业生产经营无关的消费性支出及购买汽车、住房等财产性支出,视为企业对个人投资者的红利分配,依照'利息、股息、红利所得'项目计征个人所得税";"企业的上述支出不允许在所得税前扣除"。

《财政部、国家税务总局关于企业为个人购买房屋或其他财产征收个人所得税问题的批复》(财税〔2008〕83 号)第一条第(一)项规定:"根据《中华人民共和国个人所得税法》和《财政部 国家税务总局关于规范个人投资者个人所得税征收管理的通知》(财税〔2003〕158 号)的有关规定,符合以下情形的房屋或其他财产,不论所有权人是否将财产无偿或有偿交付企业使用,其实质均为企业对个人进行了实物性质的分配,应依法计征个人所得税。

(一)企业出资购买房屋及其他财产,将所有权登记为投资者个人、投资者家庭成员或企业其他人员的;

(二)企业投资者个人、投资者家庭成员或企业其他人员向企业借款用于购买房屋及其他财产,将所有权登记为投资者、投资者家庭成员或企业其他人员,且借款年度终了后未归还借款的。"

《增值税暂行条例实施细则》第四条第(八)项规定:"单位或者个体工商户(八)将自产、委托加工或者购进的货物无偿赠送其他单位或者个人"的行为,视同销售货物,征收增值税。

《营业税改征增值税试点实施办法》(财税〔2016〕36 号文件附件 1)第十四条第(二)项规定:"单位或者个人向其他单位或者个人无偿转让无形资产或者不动产"的情形视同销售服务、无形资产或者不动产,但用于公益事业或者以社会公众为对象的除外。

根据上述政策规定,企业将房屋及其他财产所有权登记为投资者个人等行为,视为企业对个人投资者的红利分配,依照"利息、股息、红利所得"项目计征个人所得税,税款由企业代扣代缴。同时,企业将房屋及其他财产所有权无偿登记为投资者个人、家庭成员及其相关人员等,视同销售货物、不动产,应按规定征收增值税。

问题 10-1-8

企业将资金借给个人使用的如何处理?

答:《财政部、国家税务总局关于企业为个人购买房屋或其他财产征收个人所得税问题的批复》（财税〔2008〕83 号）第一条第（二）项规定，根据《个人所得税法》和《财政部 国家税务总局关于规范个人投资者个人所得税征收管理的通知》（财税〔2003〕158 号）的有关规定，"企业投资者个人、投资者家庭成员或企业其他人员向企业借款用于购买房屋及其他财产，将所有权登记为投资者、投资者家庭成员或企业其他人员，且借款年度终了后未归还借款的"，其实质均为企业对个人进行了分配，应依法计征个人所得税。

《财政部、国家税务总局关于规范个人投资者个人所得税征收管理的通知》（财税〔2003〕158 号）第二条规定："纳税年度内个人投资者从其投资企业（个人独资企业、合伙企业除外）借款，在该纳税年度终了后既不归还，又未用于企业生产经营的，其未归还的借款可视为企业对个人投资者的红利分配，依照'利息、股息、红利所得'项目计征个人所得税。"

根据上述政策规定，个人投资者从其投资企业的借款，在该纳税年度终了后既不归还，又未用于企业生产经营的，其未归还的借款可视为企业对个人投资者的红利分配，依照"利息、股息、红利所得"项目计征个人所得税。

10.2　注销清算业务

《财政部 国家税务总局关于企业清算业务企业所得税处理若干问题的通知》（财税〔2009〕60 号）第一条规定，企业清算的所得税处理，是指企业在不再持续经营，发生结束自身业务、处置资产、偿还债务以及向所有者分配剩余财产等经济行为时，对清算所得、清算所得税、股息分配等事项的处理。上述各项业务的处理涉及多个税种的处理，包括个人所得税、企业所得税及增值税。

问题 10-2-1

企业注销清算的企业所得税处理有哪些具体内容？

答：根据《财政部 国家税务总局关于企业清算业务企业所得税处理若干问题的通知》（财税〔2009〕60 号）第三条的规定，企业应当在办理注销登记前，就其清算所得向税务机关申报并依法缴纳企业所得税。企业清算的所得税处理包括以下内容：

"（一）全部资产均应按可变现价值或交易价格，确认资产转让所得或损失；

（二）确认债权清理、债务清偿的所得或损失；

（三）改变持续经营核算原则，对预提或待摊性质的费用进行处理；

（四）依法弥补亏损，确定清算所得；

（五）计算并缴纳清算所得税；

（六）确定可向股东分配的剩余财产、应付股息等。"

根据上述政策规定，从企业所得税角度看，企业在注销停止经营时，要对相关资产、债权、债务等进行清算，以确定清算所得，进而确定可向股东分配的剩余财产、应付股息等。

提示：企业注销清算时，各项资产的处理及向股东分配的剩余财产等，均按规定的政策缴纳增值税，涉及房屋的还要计算土地增值税。

问题 10-2-2

企业在年度中间终止经营活动的如何处理清算期之前的企业所得税业务？

答：《企业所得税法》第五十五条规定："企业在年度中间终止经营活动的，应当自实际经营终止之日起六十日内，向税务机关办理当期企业所得税汇算清缴。"

根据上述政策规定，企业在年度中间终止经营活动的，应对当年实际经营期间的正常经营所得，按照企业所得税相关政策进行汇算清缴。企业所得税汇算清缴业务处理完毕之后，再进入注销清算业务程序。

问题 10-2-3

企业注销如何确定清算期间？

答：根据《国家税务总局关于印发〈中华人民共和国企业清算所得税申报表〉的通知》（国税函〔2009〕388号）的规定，纳税人实际生产经营终止之日至办理完毕清算事务之日止的期间为清算期间。

上述政策规定的纳税人实际生产经营终止之日，是办理企业所得税汇算清缴和注销清算的分界点，在终止日之前发生的正常业务，按照企业所得税汇算清缴政策处理。

问题 10-2-4

企业清算中处置房屋如何计算增值税？

答：在企业清算中，处置房屋的增值税计算可以分为以下三种情况。

一是在企业清算中，如果处置的房屋为企业自行开发的项目，按以下政策处理。

《房地产开发企业销售自行开发的房地产项目增值税征收管理暂行办法》（国家税务总局公告2016年第18号发布）第四条规定："房地产开发企业中的一般纳税人（以下简称一般纳税人）销售自行开发的房地产项目，适用一般计税方法计税，按照取得的全部价款和价外费用，扣除当期销售房地产项目对应的土地价款后的余额计算销售额。销售额的计算公式如下：销售额＝（全部价款和价外费用一当期允许扣除的土地价款）÷（1＋11％）"；第五条规定："支付的土地价款，是指向政府、土地管理部门或受政府委托收取土地价款的单位直接支付的土地价款"；第六条规定："在计算销售额时从全部价款和价外费用中扣除土地价款，应当取得省级以上（含省级）财政部门监（印）制的财政票据"；第八条规定："一般纳税人销售自行开发的房地产老项目，可以选择适用简易计税方法按照5％的征收率计税。一经选择简易计税方法计税的，36个月内不得变更为一般计税方法计税。

房地产老项目，是指：

（一）《建筑工程施工许可证》注明的合同开工日期在2016年4月30日前的房地产项目；

（二）《建筑工程施工许可证》未注明合同开工日期或者未取得《建筑工程施工许可证》但建筑工程承包合同注明的开工日期在2016年4月30日前的建筑工程项目。

一般纳税人销售自行开发的房地产老项目适用简易计税方法计税的，以取得的全部价款和价外费用为销售额，不得扣除对应的土地价款"。

二是在企业清算中，如果处置的房屋为企业以直接购买、接受捐赠、接受投资入股、自建以及抵债等各种形式取得的，按以下政策处理。

《纳税人转让不动产增值税征收管理暂行办法》（国家税务总局公告2016年第14号发布）第三条规定：

"（一）一般纳税人转让其2016年4月30日前取得（不含自建）的不动产，可以选择适用简易计税方法计税，以取得的全部价款和价外费用扣除不动产购置原价或者取得不动产时的作价后的余额为销售额，按照5％的征收率计算应纳税额。纳税人应按照上述计税方法向不动产所在地主管税务机关预缴税款，向机构所在地主管税务机关申报纳税。

（二）一般纳税人转让其2016年4月30日前自建的不动产，可以选择适用简易计税方法计税，以取得的全部价款和价外费用为销售额，按照5％的征收率计算应纳税额。纳税人应按照上述计税方法向不动产所在地主管税务机关预缴税款，向机构所在地主管税务机关申报纳税。

（三）一般纳税人转让其2016年4月30日前取得（不含自建）的不动产，选择适用一般计税方法计税的，以取得的全部价款和价外费用为销售额计算应纳税额。纳税人应以取得的全部价款和价外费用扣除不动产购置原价或者取得不动产时的作价后的余额，按照5％的预征率向不动产所在地主管税务机关预缴税款，向机构所在地主管税务机关申报纳税。

（四）一般纳税人转让其2016年4月30日前自建的不动产，选择适用一般计税方法计税的，以取得的全部价款和价外费用为销售额计算应纳税额。纳税人应以取得的全部价款和价外费用，按照 5% 的预征率向不动产所在地主管税务机关预缴税款，向机构所在地主管税务机关申报纳税。

（五）一般纳税人转让其 2016 年 5 月 1 日后取得（不含自建）的不动产，适用一般计税方法，以取得的全部价款和价外费用为销售额计算应纳税额。纳税人应以取得的全部价款和价外费用扣除不动产购置原价或者取得不动产时的作价后的余额，按照 5% 的预征率向不动产所在地主管税务机关预缴税款，向机构所在地主管税务机关申报纳税。

（六）一般纳税人转让其 2016 年 5 月 1 日后自建的不动产，适用一般计税方法，以取得的全部价款和价外费用为销售额计算应纳税额。纳税人应以取得的全部价款和价外费用，按照 5% 的预征率向不动产所在地主管税务机关预缴税款，向机构所在地主管税务机关申报纳税。"

三是小规模纳税人清算处置房屋，按以下政策处理。

《纳税人转让不动产增值税征收管理暂行办法》第四条规定："小规模纳税人转让其取得的不动产，除个人转让其购买的住房外，按照以下规定缴纳增值税：

（一）小规模纳税人转让其取得（不含自建）的不动产，以取得的全部价款和价外费用扣除不动产购置原价或者取得不动产时的作价后的余额为销售额，按照 5% 的征收率计算应纳税额。

（二）小规模纳税人转让其自建的不动产，以取得的全部价款和价外费用为销售额，按照 5% 的征收率计算应纳税额。"

企业应根据上述政策规定计算增值税，具体计算详见第 8 章关于转让旧房增值税计算的内容。

问题 10-2-5

企业清算中处置设备如何计算增值税？

答：企业在清算中处置设备等固定资产的增值税计算，一般纳税人应区分两种情形处理：

第一种是销售自己使用过的属于营改增前购进用于非增值税应税项目且未抵扣进项税额的固定资产。根据《财政部 国家税务总局关于部分货物适用增值税低税率和简易办法征收增值税政策的通知》（财税〔2009〕9 号）第二条第（一）项第 1 点第一款，以及《国家税务总局关于简并增值税征收率有关问题的公告》（国家税务总局公告 2014 年第 36 号）第三条的相关规定，一般纳税人销售自己使用过的属于《增值税暂行条例》第十条规定不得抵扣且未抵扣进项税额的固定资产，按简易办法依 3% 征收率减按 2% 征收增值税。

根据《国家税务总局关于增值税简易征收政策有关管理问题的通知》（国税

函〔2009〕90号）第一条第（一）项的规定，适用按简易办法依3%征收率减按2%征收增值税政策的，应开具普通发票，不得开具增值税专用发票。

第二种是销售自己使用过的营改增后购进的固定资产。《财政部　国家税务总局关于全国实施增值税转型改革若干问题的通知》（财税〔2008〕170号）第四条第（一）项及《国家税务总局关于简并增值税征收率有关问题的公告》（国家税务总局公告2014年第36号）第五条规定：增值税一般纳税人销售自己使用过的固定资产，属于以下两种情形的，可按简易办法依3%征收率减按2%征收增值税，同时不得开具增值税专用发票：

（1）纳税人购进或者自制固定资产时为小规模纳税人，认定为一般纳税人后销售该固定资产。

（2）增值税一般纳税人发生按简易办法征收增值税应税行为，销售其按照规定不得抵扣且未抵扣进项税额的固定资产。

根据上述政策规定，增值税一般纳税人销售自己使用过的固定资产，属于以上政策规定的两种情形的，可按简易办法依3%征收率减按2%征收增值税，且不得开具增值税专用发票，其余按照适用税率征收增值税。

对上述两种情况中"按照简易办法依3%征收率减按2%征收增值税的"，其销售额和应纳税额的确定，根据《国家税务总局关于简并增值税征收率有关问题的公告》第六条的规定，"纳税人适用按照简易办法依3%征收率减按2%征收增值税政策的，按下列公式确定销售额和应纳税额：

销售额＝含税销售额/（1＋3%）

应纳税额＝销售额×2%"

此外，对于小规模纳税人，《财政部　国家税务总局关于部分货物适用增值税低税率和简易办法征收增值税政策的通知》（财税〔2009〕9号）第二条第（一）项第2点第一款规定："小规模纳税人（除其他个人外，下同）销售自己使用过的固定资产，减按2%征收率征收增值税。

小规模纳税人销售自己使用过的除固定资产以外的物品，应按3%的征收率征收增值税"。

案例10-6

企业清算中处置设备的增值税计算

A房地产开发公司于2017年停止经营，在清算中处置一批电脑设备获得价款60万元（含税）。设备均于营改增前购置，进项税未抵扣。A公司为一般纳税人，增值税计算如下：

不含税价格：60÷（1＋3%）＝58.25（万元）；

应缴增值税：$58.25 \times 2\% = 1.17$（万元）。

问题 10-2-6

企业所得税清算所得是否可以弥补以前年度亏损？

答：《财政部　国家税务总局关于企业清算业务企业所得税处理若干问题的通知》（财税〔2009〕60号）第三条第（四）项规定，企业清算的所得税处理包括"依法弥补亏损，确定清算所得"。

上述政策中的亏损是指企业依照《企业所得税法》及其实施条例的规定将每一纳税年度的收入总额减除不征税收入、免税收入和各项扣除后小于零的数额，不是会计亏损。

——REAL ESTATE
ENTERPRISE　**案例 10-7**

企业所得税清算所得弥补以前年度亏损

A 房地产开发公司完成项目开发任务，于 2016 年 12 月 31 日停止经营，2017 年 1 月成立清算组进行清算。A 公司 2016 年以前均为盈利，2016 年会计利润为－30 万元，企业所得税应纳税所得为－5 万元。则 A 公司清算所得可弥补 2016 年度亏损 5 万元。

问题 10-2-7

如何计算企业所得税清算所得？

答：《财政部　国家税务总局关于企业清算业务企业所得税处理若干问题的通知》（财税〔2009〕60号）第四条规定："企业的全部资产可变现价值或交易价格，减除资产的计税基础、清算费用、相关税费，加上债务清偿损益等后的余额，为清算所得。

企业应将整个清算期作为一个独立的纳税年度计算清算所得。"

根据上述政策规定，企业所得税清算所得主要是企业停止正常经营后对剩余资产处理的所得，余额如果是负的，则为清算损失。在停止经营之前的正常经营活动所得按照企业所得税汇算清缴处理。

——REAL ESTATE
ENTERPRISE　**案例 10-8**

企业所得税清算所得的计算

A 房地产开发公司完成项目开发任务，于 2016 年 12 月 31 日停止经营。该企业 2016 年以前均为盈利，2016 年会计利润为－30 万元，企业所得税应纳税所得为－5 万元，适用企业所得税税率为 25%。2017 年 1 月成立清算组进行清算，企业固定资产账面价值为 200 万元，变卖获得收入 260 万元（不含税），债务清偿收益为 10 万元，变卖缴纳除增值税以外的税费合计 5 万元，清算费用为 15 万元。相关计算如下：

清算所得：260－200＋10－5－15－5＝45（万元）；

应缴企业所得税：45×25%＝11.25（万元）。

问题 10-2-8

企业清算中以房屋分配的如何计算增值税？

答：《营业税改征增值税试点实施办法》（财税〔2016〕36 号文件附件 1）第十四条第（二）项规定："单位或者个人向其他单位或者个人无偿转让无形资产或者不动产的，视同销售无形资产或者不动产，但用于公益事业或者以社会公众为对象的除外。"

根据上述政策规定，企业在清算中以自有房屋分配给投资人的，应视同销售无形资产或者不动产，按规定计算增值税。

上述应视同销售无形资产或者不动产的计税销售额，要根据《营业税改征增值税试点实施办法》第四十四条的规定确定，即："发生本办法第十四条所列行为而无销售额的，主管税务机关有权按照下列顺序确定销售额：

（一）按照纳税人最近时期销售同类服务、无形资产或者不动产的平均价格确定。

（二）按照其他纳税人最近时期销售同类服务、无形资产或者不动产的平均价格确定。

（三）按照组成计税价格确定。组成计税价格的公式为：

组成计税价格＝成本×（1＋成本利润率）"。

问题 10-2-9

企业清算所得如何分配？

答：在企业清算中，进入清算的全部资产处理完毕并扣除清算费用及依法按顺序支付职工补偿金、结清税款、清偿企业债务后，如果有剩余资产，可以向所有者分配。对于其相关税务处理，《财政部 国家税务总局关于企业清算业务企业所得税处理若干问题的通知》（财税〔2009〕60 号）第五条规定："企业全部资产的可变现价值或交易价格减除清算费用，职工的工资、社会保险费用和法定补偿金，结清清算所得税、以前年度欠税等税款，清偿企业债务，按规定计算可以向所有者分配的剩余资产。

被清算企业的股东分得的剩余资产的金额，其中相当于被清算企业累计未分配利润和累计盈余公积中按该股东所占股份比例计算的部分，应确认为股息所得；剩余资产减除股息所得后的余额，超过或低于股东投资成本的部分，应确认为股东的投资转让所得或损失。

被清算企业的股东从被清算企业分得的资产应按可变现价值或实际交易价格确定计税基础。"

提示：个人投资者分得的剩余资产中属于投资所得的部分，按照"利息、股息、红利所得"项目征收个人所得税。

ENTERPRISE ——REAL ESTATE **案例 10-9**

被清算企业的股东从被清算企业分得资产的会计处理

A 房地产开发公司于 2016 年 12 月 31 日停止经营，2017 年 1 月成立清算组进行清算。该公司由甲公司与乙公司各出资 500 万元成立，截至清算结束，未分配利润与盈余公积合计为 100 万元。清算结束后，甲公司与乙公司从 A 房地产开发公司各分得资产合计 400 万元（不含税）。甲公司分得的资产中相当于 A 公司累计未分配利润和累计盈余公积中按 50% 比例计算为 50 万元的部分确认为股息所得，其余 350 万元为投资转让收入，低于投资成本共 150 万元，确认为投资转让损失。甲公司采用成本法核算"长期投资"。会计处理如下（单位：万元）：

1. 确认股息所得。

  借：银行存款   50

   贷：投资收益   50

2. 确认投资转让损失。

  借：银行存款   350

    投资收益   150

   贷：长期股权投资——A 公司   500

问题 10-2-10

企业申请注销，若土地增值税清算当年出现亏损，如何计算企业所得税应退税款？

答：《国家税务总局关于房地产开发企业土地增值税清算涉及企业所得税退税有关问题的公告》（国家税务总局公告 2016 年第 81 号）第二条规定："企业按规定对开发项目进行土地增值税清算后，当年企业所得税汇算清缴出现亏损，且没有后续开发项目的，可以按照以下方法，计算出该项目由于土地增值税原因导致的项目开发各年度多缴企业所得税税款，并申请退税：

（一）该项目缴纳的土地增值税总额，应按照该项目开发各年度实现的项目销售收入占整个项目销售收入总额的比例，在项目开发各年度进行分摊，具体按以下公式计算：

各年度应分摊的土地增值税＝土地增值税总额×（项目年度销售收入÷整个项目销售收入总额）

销售收入包括视同销售房地产的收入，但不包括企业销售的增值额未超过扣除项目金额20％的普通标准住宅的销售收入。

（二）该项目开发各年度应分摊的土地增值税减去该年度已经在企业所得税税前扣除的土地增值税后，余额属于当年应补充扣除的土地增值税；企业应调整当年度的应纳税所得额，并按规定计算当年度应退的企业所得税税款；当年度已缴纳的企业所得税税款不足退税的，应作为亏损向以后年度结转，并调整以后年度的应纳税所得额。

（三）按照上述方法进行土地增值税分摊调整后，导致相应年度应纳税所得额出现正数的，应按规定计算缴纳企业所得税。

（四）企业按上述方法计算的累计退税额，不得超过其在该项目开发各年度累计实际缴纳的企业所得税；超过部分作为项目清算年度产生的亏损，向以后年度结转。"

由于土地增值税清算是在项目销售完成之后，此时企业的主要经营成果已经在之前的主销售期体现并缴纳企业所得税，因此在土地增值税清算时就有可能出现当年企业所得税汇算清缴亏损的现象。根据上述政策规定，由于企业注销而没有后续开发项目的，若当年企业所得税汇算清缴出现亏损，则可以按政策规定，计算出由于土地增值税原因导致的项目开发各年度多缴企业所得税税款，并申请退税。

REAL ESTATE
ENTERPRISE **案例 10-10**

土地增值税清算后企业所得税应退税款的计算

A房地产开发公司2014年1月开始开发某房地产项目，2016年9月项目全部竣工并销售完毕，11月进行土地增值税清算。整个项目共缴纳土地增值税1 100万元，其中2014—2016年预缴土地增值税分别为240万元、300万元、60万元；2016年清算后补缴土地增值税500万元。2014—2016年实现的项目销售收入（不含税）分别为12 000万元、15 000万元、3 000万元，缴纳的企业所得税分别为45万元、310万元、0万元。该企业2016年度汇算清缴出现亏损，应纳税所得额为−400万元。该企业适用企业所得税税率为25％。企业没有后续开发项目，拟申请退税。具体计算如下：

1. 2014年度。

应分摊的土地增值税：$1\,100×(12\,000÷30\,000)=440$（万元）；

当年应补充扣除土地增值税款：$440−240=200$（万元）。

调减当年企业所得税应税所得额200万元，应退税45万元，另形成亏损20

万元向以后年度结转。

2．2015 年度。

应分摊的土地增值税：$1\ 100 \times (15\ 000 \div 30\ 000) = 550$（万元）；

当年应补充扣除土地增值税款：$550 - 300 = 250$（万元）。

弥补上年亏损 20 万元，合计调减当年企业所得税应税所得额 270 万元，应退税款：$270 \times 25\% = 67.5$（万元）。

3．2016 年度。

应分摊的土地增值税：$1\ 100 \times (3\ 000 \div 30\ 000) = 110$（万元）；

当年多扣除土地增值税款：$560 - 110 = 450$（万元）。

调增当年企业所得税应税所得额：450 万元。

应补税款：$(-400 + 450) \times 25\% = 12.5$（万元）。

4．累计可退税。

累计可退税款：$45 + 67.5 - 12.5 = 100$（万元）。

问题 10-2-11

因土地增值税清算导致多缴的企业所得税退税，是否受三年期限限制？

答：房地产开发企业因土地增值税清算引起的应退税款，系由于土地增值税清算当年缴纳较多的土地增值税款，导致本年度企业所得税汇算清缴出现亏损。该亏损本应按规定在以前年度得到扣除，形成事实上的多缴企业所得税。根据《国家税务总局关于房地产开发企业土地增值税清算涉及企业所得税退税有关问题的公告》（国家税务总局公告 2016 年第 81 号）第二条的规定，企业按规定对开发项目进行土地增值税清算后，当年企业所得税汇算清缴出现亏损，且没有后续开发项目的，可以按照政策规定的方法，计算出该项目由于土地增值税原因导致的项目开发各年度多缴企业所得税税款，并申请退税。

根据上述政策规定，房地产开发企业因土地增值税清算引起的应退税款，不属于《税收征收管理法》第五十一条关于三年内退税时限规定的情形。

第 11 章
薪金福利保险业务涉税问题

《企业会计准则第 9 号——职工薪酬》第二条规定，职工薪酬，是指企业为获得职工提供的服务而给予各种形式的报酬以及其他相关支出。本章主要分析职工工资、奖金、津贴和补贴及职工福利费、各类保险费等业务的涉税问题，工会经费和职工教育经费等业务在其他章节分析。

11.1　工资薪金支出业务

工资薪金支出业务主要是指企业依据相关法律法规支付给员工的工资薪金，包括税法规定的各种形式的工资薪金（劳务报酬）业务，涉及企业所得税、个人所得税的计算。

问题 11-1-1

如何理解企业所得税中的"合理工资"及"工资总额"概念？

答：企业所得税政策中的"合理工资"与会计准则中的职工薪酬不同。根据《国家税务总局关于企业工资薪金及职工福利费扣除问题的通知》（国税函〔2009〕3 号）第一条、第二条的规定，合理工资薪金概念如下：

"一、关于合理工资薪金问题

《实施条例》第三十四条所称的'合理工资薪金'，是指企业按照股东大会、董事会、薪酬委员会或相关管理机构制订的工资薪金制度规定实际发放给员工的工资薪金。税务机关在对工资薪金进行合理性确认时，可按以下原则掌握：

（一）企业制订了较为规范的员工工资薪金制度；

（二）企业所制订的工资薪金制度符合行业及地区水平；

（三）企业在一定时期所发放的工资薪金是相对固定的，工资薪金的调整是有序进行的；

（四）企业对实际发放的工资薪金，已依法履行了代扣代缴个人所得税义务；

（五）有关工资薪金的安排，不以减少或逃避税款为目的。

二、关于工资薪金总额问题

《实施条例》第四十、四十一、四十二条所称的'工资薪金总额'，是指企业按照本通知第一条规定实际发放的工资薪金总和，不包括企业的职工福利费、职工教育经费、工会经费以及养老保险费、医疗保险费、失业保险费、工伤保险费、生育保险费等社会保险费和住房公积金。属于国有性质的企业，其工资薪金，不得超过政府有关部门给予的限定数额；超过部分，不得计入企业工资薪金总额，也不得在计算企业应纳税所得额时扣除。"

根据上述政策规定，在日常实务中，企业发放的工资薪酬只要符合上述政策规定，就可以在企业所得税税前扣除。

提示：企业所得税政策中的"工资薪金"与个人所得税政策中的"工资、薪金所得"概念不同，在处理企业所得税涉税业务时，工资薪金支出不包括企业支付的职工福利费等各项其他具有福利性费用及社保等费用。而个人所得税涉税业务中的工资、薪金所得，是指个人因任职或者受雇而取得的工资、薪金、奖金、年终加薪、劳动分红、津贴、补贴以及与任职或者受雇有关的其他所得。对于企业在福利费中支付的人人有份的福利及超过标准的社保费用等均要计入个人工资、薪金所得计算缴纳个人所得税。

问题 11-1-2

企业支付员工的工资薪金如何计算个人所得税?

答:1. 2018 年 10 月 1 日之前个人所得税的计算。

根据《全国人民代表大会常务委员会关于修改〈中华人民共和国个人所得税法〉的决定》(中华人民共和国主席令第 9 号)的规定,在 2018 年 10 月 1 日之前,员工取得的工资、薪金所得单独作为应税所得计算个人所得税。

2. 2018 年 10 月 1 日至 2018 年 12 月 31 日期间个人所得税计算。

《财政部 税务总局关于 2018 年第四季度个人所得税减除费用和税率适用问题的通知》(财税〔2018〕98 号)第一条规定:"对纳税人在 2018 年 10 月 1 日(含)后实际取得的工资、薪金所得,减除费用统一按照 5 000 元/月执行,并按照本通知所附个人所得税税率表一计算应纳税额。"

税率表详见表 11-1。

表 11-1　　　　　　　个人所得税税率表一（工资薪金所得适用）

级数	全月应纳税所得额	税率	速算扣除数
1	不超过 3 000 元的	3%	0
2	超过 3 000 元至 12 000 元的部分	10%	210
3	超过 12 000 元至 25 000 元的部分	20%	1 410
4	超过 25 000 元至 35 000 元的部分	25%	2 660
5	超过 35 000 元至 55 000 元的部分	30%	4 410
6	超过 55 000 元至 80 000 元的部分	35%	7 160
7	超过 80 000 元的部分	45%	15 160

3. 2019 年 1 月 1 日起个人所得税的计算。

自 2019 年 1 月 1 日起,根据新修订的《个人所得税法》第二条的规定,居民个人取得的"工资、薪金所得"与"劳务报酬所得"、"稿酬所得"及"特许权使用费所得"共计四项作为综合所得,按纳税年度合并计算个人所得税。

该法第三条第(一)项规定:"综合所得,适用百分之三至百分之四十五的超额累进税率。"

该法第六条规定,"居民个人的综合所得,以每一纳税年度的收入额减除费用六万元以及专项扣除、专项附加扣除和依法确定的其他扣除后的余额,为应纳税所得额"；"劳务报酬所得、稿酬所得、特许权使用费所得以收入减除百分之二十的费用后的余额为收入额。稿酬所得的收入额减按百分之七十计算"；"专项扣除，包括居民个人按照国家规定的范围和标准缴纳的基本养老保险、基本医疗保险、失业保险等社会保险费和住房公积金等；专项附加扣除，包括子女教育、继续教育、大病医疗、住房贷款利息或者住房租金、赡养老人等支出，具体范围、标准和实施步骤由国务院确定，并报全国人民代表大会常务委员会备案"。

该法第十条规定，纳税人应当依法办理纳税申报，对取得综合所得的纳税人需要办理汇算清缴。

该法第十一条规定："居民个人取得综合所得，按年计算个人所得税；有扣缴义务人的，由扣缴义务人按月或者按次预扣预缴税款；需要办理汇算清缴的，应当在取得所得的次年三月一日至六月三十日内办理汇算清缴。预扣预缴办法由国务院税务主管部门制定。

居民个人向扣缴义务人提供专项附加扣除信息的，扣缴义务人按月预扣预缴税款时应当按照规定予以扣除，不得拒绝。"

根据上述政策规定，自 2019 年 1 月 1 日起，居民个人取得的"工资、薪金所得"应与取得的"劳务报酬所得"、"稿酬所得"及"特许权使用费所得"合并作为综合所得，按纳税年度合并计算个人所得税。支付工资、薪金的企业（代扣代缴义务人）应按月预扣个人所得税，并在取得所得的次年 3 月 1 日至 6 月 30 日内办理汇算清缴。

REAL ESTATE
ENTERPRISE　**案例 11-1**

企业支付员工工资薪金的个人所得税计算

1. 2018 年 10 月 1 日之前的计算。

A 房地产开发企业员工甲 2018 年 8 月工资数据如下：基本工资 11 000 元，季度奖金 800 元，按政策规定扣的社保等 3 000 元。员工甲的个人所得税计算及会计处理如下：

（1）当月个人所得税计算。

员工甲当月应纳税所得额：10 000＋800－3 500－3 000＝4 300（元）；

员工甲当月应交个人所得税：4 300×10%－105＝325（元）。

（2）会计处理。

借：应付职工薪酬——工资　　　　　　　　　　　　　　　　305

　　贷：应交税费——应交个人所得税　　　　　　　　　　　305

2. 2018 年 10 月 1 日至 2018 年 12 月 31 日之间的计算。

假定 A 房地产开发企业员工甲 2018 年 11 月工资数据如下：基本工资 10 000 元，季度奖金 800 元，按政策规定扣除的各项费用 3 000 元，则员工甲的个人所得税预扣计算及企业会计处理如下：

(1) 当月应交个人所得税计算。

员工甲当月应纳税所得额：10 000＋800－5 000－3 000＝2 800（元）；

员工甲当月应预交个人所得税：2 800×3%＝84（元）。

(2) 企业会计处理如下：

借：应付职工薪酬——工资   84

　　贷：应交税费——预交个人所得税   84

3. 2019年1月1日起的计算。

根据新修订的《个人所得税法》的规定，自2019年1月1日起，员工甲（居民）取得的"工资、薪金所得"应与其取得的"劳务报酬所得"、"稿酬所得"及"特许权使用费所得"合并作为综合所得申报缴纳个人所得税，由扣缴义务人按月或者按次预扣预缴税款，并按规定在取得所得的次年3月1日至6月30日内办理汇算清缴。

问题 11-1-3

企业支付员工全年一次性奖金如何计算个人所得税？

答：2018年10月1日之前，根据《国家税务总局关于调整个人取得全年一次性奖金等计算征收个人所得税方法问题的通知》（国税发〔2005〕9号）第二条、第三条及第四条的规定，纳税人取得全年一次性奖金，单独作为一个月工资、薪金所得计算纳税，并按以下计税办法，由扣缴义务人在发放时代扣代缴：

(1) 先将雇员当月内取得的全年一次性奖金，除以12个月，按其商数确定适用税率和速算扣除数。如果在发放年终一次性奖金的当月，雇员当月工资薪金所得低于税法规定的费用扣除额，应将全年一次性奖金减除"雇员当月工资薪金所得与费用扣除额的差额"后的余额，按上述办法确定全年一次性奖金的适用税率和速算扣除数。

(2) 将雇员个人当月内取得的全年一次性奖金，按上述第（1）项确定的适用税率和速算扣除数计算征税，计算公式如下：

①如果雇员当月工资薪金所得高于（或等于）税法规定的费用扣除额的，适用公式为：

应纳税额＝雇员当月取得全年一次性奖金×适用税率－速算扣除数

②如果雇员当月工资薪金所得低于税法规定的费用扣除额的，适用公式为：

$$应纳税额＝\left(雇员当月取得全年一次性奖金－雇员当月工资薪金所得与费用扣除额的差额\right)×适用税率－速算扣除数$$

在一个纳税年度内，对每一个纳税人，该计税办法只允许采用一次。

对于 2018 年 10 月 1 日至 2018 年 12 月 31 日的过渡期，《全国人民代表大会常务委员会关于修改〈中华人民共和国个人所得税法〉的决定》（中华人民共和国主席令第 9 号）规定："自 2018 年 10 月 1 日至 2018 年 12 月 31 日，纳税人的工资、薪金所得，先行以每月收入额减除费用五千元以及专项扣除和依法确定的其他扣除后的余额为应纳税所得额，依照本决定第十六条的个人所得税税率表一（综合所得适用）按月换算后计算缴纳税款，并不再扣除附加减除费用。"因此，在过渡期涉及"全年一次性奖金"个人所得税处理时，按过渡期政策执行（以国家税务总局和各地具体征管规定为准）。

自 2019 年 1 月 1 日起，根据《个人所得税法》的规定，居民个人取得的"工资、薪金所得"与"劳务报酬所得"、"稿酬所得"及"特许权使用费所得"共计四项作为综合所得，按纳税年度合并计算个人所得税，由扣缴义务人按月或者按次预扣预缴税款，并在取得所得的次年 3 月 1 日至 6 月 30 日内办理汇算清缴。因此，"全年一次性奖金"应作为工资、薪金所得计入综合所得合并计算个人所得税。

REAL ESTATE
ENTERPRISE　**案例 11-2**

全年一次性奖金的个人所得税计算（1）

A 房地产开发公司员工甲，2017 年 1 月取得了上一年度 12 月份的工资收入 7 000 元（含税），其中，基本养老保险 1 000 元，基本医疗保险 800 元，失业保险 300 元，住房公积金 600 元（以上均在税法允许扣除范围之内），并领取 2016 年全年一次性奖金 24 000 元（含税）。员工甲的个人所得税计算如下：

1. 当月工资薪金个人所得税计算。

当月工资薪金所得：7 000－1 000－800－300－600＝4 300（元）；

当月工资薪金应纳税额：（4 300－3 500）×3％＝24（元）。

2. 全年一次性奖金个人所得税计算。

计算公式为：

应纳税额＝雇员当月取得全年一次性奖金×适用税率－速算扣除数

员工甲取得全年一次性奖金所得 24 000 元，查找适用税率。

商数：24 000÷12＝2 000（元），对照税率表，适用税率为 10％，速算扣除数为 105 元。

全年一次性奖金应纳税额：24 000×10％－105＝2 295（元）。

提示：自 2019 年 1 月 1 日起，上述员工甲取得的包括全年一次性奖金在内的"工资、薪金所得"应计入综合所得，按年计算个人所得税，并由扣缴义务人按月预扣预缴税款，年终办理汇算清缴。对于 2018 年 10 月 1 日至 2018 年 12 月

31 日取得的"全年一次性奖金"的个人所得税处理,以国家税务总局和各地具体征管规定为准。

REAL ESTATE
ENTERPRISE **案例 11-3**

全年一次性奖金的个人所得税计算(2)

A 房地产开发公司员工甲,2017 年 1 月取得了上一年度 12 月份的工资收入 6 000 元(含税),其中,基本养老保险 1 000 元,基本医疗保险 800 元,失业保险 300 元,住房公积金 600 元(以上均在税法允许扣除范围之内),并领取 2016 年全年一次性奖金 24 000 元(含税)。员工甲的个人所得税计算如下:

1. 当月工资薪金个人所得税计算。

当月工资薪金所得:6 000-1 000-800-300-600=3 300(元)。

低于当月费用扣除标准 3 500 元,应纳税额为 0 元。

2. 全年一次性奖金个人所得税计算。

计算公式为:

$$应纳税额=\left(\begin{array}{c}雇员当月取得\\全年一次性奖金\end{array}-\begin{array}{c}雇员当月工资薪金所得\\与费用扣除额的差额\end{array}\right)\times 适用税率-速算扣除数$$

全年一次性奖金所得:24 000 元。

当月工资薪金所得与费用扣除额的差额:3 500-3 300=200(元)。

以奖金总额除以 12 个月,按其商数确定适用税率和速算扣除数。奖金总额减除当月工资薪金所得与费用扣除额的差额 200 元后的余额为 23 800 元。

查找适用税率:(24 000-200)÷12=1 983.33(元),对照税率表,适用税率为 10%,速算扣除数为 105 元。

应纳税所得额:24 000-200=23 800(元);

应纳税额:23 800×10%-105=2 275(元)。

提示:自 2019 年 1 月 1 日起,上述员工甲取得的包括全年一次性奖金在内的"工资、薪金所得"应计入综合所得,按年计算个人所得税,并由扣缴义务人按月预扣预缴税款,年终办理汇算清缴。对于 2018 年 10 月 1 日至 2018 年 12 月 31 日取得的"全年一次性奖金"的个人所得税处理,以国家税务总局和各地具体征管规定为准。

问题 11-1-4

企业集团委派人员的工资薪金如何申报缴纳个人所得税?

答:在一些房地产开发企业中,部分企业的高层人员由企业集团委派,如果委派的人员在集团内原工作单位(雇佣单位)和现工作单位均获取工资薪金,则个人所得税计算原则如下:

2018 年 10 月 1 日之前，根据《个人所得税法》第八条、《个人所得税法实施细则》第三十六条第二款以及《个人所得税自行纳税申报办法（试行）》（国税发〔2006〕162 号文件发布）第二条第（二）项、第十条第（二）项的规定，在中国境内有两处或者两处以上任职、受雇单位的，选择并固定向其中一处单位所在地主管税务机关申报。

在具体操作中，各地一般参考《征收个人所得税若干问题的规定》（国税发〔1994〕89 号文件发布）第三条第（一）项规定执行：对雇佣单位和派遣单位分别支付工资、薪金的，采取由支付者中的一方减除费用的方法，即只由雇佣单位在支付工资、薪金时，按税法规定减除费用，计算扣缴个人所得税；派遣单位支付的工资、薪金不再减除费用，以支付全额直接确定适用税率，计算扣缴个人所得税。

两处取得工资的实例中，因发工资的双方很可能不认识，无从沟通确定具体由哪家减除 3 500 元，因此一般实际操作中，两家企业申报个人所得税的时候均减去 3 500 元，然后在汇总申报的时候，只减去一次，计算确定补税金额。

上述纳税义务人，应持两处支付单位提供的原始明细工资、薪金单（书）和完税凭证原件，选择并固定到一地税务机关申报每月工资、薪金收入，汇算清缴其工资、薪金收入的个人所得税，多退少补。

对于 2018 年 10 月 1 日至 2018 年 12 月 31 日的过渡期，《财政部 税务总局关于 2018 年第四季度个人所得税减除费用和税率适用问题的通知》（财税〔2018〕98 号）第一条规定："减除费用统一按照 5 000 元/月执行，并按照本通知所附个人所得税税率表一计算应纳税额"。

自 2019 年 1 月 1 日起，根据新修订的《个人所得税法》的规定，居民个人取得的"工资、薪金所得"与"劳务报酬所得"、"稿酬所得"及"特许权使用费所得"共计四项作为综合所得，按纳税年度合并计算个人所得税，由扣缴义务人按月预扣预缴税款，并在取得所得的次年 3 月 1 日至 6 月 30 日内办理汇算清缴。因此，居民个人在两处（或以上）取得的"工资、薪金所得"均计入综合所得合并计算个人所得税。

REAL ESTATE
ENTERPRISE **案例 11-4**

在两处取得工资薪金的个人所得税计算

A 置业集团委派集团副总 B 兼任下属子公司 C 房地产开发企业总经理，A 置业集团每月支付 B 工资薪金总计 12 500 元，根据税法规定减除费用 35 00 元以及附加减除费用 1 500 元。C 房地产开发企业每月支付 B 工资薪金总计 39 000 元。B 选择在 A 置业集团按税法规定减除费用，计算扣缴个人所得税，则每月的个人所得税计算如下：

A 置业集团计算代扣代缴 B 税款：（12 500－3 500－1 500）×20％－555＝945（元）；

C 公司计算代扣代缴 B 税款：（39 000－3 500）×30％－2 755＝7 895（元）。

上述两项合计：945＋7 895＝8 840（元）。

年度结束（次年 3 月 31 日前）再合并计算，多退少补。

合并计算：（12 500＋39 000－3 500－1 500）×30％－2 755＝11 195（元）；

应补缴税款：11 195－8 840＝2 355（元）；

全年应补缴税款：2 355×12＝28 260（元）。

提示：自 2019 年 1 月 1 日起，上述集团委派人员 B 取得的两处"工资、薪金所得"均应计入综合所得，按年计算个人所得税，并由扣缴义务人按月预扣预缴税款，年终办理汇算清缴。

对于 2018 年 10 月 1 日至 2018 年 12 月 31 日的过渡期，《财政部 税务总局关于 2018 年第四季度个人所得税减除费用和税率适用问题的通知》（财税〔2018〕98 号）第一条规定："减除费用统一按照 5 000 元/月执行，并按照本通知所附个人所得税税率表一计算应纳税额。"

问题 11-1-5

企业支付劳务用工费用的增值税进项税额应如何处理？

答：劳务用工是企业用工方式的一种。房地产开发企业除了在项目咨询时发生支付个人劳务费的业务外，在企业运营中，也会发生劳务费用支出：一是委托劳务（人力）公司提供人员劳务；二是自行招聘人员。如果委托劳务（人力）公司提供人员劳务，则房地产开发企业与人力资源公司签订劳务提供合同，人力资源公司提供房地产开发企业需要的各类人员，而这些人员与人力资源公司签订用工合同。每个月的人员工资薪金等，全部由房地产开发企业依据合同先支付给人力资源公司，然后由人力资源公司再支付给其员工。

《营业税改征增值税试点实施办法》（财税〔2016〕36 号文件附件 1）所附《销售服务、无形资产、不动产注释》规定，"现代服务——商务辅助服务——人力资源服务"税目，是指提供公共就业、劳务派遣、人才委托招聘、劳动力外包等服务的业务活动。

《营业税改征增值税试点实施办法》第十五条规定，"现代服务——商务辅助服务——人力资源服务"税目，适用税率为 6％。

因此，提供劳务用工服务适用"现代服务——商务辅助服务——人力资源服务"税目。会计科目等涉及进项税额。会计处理为：

借：开发间接费用——劳务费

销售费用——劳务费

管理费用——劳务费

应交税费——应交增值税——进项税额

　　贷：银行存款

　　《财政部 国家税务总局关于进一步明确全面推开营改增试点有关劳务派遣服务、收费公路通行费抵扣等政策的通知》（财税〔2016〕47号）第一条规定，劳务派遣服务政策如下：

　　"一般纳税人提供劳务派遣服务，可以按照《财政部 国家税务总局关于全面推开营业税改征增值税试点的通知》（财税〔2016〕36号）的有关规定，以取得的全部价款和价外费用为销售额，按照一般计税方法计算缴纳增值税；也可以选择差额纳税，以取得的全部价款和价外费用，扣除代用工单位支付给劳务派遣员工的工资、福利和为其办理社会保险及住房公积金后的余额为销售额，按照简易计税方法依5%的征收率计算缴纳增值税。

　　小规模纳税人提供劳务派遣服务，可以按照《财政部 国家税务总局关于全面推开营业税改征增值税试点的通知》（财税〔2016〕36号）的有关规定，以取得的全部价款和价外费用为销售额，按照简易计税方法依3%的征收率计算缴纳增值税；也可以选择差额纳税，以取得的全部价款和价外费用，扣除代用工单位支付给劳务派遣员工的工资、福利和为其办理社会保险及住房公积金后的余额为销售额，按照简易计税方法依5%的征收率计算缴纳增值税。

　　选择差额纳税的纳税人，向用工单位收取用于支付给劳务派遣员工工资、福利和为其办理社会保险及住房公积金的费用，不得开具增值税专用发票，可以开具普通发票。

　　劳务派遣服务，是指劳务派遣公司为了满足用工单位对于各类灵活用工的需求，将员工派遣至用工单位，接受用工单位管理并为其工作的服务。"

　　根据上述政策规定，如果劳务（人力）公司是一般纳税人，且选择"以取得的全部价款和价外费用为销售额，按照一般计税方法计算缴纳增值税"，可以开具增值税专用发票，其他情形不得开具增值税专用发票，可以开具普通发票。

案例 11-5

企业支付劳务用工费用适用一般计税方法的增值税进项税额处理

　　A房地产开发公司2017年8月20日与B人力资源（劳务）公司签订劳务服务合同，约定从9月1日起提供劳务用工10人（销售人员），每人平均费用（工资）9000元，B公司按每人100元收取管理费用（均含税）。假定B公司为增值税一般纳税人，按照一般计税方法计算缴纳增值税，则每月增值税计算如下：

　　B公司应按照全额开具增值税专用发票。

不含税销售额：9 100×10÷（1＋6％）＝85 849.06（元）；

B公司增值税销项税额：85 849.06×6％＝5 150.94（元）。

A公司按规定取得增值税专用发票，票面注明进项税额5 150.94元。

案例 11-6

企业支付劳务用工费用选择差额纳税的进项税额处理

A房地产开发公司2017年8月20日与B人力资源（劳务）公司签订劳务服务合同，约定从9月1日起提供劳务用工10人（销售人员），每人平均费用（工资）9 000元，B公司按每人100元收取管理费用（均含税）。假定B公司为增值税一般纳税人，按照差额纳税方法计算缴纳增值税，则每月增值税计算如下：

B人力资源（劳务）公司选择"以取得的全部价款和价外费用，扣除代用工单位支付给劳务派遣员工的工资、福利和为其办理社会保险及住房公积金后的余额为销售额"。

手续费：100×10＝1 000（元）；

B公司不含税销售额：1 000÷（1＋5％）＝952.28（元）；

B公司应缴增值税：952.28×5％＝42.62（元）。

B公司开具增值税普通发票价税合计金额为91 000元，其中金额为90 957.38元，税额为42.62元，备注栏注明的差额征收金额为90 000元。

A公司按规定取得增值税普通发票。

问题 11-1-6

企业支付临时劳务用工费用能否取得增值税专用发票？

答：临时劳务用工主要是指企业自行招聘的临时用工人员，如保洁员等。一般直接到税务机关代开劳务用工费用发票。

《税务机关代开增值税专用发票管理办法（试行）》（国税发〔2004〕153号文件发布）第二条规定，"本办法所称代开专用发票是指主管税务机关为所辖范围内的增值税纳税人代开专用发票，其他单位和个人不得代开"，因此，诸如保洁员等临时劳务用工费用只能代开增值税普通发票，而不能代开增值税专用发票。

案例 11-7

企业支付临时劳务用工费用的增值税进项税额处理

A房地产开发公司2017年9月20日与甲、乙两人签订临时劳务服务合同，从10月1日起从事保洁工作，每人平均费用（工资）6 000元。A公司每月增值税计算及会计处理如下：

个人到税务机关申请代开增值税普通发票，假定不考虑其他税费（劳务报酬所得税前扣除城市维护建设税与教育费附加等）。

不含税销售额：$6\,000 \div (1+3\%) = 5\,825.24$（元）；

应缴增值税：$5\,825.24 \times 3\% = 174.76$（元）；

应缴个人所得税：$5\,825.24 \times (1-20\%) \times 20\% = 932.04$（元）。

提示： 根据新修订的《个人所得税法》的规定，自 2019 年 1 月 1 日起，居民个人取得的"劳务报酬所得"与"工资、薪金所得""稿酬所得"及"特许权使用费所得"共计四项作为综合所得，按纳税年度合并计算个人所得税，由扣缴义务人按月或者按次预扣预缴税款，并在年终办理汇算清缴。

问题 11-1-7

企业支付的劳务费如何进行企业所得税处理？

答：根据《国家税务总局关于企业工资薪金和职工福利费等支出税前扣除问题的公告》（国家税务总局公告 2015 年第 34 号）第三条的规定，企业接受外部劳务派遣用工所实际发生的费用，应分两种情况按规定在税前扣除：按照协议（合同）约定直接支付给劳务派遣公司的费用，应作为劳务费支出；直接支付给员工个人的费用，应作为工资薪金支出和职工福利费支出。其中属于工资薪金支出的费用，准予计入企业工资薪金总额的基数，作为计算其他各项相关费用扣除的依据。

REAL ESTATE ENTERPRISE **案例 11-8**

企业将劳务用工费用按约定直接支付给劳务派遣公司的会计（涉税）处理

A 房地产开发公司 2017 年 8 月 20 日与 B 人力资源（劳务）公司签订劳务服务合同，约定从 9 月 1 日起提供劳务用工 10 人（销售人员），每人平均费用（工资）9 000 元，B 公司按每人 100 元收取管理费用（含税）。假定 B 公司为增值税一般纳税人，按照一般计税方法计算缴纳增值税，则每月增值税计算及会计处理如下：

1. 增值税计算。

B 公司应按照全额开具增值税专用发票。

不含税销售额：$9\,100 \times 10 \div (1+6\%) = 85\,849.06$（元）；

B 公司增值税销项税额：$85\,849.06 \times 6\% = 5\,150.94$（元）；

A 公司按规定取得增值税专用发票，进项税额：5 150.94（元）。

2. A 公司会计处理。

借：销售费用——劳务费　　　　　　　　　　　　　　　85 849.06

　　　　应交税费——应交增值税——进项税额　　　　　　　　5 150.94
　　　贷：银行存款　　　　　　　　　　　　　　　　　　　　91 000

REAL ESTATE
ENTERPRISE　　**案例 11-9**

企业支付劳务用工费用选择差额纳税的会计（涉税）处理

　　A 房地产开发公司 2017 年 8 月 20 日与 B 人力资源（劳务）公司签订劳务服务合同，约定从 9 月 1 日起提供劳务用工 10 人（销售人员），每人平均费用（工资）9 000 元，B 公司按每人 100 元收取管理费用（含税）。假定 B 公司为增值税一般纳税人，按照差额纳税方法计算缴纳增值税，则每月增值税计算如下：

　　B 人力资源（劳务）公司选择"以取得的全部价款和价外费用，扣除代用工单位支付给劳务派遣员工的工资、福利和为其办理社会保险及住房公积金后的余额为销售额"。

　　1. 相关计算。

　　手续费：100×10＝1 000（元）。

　　B 公司不含税销售额：1 000÷（1＋5%）＝952.28（元）；

　　B 公司应缴增值税：952.28×5%＝42.62（元）；

　　B 公司开具（A 公司接受）增值税普通发票，金额 1 000 元。

　　2. A 公司会计处理。

　　（1）计提劳务费时：

　　　借：销售费用——劳务费　　　　　　　　　　　　　　　91 000
　　　　贷：应付职工薪酬——劳务费　　　　　　　　　　　　　91 000

　　（2）支付劳务费时：

　　　借：应付职工薪酬——劳务费　　　　　　　　　　　　　91 000
　　　　贷：银行存款　　　　　　　　　　　　　　　　　　　91 000

11.2　福利费支出业务

　　企业职工福利费是指企业为职工提供的除职工工资、奖金、津贴、纳入工资总额管理的补贴、职工教育经费、社会保险费和补充养老保险费（年金）、补充医疗保险费及住房公积金以外的福利待遇支出，主要涉及企业所得税、个人所得税业务。

问题 11-2-1

企业"职工福利费"支出如何进行企业所得税处理？

　　答：《财政部关于企业加强职工福利费财务管理的通知》（财企〔2009〕242

号）第一条规定："企业职工福利费是指企业为职工提供的除职工工资、奖金、津贴、纳入工资总额管理的补贴、职工教育经费、社会保险费和补充养老保险费（年金）、补充医疗保险费及住房公积金以外的福利待遇支出，包括发放给职工或为职工支付的以下各项现金补贴和非货币性集体福利：

（一）为职工卫生保健、生活等发放或支付的各项现金补贴和非货币性福利，包括职工因公外地就医费用、暂未实行医疗统筹企业职工医疗费用、职工供养直系亲属医疗补贴、职工疗养费用、自办职工食堂经费补贴或未办职工食堂统一供应午餐支出、符合国家有关财务规定的供暖费补贴、防暑降温费等。

（二）企业尚未分离的内设集体福利部门所发生的设备、设施和人员费用，包括职工食堂、职工浴室、理发室、医务所、托儿所、疗养院、集体宿舍等集体福利部门设备、设施的折旧、维修保养费用以及集体福利部门工作人员的工资薪金、社会保险费、住房公积金、劳务费等人工费用。

（三）职工困难补助，或者企业统筹建立和管理的专门用于帮助、救济困难职工的基金支出。

（四）离退休人员统筹外费用，包括离休人员的医疗费及离退休人员其他统筹外费用。企业重组涉及的离退休人员统筹外费用，按照《财政部关于企业重组有关职工安置费用财务管理问题的通知》（财企〔2009〕117 号）执行。国家另有规定的，从其规定。

（五）按规定发生的其他职工福利费，包括丧葬补助费、抚恤费、职工异地安家费、独生子女费、探亲假路费，以及符合企业职工福利费定义但没有包括在本通知各条款项目中的其他支出。"

《企业所得税法实施条例》第四十条规定："企业发生的职工福利费支出，不超过工资薪金总额 14% 的部分，准予扣除。"

在会计处理上，职工福利费是包括在职工薪酬中核算的，具体会计处理如下：

一是按会计准则要求。

（1）发生福利费支出时：

　　借：应付职工薪酬——职工福利
　　　　贷：现金（或银行存款等）

（2）月终分配时：

　　借：管理费用（相关科目）
　　　　贷：应付职工薪酬——职工福利

二是按企业会计制度要求。

（1）发生福利费支出时：

　　　借：应付福利费
　　　　　贷：现金（或银行存款等）
　　（2）月终分配时：
　　　借：管理费用（相关科目）
　　　　　贷：应付福利费

案例 11-10

企业职工福利费支出税前列支的计算

　　A 房地产开发企业 2017 年度发生工资薪金支出总额 680 万元，职工福利费支出 115 万元，其中管理人员等工资薪金 204 万元，福利费 34.50 万元；销售人员工资薪金 306 万元，福利费 51.75 万元；工程人员工资薪金 170 万元，福利费 28.75 万元。会计及企业所得税处理如下（单位：万元）：

　　1. 发生职工福利费支出时：

　　　借：管理费用——职工福利费　　　　　　　　　　　　　34.50
　　　　　销售费用——职工福利费　　　　　　　　　　　　　51.75
　　　　　开发间接费用——职工福利费　　　　　　　　　　　28.75
　　　　　贷：应付职工资薪酬——职工福利费　　　　　　　　　　　115

　　2. 年底企业所得税汇算清缴，计算职工福利费列支最高限额为：$680 \times 14\% = 95.20$（万元），则应调增企业所得税应纳税所得额：$115 - 95.20 = 19.80$（万元）。

　　提示：建议对"开发间接费用"科目中的福利费在实际发生的当年调增应纳税所得额，在实际结转至主营业务成本的当年则不需要再另行调整应纳税所得额。

问题 11-2-2

企业以购进货物作为职工福利的进项税额如何处理？

　　答：《营业税改征增值税试点实施办法》（财税〔2016〕36 号文件附件 1）第二十七条第（一）项规定，用于集体福利或者个人消费的购进货物的进项税额不得从销项税额中抵扣。

　　根据上述政策规定，购进的货物劳务或服务，用于职工福利的，不得抵扣进项税额。已经抵扣进项税额的，应当做进项税额转出。

　　会计处理如下：

　　1. 购进的货物劳务或服务时。

　　　借："管理费用"等科目——职工福利
　　　　　应交税费——应交增值税——进项税额
　　　　　贷：银行存款（或现金）

2. 用于职工福利，进项税额转出时。

借："管理费用"等科目——职工福利

贷：应交税费——应交增值税——进项税额转出

问题 11-2-3

企业内部食堂支出费用如何在福利费中列支？

答：《财政部关于企业加强职工福利费财务管理的通知》（财企〔2009〕242号）第一条第（二）项规定："企业尚未分离的内设集体福利部门所发生的设备、设施和人员费用，包括职工食堂、职工浴室、理发室、医务所、托儿所、疗养院、集体宿舍等集体福利部门设备、设施的折旧、维修保养费用以及集体福利部门工作人员的工资薪金、社会保险费、住房公积金、劳务费等人工费用。"

根据上述政策规定，企业内部食堂支出的费用应在福利费中列支。

REAL ESTATE
ENTERPRISE　**案例 11-11**

企业内部食堂费用的会计处理

A 房地产开发公司为解决员工午餐问题，建立内部食堂，2017 年在"管理费用——福利费"科目中共计支付食堂费用 50 万元，该公司其他各"福利费"明细科目总计支出金额 70 万元，公司工资总额 750 万元。企业所得税汇算清缴时计算如下：

福利费总支出额：50＋70＝120（万元）；

福利费列支限额：750×14％＝105（万元）；

超过限额：120－105＝15（万元）。

2017 年企业所得税汇算清缴时调增应纳税所得额 15 万元。

问题 11-2-4

企业"职工福利费"支出如何进行个人所得税处理？

答：根据自 2019 年 1 月 1 日起施行的新修订的《个人所得税法》的规定，"福利费、抚恤金、救济金"，免征个人所得税。此项规定与修订前的《个人所得税法》相同。关于福利费免征个人所得税的范围，现行政策规定：福利费，是指根据国家有关规定，从企业、事业单位、国家机关、社会团体提留的福利费或者工会经费中支付给个人的生活补助费。

《国家税务总局关于生活补助费范围确定问题的通知》（国税发〔1998〕155号）规定，下列收入不属于免税的福利费范围，应当并入纳税人的工资、薪金收入计征个人所得税：

"（一）从超出国家规定的比例或基数计提的福利费、工会经费中支付给个人的各种补贴、补助；

（二）从福利费和工会经费中支付给本单位职工的人人有份的补贴、补助；

（三）单位为个人购买汽车、住房、电子计算机等不属于临时性生活困难补助性质的支出。"

上述"根据国家有关规定，从企业、事业单位、国家机关、社会团体提留的福利费或者工会经费中支付给个人的生活补助费"，是指符合企业所得税法、工会法等规定的标准和支出内容。其中在企业所得税税前扣除的标准，《企业所得税法》第四十条规定："企业发生的职工福利费支出，不超过工资薪金总额14％的部分，准予扣除"；第四十一条规定："企业拨缴的职工工会经费支出，不超过工资薪金总额2％的部分，准予扣除"。

根据上述政策规定，对不属于免税范围的福利费应当并入纳税人的工资、薪金收入计征个人所得税。

自2019年1月1日起，根据新修订的《个人所得税法》的规定，居民个人取得的"工资、薪金所得"与"劳务报酬所得"、"稿酬所得"及"特许权使用费所得"共计四项作为综合所得，按纳税年度合并计算个人所得税，由扣缴义务人按月或者按次预扣预缴税款，并在取得所得的次年3月1日至6月30日内办理汇算清缴。

对于2018年10月1日至2018年12月31日的过渡期，《财政部 税务总局关于2018年第四季度个人所得税减除费用和税率适用问题的通知》（财税〔2018〕98号）第一条规定："减除费用统一按照5 000元/月执行，并按照本通知所附个人所得税税率表一计算应纳税额。"

REAL ESTATE
ENTERPRISE **案例 11-12**

企业在中秋节发放月饼的个人所得税处理

A房地产开发公司2017年9月发放中秋节福利，每个职工发放月饼1盒价值100元，节日补贴300元。员工甲（某项目工程部人员）当月基本工资11 000元，季度奖金800元，按政策规定扣除的社保等2 400元。员工甲当月个人所得税计算及A公司会计处理如下：

1. 个人所得税计算。

应纳税所得额：11 000＋800＋100＋300－3 500－2 400＝6 300（元）；

当月应交个人所得税：6 300×20％－555＝705（元）。

2. 会计处理。

（1）计提时：

借：开发间接费用——职工福利费   400

       ——工资   11 800

 贷：应付职工资薪酬——职工福利费   400

应付职工资薪酬——工资	11 800

（2）发放职工福利时：

借：应付职工资薪酬——职工福利费　　　　　　　　400

　　贷：货币资金　　　　　　　　　　　　　　　　　　400

（3）计算个人所得税时：

借：应付职工资薪酬——工资　　　　　　　　　　　705

　　贷：应交税费——应交个人所得税　　　　　　　　705

提示： 如果上述员工甲的"当月基本工资11 000元""月饼1盒价值100元""节日补贴300元"以及"季度奖金800元"是在2018年10月1日至2018年12月31日期间的某月取得的，则按照《财政部 税务总局关于2018年第四季度个人所得税减除费用和适用问题的通知》（财税〔2018〕98号）规定执行。

自2019年1月1日起，上述员工甲取得的"当月基本工资11 000元""月饼1盒价值100元""节日补贴300元"以及"季度奖金800元"均应作为"工资、薪金所得"计入综合所得，按新修订的《个人所得税法》规定纳税。

问题 11-2-5

企业发放福利性补贴如何进行企业所得税、个人所得税处理？

答：1. 小企业发放福利性补贴的企业所得税处理。

《国家税务总局关于企业工资薪金和职工福利费等支出税前扣除问题的公告》（国家税务总局公告2015年第34号）第一条规定："列入企业员工工资薪金制度、固定与工资薪金一起发放的福利性补贴，符合《国家税务总局关于企业工资薪金及职工福利费扣除问题的通知》（国税函〔2009〕3号）第一条规定的，可作为企业发生的工资薪金支出，按规定在税前扣除。不能同时符合上述条件的福利性补贴，应作为国税函〔2009〕3号文件第三条规定的职工福利费，按规定计算限额税前扣除"；第三条规定："企业接受外部劳务派遣用工所实际发生的费用，应分两种情况按规定在税前扣除：按照协议（合同）约定直接支付给劳务派遣公司的费用，应作为劳务费支出；直接支付给员工个人的费用，应作为工资薪金支出和职工福利费支出。其中属于工资薪金支出的费用，准予计入企业工资薪金总额的基数，作为计算其他各项相关费用扣除的依据"。

2. 企业发放福利性补贴的个人所得税处理。

《国家税务总局关于生活补助费范围确定问题的通知》（国税发〔1998〕155号）第二条规定："下列收入不属于免税的福利费范围，应当并入纳税人的工资、薪金收入计征个人所得税：

（一）从超出国家规定的比例或基数计提的福利费、工会经费中支付给个人的各种补贴、补助；

（二）从福利费和工会经费中支付给本单位职工的人人有份的补贴、补助；

（三）单位为个人购买汽车、住房、电子计算机等不属于临时性生活困难补助性质的支出。"

根据上述政策规定，企业发放的各类福利性补贴，如果符合国税函〔2009〕3号文件的相关规定，可作为企业发生的工资薪金支出，按规定在税前扣除。同时，根据国税发〔1998〕155号文件的规定，不属于免税范围的福利性支出，应当并入纳税人的工资、薪金收入计征个人所得税。

案例 11-13

企业发放福利性补贴的企业所得税、个人所得税处理

A房地产开发公司制定的福利制度规定，每月发放300元福利补贴，除此不再发放福利性实物（如食品等），每月支付内部食堂款项30 000元，用于员工伙食。企业所得税、个人所得税处理如下：

1. 由于A房地产开发公司制定的福利制度规定，每月发放300元福利补贴，属于"列入企业员工工资薪金制度、固定与工资薪金一起发放的福利性补贴"的情形，因此可作为企业发生的工资薪金支出，并随工资一起计入当月工资薪金总额计算缴纳个人所得税，同时准予计入企业工资薪金总额的基数，作为计算其他各项相关费用扣除的依据。

2. 每月支付内部食堂款项30 000元，用于员工伙食（购买食材等），属于职工福利费支出，年度企业所得税汇算清缴时，与其他属于福利性的支出合并，按规定计算限额税前扣除。

提示：如果上述企业内部食堂每月有结余，并发放给员工，则应计入员工当月所得，计算个人所得税。

问题 11-2-6

企业发放的防暑降温费（防寒费）如何进行会计（企业所得税、个人所得税）处理？

答：企业发放的防暑降温费（防寒费）主要涉及个人所得税和企业所得税的处理。

1. 企业所得税。

根据《国家税务总局关于企业工资薪金和职工福利费等支出税前扣除问题的公告》（国家税务总局公告2015年第34号）第一条的规定，列入企业员工工资薪金制度、固定与工资薪金一起发放的福利性补贴，符合《国家税务总局关于企业工资薪金及职工福利费扣除问题的通知》（国税函〔2009〕3号）第一条规定的，可作为企业发生的工资薪金支出，按规定在税前扣除。不能同时符合上述条

件的福利性补贴，应作为国税函〔2009〕3 号文件第三条规定的职工福利费，按规定计算限额税前扣除。

2. 个人所得税。

根据现行个人所得税政策的规定，工资、薪金所得，是指个人因任职或者受雇而取得的工资、薪金、奖金、年终加薪、劳动分红、津贴、补贴，以及与任职或者受雇有关的其他所得，故个人取得高温补助要并入工资、薪金所得计算缴纳个人所得税。

各地在防暑降温费（防寒费）征收个人所得税政策上均有一定的征免规定，就是每年（或一定时期），当地政府根据具体情况发布一个高温费最高限额，凡是在这个限额内的免征个人所得税，凡是超过这个限额的，要并入当月工资征收个人所得税。

另外，暑期对在高温、露天作业的人员供应清凉饮料，属于集体福利支出，不属于雇员的工资、薪金性质的所得，不需要缴纳个人所得税。

REAL ESTATE
ENTERPRISE **案例 11-14**

企业防暑降温费支出的会计（涉税）处理

A 房地产开发公司决定，2017 年 6—8 月，每月给员工发放高温费 500 元。根据当地政府的文件规定，每年夏季三个月给员工发放高温费，每人每月 300 元以内的免征个人所得税。另外，在开发项目现场提供酸梅汤等清凉饮料，每月共计支出费用 240 元（不考虑增值税）。假定所涉及员工为管理人员，个人所得税及会计处理如下：

1. 高温费。

超过个人所得税免税限额高温费：500—300＝200（元）。

A 公司发放的高温费 500 元中，200 元要计入当月个人所得计算个人所得税。

借：管理费用——福利费——高温费　　　　　　　　　　　　　　500
　　贷：现金　　　　　　　　　　　　　　　　　　　　　　　　　500

2. 项目现场提供酸梅汤的支出。

借：开发成本——开发间接费用——福利费　　　　　　　　　　　240
　　贷：现金　　　　　　　　　　　　　　　　　　　　　　　　　240

提示：自 2019 年 1 月 1 日起，根据新修订的《个人所得税法》第二条的规定，居民个人取得的"工资、薪金所得"为个人应税所得，应与"劳务报酬所得"、"稿酬所得"及"特许权使用费所得"共计四项作为综合所得，按纳税年度合并计算个人所得税。

问题 11-2-7

企业支付员工旅游的费用如何进行涉税处理?

答:1. 个人所得税。

《财政部 国家税务总局关于企业以免费旅游方式提供对营销人员个人奖励有关个人所得税政策的通知》(财税〔2004〕11 号)规定,按照我国现行个人所得税法律法规有关规定,对商品营销活动中,企业和单位对营销业绩突出人员以培训班、研讨会、工作考察等名义组织旅游活动,通过免收差旅费、旅游费对个人实行的营销业绩奖励(包括实物、有价证券等),应根据所发生费用全额计入营销人员应税所得,依法征收个人所得税,并由提供上述费用的企业和单位代扣代缴。其中,对企业雇员享受的此类奖励,应与当期的工资薪金合并,按照“工资、薪金所得”项目征收个人所得税;对其他人员享受的此类奖励,应作为当期的劳务收入,按照“劳务报酬所得”项目征收个人所得税。

《财政部 税务总局关于 2018 年第四季度个人所得税减除费用和税率适用问题的通知》(财税〔2018〕98 号)第一条规定:“对纳税人在 2018 年 10 月 1 日(含)后实际取得的工资、薪金所得,减除费用统一按照 5000 元/月执行,并按照本通知所附个人所得税税率表一计算应纳税额。”

自 2019 年 1 月 1 日起施行的新修订的《个人所得税法》第二条规定,居民个人取得的“工资、薪金所得”与“劳务报酬所得”、“稿酬所得”及“特许权使用费所得”共计四项作为综合所得,按纳税年度合并计算个人所得税。有扣缴义务人的,由扣缴义务人按月或者按次预扣预缴税款;需要办理汇算清缴的,应当在取得所得的次年 3 月 1 日至 6 月 30 日内办理汇算清缴。

2. 增值税。

《营业税改征增值税试点实施办法》(财税〔2016〕36 号文件附件 1)第二十七条第(一)项规定,用于集体福利或者个人消费的购进货物的进项税额不得从销项税额中抵扣。

根据上述政策规定,支付职工旅游费用的进项税额不得从销项税额中抵扣。

REAL ESTATE
ENTERPRISE **案例 11-15**

企业组织员工及外单位人员旅游发生费用的涉税处理

A 房地产开发公司 2018 年 1 月 6—11 日组织员工 15 人外出旅游,同行的还有某业务单位人员 3 人。共计支出旅游费 108 000 元,平均每人 6 000 元。委托某商务(旅游)公司全权代办,支付款项后,收到某商务(旅游)公司开具的增值税发票。假定 A 公司 15 名员工为管理人员,员工甲当月个人所得税应税所得为 6 500 元(已经扣除各项费用)。会计(涉税)处理如下:

1. 增值税发票。

根据政策规定，进项税额不得抵扣，可以取得增值税普通发票。

2. 个人所得税计算。

本单位员工原已申报个人所得税：$6\,500 \times 20\% - 555 = 745$（元）；

本单位甲员工个人所得税计算：$(6\,500 + 6\,000) \times 25\% - 1\,005 = 2\,120$（元）；

本单位甲员工个人所得税补缴：$2\,120 - 745 = 1\,375$（元）；

外单位人员个人所得税计算：$6\,000 \times (1 - 20\%) \times 20\% = 960$（元）。

3. 会计处理。

企业组织员工旅游发生的支出属于福利费性质。

借：管理费用——职工福利费	90 000
贷：应付职工资薪酬——职工福利费	90 000
借：管理费用——业务招待费	18 000
应付职工资薪酬——职工福利费	90 000
贷：银行存款（或现金）	108 000

提示： 上述本单位员工取得的旅游费收入，自 2019 年 1 月 1 日起计入综合收入，按新修订的《个人所得税法》规定纳税。对于在 2018 年 10 月 1 日至 2018 年 12 月 31 日过渡期间取得的上述收入，则并入工资薪金所得计算个人所得税，减除费用统一按照 5 000 元/月执行，并按照相关文件规定的个人所得税税率表计算应纳税额。

对于外单位员工取得的旅游费收入，根据新修订的《个人所得税法》第二条的规定，自 2019 年 1 月 1 日起，居民个人取得的"劳务报酬所得"与"工资、薪金所得"、"稿酬所得"及"特许权使用费所得"共计四项作为综合所得，按纳税年度合并计算个人所得税。

问题 11-2-8

企业员工报销的医疗费如何进行会计（企业所得税、个人所得税）处理？

答：《国家税务总局关于企业工资薪金及职工福利费扣除问题的通知》（国税函〔2009〕3 号）第三条第（二）项规定："为职工卫生保健、生活、住房、交通等所发放的各项补贴和非货币性福利，包括企业向职工发放的因公外地就医费用、未实行医疗统筹企业职工医疗费用、职工供养直系亲属医疗补贴、供暖费补贴、职工防暑降温费、职工困难补贴、救济费、职工食堂经费补贴、职工交通补贴等。"

根据上述政策规定，员工报销的医疗费可以在福利费中列支，并按规定在企业所得税税前扣除。但是如果企业已为员工办理医疗保险，则员工患病应当由医疗保险经办机构办理相应额度的报销手续，获得一定数额补偿，此笔款项不应由企业报销，不得在企业所得税税前扣除。如果员工持医保不予报销的票据到企业报销支取，还应当作为个人所得计征个人所得税。

《关于生活补助费范围确定问题的通知》（国税发〔1998〕155 号）第一条规定："生活补助费，是指由于某些特定事件或原因而给纳税人本人或其家庭的正常生活造成一定困难，其任职单位按国家规定从提留的福利费或者工会经费中向其支付的临时性生活困难补助。"因此，如果企业未为职工办理医疗保险，或者虽然办理了医疗保险，但所患为重大疾病，医保报销比例较低，由于治疗给家庭带来生活困难，可以作为生活困难补助给予一定的费用报销或直接给予补贴，免予征收个人所得税。

问题 11-2-9

如何掌握企业所得税中的"劳保用品"支出？

答：《企业所得税法实施条例》第四十八条规定，"企业发生的合理的劳动保护支出，准予扣除"。合理的劳动保护支出，是指为提供各种劳动保护措施、用品等发生的支出，因此必须是合理、真实发生的，并取得合法的票据。对此项业务，一些省市税务机关制定了规范要求。例如，《江苏省地方税务局关于发布〈企业所得税税前扣除凭证管理办法〉的公告》（苏地税规〔2011〕13 号第二十二条）规定："企业发生的劳动保护支出，包括购买工作服、手套、安全保护用品、防暑降温用品等，以发票和付款单据为税前扣除凭证。

劳动保护支出应符合以下条件：

（一）用品提供或配备的对象为本企业任职或者受雇的员工；

（二）用品具有劳动保护性质，因工作需要而发生；

（三）数量上能满足工作需要即可；

（四）以实物形式发生。"

此外，《增值税专用发票使用规定》（国税发〔2006〕156 号文件发布）第十条规定，商业企业一般纳税人零售的烟、酒、食品、服装、鞋帽（不包括劳保专用部分）、化妆品等消费品不得开具专用发票。

根据上述政策规定，对按照规定用途购买劳保用品发生的支出，可以开具增值税专用发票，可以申报抵扣增值税进项税额。

REAL ESTATE
ENTERPRISE   **案例 11-16**

企业劳保用品支出的会计（涉税）处理

A 房地产开发公司 2018 年 7 月某开发项目动工，为保障工程部人员在项目现场工作的安全考虑，为 10 名工程部人员配备专门的工地服装、鞋帽等，取得增值税专用发票，票面注明价格 3 000 元、进项税额 510 元。会计（涉税）处理如下：

借：开发间接费用——劳保用品　　　　　　　　　　　　3 000

应交税费——应交增值税——进项税额　　　　　　　　480

贷：银行存款　　　　　　　　　　　　　　　　　　　　　3 480

提示： 根据《财政部　税务总局关于调整增值税税率的通知》（财税〔2018〕32 号）第一条的规定，自 2018 年 5 月 1 日起，"纳税人发生增值税应税销售行为或者进口货物，原适用 17％和 11％税率的，税率分别调整为 16％、10％"。

11.3　各类社保支出业务

各类社保支出业务是指基本养老保险费、基本医疗保险费、失业保险费、工伤保险费、生育保险费等基本社会保险费和住房公积金等业务，还包括补充保险及商业保险业务。

问题 11-3-1

企业"五险一金"支出如何进行涉税处理？

答：企业交纳的"五险一金"主要涉及企业所得税和个人所得税的计算和处理。

1. 企业所得税。

《企业所得税法实施条例》第三十五条第一款规定："企业按照国务院有关主管部门或者省级人民政府规定的范围和标准为职工缴纳的基本养老保险费、基本医疗保险费、失业保险费、工伤保险费、生育保险费等基本社会保险费和住房公积金，准予扣除。"

2. 个人所得税。

《财政部、国家税务总局关于基本养老保险费基本医疗保险费失业保险费住房公积金有关个人所得税政策的通知》（财税〔2006〕10 号）第一条规定："企事业单位按照国家或省（自治区、直辖市）人民政府规定的缴费比例或办法实际缴付的基本养老保险费、基本医疗保险费和失业保险费，免征个人所得税；个人按照国家或省（自治区、直辖市）人民政府规定的缴费比例或办法实际缴付的基本养老保险费、基本医疗保险费和失业保险费，允许在个人应纳税所得额中扣除。

企事业单位和个人超过规定的比例和标准缴付的基本养老保险费、基本医疗保险费和失业保险费，应将超过部分并入个人当期的工资、薪金收入，计征个人所得税。"

该文件第二条规定："根据《住房公积金管理条例》、《建设部　财政部　中国人民银行关于住房公积金管理若干具体问题的指导意见》（建金管〔2005〕5 号）等规定精神，单位和个人分别在不超过职工本人上一年度月平均工资 12％的幅度内，其实际缴存的住房公积金，允许在个人应纳税所得额中扣除。单位和职工个人缴存住房公积金的月平均工资不得超过职工工作地所在设区城市上一年度职工月平均工资的 3 倍，具体标准按照各地有关规定执行。

单位和个人超过上述规定比例和标准缴付的住房公积金，应将超过部分并入个人当期的工资、薪金收入，计征个人所得税。"

根据"五险一金"的相关计算缴纳政策，其中既有企业为职工缴纳的部分，也有个人缴纳的部分。根据上述税收政策规定，企业按照政策规定的范围和标准为职工缴纳的部分，准予在企业所得税税前扣除。企业与个人按政策规定的缴费比例或办法实际缴付的部分，允许在个人应纳税所得额中扣除。

问题 11-3-2

单位统一为员工购买或者单位和个人共同负担购买符合规定的商业健康保险产品如何进行企业所得税、个人所得税处理？

答：《企业所得税法实施条例》第三十六条规定："除企业按照国家有关规定为特殊工种职工支付的人身安全保险费和国务院财政、税务主管部门规定可以扣除的其他商业保险费外，企业为其投资者或者职工支付的商业保险费，不得扣除。"

《财政部 国家税务总局 保监会关于将商业健康保险个人所得税试点政策推广到全国范围实施的通知》（财税〔2017〕39 号）第一条规定："对个人购买符合规定的商业健康保险产品的支出，允许在当年（月）计算应纳税所得额时予以税前扣除，扣除限额为 2 400 元/年（200 元/月）。单位统一为员工购买符合规定的商业健康保险产品的支出，应分别计入员工个人工资薪金，视同个人购买，按上述限额予以扣除。

2 400 元/年（200 元/月）的限额扣除为个人所得税法规定减除费用标准之外的扣除。"

该通知第四条规定："（一）单位统一组织为员工购买或者单位和个人共同负担购买符合规定的商业健康保险产品，单位负担部分应当实名计入个人工资薪金明细清单，视同个人购买，并自购买产品次月起，在不超过 200 元/月的标准内按月扣除。一年内保费金额超过 2 400 元的部分，不得税前扣除。以后年度续保时，按上述规定执行。个人自行退保时，应及时告知扣缴单位。个人相关退保信息保险公司应及时传递给税务机关。

（二）取得工资薪金所得或连续性劳务报酬所得的个人，自行购买符合规定的商业健康保险产品的，应当及时向代扣代缴单位提供保单凭证。扣缴单位自个人提交保单凭证的次月起，在不超过 200 元/月的标准内按月扣除。一年内保费金额超过 2 400 元的部分，不得税前扣除。以后年度续保时，按上述规定执行。个人自行退保时，应及时告知扣缴义务人。"

上述为个人所得税的相关扣除限额规定，在计算企业所得税时，依然按《企业所得税法实施条例》第三十六条规定执行。同时，在计算个人所得税时，个人购买及单位统一为员工购买符合规定的商业健康保险产品，在 2 400 元/年（200元/月）限额内的支出部分，在计算工资薪金个人所得税时可以税前扣除，一年内保费金额超过 2 400 元的部分，不得税前扣除。

问题 11-3-3

个人从中国境内两处取得工资薪金所得且自行购买商业健康保险的如何扣除？

答：根据《国家税务总局关于推广实施商业健康保险个人所得税政策有关征管问题的公告》（国家税务总局公告 2017 年第 17 号）第三条第二款的规定，"个人自行购买符合规定的商业健康保险产品的，应及时向扣缴义务人提供保单凭证，扣缴义务人应当依法为其税前扣除，不得拒绝。个人从中国境内两处或者两处以上取得工资薪金所得，且自行购买商业健康保险的，只能选择在其中一处扣除"。

问题 11-3-4

企业补充养老保险费、补充医疗保险费等支出如何进行涉税处理？

答：企业支付的补充养老保险费、补充医疗保险费与基本保险支出政策、计算标准不同，具体如下：

1. 企业所得税。

《企业所得税法实施条例》第三十五条第二款规定："企业为其投资者或者职工支付的补充养老保险费、补充医疗保险费，在国务院财政、税务主管部门规定的范围和标准内，准予扣除。"

《财政部 国家税务总局关于补充养老保险费、补充医疗保险费有关企业所得税政策问题的通知》（财税〔2009〕27 号）规定："自 2008 年 1 月 1 日起，企业根据国家有关政策规定，为在本企业任职或者受雇的全体员工支付的补充养老保险费、补充医疗保险费，分别在不超过职工工资总额 5% 标准内的部分，在计算应纳税所得额时准予扣除；超过的部分，不予扣除。"

根据上述政策规定，企业为其投资者或者职工支付的补充养老保险费、补充医疗保险费分别在不超过职工工资总额 5% 标准内的部分，在企业所得税汇算清缴计算应纳税所得额时准予扣除，超过的部分不予扣除。

提示：上述政策强调的是为全体员工支付的补充养老保险费、补充医疗保险费可以在规定比例内扣除，如果不是为全体员工购买，仅仅为高管或其他部门员工购买，则不允许按该文件执行扣除。

2. 个人所得税。

《财政部、国家税务总局关于基本养老保险费基本医疗保险费失业保险费住房公积金有关个人所得税政策的通知》（财税〔2006〕10号）第一条规定："企事业单位按照国家或省（自治区、直辖市）人民政府规定的缴费比例或办法实际缴付的基本养老保险费、基本医疗保险费和失业保险费，免征个人所得税；个人按照国家或省（自治区、直辖市）人民政府规定的缴费比例或办法实际缴付的基本养老保险费、基本医疗保险费和失业保险费，允许在个人应纳税所得额中扣除。

企事业单位和个人超过规定的比例和标准缴付的基本养老保险费、基本医疗保险费和失业保险费，应将超过部分并入个人当期的工资、薪金收入，计征个人所得税。"

根据上述政策规定，个人所得税免税范围不包括补充养老保险费、补充医疗保险费。因此，企业为其投资者或者职工支付的补充养老保险费、补充医疗保险费，应计入员工收入征收个人所得税。

REAL ESTATE
ENTERPRISE **案例11-17**

商业健康保险费、补充养老保险费、补充医疗保险费支出的个人所得税计算

A公司从2017年7月1日开始，为全体员工在基本养老等保险外办理补充养老保险、补充医疗保险。甲员工（管理人员）每月取得工资9 000元（工资总额），社保等政策规定的扣除费用1 450元，另缴纳商业健康保险费300元、补充养老费用550元、补充医疗费用300元。企业所得税汇算清缴、个人所得税处理如下：

1. 各项数据计算。

员工甲商业健康险支出限额为每月200元，超限额：300－200＝100（元）；

员工甲补充养老保险费及补充医疗保险费支出限额：9 000×5%＝450（元）；

员工甲补充养老保险费支出550元，超过限额部分的100元不得税前列支；

员工甲补充医疗保险费支出300元，没有超过限额，可以全部税前扣除。

2. 当月个人所得税计算。

应税所得额：9 000＋300＋550＋300－1 450－200－3 500＝5 000（元）；

应缴个人所得税：5 000×20%－555＝445（元）。

3. 企业所得税处理。

每月计提时：

借：管理费用——商业健康险、补充养老保险、补充医疗保险　　　1 150

　贷：应付职工薪酬

　　　　——商业健康险、补充养老保险、补充医疗保险　　　　　　1 150

年度汇算清缴时，员工甲补充养老保险费全年超过标准数额：100×12＝

1 200（元）；商业健康险全年超过标准数额：$100 \times 12 = 1\,200$（元），合计 2 400 元应调增应纳税所得额。

提示：自 2019 年 1 月 1 日起施行的新修订的《个人所得税法》第二条规定，居民个人取得的"工资、薪金所得"与"劳务报酬所得"、"稿酬所得"及"特许权使用费所得"共计四项作为综合所得，按纳税年度合并计算个人所得税；第六条规定，"居民个人的综合所得，以每一纳税年度的收入额减除费用六万元以及专项扣除、专项附加扣除和依法确定的其他扣除后的余额，为应纳税所得额"，其中"专项扣除，包括居民个人按照国家规定的范围和标准缴纳的基本养老保险、基本医疗保险、失业保险等社会保险费和住房公积金等；专项附加扣除，包括子女教育、继续教育、大病医疗、住房贷款利息或者住房租金、赡养老人等支出，具体范围、标准和实施步骤由国务院确定，并报全国人民代表大会常务委员会备案"。

根据上述政策规定，自 2019 年 1 月 1 日起，居民个人取得的"工资、薪金所得"计入综合所得进行个人所得税计算处理，"专项附加扣除"涉及的具体范围、标准和实施步骤由国务院确定，并报全国人民代表大会常务委员会备案。

问题 11-3-5

企业为员工办理免税之外的各项保险在什么时点计算个人所得税？

答：《国家税务总局关于单位为员工支付有关保险缴纳个人所得税问题的批复》（国税函〔2005〕318 号）规定："依据《中华人民共和国个人所得税法》及有关规定，对企业为员工支付各项免税之外的保险金，应在企业向保险公司缴付时（即该保险落到被保险人的保险账户）并入员工当期的工资收入，按'工资、薪金所得'项目计征个人所得税，税款由企业负责代扣代缴。"

根据上述政策规定，企业在为员工办理免税之外的各项保险时，个人所得税计税时点为该保险落到被保险人的保险账户时，即落实到具体员工时。

问题 11-3-6

企业为员工办理的补充养老保险及商业健康保险退保后个人所得税及企业所得税如何处理？

答：《财政部、国家税务总局关于个人所得税有关问题的批复》（财税〔2005〕94 号）第一条规定："单位为职工个人购买商业性补充养老保险等，在办理投保手续时应作为个人所得税的'工资、薪金所得'，按税法规定缴纳个人所得税；因各种原因退保，个人未取得实际收入的，已缴纳的个人所得税应予以退回。"

根据上述政策规定，补充养老保险退保的，如果个人未实际取得收入，则已缴纳的个人所得税应予以退回。企业所得税方面，按原扣除金额进行纳税调整冲回。即：原补充养老保险在缴纳时是按比例限额扣除的，则退回时，按原扣除金额予以纳税调整增加；原商业健康险在缴纳时未允许税前扣除的，则在退回时不做纳税调整处理。

《国家税务总局关于推广实施商业健康保险个人所得税政策有关征管问题的公告》（国家税务总局公告 2017 年第 17 号）第三条第三款规定："个人未续保或退保的，应于未续保或退保当月告知扣缴义务人终止商业健康保险税前扣除"；第四条第二款规定："纳税人未续保或退保的，应当及时告知主管税务机关，终止商业健康保险税前扣除"。

根据上述政策规定，商业健康保险个人未续保或退保的，企业要终止商业健康保险个人所得税税前扣除。

REAL ESTATE
ENTERPRISE **案例 11-18**

补充养老保险退保后的个人所得税及企业所得税处理

A 公司从 2016 年开始，为全体员工在基本养老等保险外，办理补充养老保险、补充医疗保险。甲员工（管理人员）取得工资 9 000 元（工资总额），社保等政策规定的扣除费用 1 450 元、补充养老费用 550 元、补充医疗费用 300 元。如果甲员工 2017 年 1 月退出补充养老保险，企业所得税汇算清缴、个人所得税处理如下：

1. 原个人所得税计算数据。

应税所得额：9 000＋550＋300－1 450－3 500＝4 900（元）；

应缴个人所得税：4 900×20％－555＝425（元）。

2. 退保后个人所得税重新计算。

应税所得额：9 000＋300－1 450－3 500＝4 350（元）；

应缴个人所得税：4 350×10％－105＝330（元）；

差额：（425－330）×12＝1 140（元）。

上述多缴的部分可以向税务机关申请退税。

提示：《财政部 税务总局关于 2018 年第四季度个人所得税减除费用和税率适用问题的通知》（财税〔2018〕98 号）第一条规定："对纳税人在 2018 年 10 月 1 日（含）后实际取得的工资、薪金所得，减除费用统一按照 5 000 元/月执行，并按照本通知所附个人所得税税率表一计算应纳税额。"

根据上述政策规定，在 2018 年 10 月 1 日至 2018 年 12 月 31 日过渡期间，涉及纳税人工资、薪金所得个人所得税计算的，减除费用统一按照 5 000 元/月执行。

自 2019 年 1 月 1 日起，根据新修订的《个人所得税法》第二条的规定，居民个人取得的"工资、薪金所得"为个人应税所得，应与"劳务报酬所得"、"稿酬所得"及"特许权使用费所得"共计四项作为综合所得，按纳税年度合并计算个人所得税。

因此，自 2019 年 1 月 1 日起，上述补充养老保险、补充医疗保险相关个人所得税的计算按照新修订的《个人所得税法》执行。

问题 11-3-7

企业年金和职业年金缴费如何进行个人所得税处理？

答：《财政部　人力资源和社会保障部　国家税务总局关于企业年金职业年金个人所得税有关问题的通知》（财税〔2013〕103 号）第一条规定：

"1. 企业和事业单位（以下统称单位）根据国家有关政策规定的办法和标准，为在本单位任职或者受雇的全体职工缴付的企业年金或职业年金（以下统称年金）单位缴费部分，在计入个人账户时，个人暂不缴纳个人所得税。

2. 个人根据国家有关政策规定缴付的年金个人缴费部分，在不超过本人缴费工资计税基数的 4% 标准内的部分，暂从个人当期的应纳税所得额中扣除。

3. 超过本通知第一条第 1 项和第 2 项规定的标准缴付的年金单位缴费和个人缴费部分，应并入个人当期的工资、薪金所得，依法计征个人所得税。税款由建立年金的单位代扣代缴，并向主管税务机关申报解缴。

4. 企业年金个人缴费工资计税基数为本人上一年度月平均工资。月平均工资按国家统计局规定列入工资总额统计的项目计算。月平均工资超过职工工作地所在设区城市上一年度职工月平均工资 300% 以上的部分，不计入个人缴费工资计税基数。

职业年金个人缴费工资计税基数为职工岗位工资和薪级工资之和。职工岗位工资和薪级工资之和超过职工工作地所在设区城市上一年度职工月平均工资 300% 以上的部分，不计入个人缴费工资计税基数。"

该通知第六条规定："本通知所称企业年金，是指根据《企业年金试行办法》（原劳动和社会保障部令第 20 号）的规定，企业及其职工在依法参加基本养老保险的基础上，自愿建立的补充养老保险制度。所称职业年金是指根据《事业单位职业年金试行办法》（国办发〔2011〕37 号）的规定，事业单位及其工作人员在依法参加基本养老保险的基础上，建立的补充养老保险制度。"

《企业年金试行办法》第八条规定："企业缴费每年不超过本企业上年度职工工资总额的 1/12。企业和职工个人缴费合计一般不超过本企业上年度职工工资总额的 1/6。"

根据上述政策规定，年金在计入个人账户时，企业为在本单位任职或者受雇的全体职工缴付的年金单位缴费部分及年金个人缴费部分，凡是在政策规定的标准以内的部分，暂不缴纳个人所得税，待个人达到国家规定的退休年龄以后，再按照政策规定缴纳个人所得税。超过规定的标准缴付的年金单位缴费和个人缴费部分，应并入个人当期的工资、薪金所得，依法计征个人所得税。

REAL ESTATE
ENTERPRISE **案例 11-19**

企业年金和职业年金缴费的个人所得税处理

A 公司从 2017 年开始为全体员工办理企业年金。甲员工（管理人员）上年月平均工资 8 000 元，社保等扣除 800 元，年工资总额 96 000 元。在政策规定的当地平均数之内。甲员工个人缴费金额为 200 元，企业缴费部分为 300 元。企业所得税、个人所得税处理如下：

1. 甲员工个人缴费部分。

年缴费：$200 \times 12 = 2\,400$（元）；

占工资比例：$2\,400 \div 96\,000 = 2.5\%$，低于 4%，符合政策规定，暂从个人当期的应纳税所得额中扣除。

2. 企业为员工缴费部分（假定员工月平均工资为 8 000 元）。

年缴费：$300 \times 12 = 3\,600$（元）；

企业缴费限额：$96\,000 \div (1/12) = 8\,000$（元）；

企业和职工个人缴费合计限额：$96\,000 \times (1/6) = 16\,000$（元）；

因企业缴费没有超过限额，在计入个人账户时，个人暂不缴纳个人所得税。

3. 当月甲员工个人所得税计算。

计税所得额：$8\,000 - 800 - 3\,500 - 200 = 3\,500$（元）；

个人所得税额：$3\,500 \times 10\% - 105 = 245$（元）。

4. 会计处理（以甲员工为例）。

借：管理费用——年金　　　　　　　　　　　　　　　　　　　300

贷：应付职工薪酬——年金　　　　　　　　　　　　　　　　　　300

提示 1：根据政策规定，年金在记入个人账户时，暂不缴纳个人所得税，个人达到国家规定的退休年龄以后，再按照政策规定缴纳个人所得税。

提示 2：《财政部 税务总局关于 2018 年第四季度个人所得税减除费用和税率适用问题的通知》（财税〔2018〕98 号）第一条规定："对纳税人在 2018 年 10 月 1 日（含）后实际取得的工资、薪金所得，减除费用统一按照 5000 元/月执行，并按照本通知所附个人所得税税率表一计算应纳税额。"

根据上述政策规定，在 2018 年 10 月 1 日至 2018 年 12 月 31 日过渡期间，涉及纳税人工资、薪金所得个人所得税计算的，减除费用统一按照 5000 元/月执行。

自 2019 年 1 月 1 日起施行的新修订的《个人所得税法》第二条规定，居民个人取得的"工资、薪金所得"为个人应税所得，应与"劳务报酬所得"、"稿酬所得"及"特许权使用费所得"共计四项作为综合所得，按纳税年度合并计算个人所得税。

因此，自 2019 年 1 月 1 日起，上述企业年金和职业年金缴费个人所得税的计算按照新修订的《个人所得税法》执行。

问题 11-3-8

个人领取年金如何进行个人所得税处理?

答：《财政部　人力资源和社会保障部　国家税务总局关于企业年金职业年金个人所得税有关问题的通知》（财税〔2013〕103 号）第三条规定：

"1. 个人达到国家规定的退休年龄，在本通知实施之后按月领取的年金，全额按照'工资、薪金所得'项目适用的税率，计征个人所得税；在本通知实施之后按年或按季领取的年金，平均分摊计入各月，每月领取额全额按照'工资、薪金所得'项目适用的税率，计征个人所得税。

2. 对单位和个人在本通知实施之前开始缴付年金缴费，个人在本通知实施之后领取年金的，允许其从领取的年金中减除在本通知实施之前缴付的年金单位缴费和个人缴费且已经缴纳个人所得税的部分，就其余额按照本通知第三条第 1 项的规定征税。在个人分期领取年金的情况下，可按本通知实施之前缴付的年金缴费金额占全部缴费金额的百分比减计当期的应纳税所得额，减计后的余额，按照本通知第三条第 1 项的规定，计算缴纳个人所得税。

3. 对个人因出境定居而一次性领取的年金个人账户资金，或个人死亡后，其指定的受益人或法定继承人一次性领取的年金个人账户余额，允许领取人将一次性领取的年金个人账户资金或余额按 12 个月分摊到各月，就其每月分摊额，按照本通知第三条第 1 项和第 2 项的规定计算缴纳个人所得税。对个人除上述特殊原因外一次性领取年金个人账户资金或余额的，则不允许采取分摊的方法，而是就其一次性领取的总额，单独作为一个月的工资薪金所得，按照本通知第三条第 1 项和第 2 项的规定，计算缴纳个人所得税。

4. 个人领取年金时，其应纳税款由受托人代表委托人委托托管人代扣代缴。年金账户管理人应及时向托管人提供个人年金缴费及对应的个人所得税纳税明细。托管人根据受托人指令及账户管理人提供的资料，按照规定计算扣缴个人当期领取年金待遇的应纳税款，并向托管人所在地主管税务机关申报解缴。

5. 建立年金计划的单位、年金托管人，应按照个人所得税法和税收征收管理法的有关规定，实行全员全额扣缴明细申报。受托人有责任协调相关管理人依法向税务机关办理扣缴申报、提供相关资料。"

根据上述政策规定，在财税〔2013〕103 号文件实施之后，个人达到国家规定的退休年龄领取的年金，不论是按年或按季领取，平均分摊计入各月，每月领取额全额按照"工资、薪金所得"项目适用的税率，计征个人所得税。对单位和个人在财税〔2013〕103号文件实施之前开始缴付年金缴费，个人在该通知实施之后领取年金的，在计算个人所得税时，应减除已经缴纳过个人所得税的部分，就其余额计算缴纳个人所得税。

问题 11-3-9

年金基金投资运营收益是否征收个人所得税？

答：根据《财政部 人力资源和社会保障部 国家税务总局关于企业年金职业年金个人所得税有关问题的通知》（财税〔2013〕103号）第二条的规定，"年金基金投资运营收益分配计入个人账户时，个人暂不缴纳个人所得税"。

第 12 章
各类计税列支限额业务涉税问题

在企业所得税税前扣除政策中，一些列支项目是有一定计算标准的，如以销售额、计税工资总额或利润总额为计算基础，按一定的比例，计算税前扣除的最高限额。职工福利费相关内容在第 11 章"薪金福利保险业务涉税问题"中介绍，其他涉及税前扣除标准计算的业务均在本章介绍。

12.1　职工教育经费支出业务

职工教育经费是企业提升员工素质的保障，职工教育经费的提取使用涉及企业所得税税前扣除标准及入账凭证等涉税业务。

问题 12-1-1

企业职工教育经费支出的范围有哪些？

答：《关于企业职工教育经费提取与使用管理的意见》（财建〔2006〕317号文件发布）第三条第（五）项规定："企业职工教育培训经费列支范围包括：

1. 上岗和转岗培训；
2. 各类岗位适应性培训；
3. 岗位培训、职业技术等级培训、高技能人才培训；
4. 专业技术人员继续教育；
5. 特种作业人员培训；
6. 企业组织的职工外送培训的经费支出；
7. 职工参加的职业技能鉴定、职业资格认证等经费支出；
8. 购置教学设备与设施；
9. 职工岗位自学成才奖励费用；
10. 职工教育培训管理费用；
11. 有关职工教育的其他开支。"

根据上述政策规定，企业职工教育培训经费的列支有一定的范围，对于职工参加学历教育、学位教育的学费，如成教的硕士、博士、MBA、EMBA 等与个人有关的，都不得计入职工教育经费，且不得在企业所得税税前扣除。

问题 12-1-2

企业职工教育经费支出的计算依据是什么？标准是多少？

答：《企业所得税法实施条例》第四十二条规定："除国务院财政、税务主管部门另有规定外，企业发生的职工教育经费支出，不超过工资薪金总额 2.5% 的部分，准予扣除；超过部分，准予在以后纳税年度结转扣除。"

根据上述政策规定，企业职工教育经费支出的计算依据是职工工资薪金总额，税前扣除标准是不超过工资薪金总额 2.5% 的部分。

为鼓励企业加大职工教育投入，自 2018 年 1 月 1 日起，执行《财政部 税务总局关于企业职工教育经费税前扣除政策的通知》（财税〔2018〕51 号）第一条规定，即："企业发生的职工教育经费支出，不超过工资薪金总额 8% 的部分，准予在计算企业所得税应纳税所得额时扣除；超过部分，准予在以后纳税年度结转扣除"。

提示：对软件生产企业等，职工教育经费扣除比例为100%。

问题 12-1-3

企业职工教育经费支出如何进行会计（企业所得税）处理？

答：根据《企业会计准则》附录《会计科目和主要账务处理》的规定，使用企业职工教育经费时，应先通过借记"应付职工薪酬"科目进行归集，然后通过借记"开发间接费用""销售费用""管理费用"等科目，贷记"应付职工薪酬"科目进行结转。

在企业所得税汇算清缴时，根据《企业所得税法实施条例》第四十二条及其他文件规定的比例税前扣除。

REAL ESTATE
ENTERPRISE **案例 12-1**

职工教育经费的计算与会计（涉税）处理

A房地产开发公司2018年计税职工工资总额为480万元，当年发生的职工教育经费支出为40万元。其职工教育经费的计算及会计（涉税）处理如下（单位：万元）：

1. 使用时：

借：应付职工薪酬——职工教育经费　　　　　　　　　　　　15

　　贷：银行存款　　　　　　　　　　　　　　　　　　　　　15

2. 结转时：

借：管理费用——职工教育经费　　　　　　　　　　　　　15

　　贷：应付职工薪酬——职工教育经费　　　　　　　　　　15

3. 年底企业所得税汇算清缴时。

税前列支限额：480×8%＝38.40（万元）；

调增企业所得税应纳税所得额：40－38.40＝1.60（万元）。

12.2　工会经费支出业务

工会经费是工会开展活动的重要保障，工会经费的提取使用涉及企业所得税税前扣除标准及入账凭证等涉税业务。

问题 12-2-1

工会经费有哪些来源渠道?

答:根据《中国工会章程》第三十六条的规定,工会经费的来源主要有以下渠道:

"(一)会员缴纳的会费。

(二)企业、事业单位、机关和其他社会组织按全部职工工资总额的百分之二向工会拨缴的经费或者建会筹备金。

(三)工会所属的企业、事业单位上缴的收入。

(四)人民政府和企业、事业单位、机关和其他社会组织的补助。

(五)其他收入。"

上述工会经费来源渠道中的第二项,即企业、事业单位、机关和其他社会组织按全部职工工资总额的百分之二向工会拨缴的经费或者建会筹备金,可以根据企业所得税政策规定的比例在税前扣除。

问题 12-2-2

工会会员享受工会给予的各种优惠待遇和奖励是否计算个人所得税?

答:《中国工会章程》第三条第(五)项规定,工会会员"享受工会举办的文化、教育、体育、旅游、疗休养事业、生活救助、法律服务、就业服务等优惠待遇;享受工会给予的各种奖励"。

《国家税务总局关于生活补助费范围确定问题的通知》(国税发〔1998〕155号)第二条第二款规定,工会会员在享受上述活动待遇时,如果属于人人有份的福利,则按规定计入个人所得,征收个人所得税。

根据上述政策规定,工会会员可以享受工会给予的各种优惠待遇和奖励,但如果属于"人人有份的福利",则需要计入个人所得,计算缴纳个人所得税。例如全体人员集体旅游、所有人员统一发放"困难"补贴等,应计入当月个人所得,计算个人所得税。

问题 12-2-3

企业工会经费支出的计算依据是什么? 标准是多少?

答:《企业所得税法实施条例》第四十一条规定:"企业拨缴的职工工会经费支出,不超过工资薪金总额2%的部分,准予扣除。"

根据上述政策规定,税前准予扣除的企业拨缴的职工工会经费的计算依据是工资薪金总额,计算标准是2%。其工资薪金总额为按照税法规定在税前扣除的职工工资薪金总额。

问题 12-2-4

企业工会经费支出入账凭证有何规定?

答：《国家税务总局关于工会经费企业所得税税前扣除凭据问题的公告》（国家税务总局公告 2010 年第 24 号）规定，"根据《工会法》、《中国工会章程》和财政部颁布的《工会会计制度》，以及财政票据管理的有关规定，全国总工会决定从 2010 年 7 月 1 日起，启用财政部统一印制并套印财政部票据监制章的《工会经费收入专用收据》，同时废止《工会经费拨缴款专用收据》"；为加强对工会经费企业所得税税前扣除的管理，"自 2010 年 7 月 1 日起，企业拨缴的职工工会经费，不超过工资薪金总额 2‰ 的部分，凭工会组织开具的《工会经费收入专用收据》在企业所得税税前扣除"。

《国家税务总局关于税务机关代收工会经费企业所得税税前扣除凭据问题的公告》（国家税务总局公告 2011 年第 30 号）规定："为进一步加强对工会经费企业所得税税前扣除的管理，现就税务机关代收工会经费税前扣除凭据问题公告如下：

自 2010 年 1 月 1 日起，在委托税务机关代收工会经费的地区，企业拨缴的工会经费，也可凭合法、有效的工会经费代收凭据依法在税前扣除。"

根据上述政策规定，企业拨缴的工会经费，凭合法、有效的工会经费代收凭据，就可以依法在税前扣除。

问题 12-2-5

企业工会经费支出如何进行会计（企业所得税）处理?

答：根据《企业会计准则》附录《会计科目和主要账务处理》的规定，企业实际使用及拨缴工会经费时，通过借记"应付职工薪酬"科目进行归集，结转时，通过借记"开发间接费用""销售费用""管理费用"等科目，贷记"应付职工薪酬"科目进行核算。

在年度企业所得税汇算清缴时，根据《企业所得税法实施条例》第四十一条规定的比例计算税前扣除金额，超过部分不得税前扣除。

REAL ESTATE
ENTERPRISE **案例 12-2**

企业工会经费支出的处理

A 房地产开发公司 2017 年计税职工工资总额为 480 万元，当年拨缴职工工会经费 10 万元。其工会经费的计算及会计（涉税）处理如下（单位：万元）：

1. 实际拨缴工会专用账户时：

借：应付职工薪酬——工会经费   10

　　　　贷：银行存款　　　　　　　　　　　　　　　　　　　　　10

　　2. 结转时：

　　　　借：管理费用——工会经费　　　　　　　　　　　　　　　10

　　　　　贷：应付职工薪酬——工会经费　　　　　　　　　　　　10

　　3. 年底企业所得税汇算清缴时：

　　税前列支限额：480×2‰＝9.6（万元）；

　　调增企业所得税应纳税所得额：10－9.6＝0.4（万元）。

12.3　党团组织活动经费支出业务

　　企业党组织活动经费是保障党组织正常开展活动的重要条件，如何列支相关费用，中组部已发文予以明确。

问题 12-3-1

企业党组织活动的开支范围有哪些？标准是什么？

　　答：关于党组织开展活动可以开支的范围，《中央和国家机关基层党组织党建活动经费管理办法》（财行〔2017〕324号文件发布）第十条规定："党建活动经费按支出项目，分别执行下列标准：

　　（一）城市间交通费、住宿费，参照中央和国家机关差旅费有关规定，按标准执行；个人不得领取交通补助。

　　（二）伙食费，参照中央和国家机关差旅费有关规定，在差旅费伙食补助费标准内据实报销；一天仅一次就餐的，人均伙食费不超过40元；个人不得领取伙食补助。

　　（三）讲课费，参照中央和国家机关培训费有关标准执行。

　　（四）租车费，大巴士（25座以上）每辆每天不超过1 500元，中巴士（25座及以下）每辆每天不超过1 000元；租车到常驻地以外的，租车费可以适当增加。

　　（五）场地费，每半天人均不得超过50元。

　　（六）资料费和其他有关费用经批准后据实报销。"

　　为严格控制经费的使用，该管理办法第十三条规定："开展党建活动，要充分发挥党员的主体作用，必须自行组织，不得将活动组织委托给旅行社等其他单位"；第十四条规定："开展党建活动，要因地制宜，充分利用本地条件；每个基层党组织到常驻地以外开展党建活动原则上每两年不超过一次；要严格控制租用场地举办活动，确需租用的，要选择安全、经济、便捷的场地"；第十五条规定：

"开展党建活动，要根据实际情况集体出行。集体出行确需租用车辆的，应当视人数多少租用大巴车或中巴车，不得租用轿车（5座及以下）。到常驻地以外开展党建活动，一般不得乘坐飞机"；第十六条规定："开展党建活动，要严格遵守中央八项规定精神，严格执行廉洁自律各项规定。

严禁借党建活动名义安排公款旅游；严禁到党中央、国务院明令禁止的风景名胜区开展党建活动；严禁借党建活动名义组织会餐或安排宴请；严禁组织高消费娱乐健身活动；严禁购置电脑、复印机、打印机、传真机等固定资产以及开支与党建活动无关的其他费用；严禁套取资金设立'小金库'；严禁发放任何形式的个人补助；严禁转嫁党建活动费用"。

从上述政策规定可以看出，中央和国家机关基层党组织党建活动经费支出有严格的范围和使用限制标准。企业的党组织可以根据该管理办法的规定，在上级党组织的指导下制定相应的党建活动经费管理办法。

问题 12-3-2

企业党组织活动经费不够时如何处理？

答：《中共中央组织部、财政部关于企业党组织活动经费问题的通知》（（89）组通2号）规定："企业党组织活动经费（包括召开党内会议，进行党内宣传教育活动和组织活动，培训党员和申请入党的积极分子，开展表彰优秀党员和先进党支部活动等费用），应按照中央组织部关于党费用途的规定，先由留用的党费中开支，不足部分从企业管理费中解决。

党组织活动经费中从企业管理费列支的部分，每年初由企业党委（总支、支部）根据工作需要和节约的原则编制年度预算，列入企业财务计划。在计划范围内，日常开支由党委书记审批，财务部门报销。

遇有特殊情况需追加经费时，应经党委会议讨论，向财务部门提出，由厂长决定。

企业党委要定期向党员大会或党员代表大会报告党组织活动经费开支情况，接受监督。由企业管理费列支的部分还要接受财务部门的监督。

党费的收缴、使用和管理，要严格按有关规定执行，上级党组织要加强检查和监督。"

根据上述政策规定，企业党组织开展党建活动，其经费首先在留用的党费中开支，不足部分从企业管理费中解决，但是必须有严格的计划安排和预算。党建活动经费开支的范围、标准要接受财务部门的监督，违反规定的支出不得税前扣除。

REAL ESTATE
ENTERPRISE　**案例 12-3**

企业党组织活动经费列支的处理

A 房地产开发公司为某市国有企业，建立有党委会，每年工作安排及费用年度预算均由党委会制定并报上级党委批准，同时列入企业财务计划。2017 年 6 月根据省委要求组织党建活动，安排部分党员及预备党员赴井冈山开展活动，经费 5 400 元。费用处理程序及会计处理如下：

1. 经费报销程序。

（1）A 公司党委依据省委要求提出活动方案，并列出费用预算；

（2）方案经过 A 公司党委书记、总经理签字；

（3）活动结束后，实际费用为 5 800 元，经党委书记、总经理签字后财务部门给予报销。

2. 会计处理。

借：管理费用——党团组织活动   5 800

    贷：现金   5 800

提示：根据《中央和国家机关基层党组织党建活动经费管理办法》（财行〔2017〕324 号文件发布）的规定，党建活动必须自行组织，不得将活动组织委托给旅行社等其他单位，否则不予报销。

问题 12-3-3

非公有制企业党团组织活动经费的计算依据是什么？标准是多少？

答：《中共中央组织部 财政部 国家税务总局关于非公有制企业党组织工作经费问题的通知》（组通字〔2014〕42 号）第一条规定："非公有制企业党组织工作经费主要通过纳入管理费用、党费拨返、财政支持等渠道予以解决。同时，鼓励采取企业赞助、党员自愿捐助等方式，拓宽经费来源"；第二条规定："根据《中华人民共和国公司法》'公司应当为党组织的活动提供必要条件'规定和中办发〔2012〕11 号文件'建立并落实税前列支制度'等要求，非公有制企业党组织工作经费纳入企业管理费列支，不超过职工年度工资薪金总额1%的部分，可以据实在企业所得税前扣除"；第三条规定："非公有制企业党组织工作经费仍然不足的，上级党组织要从留存的党费中适当拨补。党员交纳的党费，可根据企业规模、党员数量等具体情况，全额或大部分返拨给企业党组织，用于开展党的活动"。

《国家税务总局关于发布〈中华人民共和国企业所得税年度纳税申报表（A 类，2017 年版）〉的公告》（国家税务总局公告 2017 年第 54 号）规定，应在 A104000《期间费用明细表》项目第 24 行中填列"二十四、党组织工作经费"；在《A105000 纳税调整项目明细表》项目第 29 行中填列"（十六）党组织工作经费"，填报纳税人根据有关文件规定，为创新基层党建工作、建立稳定的经费保障制度发生的党组织工作经费及纳税调整情况。

根据上述政策规定，非公有制企业党组织工作经费纳入企业管理费列支，其列支计算的依据为职工年度工资薪金总额，税前列支标准为不超过职工年度工资薪金总额 1% 的部分。

提示：根据组通字〔2014〕42 号文件的相关规定，非公有制企业党组织工作经费必须用于党的活动，使用范围包括：召开党内会议，开展党内宣传教育活动和组织活动；组织党员和入党积极分子教育培训；表彰先进基层党组织、优秀共产党员和优秀党务工作者；走访、慰问和补助生活困难党员；订阅或购买用于开展党员教育的报刊、资料和设备；维护党组织活动场所及设施等。

问题 12-3-4

非公有制企业党团组织活动经费如何进行企业所得税处理？

答：根据政策规定，非公有制企业党组织工作经费纳入企业管理费列支，不超过职工年度工资薪金总额 1% 的部分，可以据实在企业所得税前扣除。因此发生的经费支出记入"管理费用——党组织活动经费"科目处理，年终企业所得税汇算清缴时，按比例计算，进行税前扣除。

---REAL ESTATE
ENTERPRISE **案例 12-4**

非公有制企业党团组织活动经费的计算

A 房地产开发公司为三个自然人股东成立的有限责任公司，建立有党的组织（支部），2017 年该公司计税职工工资总额为 350 万元，组织党员活动 3 次，支付相关费用 3.6 万元。相关会计（涉税）处理如下（单位：万元）：

1. 组织活动发生费用时。

借：管理费用——党员活动   3.6

   贷：银行存款   3.6

2. 年底企业所得税汇算清缴时。

活动经费列支最高限额：$350 \times 1\% = 3.5$（万元）；

超过标准金额：$3.6 - 3.5 = 0.1$（万元）。

因此，要调增 2017 年度企业所得税应纳税所得额 0.1 万元。

12.4 业务招待费支出业务

房地产开发企业的业务招待费是指企业为运营及项目开发等而支付的应酬费用。合理的业务招待费支出，是企业开展正常经营活动所必需的一项成本费用。其最主要的涉税业务就是企业所得税的税前扣除。

问题 12-4-1

企业业务招待费列支的核算科目有哪些？

答：企业发生的与生产经营活动有关的业务招待费涉及多个会计科目，对于房地产开发公司而言，如果招待业务是与企业日常运营管理相关，记入"管理费用"科目；如果与开发项目营销有关，记入"销售费用"科目；如果与项目工程有关，则记入"开发间接费用"科目。年度汇算清缴时，再按政策调整。

问题 12-4-2

企业业务招待费支出计算依据及限额（标准）如何计算？

答：《企业所得税法实施条例》第四十三条规定，企业发生的与生产经营活动有关的业务招待费，按照发生额的 60% 扣除，但最高不得超过当年销售（营业）收入的 5‰。

业务招待费是企业为了联系业务或促销、处理社会关系等因生产、经营的需要而经常发生的业务所支出的费用。目前在税收政策中没有具体的列举条款，在实务中，一般情况下业务招待费的范围包括在招待中发生的餐饮、香烟、食品、礼品、娱乐活动等费用。企业申报扣除的业务招待费，税务机关要求提供证明资料的，应提供证明真实发生的足够的有效凭证或资料。不能提供的，不得在税前扣除。其证明资料内容包括支出金额、商业目的、与被招待人的业务关系、招待的时间地点。

企业投资者或雇员的个人娱乐支出和业余爱好支出不得作为业务招待费申报扣除。

房地产业是一个特殊的行业，因此房地产企业业务招待费的扣除与一般企业有所不同。

《房地产开发经营业务企业所得税处理办法》（国税发〔2009〕31 号文件发布）第六条规定："企业通过正式签订《房地产销售合同》或《房地产预售合同》所取得的收入，应确认为销售收入的实现。"此处的收入，一般为预收账款，尚未达到结转主营业务收入的条件。

企业所得税纳税申报表规定：目前企业所得税汇算清缴申报表的相关填报口径，业务招待费、广告费和业务宣传费的计算基础是：A101010 一般企业收入明细表中（营业收入口径＝第 2 行主营业务收入＋第 9 行其他业务收入）＋A105010 视同销售和房地产开发企业特定业务纳税调整明细表中的第 1 行视同销售（营业）收入＋A105010 表 23 行销售未完工产品的收入－第 27 行"1. 销售未完工产品转完工产品确认的销售收入"。即：利润表中的主营业务收入＋其他业务收入＋视同销售收入＋本年新增预收账款—本年结转的主营业务收入。若企业本年度无其他业务收入和视同销售收入，则上述公式最终计算基础仅为预收账款。

综上，房地产企业一般以当年新增的预收账款金额，确认为业务招待费、广告费和业务宣传费的计算基数。需要注意的是，该限额计算方法需要遵循一贯性原则，即，以前年度的已作为计算基数的预售收入在本年度结转为营业收入的，应在计算基数中扣除，即一直以预收作为计算基础。

提示：除房地产行业之外，还有一些特殊性行业，计税依据与一般行业不同。根据《国家税务总局关于贯彻落实企业所得税法若干税收问题的通知》（国税函〔2010〕79号）第八条的规定，对从事股权投资业务的企业（包括集团公司总部、创业投资企业等），其从被投资企业所分配的股息、红利以及股权转让收入，可以按规定的比例计算业务招待费扣除限额。

REAL ESTATE ENTERPRISE **案例 12-5**

企业业务招待费支出标准的计算

A房地产开发公司2017年全年发生业务招待费118 000元，2017年销售（营业）收入为128 000 000元。相关计算如下：

发生额标准：$118\,000 \times 60\% = 70\,800$（元）；

最高标准限额：$128\,000\,000 \times 5‰ = 640\,000$（元）。

因发生额标准为70 800元，低于最高标准限额640 000元，因此A房地产开发公司2017年业务招待费税前扣除限额为70 800元。

问题 12-4-3

企业业务招待费中的礼品支出如何进行增值税、企业所得税处理？

答：企业在日常的各项活动中经常发生赠送礼品的业务。根据《增值税暂行条例实施细则》第四条第（八）项的规定，企业"将自产、委托加工或者购进的货物无偿赠送其他单位或者个人"的行为，视同销售货物。

《国家税务总局关于企业处置资产所得税处理问题的通知》（国税函〔2008〕828号）第二条第1点规定，企业将资产移送他人"用于交际应酬"等的情形，因资产所有权属已发生改变而不属于内部处置资产，应按规定视同销售确定收入。

《国家税务总局关于企业所得税有关问题的公告》（国家税务总局公告2016年第80号）第二条规定："企业发生《国家税务总局关于企业处置资产所得税处理问题的通知》（国税函〔2008〕828号）第二条规定情形的，除另有规定外，应按照被移送资产的公允价值确定销售收入。"

　　根据上述政策规定，企业在各类业务招待活动中，将货物（或物品）无偿赠送其他单位或者个人，在增值税处理上应视同销售货物。同时，因资产所有权属已发生改变而不属于内部处置资产，还应按规定视同销售确定收入，进行企业所得税处理。

　　对企业有关的赠送物品行为，如果确定属于"业务招待费"性质，在年度企业所得税汇算清缴时，还要按照规定的比例计算税前扣除数额。

REAL ESTATE
ENTERPRISE **案例 12-6**

业务招待费中礼品支出的增值税、企业所得税处理

　　甲房地产开发公司为一般纳税人，适用一般计税方法计税。2017 年春节年会、座谈会上，赠送给外单位人员价值 80 元的小型电暖器，取得增值税专用发票上注明价格为 68.38 元，增值税额为 11.62 元。会计处理如下：

　　1. 购进小型电暖器时：

```
借：库存商品                              68.38
      应交税费——应交增值税（进项税额）      11.62
  贷：银行存款                                    80
```

　　2. 赠送小型电暖器时：

```
借：销售费用——业务招待费                   80
  贷：其他业务收入——视同销售               68.38
      应交税费——应交增值税（销项税额）      11.62
```

　　3. 结转小型电暖器成本时：

```
借：其他业务成本——视同销售                68.38
  贷：库存商品                              68.38
```

问题 12-4-4

企业业务招待费支出的增值税进项税额如何处理？

　　答：《营业税改征增值税试点实施办法》（财税〔2016〕36 号文件附件 1）第二十七条第（一）项规定："用于简易计税方法计税项目、免征增值税项目、集体福利或者个人消费的购进货物、加工修理修配劳务、服务、无形资产和不动产。其中涉及的固定资产、无形资产、不动产，仅指专用于上述项目的固定资产、无形资产（不包括其他权益性无形资产）、不动产。

　　纳税人的交际应酬消费属于个人消费。"

　　根据上述政策规定，企业购买物品的支出，如果是用于销售业务，且取得符合规定的增值税专用发票，其进项税额可以抵扣；企业在宴请、招待等活动中取得的餐饮发票、住宿发票、旅游发票或其他增值税普通发票等，则不能抵扣。如

果企业购买物品取得了增值税专用发票，但最终用于业务招待，则其进项税额应作转出处理，即不得抵扣。

问题 12-4-5

企业业务招待费中的礼品支出如何计算个人所得税？

答：《财政部 国家税务总局关于企业促销展业赠送礼品有关个人所得税问题的通知》（财税〔2011〕50 号）第二条第 2 点规定："企业在年会、座谈会、庆典以及其他活动中向本单位以外的个人赠送礼品，对个人取得的礼品所得，按照'其他所得'项目，全额适用 20% 的税率缴纳个人所得税"；第三条规定："企业赠送的礼品是自产产品（服务）的，按该产品（服务）的市场销售价格确定个人的应税所得；是外购商品（服务）的，按该商品（服务）的实际购置价格确定个人的应税所得"。

根据上述政策规定，企业在各种活动中赠送的礼品，如果是向本单位以外的个人赠送，则要按"其他所得"项目，全额适用 20% 的税率代扣代缴个人所得税。如果礼品是自产的，按市场价（公允价值）确定价格。

提示： 关于应税所得项目，自 2019 年 1 月 1 日起施行的新修订的《个人所得税法》没有列举"经国务院财政部门确定征税的其他所得"。

REAL ESTATE
ENTERPRISE　**案例 12-7**

企业业务招待费中礼品支出的个人所得税计算

甲房地产开发公司为一般纳税人，适用一般计税方法计税。2017 年春节年会、座谈会上，赠送给外单位人员价值 80 元的小型电暖器，取得增值税专用发票上注明价格为 68.38 元，增值税额为 11.62 元。会计处理如下：

由于甲房地产开发公司赠送给外单位人员价值 80 元的小型电暖器，因此，应将价值 80 元的小型电暖器作为税后其他所得，应还原成税前其他所得 100 元。

这项支出发生在 2019 年 1 月 1 日前。经计算，甲房地产开发公司应代扣代缴"其他所得"税目的个人所得税：$100 \times 20\% = 20$（元）。

1. 计提个人所得税时：

借：销售费用——业务招待费　　　　　　　　　　　　　20

　　贷：应交税费——个人所得税　　　　　　　　　　　　　20

2. 实际代扣代缴个人所得税时：

借：应交税费——个人所得税　　　　　　　　　　　　　20

　　贷：银行存款　　　　　　　　　　　　　　　　　　　20

提示： 自 2019 年 1 月 1 日起施行的新修订的《个人所得税法》没有列举"经国务院财政部门确定征税的其他所得"。新《个人所得税法》第二条列举的个人应税所得项目包括九项："（一）工资、薪金所得；（二）劳务报酬所得；（三）稿酬所得；（四）特许权使用费所得；（五）经营所得；（六）利息、股息、红利所得；（七）财产租赁所得；（八）财产转让所得；（九）偶然所得。"

REAL ESTATE
ENTERPRISE　**案例 12-8**

企业业务招待费的会计核算

A 房地产开发公司 2017 年全年发生业务招待费 118 000 元，其中"管理费用"科目 20 000 元，"销售费用"科目 50 000 元，"开发间接费用"科目 48 000 元。2017 年销售（营业）收入为 128 000 000 元。假定业务招待费全部是宴请支出，相关会计处理如下：

1. 企业会计处理。

借：管理费用——业务招待费　　　　　　　　　　　　　　20 000
　　销售费用——业务招待费　　　　　　　　　　　　　　50 000
　　开发间接费用——业务招待费　　　　　　　　　　　　48 000
　　贷：货币资金　　　　　　　　　　　　　　　　　　　118 000

2. 企业所得税汇算清缴。

业务招待费发生额：118 000×60％＝70 800（元）；

最高标准限额：128 000 000×5‰＝640 000（元）。

因发生额为 70 800 元，低于最高标准限额 640 000 元，因此发生额 70 800 元可以全额在税前扣除。

问题 12-4-6

企业购买礼品卡支出如何进行增值税及会计（企业所得税）处理？

答：《国家税务总局关于营改增试点若干征管问题的公告》（国家税务总局公告 2016 年第 53 号）第三条规定："单用途商业预付卡（以下简称'单用途卡'）业务按照以下规定执行：

（一）支付机构销售多用途卡取得的等值人民币资金，或者接受多用途卡持卡人充值取得的充值资金，不缴纳增值税。支付机构可按照本公告第九条的规定，向购卡人、充值人开具增值税普通发票，不得开具增值税专用发票。

单用途卡，是指发卡企业按照国家有关规定发行的，仅限于在本企业、本企业所属集团或者同一品牌特许经营体系内兑付货物或者服务的预付凭证。

发卡企业，是指按照国家有关规定发行单用途卡的企业。售卡企业，是指集团发卡企业或者品牌发卡企业指定的，承担单用途卡销售、充值、挂失、换卡、退卡等相关业务的本集团或同一品牌特许经营体系内的企业。

（二）售卡方因发行或者销售单用途卡并办理相关资金收付结算业务取得的

手续费、结算费、服务费、管理费等收入，应按照现行规定缴纳增值税。

（三）持卡人使用单用途卡购买货物或服务时，货物或者服务的销售方应按照现行规定缴纳增值税，且不得向持卡人开具增值税发票。

（四）销售方与售卡方不是同一个纳税人的，销售方在收到售卡方结算的销售款时，应向售卡方开具增值税普通发票，并在备注栏注明'收到预付卡结算款'，不得开具增值税专用发票。

售卡方从销售方取得的增值税普通发票，作为其销售单用途卡或接受单用途卡充值取得预收资金不缴纳增值税的凭证，留存备查。"

该公告第四条规定："支付机构预付卡（以下称'多用途卡'）业务按照以下规定执行：

（一）支付机构销售多用途卡取得的等值人民币资金，或者接受多用途卡持卡人充值取得的充值资金，不缴纳增值税。支付机构可按照本公告第九条的规定，向购卡人、充值人开具增值税普通发票，不得开具增值税专用发票。

支付机构，是指取得中国人民银行核发的《支付业务许可证》，获准办理'预付卡发行与受理'业务的发卡机构和获准办理'预付卡受理'业务的受理机构。

多用途卡，是指发卡机构以特定载体和形式发行的，可在发卡机构之外购买货物或服务的预付价值。

（二）支付机构因发行或者受理多用途卡并办理相关资金收付结算业务取得的手续费、结算费、服务费、管理费等收入，应按照现行规定缴纳增值税。

（三）持卡人使用多用途卡，向与支付机构签署合作协议的特约商户购买货物或服务，特约商户应按照现行规定缴纳增值税，且不得向持卡人开具增值税发票。

（四）特约商户收到支付机构结算的销售款时，应向支付机构开具增值税普通发票，并在备注栏注明'收到预付卡结算款'，不得开具增值税专用发票。

支付机构从特约商户取得的增值税普通发票，作为其销售多用途卡或接受多用途卡充值取得预收资金不缴纳增值税的凭证，留存备查。"

根据上述政策规定，企业购买单用途卡、多用途卡可以取得增值税普通发票，但无法取得增值税专用发票，因此没有进项税额。

REAL ESTATE ENTERPRISE **案例 12-9**

企业购买礼品卡支出的增值税及会计（企业所得税）处理

C 房地产开发企业 2017 年 11 月购入 AB 超市购物卡 10 000 元，取得增值税普通发票。2017 年 12 月将其中 8 000 元赠送给外单位人员，2 000 元作为职工福利。会计处理如下：

1．购入预付卡时：

借：预付账款——AB 超市　　　　　　　　　　　　　　10 000

　　贷：银行存款　　　　　　　　　　　　　　　　　　10 000

2．使用预付卡时：

借：管理费用——业务招待费　　　　　　　　　　　　　8 000

　　应付职工薪酬——职工福利费　　　　　　　　　　　2 000

　　贷：预付账款——AB 超市　　　　　　　　　　　　10 000

3．核算职工福利费时：

借：管理费用——职工福利费　　　　　　　　　　　　　2 000

　　贷：应付职工薪酬——职工福利费　　　　　　　　　2 000

4．计提个人所得税时：

（1）赠送外单位个人的礼品，在 2019 年 1 月 1 日前，应按"其他所得"代扣代缴个人所得税。

借：其他应收款——接受赠送人　　　　　　　　　　　　1 600

　　贷：应交税费——应交个人所得税　　　　　　　　　1 600

提示：在实际业务中，上述其他应收款 1 600 元一般无法收回（不可能在赠送时现金收回个人所得税金额），因此，应转入或直接核算计入"营业外支出"。但该营业外支出由于纳税义务人不是企业，属于与生产经营无关的支出，不可税前扣除，应在年末所得税汇算清缴时，作纳税调整增加处理。

（2）用于职工福利的 2 000 元，应并入各职工当月工资总额，一并计算个人所得税。

提示：自 2019 年 1 月 1 日起施行的新修订的《个人所得税法》没有列举"经国务院财政部门确定征税的其他所得"。新《个人所得税法》第二条列举的个人应税所得项目包括九项："（一）工资、薪金所得；（二）劳务报酬所得；（三）稿酬所得；（四）特许权使用费所得；（五）经营所得；（六）利息、股息、红利所得；（七）财产租赁所得；（八）财产转让所得；（九）偶然所得。"

问题 12-4-7

企业购买购物卡支出何时记入相关费用科目？

答：根据《国家税务总局关于营改增试点若干征管问题的公告》（国家税务总局公告 2016 年第 53 号）第三条、第四条的规定，售卡方向购卡人、充值人出售购物卡时候需开具增值税普通发票，不得开具增值税专用发票。

根据《企业所得税法》第八条的规定，"企业实际发生的与取得收入有关的、合理的支出，包括成本、费用、税金、损失和其他支出，准予在计算应纳税所得额时扣除"。

对于购卡企业来说，购入的卡如果没有实际使用不得税前扣除。可以暂时记入"其他应收款——购物卡"科目，实际使用时按规定记入"管理费用"、"销售费用"及"开发间接费用"科目。其中用于福利的，记入福利费明细科目；用于业务招待的，记入业务招待费科目。

REAL ESTATE
ENTERPRISE **案例 12-10**

企业用购物卡购物的处理

A 房地产开发公司，2017 年 8 月 20 日购买 2 张 B 超市购物卡，每张卡 1 000 元，交给行政部分购买办公用品。会计（涉税）处理如下：

1. 购入购物卡时：

借：预付账款（其他应收款）——购物卡　　　　　　　　2 000
　　贷：银行存款　　　　　　　　　　　　　　　　　　　　2 000

B 超市开具增值税普通发票，发票开具时需采取编码开票，选择 601 "预付卡销售和充值"，发票税率栏应填写"不征税"。

2. 行政部门购买办公用品时：

行政部门购买的办公用品在报销时，需要提供购物时取得的货物小票作为实际业务发生的证明附件。

借：管理费用——办公用品　　　　　　　　　　　　　　2 000
　　贷：其他应收款——购物卡　　　　　　　　　　　　　　2 000

问题 12-4-8

企业发生的业务招待费是否可以在土地增值税清算时扣除？

答：《土地增值税暂行条例实施细则》第七条第三款规定："开发土地和新建房及配套设施的费用（以下简称房地产开发费用），是指与房地产开发项目有关的销售费用、管理费用、财务费用。财务费用中的利息支出，凡能够按转让房地产项目计算分摊并提供金融机构证明的，允许据实扣除，但最高不能超过按商业银行同类同期贷款利率计算的金额。其他房地产开发费用，按本条（一）、（二）项规定计算的金额之和的百分之五以内计算扣除。凡不能按转让房地产项目计算分摊利息支出或不能提供金融机构证明的，房地产开发费用按本条（一）、（二）项规定计算的金额之和的百分之十以内计算扣除。上述计算扣除的具体比例，由各省、自治区、直辖市人民政府规定。"

根据上述政策规定，房地产开发企业在进行土地增值税清算时，业务招待费应作为房地产开发费用，在"5%"或"10%"以内"打包"扣除。

12.5　广告宣传费支出业务

广告宣传费是企业为了自身宣传或开发项目宣传而发生的费用,对于房地产开发企业而言,主要是为了项目即楼盘的营销而发生的广告宣传费。

问题 12-5-1

企业的广告合同如何贴花?

答:由《印花税暂行条例》所附《税目税率表》可知,加工承揽合同包括广告合同,由立合同人(双方)按加工或承揽收入万分之五贴花。

REAL ESTATE ENTERPRISE　**案例 12-11**

企业广告合同的贴花计算

A 房地产开发公司 2017 年 9 月 20 日与 B 广告公司签订一份广告合同,合同注明价格为 40 万元,增值税为 2.4 万元。印花税计算如下:

应缴印花税:400 000×0.000 5=200 (元)。

借:税金及附加　　　　　　　　　　　　　　　　　　　200

　　贷:应交税费——应交印花税　　　　　　　　　　　　　　200

提示: 计算印花税时,价税合一的合同按价税合一金额计算,价税分开的合同按其实际价格计算。

问题 12-5-2

企业的广告宣传物品(礼品)如何计算增值税、企业所得税?

答:《增值税暂行条例实施细则》第四条第(八)项规定,企业"将自产、委托加工或者购进的货物无偿赠送其他单位或者个人"的行为,视同销售货物。

《国家税务总局关于企业处置资产所得税处理问题的通知》(国税函〔2008〕828 号)第二条第 1 点规定,企业将资产移送他人"用于市场推广或销售"的情形,因资产所有权属已发生改变而不属于内部处置资产,应按规定视同销售确定收入。

《国家税务总局关于企业所得税有关问题的公告》(国家税务总局公告 2016年第 80 号)第二条规定:"企业发生《国家税务总局关于企业处置资产所得税处理问题的通知》(国税函〔2008〕828 号)第二条规定情形的,除另有规定外,应按照被移送资产的公允价值确定销售收入。"

根据上述政策规定,企业在广告宣传活动中,将货物(或物品)无偿赠送其他单位或者个人,在增值税处理上应视同销售货物。同时,因资产所有权属已发生改变而不属于内部处置资产，还应按规定视同销售确定收入，进行企业所得税处理。

REAL ESTATE
ENTERPRISE **案例 12-12**

广告宣传物品（礼品）支出的增值税、企业所得税处理

甲房地产开发公司为一般纳税人，适用一般计税方法计税。2017 年 5 月新楼盘开盘前，借助"五一"劳动节开展项目推广活动，在闹市区赠送给阅读售房资料的市民价值 80 元的小型电暖器，取得增值税专用发票上注明价格为 68.38元，增值税额为 11.62 元。会计处理如下：

1. 购进小型电暖器时：

借：库存商品		68.38
应交税费——应交增值税（进项税额）		11.62
贷：银行存款		80

2. 赠送小型电暖器时：

借：销售费用——广告宣传费		80
贷：其他业务收入——视同销售		68.38
应交税费——应交增值税（销项税额）		11.62

3. 结转小型电暖器时：

借：其他业务成本——视同销售		68.38
贷：库存商品		68.38

问题 12-5-3

企业的广告宣传物品（礼品）支出如何计算个人所得税？

答：《财政部 国家税务总局关于企业促销展业赠送礼品有关个人所得税问题的通知》（财税〔2011〕50 号）第二条第 1 点规定："企业在业务宣传、广告等活动中，随机向本单位以外的个人赠送礼品，对个人取得的礼品所得，按照'其他所得'项目，全额适用 20％的税率缴纳个人所得税"；第三条规定："企业赠送的礼品是自产产品（服务）的，按该产品（服务）的市场销售价格确定个人的应税所得；是外购商品（服务）的，按该商品（服务）的实际购置价格确定个人的应税所得。"

根据上述政策规定，企业在业务宣传、广告等活动中，随机向本单位以外的个人赠送礼品，即与"买一赠一""捆绑销售"等销售行为无关的赠送礼品，要按照"其他所得"项目代扣代缴个人所得税。

提示：关于应税所得项目，自 2019 年 1 月 1 日起施行的新修订的《个人所得税法》没有列举"经国务院财政部门确定征税的其他所得"。

REAL ESTATE
ENTERPRISE **案例 12-13**

广告宣传物品（礼品）支出的个人所得税计算

甲房地产开发公司为一般纳税人，适用一般计税方法计税。2017 年 5 月新楼盘开盘前，借助"五一"劳动节开展项目推广活动，在闹市区赠送给阅读售房资料的市民价值 80 元的小型电暖器，取得增值税专用发票上注明价格为 68.38 元，增值税额为 11.62 元。个人所得税计算如下：

支出时间点是 2019 年 1 月 1 日前，由于甲房地产开发公司赠送给阅读售房资料的市民价值 80 元的小型电暖器，因此，应将价值 80 元的小型电暖器作为税后其他所得，还原成税前其他所得 100 元。经计算，甲房地产开发公司应代扣代缴"其他所得"税目的个人所得税为：$100 \times 20\% = 20$（元）。

1. 计提个人所得税时：

借：销售费用——广告宣传费　　　　　　　　　　　　　　20

　　贷：应交税费——应交个人所得税　　　　　　　　　　　20

2. 实际代扣代缴个人所得税时：

借：应交税费——应交个人所得税　　　　　　　　　　　　20

　　贷：银行存款　　　　　　　　　　　　　　　　　　　20

提示：自 2019 年 1 月 1 日起施行的新修订的《个人所得税法》没有列举"经国务院财政部门确定征税的其他所得"。新《个人所得税法》第二条列举的个人应税所得项目包括九项："（一）工资、薪金所得；（二）劳务报酬所得；（三）稿酬所得；（四）特许权使用费所得；（五）经营所得；（六）利息、股息、红利所得；（七）财产租赁所得；（八）财产转让所得；（九）偶然所得。"

12.6　公益捐赠业务

根据《财政部关于加强企业对外捐赠财务管理的通知》（财企〔2003〕95号）第一条的规定，对外捐赠是指企业自愿无偿将其有权处分的合法财产赠送给合法的受赠人用于与生产经营活动没有直接关系的公益事业的行为。

企业对外捐赠应当遵循《中华人民共和国公益事业捐赠法》以及其他有关法律、法规的规定，通过依法成立的公益性社会团体和公益性非营利的事业单位或者县级以上人民政府及其组成部门进行。特殊情况下，也可以通过合法的新闻媒体等进行。

根据相关政策，对于非公益性捐赠，捐赠人要视同销售处理，被捐赠人取得的捐赠收入要计入收入总额。

问题 12-6-1

企业对外公益性捐赠有哪些原则和要求?

答:《财政部关于加强企业对外捐赠财务管理的通知》(财企〔2003〕95 号)第二条规定:"企业对外捐赠一般应当遵循以下原则和要求:

(一) 自愿无偿。企业对外捐赠后,不得要求受赠方在融资、市场准入、行政许可、占有其他资源等方面创造便利条件,从而导致市场不公平竞争。

(二) 权责清晰。企业经营者或者其他职工不得将企业拥有的财产以个人名义对外捐赠,企业对外捐赠有权要求受赠人落实自己正当的捐赠意愿。

(三) 量力而行。企业已经发生亏损或者由于对外捐赠将导致亏损或者影响企业正常生产经营的,除特殊情况以外,一般不能对外捐赠。

(四) 诚实守信。企业按照内部议事规范审议决定并已经向社会公众或者受赠对象承诺的捐赠,必须诚实履行。"

企业的相关支出如果违反上述原则,即与对方有相关的利益交换,则不属于捐赠。

问题 12-6-2

企业对外公益性捐赠的类型有哪些?

答:根据《财政部关于加强企业对外捐赠财务管理的通知》(财企〔2003〕95 号) 第三条的规定,企业的对外捐赠一般有以下类型:

"(一) 公益性捐赠,即向教育、科学、文化、卫生医疗、体育事业和环境保护、社会公共设施建设的捐赠。

(二) 救济性捐赠,即向遭受自然灾害或者国家确认的'老、少、边、穷'等地区以及慈善协会、红十字会、残疾人联合会、青少年基金会等社会团体或者困难的社会弱势群体和个人提供的用于生产、生活救济、救助的捐赠。

(三) 其他捐赠,即除上述捐赠以外,企业出于弘扬人道主义目的或者促进社会发展与进步的其他社会公共福利事业的捐赠"。

根据《财政部 国家税务总局 民政局关于公益性捐赠税前扣除有关问题的通知》(财税〔2008〕160 号) 第三条的规定,用于公益事业的捐赠支出,是指《中华人民共和国公益事业捐赠法》规定的向公益事业的捐赠支出,具体范围包括:

"(一) 救助灾害、救济贫困、扶助残疾人等困难的社会群体和个人的活动;

(二) 教育、科学、文化、卫生、体育事业;

(三) 环境保护、社会公共设施建设;

（四）促进社会发展和进步的其他社会公共和福利事业"。

问题 12-6-3

企业对外公益性捐赠必须通过哪些部门完成？

答：《企业所得税法实施条例》第五十一条规定："企业所得税法第九条所称公益性捐赠，是指企业通过公益性社会团体或者县级以上人民政府及其部门，用于《中华人民共和国公益事业捐赠法》规定的公益事业的捐赠。"

《财政部 国家税务总局 民政部关于公益性捐赠税前扣除有关问题的通知》（财税〔2008〕160 号）第五条规定，在捐赠中涉及的"县级以上人民政府及其部门和国家机关"均指县级（含县级）以上人民政府及其组成部门和直属机构。

根据相关政策规定，其中公益性社会团体需要资格认定。在实务操作中，进行公益性捐赠的企业可以查询相关文件列举的资格认定名单，同时在年度汇算清缴时，基层税务部门也会就此问题进行指导明确。

问题 12-6-4

负责接受捐赠事宜的县级以上人民政府及其部门是否需要资格认定？

答：根据《财政部 国家税务总局 民政部关于公益性捐赠税前扣除有关问题的补充通知》（财税〔2010〕45 号）第一条的规定，"企业或个人通过获得公益性捐赠税前扣除资格的公益性社会团体或县级以上人民政府及其组成部门和直属机构，用于公益事业的捐赠支出，可以按规定进行所得税税前扣除。

县级以上人民政府及其组成部门和直属机构的公益性捐赠税前扣除资格不需要认定"。

问题 12-6-5

公益性捐赠支出规定中对公益性社会团体的条件有哪些？

答：《企业所得税法实施条例》第五十一条规定："企业所得税法第九条所称公益性捐赠，是指企业通过公益性社会团体或者县级以上人民政府及其部门，用于《中华人民共和国公益事业捐赠法》规定的公益事业的捐赠。"

根据上述政策规定，企业公益性捐赠，如果要在税前扣除，则捐赠必须通过相关团体或政府部门完成。

《企业所得税法实施条例》第五十二条规定："本条例第五十一条所称公益性社会团体，是指同时符合下列条件的基金会、慈善组织等社会团体：

（一）依法登记，具有法人资格；

（二）以发展公益事业为宗旨，并不以营利为目的；

（三）全部资产及其增值为该法人所有；

（四）收益和营运结余主要用于设立目的的事业；

（五）终止后的剩余财产不归属任何个人或者营利组织；

（六）不经营与其设立目的无关的业务；

（七）有健全的财务会计制度；

（八）捐赠者不以任何形式参与社会团体财产的分配；

（九）国务院财政、税务主管部门会同民政主管部门等登记管理部门规定的其他条件。"

根据上述政策规定，组织捐赠的团体必须依法符合条件。

《财政部　国家税务总局　民政部关于公益性捐赠税前扣除有关问题的通知》（财税〔2008〕160号）第四条规定，公益性社会团体（社会团体）指依据国务院发布的《基金会管理条例》和《社会团体登记管理条例》的规定，经民政部门依法登记并符合规定条件的基金会、慈善组织等公益性社会团体。

《财政部、国家税务总局、民政部关于公益性捐赠税前扣除有关问题的补充通知》（财税〔2010〕45号）第三条规定："对获得公益性捐赠税前扣除资格的公益性社会团体，由财政部、国家税务总局和民政部以及省、自治区、直辖市、计划单列市财政、税务和民政部门每年分别联合公布名单。名单应当包括当年继续获得公益性捐赠税前扣除资格和新获得公益性捐赠税前扣除资格的公益性社会团体。

企业或个人在名单所属年度内向名单内的公益性社会团体进行的公益性捐赠支出，可按规定进行税前扣除。"

该通知第五条第二款规定："对于通过公益性社会团体发生的公益性捐赠支出，主管税务机关应对照财政、税务、民政部门联合公布的名单予以办理，即接受捐赠的公益性社会团体位于名单内的，企业或个人在名单所属年度向名单内的公益性社会团体进行的公益性捐赠支出可按规定进行税前扣除；接受捐赠的公益性社会团体不在名单内，或虽在名单内但企业或个人发生的公益性捐赠支出不属于名单所属年度的，不得扣除。"

根据上述政策规定，公益性社会团体需要通过资格认定，名单每年公布，企业只要是在名单所属年度内向名单内的公益性社会团体进行的公益性捐赠，其支出就可按规定进行税前扣除，否则不得税前扣除。

提示：公益性社会团体具体资格认定见《国家税务总局关于公益性捐赠税前扣除有关问题的通知》（财税〔2008〕160号）（第六、第七条停止执行）、《财政部、国家税务总局、民政部关于公益性捐赠税前扣除有关问题的补充通知》（财税〔2010〕45 号）、《财政部、国家税务总局、民政部关于公益性捐赠税前扣除资格确认审批有关调整事项的通知》（财税〔2015〕141 号）等文件。

问题 12-6-6

企业对外公益性捐赠的范围有哪些？

答：《财政部关于加强企业对外捐赠财务管理的通知》（财企〔2003〕95 号）第四条规定："企业可以用于对外捐赠的财产包括现金、库存商品和其他物资。企业生产经营需用的主要固定资产、持有的股权和债权、国家特准储备物资、国家财政拨款、受托代管财产、已设置担保物权的财产、权属关系不清的财产，或者变质、残损、过期报废的商品物资，不得用于对外捐赠。

企业对外捐赠的受益人应当为企业外部的单位、社会弱势群体或者个人。对企业内部职工、与企业在经营或者财务方面具有控制与被控制关系的单位，企业不得给予捐赠。

企业以营利为目的自办或者与他人共同举办教育、文化、卫生、体育、科学、环境保护等经营实体的，应当作为对外投资管理。

企业为宣传企业形象、推介企业产品发生的赞助性支出，应当按照广告费用进行管理。对于政府有关部门、机构、团体或者某些个人强令的赞助，企业应当依法拒绝。"

根据上述政策规定，企业对外捐赠超过政策许可范围的，不适用企业所得税捐赠扣除的税收政策，应根据不同性质，按相关税收政策处理。

问题 12-6-7

企业公益性捐赠支出的税前扣除比例是多少？

答：《企业所得税法》第九条规定："企业发生的公益性捐赠支出，在年度利润总额 12% 以内的部分，准予在计算应纳税所得额时扣除。"

《企业所得税法实施条例》第五十三条规定，企业发生的公益性捐赠支出，不超过年度利润总额 12% 的部分，准予扣除。

年度利润总额，是指企业按照国家统一会计制度的规定计算的年度会计利润。

根据 2017 年 2 月 24 日第十二届全国人大常委会第 26 次会议通过的《全国人民代表大会常务委员会关于修改〈中华人民共和国企业所得税法〉的决定》（中华人民共和国主席令第 64 号），将第九条修改为："企业发生的公益性捐赠支出，在年度利润总额 12% 以内的部分，准予在计算应纳税所得额时扣除；超过年度利润总额 12% 的部分，准予结转以后三年内在计算应纳税所得额时扣除。"

《财政部 税务总局关于公益性捐赠支出企业所得税税前结转扣除有关政策的通知》（财税〔2018〕15号）第一条规定："企业通过公益性社会组织或者县级（含县级）以上人民政府及其组成部门和直属机构，用于慈善活动、公益事业的捐赠支出，在年度利润总额12%以内的部分，准予在计算应纳税所得额时扣除；超过年度利润总额12%的部分，准予结转以后三年内在计算应纳税所得额时扣除。

本条所称公益性社会组织，应当依法取得公益性捐赠税前扣除资格。

本条所称年度利润总额，是指企业依照国家统一会计制度的规定计算的大于零的数额。"

该通知第五条规定："本通知自2017年1月1日起执行。2016年9月1日至2016年12月31日发生的公益性捐赠支出未在2016年税前扣除的部分，可按本通知执行。"

根据上述政策规定，从2017年1月1日起，税法原规定的企业捐赠支出只能在当年税前扣除的政策，补充为可以结转到以后三年扣除，实际上可以享受总共四年的扣除。

问题 12-6-8

公益性捐赠支出政策变化后企业以前年度的公益性捐赠支出如何税前扣除？

答：《财政部、税务总局关于公益性捐赠支出企业所得税税前结转扣除有关政策的通知》（财税〔2018〕15号）规定："二、企业当年发生及以前年度结转的公益性捐赠支出，准予在当年税前扣除的部分，不能超过企业当年年度利润总额的12%。

三、企业发生的公益性捐赠支出未在当年税前扣除的部分，准予向以后年度结转扣除，但结转年限自捐赠发生年度的次年起计算最长不得超过三年。

四、企业在对公益性捐赠支出计算扣除时，应先扣除以前年度结转的捐赠支出，再扣除当年发生的捐赠支出。"

根据上述政策规定，企业公益性捐赠支出不论是当年支出还是以前年度的支出，按照年度顺序准予在当年税前扣除的部分（总额），不能超过企业当年年度利润总额的12%。

REAL ESTATE
ENTERPRISE **案例 12-14**

公益性捐赠支出的税前扣除计算（1）

A房地产开发公司2017年向B儿童基金会捐赠资金30万元，B儿童基金会在2017年度财政、税务、民政部门联合公布的公益性社会团体名单之内。A公司 2017 年度会计利润总额为 800 万元（假定无纳税调整事项，应纳税所得额也为 800 万元），假定没有其他调整项目。捐赠税前扣除计算如下：

捐赠限额：$800×12\%＝96$（万元）。

捐赠金额 30 万元低于限额，可以全额在税前扣除。

扣除捐赠后应缴企业所得税：$(800-30)×25\%＝192.50$（万元）。

REAL ESTATE
ENTERPRISE　**案例 12-15**

公益性捐赠支出的税前扣除计算（2）

假设 A 房地产开发企业 2017—2020 年的利润总额均为 1 000 万元，该企业 2017 年公益捐赠额为 400 万元，2018—2020 年未发生公益性捐赠。

根据《财政部、国家税务总局关于公益性捐赠支出企业所得税税前结转扣除有关政策的通知》（财税〔2018〕15 号）的相关规定，该企业各年公益性捐赠税前扣除限额如下：

2017 年公益性捐赠税前扣除限额：$1\,000×12\%＝120$（万元），当年应调增应纳税所得额 280 万元；

2018 年公益性捐赠税前扣除限额：$1\,000×12\%＝120$（万元），当年应调减应纳税所得额 120 万元；

2019 年公益性捐赠税前扣除限额：$1\,000×12\%＝120$（万元），当年应调减应纳税所得额 120 万元；

2020 年公益性捐赠税前扣除限额：$1\,000×12\%＝120$（万元），年初剩余 40 万元尚未调减应纳税所得额，因此，当年可调减应纳税所得额 40 万元。

问题 12-6-9

企业对外公益性捐赠如何进行财务处理？

答：《财政部关于加强企业对外捐赠财务管理的通知》（财企〔2003〕95 号）第六条规定："企业对外捐赠应当控制在当年企业财务预算幅度内，按照批准的方案执行，并按照国家税收法律法规的规定申报纳税扣除。"

"企业为捐赠资产提供运输、保管以及举办捐赠仪式等所发生的费用，应当作为期间费用处理，不得挂账。企业负责对外捐赠的主管人员和其他直接责任人员，不得以任何借口向受赠人或者受益人索要或者收受回扣、佣金、信息费、劳务费等财物。

企业经过董事会或者经理（厂长）办公会审议，并且国有及国有控股企业上报国有资本持有单位批准，公司制企业按照《中华人民共和国公司法》以及公司章程等有关规定批准，将修建的交通、通信、供水、供电等社会公共设施无偿移交当地人民政府或者有关部门的，可以核减资本公积金，并应当与接受方签订相关协议，双方办理资产交接手续。

由于战争、自然灾害等不可抗力原因，企业所拥有的财产被当地县级及县级以上人民政府或人民武装组织征用的，扣除当地政府或人民武装组织依法补偿金后的差额，应当作为资产损失处理。"

根据上述政策规定，在会计处理上，对于企业为捐赠资产提供运输、保管以及举办捐赠仪式等所发生的费用，记入"营业外支出"科目；对于国有企业将修建的交通、通信、供水、供电等社会公共设施无偿移交当地人民政府或者有关部门的，记入"资本公积"科目；对于由于战争、自然灾害等不可抗力原因，企业所拥有的财产被当地政府征用的，扣除当地政府或人民武装组织依法补偿金后的差额，记入"营业外支出"科目。

问题 12-6-10

企业对外公益性捐赠应取得什么样的票据？

答：《财政部关于加强企业对外捐赠财务管理的通知》（财企〔2003〕95 号）第六条第二款规定："企业实际发生的对外捐赠支出，应当依据受赠方出具的省级以上财政部门统一印（监）制的捐赠收据或者捐赠资产交接清单确认；救灾、济贫等对困难的社会弱势群体和个人的捐赠，无法索取省级以上财政部门统一印（监）制的捐赠收据的，应当依据城镇街道、农村乡村等基层政府组织出具的证明和企业法定负责人审批的捐赠报告确认。"

《财政部 国家税务总局 民政部关于公益性捐赠税前扣除有关问题的补充通知》（财税〔2010〕45 号）第五条规定："对于通过公益性社会团体发生的公益性捐赠支出，企业或个人应提供省级以上（含省级）财政部门印制并加盖接受捐赠单位印章的公益性捐赠票据，或加盖接受捐赠单位印章的《非税收入一般缴款书》收据联，方可按规定进行税前扣除。"

根据上述政策规定，凡是不符合规定的票据，不能在税前扣除。

问题 12-6-11

企业将自行开发的商品房用于对外公益性捐赠是否缴纳增值税？

答：《营业税改征增值税试点实施办法》（财税〔2016〕36 号文件附件 1）第十四条规定："下列情形视同销售服务、无形资产或者不动产：

（一）单位或者个体工商户向其他单位或者个人无偿提供服务，但用于公益事业或者以社会公众为对象的除外。

（二）单位或者个人向其他单位或者个人无偿转让无形资产或者不动产，但用于公益事业或者以社会公众为对象的除外。"

该办法第二十七条第（一）项规定，用于免征增值税项目的购进货物、加工修理修配劳务、服务、无形资产和不动产，其进项税额不得从销项税额中抵扣。"其中涉及的固定资产、无形资产、不动产，仅指专用于上述项目的固定资产、无形资产（不包括其他权益性无形资产）、不动产。"

根据上述政策规定，房地产开发企业将自行开发的商品房用于公益事业或者以社会公众为对象的，不视同销售，不征收增值税。但是用于公益事业的购进货物、加工修理修配劳务、服务、无形资产和不动产，其进项税额不得从销项税额中抵扣。

问题 12-6-12

企业将自产、委托加工或购买的货物用于对外公益性捐赠是否缴纳增值税？

答：根据《财政部　海关总署　国家税务总局关于支持汶川地震灾后恢复重建有关税收政策问题的通知》（财税〔2008〕104 号）第四条第 1 点的规定，"自 2008 年 5 月 12 日起，对单位和个体经营者将自产、委托加工或购买的货物通过公益性社会团体、县级以上人民政府及其部门捐赠给受灾地区的，免征增值税、城市维护建设税及教育费附加"。

根据《关于支持鲁甸地震灾后恢复重建有关税收政策问题的通知》（财税〔2015〕27 号）第四条第 1 点的规定，"自 2014 年 8 月 3 日起，对单位和个体经营者将自产、委托加工或购买的货物，通过公益性社会团体、县级以上人民政府及其部门捐赠给受灾地区的，免征增值税、城市维护建设税及教育费附加"。

除以上专项规定外，企业将自产、委托加工或购买的货物做对外公益性捐赠视同销售处理。

问题 12-6-13

企业捐赠住房作为公共租赁住房如何税前扣除？

答：《财政部、国家税务总局关于促进公共租赁住房发展有关税收优惠政策的通知》（财税〔2014〕52 号）第五条规定："企事业单位、社会团体以及其他组织捐赠住房作为公共租赁住房，符合税收法律法规规定的，对其公益性捐赠支出在年度利润总额 12% 以内的部分，准予在计算应纳税所得额时扣除。"

上述捐赠，根据《财政部　税务总局关于公益性捐赠支出企业所得税税前结转扣除有关政策的通知》（财税〔2018〕15 号）的规定，自 2017 年 1 月 1 日起，超过年度利润总额 12% 的部分，准予结转以后三年内在计算应纳税所得额时扣除。

问题 12-6-14

企业对外公益性捐赠有哪些属于政策规定的特定事项？相关事项如何税前扣除？

答：《国家税务总局关于企业所得税执行中若干税务处理问题的通知》（国税函〔2009〕202号）第三条"关于特定事项捐赠的税前扣除问题"规定："企业发生为汶川地震灾后重建、举办北京奥运会和上海世博会等特定事项的捐赠，按照《财政部 海关总署 国家税务总局关于支持汶川地震灾后恢复重建有关税收政策问题的通知》（财税〔2008〕104号）、《财政部 国家税务总局 海关总署关于29届奥运会税收政策问题的通知》（财税〔2003〕10号）、《财政部 国家税务总局关于2010年上海世博有关税收政策问题的通知》（财税〔2005〕180号）等相关规定，可以据实全额扣除。企业发生的其他捐赠，应按《企业所得税法》第九条及《实施条例》第五十一、五十二、五十三条的规定计算扣除。"

《财政部 海关总署 国家税务总局关于支持汶川地震灾后恢复重建有关税收政策问题的通知》（财税〔2008〕104号）第四条第2点规定："自2008年5月12日起，对企业、个人通过公益性社会团体、县级以上人民政府及其部门向受灾地区的捐赠，允许在当年企业所得税前和当年个人所得税前全额扣除。"

《关于支持鲁甸地震灾后恢复重建有关税收政策问题的通知》（财税〔2015〕27号）第四条第2点规定："自2014年8月3日起，对企业、个人通过公益性社会团体、县级以上人民政府及其部门向受灾地区的捐赠，允许在当年企业所得税前和当年个人所得税前全额扣除。"

根据以上政策规定，对于抗震救灾等特定事项捐赠，允许全额扣除。企业发生的其他捐赠，应按《企业所得税法》第九条及《企业所得税法实施条例》第五十一条、第五十二条、第五十三条的规定计算扣除。

提示： 关于企业对外公益性捐赠按《企业所得税法》第九条规定的计算扣除，均按2017年中华人民共和国主席令第64号规定执行，即"企业发生的公益性捐赠支出，在年度利润总额12%以内的部分，准予在计算应纳税所得额时扣除；超过年度利润总额12%的部分，准予结转以后三年内在计算应纳税所得额时扣除"。

问题 12-6-15

企业对外公益性捐赠如何进行土地增值税处理？

答：《土地增值税暂行条例》第二条规定："转让国有土地使用权、地上的建筑物及其附着物（以下简称转让房地产）并取得收入的单位和个人，为土地增值税的纳税义务人（以下简称纳税人），应当依照本条例缴纳土地增值税。"

《土地增值税暂行条例实施细则》第二条规定："条例第二条所称的转让国有土地使用权、地上的建筑物及其附着物并取得收入，是指以出售或者其他方式有偿转让房地产的行为。不包括以继承、赠与方式无偿转让房地产的行为。"

《土地增值税宣传提纲》（国税函发〔1995〕110 号文件发布）第四条规定："对转让房地产并取得收入的征税，对发生转让行为，而未取得收入的不征税。如通过继承、赠与方式转让房地产的，虽然发生了转让行为，但未取得收入，就不能征收土地增值税。"

根据上述政策规定，企业对外公益性捐赠自行开发的商品房，未取得转让收入，因此不需要缴纳土地增值税。

另外，根据《财政部、国家税务总局关于促进公共租赁住房发展有关税收优惠政策的通知》（财税〔2014〕52 号）第四条的规定，"对企事业单位、社会团体以及其他组织转让旧房作为公共租赁住房房源，且增值额未超过扣除项目金额 20% 的，免征土地增值税"。

问题 12-6-16

企业对外公益性捐赠如何进行印花税处理？

答：《印花税暂行条例》第四条第（二）款规定："财产所有人将财产赠给政府、社会福利单位、学校所立的书据"，免纳印花税。

《财政部　海关总署　国家税务总局关于支持汶川地震灾后恢复重建有关税收政策问题的通知》（财税〔2008〕104 号）第四条第 3 点规定："财产所有人将财产（物品）直接捐赠或通过公益性社会团体、县级以上人民政府及其部门捐赠给受灾地区或受灾居民所书立的产权转移书据，免征应缴纳的印花税。"

《关于支持鲁甸地震灾后恢复重建有关税收政策问题的通知》（财税〔2015〕27 号）第四条第 3 点规定："对财产所有人将财产（物品）直接捐赠或通过公益性社会团体、县级以上人民政府及其部门捐赠给受灾地区或受灾居民所书立的产权转移书据，免征印花税。"

除上述专项规定外，均按规定贴花。

12.7　销售佣金支出业务

企业支出销售佣金支出（税前扣除）的前提是与生产经营有关，其业务涉及企业所得税税前扣除、个人所得税处理以及增值税的计算。

问题 12-7-1

企业委托中介机构代销开发项目支付手续费及佣金的税前扣除限额是多少?

答:根据《财政部、国家税务总局关于企业手续费及佣金支出税前扣除政策的通知》(财税〔2009〕29号)第一条第2点的规定,企业发生与生产经营有关的手续费及佣金支出,不超过规定计算限额以内的部分,准予扣除;超过部分不得扣除。其限额计算,除保险企业以外的"其他企业:按与具有合法经营资格中介服务机构或个人(不含交易双方及其雇员、代理人和代表人等)所签订服务协议或合同确认的收入金额的5%计算限额"。

对于房地产开发企业委托境外机构销售开发产品的,《房地产开发经营业务企业所得税处理办法》(国税发〔2009〕31号文件发布)第二十条规定:"企业委托境外机构销售开发产品的,其支付境外机构的销售费用(含佣金或手续费)不超过委托销售收入10%的部分,准予据实扣除。"

REAL ESTATE
ENTERPRISE **案例 12-16**

企业委托中介机构代销开发项目支付手续费及佣金的税前扣除限额计算

A房地产开发企业委托B房产中介公司(小规模纳税人)销售房屋,手续费(佣金)为成交价格的2%(含税)。2017年11月5日成交一套房屋,价格为430万元(含税),销售合同由A企业与客户签订。A企业手续费及佣金的最高限额计算如下:

1. 相关计算。

手续费(佣金)税前扣除限额:430×5%=21.50(万元);

支付手续费(佣金):430×2%=8.60(万元)。

因A企业支付的手续费及佣金数额低于21.50万元,可以全部税前扣除。

2. 会计处理(单位:万元)。

借:销售费用——佣金手续费　　　　　　　　　　　　　　　　　8.60

　　贷:银行存款　　　　　　　　　　　　　　　　　　　　　　　　8.60

问题 12-7-2

企业支付中介机构手续费及佣金的进项税额是否可以抵扣?

答:《营业税改征增值税试点实施办法》(财税〔2016〕36号文件附件1)所附《销售服务、无形资产、不动产注释》规定,中介机构提供的服务属于税目中"销售服务——现代服务商务——辅助服务——经纪代理服务"税目。

《营业税改征增值税试点实施办法》第十五条规定,"销售服务——现代服务商务——辅助服务——经纪代理服务"税目适用税率为6%。

根据上述政策规定，企业支付的手续费可以取得增值税专用发票，其进项税额可以抵扣。

此外，对于企业所得税，《财政部、国家税务总局关于企业手续费及佣金支出税前扣除政策的通知》（财税〔2009〕29 号）第六条规定："企业应当如实向当地主管税务机关提供当年手续费及佣金计算分配表和其他相关资料，并依法取得合法真实凭证。"

因此，企业支付中介机构手续费及佣金，必须取得增值税发票（专用发票或普通发票）。

─── REAL ESTATE
ENTERPRISE **案例 12-17**

企业支付中介机构手续费及佣金的进项税额处理

A 房地产开发企业委托 B 房产中介公司销售房屋（均为一般纳税人），手续费（佣金）为成交价格的 5.2%（含税）。2017 年 11 月 5 日成交一套房屋，价格为 400 万元（含税），销售合同由 A 企业与客户签订，支付手续费（佣金）8.60 万元。A 企业的进项税额等计算如下：

1. 相关计算。

手续费（佣金）税前扣除限额：400×5%＝20（万元）；

支付手续费（佣金）含税金额：400×5.2%＝20.8（万元）；

支付手续费（佣金）不含税金额：20.8÷(1+6%)＝19.62（万元）；

支付手续费（佣金）进项税额：19.62×6%＝1.18（万元）。

因 A 企业支付的手续费及佣金不含税数额低于 20 万元，可以全部税前扣除。

2. 会计处理（单位：万元）。

借：销售费用——佣金手续费	19.62
应交税费——应交增值税——进项税额	1.18
贷：银行存款	20.8

问题 12-7-3

企业支付中介机构手续费及佣金是否可以直接冲减合同金额？

答：《财政部、国家税务总局关于企业手续费及佣金支出税前扣除政策的通知》（财税〔2009〕29 号）第五条规定："企业支付的手续费及佣金不得直接冲减服务协议或合同金额，并如实入账。"

根据上述政策规定，企业支付的手续费及佣金不得直接冲减服务协议或合同金额，并且须如实入账。其税前扣除依据财税〔2009〕29 号文件第一条第 2 点规定处理。对于房地产开发企业委托境外机构销售开发产品的，依据《房地产开发经营业务企业所得税处理办法》（国税发〔2009〕31 号文件发布）第二十条规定处理。

问题 12-7-4

企业支付个人中介手续费及佣金如何处理?

答:1. 关于企业所得税。

《财政部、国家税务总局关于企业手续费及佣金支出税前扣除政策的通知》(财税〔2009〕29 号)第一条第 2 点规定:企业发生与生产经营有关的手续费及佣金支出,不超过规定计算限额以内的部分,准予扣除;超过部分,不得扣除。具体限额计算,除保险企业以外的"其他企业:按与具有合法经营资格中介服务机构或个人(不含交易双方及其雇员、代理人和代表人等)所签订服务协议或合同确认的收入金额的 5% 计算限额"。

根据上述政策规定,企业支付给个人中介手续费及佣金,也是按照所签订服务协议或合同确认的收入金额的 5% 计算限额。

2. 关于增值税。

根据《营业税改征增值税试点实施办法》(财税〔2016〕36 号文件附件 1)所附《销售服务、无形资产、不动产注释》的规定,中介服务属于税目中"销售服务——现代服务商务——辅助服务——经纪代理服务"税目。根据该实施办法第一条、第三条、第十六条、第十九条、第三十四条及第三十五条的规定,个人为小规模纳税人,发生增值税纳税行为,按照简易计税方法计算应纳税额,即按照销售额和增值税征收率计算增值税额,不得抵扣进项税额。应纳税额计算公式为:应纳税额=销售额×征收率。其销售额不包括其应纳税额,如果纳税人采用销售额和应纳税额合并定价方法,则销售额=含税销售额÷(1+征收率)。

此外,《营业税改征增值税试点实施办法》第四十九条规定:"个人发生应税行为的销售额未达到增值税起征点的,免征增值税;达到起征点的,全额计算缴纳增值税";第五十条规定:"增值税起征点幅度如下:

(一)按期纳税的,为月销售额 5 000—20 000 元(含本数)。

(二)按次纳税的,为每次(日)销售额 300—500 元(含本数)。

起征点的调整由财政部和国家税务总局规定。省、自治区、直辖市财政厅(局)和国家税务局应当在规定的幅度内,根据实际情况确定本地区适用的起征点,并报财政部和国家税务总局备案"。

根据上述政策规定,个人收取的中介手续费及佣金,达到当地规定的起征点的,全额以 3% 的征收率计算缴纳增值税。

3. 关于个人所得税。

在 2019 年 1 月 1 日前,个人取得的中介服务费按照"劳务报酬"税目计算缴纳个人所得税。根据修订前的《个人所得税法》第三条第(四)项的规定:

"劳务报酬所得，适用比例税率，税率为百分之二十。"

自 2019 年 1 月 1 日起，根据新修订的《个人所得税法》的规定，居民个人取得的"劳务报酬所得"与"工资、薪金所得"、"稿酬所得"及"特许权使用费所得"共计四项作为综合所得，按纳税年度合并计算个人所得税。有扣缴义务人的，由扣缴义务人按月或者按次预扣预缴税款；需要办理汇算清缴的，应当在取得所得的次年 3 月 1 日至 6 月 30 日内办理汇算清缴。

需要注意的是，个人取得中介手续费及佣金在计算个人所得税时，其计税所得为不含税价，在计算时按规定扣除费用。

—— REAL ESTATE
ENTERPRISE **案例 12-18**

企业支付个人中介手续费及佣金的处理

A 房地产开发企业委托 B 个人销售房屋，手续费（佣金）为成交价格的 1‰。2017 年 10 月 15 日成交一套房屋，价格为 340 万元（含税），销售合同由 A 企业与客户签订，支付手续费（佣金）3.40 万元。假定不考虑其他税费（劳务报酬所得税前扣除城市维护建设税与教育费附加等），相关处理如下：

1. A 企业相关计算。

手续费（佣金）税前扣除限额：$340 \times 5‰ = 17$（万元）；

支付手续费（佣金）：$340 \times 1‰ = 3.40$（万元）。

因 A 企业支付的手续费及佣金数额低于 17 万元，可以全部税前扣除。

2. B 个人增值税及发票开具。

发票不含税销售额：$3.40 \div (1 + 3\%) = 3.30$（万元）；

发票税额：$3.30 \times 3\% = 0.10$（万元）。

根据《税务机关代开增值税专用发票管理办法（试行）》（国税发〔2004〕153 号文件发布）第二条的规定，"本办法所称代开专用发票是指主管税务机关为所辖范围内的增值税纳税人代开专用发票，其他单位和个人不得代开"，B 个人只能向税务机关申请代开增值税普通发票，无法抵扣进项税额。

3. B 个人所得税计算。

个人所得税计税所得额：$3.3 \times (1 - 20\%) = 2.64$（万元）；

应缴个人所得税额：$2.64 \times 30\% - 0.2 = 0.592$（万元）。

提示：上述涉及的"劳务报酬所得"，自 2019 年 1 月 1 日起，与"工资、薪金所得"、"稿酬所得"及"特许权使用费所得"作为综合所得，按纳税年度合并计算个人所得税。有扣缴义务人的，由扣缴义务人按月或者按次预扣预缴税款，年终汇算清缴。

第 13 章
固定资产租赁（经营性）业务涉税问题

《企业会计准则第 21 号——租赁》第二条明确："租赁，是指在约定的期间内，出租人将资产使用权让与承租人，以获取租金的协议。"租赁分为融资租赁和经营租赁。本章分析的税收问题主要是经营租赁双方（出租房、承租方）业务涉及的问题，不涉及融资租赁税收业务。

《营业税改征增值税试点实施办法》（财税〔2016〕36 号文件附件 1）所附《销售服务、不动产、无形资产注释》规定："经营租赁服务，是指在约定时间内将有形动产或者不动产转让他人使用且租赁物所有权不变更的业务活动。按照标的物的不同，经营租赁服务可分为有形动产经营租赁服务和不动产经营租赁服务。"

13.1　出租房屋业务

房地产开发企业因运转或经营需要，经常发生出租房屋的行为。出租房屋签订的合同涉及印花税的计算，收取的租金需要计算缴纳增值税、城市维护建设税、教育费附加及地方教育附加，租金收入要根据企业所得税政策按所属期结转，此外，出租房屋所使用的土地还要申报缴纳城镇土地使用税。

问题 13-1-1

企业签订房屋租赁合同如何计算缴纳印花税？

答：由《印花税暂行条例》所附《印花税税目税率表》可知，财产租赁合同包括租赁房屋，由立合同人，按租赁金额千分之一贴花。

也就是说，出租方、承租方均要按规定计算贴花。

REAL ESTATE
ENTERPRISE　**案例 13-1**

房屋租赁合同的印花税计算

B 房地产开发公司 2018 年 7 月 25 日与 A 公司签订租赁合同，租赁某写字楼用于办公，租期 3 年，合同列明每年租金 60 万元（含税），A 公司一次性收取租金 180 万元。A 公司印花税计算如下：

合同金额：60×3＝180（万元）；

印花税额：60×3×0.001＝0.18（万元）。

提示：如果租赁合同记载金额为价税合计金额，则计税依据为价税合计；如果合同中将价税分别列明，则计税依据为不含税价。

问题 13-1-2

企业出租房屋收取租金如何计算增值税及附加？

答：如果房地产开发公司为一般纳税人，且适用一般计税方法，根据《营业税改征增值税试点实施办法》（财税〔2016〕36 号文件附件 1）第十五条、第十六条、第二十一条、第二十条、第二十三条、第二十四条的规定，不动产租赁服务适用税率为 11%。

先计算销售额：

销售额＝含税销售额÷（1＋税率）

再计算销项税额：

销项税额＝销售额×税率

最后计算应纳税额：

应纳税额＝当期销项税额－当期进项税额

如果当期销项税额小于当期进项税额不足抵扣，其不足部分可以结转下期继续抵扣。

进项税额，是指纳税人购进货物、加工修理修配劳务、服务、无形资产或者不动产，支付或者负担的增值税额。

根据《财政部　税务总局关于调整增值税税率的通知》（财税〔2018〕32 号）第一条的规定，自 2018 年 5 月 1 日起，"纳税人发生增值税应税销售行为或者进口货物，原适用 17% 和 11% 税率的，税率分别调整为 16%、10%"。

提示：根据《财政部、税务总局关于建筑服务等营改增试点政策的通知》（财税〔2017〕58 号）第二条的规定，"《营业税改征增值税试点实施办法》（财税〔2016〕36 号印发）第四十五条第（二）项修改为'纳税人提供租赁服务采取预收款方式的，其纳税义务发生时间为收到预收款的当天'"。

REAL ESTATE
ENTERPRISE　**案例 13-2**

企业收取房租的增值税及附加计算

B 房地产开发公司 2018 年 7 月 25 日与 A 公司签订租赁合同，租赁某写字楼用于办公，租期 3 年，每年租金 60 万元（含税），A 公司一次性收取租金 180 万元。假定 A 公司 8 月份进项税额为 6.50 万元，则增值税及附加计算如下：

1. 增值税计算。

不含税销售额：180÷（1＋10%）＝163.64（万元）；

销项税额：163.64×10%＝16.36（万元）；

应纳税额：16.36－6.50＝9.86（万元）。

2. 城市维护建设税：9.86×7%＝0.69（万元）。

3. 教育费附加：9.86×3%＝0.30（万元）。

4. 地方教育附加（假设当地征收率为 2%）：9.86×2%＝0.20（万元）。

提示：本例中，如果合同中将价税分别列明，即价格为 163.64 万元、增值税为 16.36 万元，则印花税为：163.64×0.001＝0.164（万元）。

问题 13-1-3

企业出租 2016 年 4 月 30 日前取得的房屋如何适用简易计税方法计算增值税？

答：《营业税改征增值税试点有关事项的规定》（财税〔2016〕36 号文件附件 2）第一条第（九）项第 1 点规定："一般纳税人出租其 2016 年 4 月 30 日前取得的不动产，可以选择适用简易计税方法，按照 5% 的征收率计算应纳税额。纳税人出租其 2016 年 4 月 30 日前取得的与机构所在地不在同一县（市）的不动产，应按照上述计税方法在不动产所在地预缴税款后，向机构所在地主管税务机关进行纳税申报。"

根据上述政策规定，出租 2016 年 4 月 30 日前取得的房屋，在计算增值税时，可以选择适用简易计税方法，按照 5% 的征收率计算应纳税额。

提示：根据《营业税改征增值税试点有关事项的规定》第一条第（九）项第 3 点的规定，"一般纳税人出租其 2016 年 5 月 1 日后取得的、与机构所在地不在同一县（市）的不动产，应按照 3% 的预征率在不动产所在地预缴税款后，向机构所在地主管税务机关进行纳税申报"。

—— REAL ESTATE
ENTERPRISE　**案例 13-3**

企业出租 2016 年 4 月 30 日前取得房屋的增值税计算

B 房地产开发公司 2018 年 7 月 25 日与 A 公司签订租赁合同，假定该房屋为 2015 年 4 月 25 日取得，租期 3 年，用于办公，每年租金 60 万元（含税），A 公司一次性收取租金 180 万元。假定 A 公司 8 月份进项税额为 6.50 万元。则增值税及附加计算如下：

1. 增值税计算（附加等略）。

A 公司按 180 万元全额全额开具普通发票，不得开具增值税专用发票。增值税在开具发票时一次性完税，企业所得税可以按所属期结转收入成本。

不含税销售额：180÷(1+5%)＝171.43（万元）；

应纳税额：171.43×5%＝8.57（万元）；

本期应纳增值税额：8.57－6.5＝2.07（万元）。

2. 会计处理（单位：万元）。

借：银行存款	180
贷：其他业务收入	57.14
应交税费——应交增值税——销项税额	8.57
预收账款	114.29

问题 13-1-4

企业出租房屋收取租金如何计算房产税?

答:根据《房产税暂行条例》第三条、第四条的相关规定,"房产出租的,以房产租金收入为房产税的计税依据";"依照房产租金收入计算缴纳的,税率为 12%"。

《财政部 国家税务总局关于营改增后契税 房产税 土地增值税 个人所得税计税依据问题的通知》(财税〔2016〕43 号)第二条规定:"房产出租的,计征房产税的租金收入不含增值税。"

根据上述政策规定,营改增后,计征房产税的租金收入为不含增值税的收入。

提示:根据《财政部 税务总局关于调整增值税税率的通知》(财税〔2018〕32 号)第一条的规定,自 2018 年 5 月 1 日起,"纳税人发生增值税应税销售行为或者进口货物,原适用 17% 和 11% 税率的,税率分别调整为 16%、10%"。

┌── REAL ESTATE
└ ENTERPRISE　**案例 13-4**

企业出租房屋的房产税计算

B 房地产开发公司 2018 年 7 月 25 日与 A 公司签订租赁合同,租赁某写字楼用于办公,租期 3 年,每年租金 60 万元(含税),A 公司一次性收取租金 180 万元。则 A 公司房产税计算如下:

不含税销售额:$180 \div (1 + 10\%) = 163.64$(万元);

应缴房产税:$163.64 \times 12\% = 19.64$(万元)。

问题 13-1-5

企业出租房屋如何计算城镇土地使用税?

答:根据《城镇土地使用税暂行条例》第二条、第三条的规定,在城市、县城、建制镇、工矿区范围内使用土地的单位和个人,为城镇土地使用税的纳税人,应当依照该条例的规定缴纳土地使用税;城镇土地使用税以纳税人实际占用的土地面积为计税依据,依照规定税额计算征收。

《关于土地使用税若干具体问题的解释和暂行规定》(国税地字〔1988〕第 015 号文件发布)第四条规定:"土地使用税由拥有土地使用权的单位或个人缴纳。拥有土地使用权的纳税人不在土地所在地的,由代管人或实际使用人纳税;土地使用权未确定或权属纠纷未解决的,由实际使用人纳税;土地使用权共有的,由共有各方分别纳税。"

根据上述政策规定,在房屋租赁行为中,由拥有土地使用权且出租房屋的一方缴纳城镇土地使用税。对于拥有某栋房产部分产权的，依据土地使用证上注明的实际占用面积计算税款，没有土地使用证的，按实际分摊的土地面积计算税款。

REAL ESTATE ENTERPRISE　案例 13-5

企业出租房屋的城镇土地使用税计算及会计处理

B 房地产开发公司 2018 年 7 月 25 日与 A 公司签订租赁合同，租赁某写字楼的一个楼层，租用房屋面积为 1 200 平方米（其他楼层已经出售）。写字楼总面积为 8 400 平方米，实际占用土地面积为 2 000 平方米。假定当地税额为15 元/平方米（市中心，一级土地），则 A 公司城镇土地使用税计算如下：

租用房屋实际占用面积：$2\,000 \times (1\,200 \div 8\,400) = 285.71$（平方米）；

应缴城镇土地使用税：$285.71 \times 15 = 4\,285.65$（元）。

问题 13-1-6

企业出租房屋收取租金如何确定并结转企业所得税收入？

答：《企业所得税法实施条例》第九条规定："企业应纳税所得额的计算，以权责发生制为原则，属于当期的收入和费用，不论款项是否收付，均作为当期的收入和费用；不属于当期的收入和费用，即使款项已经在当期收付，也不作为当期的收入和费用。"

《国家税务总局关于贯彻落实企业所得税法若干税收问题的通知》（国税函〔2010〕79 号）第一条第一款规定："根据《实施条例》第十九条的规定，企业提供固定资产、包装物或者其他有形资产的使用权取得的租金收入，应按交易合同或协议规定的承租人应付租金的日期确认收入的实现。其中，如果交易合同或协议中规定租赁期限跨年度，且租金提前一次性支付的，根据《实施条例》第九条规定的收入与费用配比原则，出租人可对上述已确认的收入，在租赁期内，分期均匀计入相关年度收入。"

根据上述政策规定，企业收取的房屋租金，应在租赁合同约定的租赁期内，分期均匀计入相关年度。

REAL ESTATE ENTERPRISE　案例 13-6

企业出租房屋收取租金的当年收入确认计算

B 房地产开发公司 2018 年 7 月 25 日与 A 公司签订租赁合同，租赁某写字楼用于办公，租期 3 年，每年租金 60 万元（含税），A 公司一次性收取租金 180 万元。则 A 公司企业所得税收入确认计算如下：

1. 年收入确认。

不含税销售额：$180 \div (1 + 10\%) = 163.64$（万元）；

每年销售额：163.64÷3＝54.55（万元）。

2018 年确认收入（收入期间为 8—12 月）：54.55×（5÷12）＝22.73（万元）。

2. 其他各年度收入确认。

2019 年确认收入 54.55 万元；

2020 年确认收入 54.55 万元；

2021 年确认收入：54.55×（7÷12）＝31.82（万元）。

提示：根据《财政部 税务总局关于调整增值税税率的通知》（财税〔2018〕32 号）第一条的规定，自 2018 年 5 月 1 日起，"纳税人发生增值税应税销售行为或者进口货物，原适用 17％和 11％税率的，税率分别调整为 16％、10％"。

问题 13-1-7

企业收取房屋租金缴纳的税收成本如何进行企业所得税确认？

答：《企业所得税法实施条例》第九条规定："企业应纳税所得额的计算，以权责发生制为原则，属于当期的收入和费用，不论款项是否收付，均作为当期的收入和费用；不属于当期的收入和费用，即使款项已经在当期收付，也不作为当期的收入和费用。"

《国家税务总局关于贯彻落实企业所得税法若干税收问题的通知》（国税函〔2010〕79 号）第一条第一款规定，收取的房屋租金应在租赁合同约定的租赁期内，分期均匀计入相关年度。

根据上述政策规定，在对企业收取房屋租金进行企业所得税处理时，其收入与成本要进行配比，因此其缴纳的税收成本应与租金收入同时在租赁合同约定的租赁期内，分期均匀计入相关年度。

提示：根据《财政部 税务总局关于调整增值税税率的通知》（财税〔2018〕32 号）第一条的规定，自 2018 年 5 月 1 日起，"纳税人发生增值税应税销售行为或者进口货物，原适用 17％和 11％税率的，税率分别调整为 16％、10％"。

REAL ESTATE
ENTERPRISE　**案例 13-7**

租赁业务税收成本配比的确认计算

B 房地产开发公司 2018 年 7 月 25 日与 A 公司签订租赁合同，租赁某写字楼用于办公，租期 3 年，每年租金 60 万元（含税），A 公司一次性收取租金 180 万元。假定 A 公司 8 月份进项税额为 6.50 万元。B 公司已经申报缴纳了印花税 0.18 万元、增值税 9.86 万元、城市维护建设税 0.96 万元、教育费附加及地方教育附加 0.49 万元、房产税 19.64 万元、城镇土地使用税 4 285.65 元。A 公司相关成本确认及结转如下：

根据各税种核算性质，与租金收入关联的税款有城市维护建设税 0.96 万元、教育费附加及地方教育费附加 0.49 万元、房产税 19.64 万元，共计 21.09 万元。

每年（12 个月）平均成本：21.09÷3＝7.03（万元）；

2018 年确认成本期间为 8—12 月：7.03×（5÷12）＋0.18＝3.11（万元）。

其他各年度确认成本如下：

2019 年确认成本：7.03 万元；

2020 年确认成本：7.03 万元；

2021 年确认成本：7.03×（7÷12）＝4.10（万元）。

问题 13-1-8

企业收取房屋租金缴纳的各项税费如何进行会计处理？

答：《增值税会计处理规定》（财会〔2016〕22 号文件发布）第二条第（二）项第 3 点第二款规定："全面试行营业税改征增值税后，'营业税金及附加'科目名称调整为'税金及附加'科目，该科目核算企业经营活动发生的消费税、城市维护建设税、资源税、教育费附加及房产税、土地使用税、车船使用税、印花税等相关税费；利润表中的'营业税金及附加'项目调整为'税金及附加'项目。"

根据上述政策规定及房屋租赁业务涉及各税种性质与收入配比的关系，其中涉及的印花税、城镇土地使用记入"税金及附加"科目，在当期进行损益处理。房产税、城市维护建设税、教育费附加及地方教育附加与每年确认的收入配比记入当年的"税金及附加"科目。

提示：根据《财政部　税务总局关于调整增值税税率的通知》（财税〔2018〕32 号）第一条的规定，自 2018 年 5 月 1 日起，"纳税人发生增值税应税销售行为或者进口货物，原适用 17% 和 11% 税率的，税率分别调整为 16%、10%"。

——REAL ESTATE
ENTERPRISE　**案例 13-8**

企业收取房屋租金的综合会计处理

B 房地产开发公司 2018 年 7 月 25 日与 A 公司签订租赁合同，租赁某写字楼用于办公，租期 3 年，每年租金 60 万元（含税价），A 公司一次性收取租金 180 万元。假定 A 公司 8 月份进项税额为 6.50 万元。B 公司已经申报缴纳了印花税 0.18 万元、增值税 9.86 万元、城市维护建设税 0.96 万元、教育费附加及地方教育附加 0.49 万元、房产税 19.64 万元、城镇土地使用税 0.43 万元。则 2018 年度相关会计处理及所得结转如下（单位：万元）：

1. 印花税、土地使用税直接记入"税金及附加"科目。

借：税金及附加——印花税　　　　　　　　　　　　　　　　0.18

　　　　　　　　——城镇土地使用税　　　　　　　　　　　0.43

　　贷：应交税费——应交印花税　　　　　　　　　　　　　0.18

——应交城镇土地使用税	0.43

2．配比记入"税金及附加"科目的税金。

（1）缴纳时：

借：应交税费——应交房产税	19.64
——应交城市维护建设税	0.96
——应交教育费附加及地方教育附加	0.49
贷：银行存款——房产税	19.64
——城市维护建设税	0.96
——教育费附加及地方教育附加	0.49

（2）结转时：

借：税金及附加——房产税	19.64
——城市维护建设税	0.96
——教育费附加及地方教育附加	0.49
贷：应交税费——应交房产税	19.64
——应交城市维护建设税	0.96
——应交教育费附加及地方教育附加	0.49

3．配比确认收入。

（1）一次性收到房租时：

借：银行存款	180
贷：预收账款——租金收入	163.64
应交税费——应交增值税——销项税额	16.36

（2）每年结转时：

借：预收账款——租金收入	54.55
贷：其他业务收入	54.55

问题 13-1-9

企业出租的房屋是否可以提取折旧？

答：根据《企业会计准则第3号——投资性房地产》及其应用指南的相关规定，企业出租的房屋要转入"投资性房地产"科目核算。采用成本模式对投资性房地产进行后续计量的，应当按照《企业会计准则第4号——固定资产》和《企业会计准则第6号——无形资产》的规定，对投资性房地产进行计量，计提折旧或摊销；采用公允价值模式计量的，不对投资性房地产计提折旧或进行摊销，应当以资产负债表日投资性房地产的公允价值为基础调整其账面价值，公允价值与原账面价值之间的差额计入当期损益。

《企业所得税法》第八条规定："企业实际发生的与取得收入有关的、合理的支出，包括成本、费用、税金、损失和其他支出，准予在计算应纳税所得额时扣除。"

《企业所得税法实施条例》第五十六条规定："企业的各项资产，包括固定资产、生物资产、无形资产、长期待摊费用、投资资产、存货等，以历史成本为计税基础。

前款所称历史成本，是指企业取得该项资产时实际发生的支出。

企业持有各项资产期间产生资产增值或者减值，除国务院财政、税务主管部门规定可以确认损益外，不得调整该资产的计税基础。"

根据上述政策规定，企业将房屋转入"投资性房地产"用于出租的，根据上述企业所得税收入与成本的配比原则，其租金收入与折旧等成本形成配比，同时税法规定固定资产的计税基础为历史成本，因此"对采用公允价值模式计量"的投资性房地产（出租），可以原入账的历史成本提取折旧。

提示：投资性房地产公允价值变动损益属于未实现的利得或损失，不作为企业所得税的收入总额组成部分，即不作为企业所得税应纳税额的基数，同样，其价值变动减少也不能作为"实际发生的与取得收入有关的成本"，在税前扣除。

---REAL ESTATE
ENTERPRISE **案例 13-9**

企业出租房屋提取折旧的处理

B 房地产开发公司 2018 年 7 月 25 日与 A 公司签订租赁合同，租赁某写字楼用于办公，租期 3 年，每年租金 60 万元（含税），A 公司一次性收取租金 180 万元。出租房屋价值 500 万元，摊销期 20 年，假定没有余值。则 A 公司 2018 年度相关折旧会计处理如下（单位：万元）：

年折旧额：500÷20＝25（万元）。

借：其他业务支出——折旧　　　　　　　　　　　　　　　　　25
　贷：累计折旧　　　　　　　　　　　　　　　　　　　　　　　　25

问题 13-1-10

企业尚未完工或办理房地产初始登记出租房屋如何确认收入？

答：《房地产开发经营业务企业所得税处理办法》（国税发〔2009〕31 号文件发布）第十条规定："企业新建的开发产品在尚未完工或办理房地产初始登记、取得产权证前，与承租人签订租赁预约协议的，自开发产品交付承租人使用之日起，出租方取得的预租价款按租金确认收入的实现。"

《营业税改征增值税试点实施办法》（财税〔2016〕36 号文件附件 1）第四十五条第（二）项规定，纳税人提供租赁服务采取预收款方式的，其纳税义务发生时间为收到预收款的当天。

《财政部、国家税务总局关于房产税城镇土地使用税有关政策的通知》（财税〔2006〕186号）第一条规定："鉴于房地产开发企业开发的商品房在出售前，对房地产开发企业而言是一种产品，因此，对房地产开发企业建造的商品房，在售出前，不征收房产税；但对售出前房地产开发企业已使用或出租、出借的商品房应按规定征收房产税。"

根据上述政策规定，企业新建的开发产品在尚未完工或办理房地产初始登记、取得产权证前，只要开发产品交付给承租人实际使用，出租方取得的预租价款即按租金确认收入的实现，同时产生房产税纳税义务（从租）。

提示： 要注意确认增值税与企业所得税计税收入。增值税按实际收到的租金收入一次性计税，视项目建设时间，选择适用简易计税方法（征收率5%）或一般计税方法（税率10%）；企业所得税，可在租赁期内分期确认计税收入，按期计提折旧费用，但根据《房地产开发经营业务企业所得税处理办法》的相关规定，企业开发产品转为自用的，其实际使用时间累计未超过12个月又销售的，不得在税前扣除折旧费用。

REAL ESTATE
ENTERPRISE **案例 13-10**

企业尚未完工或办理房地产初始登记出租房屋的收入确认

A房地产开发公司2018年8月10日与B公司签订预租赁合同，将其开发的一处写字楼租赁给B公司办公，该写字楼未办理房地产初始登记。约定租期3年（2018年11月15日—2021年11月15日），每年租金60万元（含税）。假定A房地产开发公司8月25日收到预租金180万元，2018年10月1日写字楼交付B公司实际使用，2019年1月办理完毕房地产初始登记手续，则A公司2018年度相关处理如下：

1. 增值税。8月25日收到款项即产生纳税义务。

不含税销售额：180÷(1+10%)=163.64（万元）；

销项税额：163.64×10%=16.36（万元）。

2. 房产税。从2018年11月起计征房产税。

应缴房产税：163.64×12%=19.64（万元）。

3. 企业所得税。从2018年11月起确认收入，并按配比确定当年收入。

当年确定收入：60×(2÷12)=10（万元）。

当年确定房产税成本：(19.64÷3)×(2÷12)=1.09（万元）。

提示： 根据《财政部 税务总局关于调整增值税税率的通知》（财税〔2018〕32号）第一条的规定，自2018年5月1日起，"纳税人发生增值税应税销售行为或者进口货物，原适用17%和11%税率的，税率分别调整为16%、10%"。

企业委托中介机构出租房屋支付的中介服务费如何处理?

答：根据《营业税改征增值税试点实施办法》（财税〔2016〕36 号文件附件1）所附《销售服务、无形资产、不动产注释》的规定，企业委托中介机构出租自有房产，中介机构收取的服务费适用"销售服务——现代服务商务——辅助服务——经纪代理服务"税目。根据该实施办法第十五条的规定，"销售服务——现代服务商务——辅助服务——经纪代理服务"税目，适用税率为 6%。

企业委托中介机构出租房屋支付中介服务费，根据该实施办法第十八条的规定，如果中介机构是一般纳税人，则可以开具增值税专用发票，其进项税额可以抵扣；根据该实施办法第十九条的规定，如果中介机构是小规模纳税人，其发生应税行为适用简易计税方法计税，则只能开具增值税普通发票。适用简易计税方法的征收率为 3%。

13.2　承租房屋支付租金业务

房地产开发企业因运转或经营需要，经常发生租用房屋的行为，租用房屋签订的合同涉及印花税，其房租及装修支出的会计处理涉及"管理费用"、"销售费用"及"开发间接费用"等科目。此外，支付房租收取增值税发票涉及进项税额的处理等。

企业签订房屋租赁合同如何计算缴纳印花税?

答：由《印花税暂行条例》所附《印花税税目税率表》可知，财产租赁合同包括租赁房屋，由立合同人，按租赁金额千分之一贴花。

也就是说，出租房、承租方均要规定计算贴花。

REAL ESTATE
ENTERPRISE **案例 13-11**

租赁合同的印花税计算

A 房地产开发公司 2018 年 7 月 25 日与 B 公司签订租赁合同，租赁某写字楼用于办公，租期三年，每年租金 60 万元（含税），A 公司一次性支付租金 180 万元；在项目现场附近向 C 公司租赁房屋供现场管理之用，租期 1 年，支付年租金20 万元；在项目附近向 D 公司租赁房屋用作售楼部，租期 1 年，支付年租金 30万元。印花税计算如下：

A 公司与 B 公司合同印花税：$60 \times 3 \times 0.001 = 0.18$（万元）；

A 公司与 C 公司合同印花税：20×0.001＝0.02（万元）；

A 公司与 D 公司合同印花税：30×0.001＝0.03（万元）。

问题 13-2-2

企业支付房屋租赁费的增值税进项税额如何处理？

答：根据《营业税改征增值税试点实施办法》（财税〔2016〕36 号文件附件 1）第十五条第（二）项及《财政部 税务总局关于调整增值税税率的通知》（财税〔2018〕32 号）第一条的规定，自 2018 年 5 月 1 日起，纳税人提供不动产租赁服务，税率为 10%。

根据《营业税改征增值税试点实施办法》第十八条的规定，一般纳税人发生应税行为适用一般计税方法计税，应开具增值税专用发票，其进项税额可以抵扣；根据该实施办法第十九条的规定，小规模纳税人发生应税行为适用简易计税方法计税，应开具增值税普通发票。

《纳税人提供不动产经营租赁服务增值税征收管理暂行办法》（国家税务总局公告 2016 年第 16 号发布）第三条第（一）项第一款规定："一般纳税人出租其 2016 年 4 月 30 日前取得的不动产，可以选择适用简易计税方法，按照 5% 的征收率计算应纳税额"；第三条第（一）项第二款规定："一般纳税人出租其 2016 年 5 月 1 日后取得的不动产，适用一般计税方法计税"；第四条第（一）项规定，小规模纳税人出租不动产，按照 5% 的征收率计算应纳税额。个体工商户和其他个人出租住房，按照 5% 的征收率减按 1.5% 计算应纳税额。

REAL ESTATE
ENTERPRISE　**案例 13-12**

租赁费的增值税进项税额处理

A 房地产开发公司 2018 年 7 月 25 日与 B 公司签订租赁合同，租赁某写字楼用于办公，租期 3 年，每年租金 60 万元（含税），A 公司一次性支付租金 180 万元；在项目现场附近向 C 公司租赁房屋供现场管理之用，租期 1 年，支付年租金 20 万元；在项目附近向 D 公司租赁房屋用作售楼部，租期 1 年，支付年租金 30 万元。假设 B、C、D 公司为一般纳税人，其中 B 公司出租的房屋为 2016 年 5 月 1 日后取得，适用一般计税方法；C 公司出租的房屋为 2016 年 4 月 30 日前取得，选择适用一般计税方法；D 公司出租的房屋为 2016 年 4 月 30 日前取得，选择适用简易计税方法。则 A 公司增值税处理如下：

B 公司取得租金收入，适用一般计税方法计税，应开具专用发票。A 公司进项税额：180÷(1＋10%)×10%＝16.36（万元），A 公司可以抵扣。

C 公司取得租金收入，选择适用一般计税方法计税，可以开具专用发票。A 公司进项税额：20÷(1＋10%)×10%＝1.82（万元），可以抵扣。

D 公司取得租金收入，选择适用简易计税方法，按照 5% 的征收率计算应纳税额，应开具普通发票。A 公司没有进项税额抵扣。

问题 13-2-3

企业支付房屋租金如何进行企业所得税处理？

答：根据《企业所得税法实施条例》第四十七条的规定，企业根据生产经营活动的需要以经营租赁方式租入固定资产发生的租赁费，按照租赁期限均匀扣除。

对于房地产开发企业，根据《房地产开发经营业务企业所得税处理办法》（国税发〔2009〕31 号文件发布）第二十七条第（六）项、第三十条及相关会计处理的规定，企业支付房屋租赁费，如果租赁的房屋是作为企业本身日常办公使用，在会计处理上记入"管理费用"科目；如果租赁的房屋是为项目开发使用，例如项目现场办公、样板房等，记入"开发间接费用"科目；如果是作为售楼处使用，则记入"销售费用"科目。

REAL ESTATE
ENTERPRISE　**案例 13-13**

企业支付房屋租金的会计（涉税）处理

A 房地产开发公司 2018 年 7 月 25 日与 B 公司签订租赁合同，租用某写字楼用于办公，租期 3 年，每年支付租金 60 万元（含税），A 公司一次性支付租金 180 万元；在项目现场附近向 C 公司租赁房屋供现场管理之用，租期 1 年，支付年租金 20 万元；在项目附近向 D 公司租赁房屋建立售楼部，租期 1 年，支付年租金 30 万元。支付租金后收到增值税发票，票面注明的增值税进项税额分别为：B 公司开具的发票注明进项税额：16.36 万元；C 公司开具的发票注明进项税额：1.82 万元；D 公司开具的发票注明进项税额：2.73 万元。A 公司相关会计处理及计算如下：

1. 不含税租金计算。

（1）支付 B 公司 3 年租金，开具的发票注明进项税额 16.36 万元、不含税租金 163.64 万元。每年不含税租金 54.55 万元，根据配比原则，2018 年度可税前扣除金额计算如下：

2018 年度可税前扣除金额：54.55×（5÷12）＝22.73（万元）。

（2）C 公司开具的发票注明进项税额 1.82 万元、不含税租金 18.18 万元。根据配比原则，2018 年度可税前扣除金额计算如下：

2018 年度可税前扣除金额：18.18×（5÷12）＝7.58（万元）。

（3）D 公司开具的发票注明进项税额 2.73 万元、不含税租金 27.27 万元。根据配比原则，2018 年度可税前扣除金额计算如下：

2018年度可税前扣除金额：27.27×(5÷12)＝11.36（万元）。

2. 会计（企业所得税）处理（单位：万元）。

（1）支付租金取得发票时：

借：长期待摊费用——B公司		163.64
——C公司		18.18
——D公司		27.27
应交税费——应交增值税——进项税额		20.91
贷：银行存款		230

（2）配比结转成本：

借：管理费用——B公司		22.73
开发间接费用——C公司		7.58
销售费用——D公司		11.36
贷：长期待摊费用——B公司		22.73
——C公司		7.58
——D公司		11.36

提示： 根据《财政部 税务总局关于调整增值税税率的通知》（财税〔2018〕32号）第一条的规定，自2018年5月1日起，"纳税人发生增值税应税销售行为或者进口货物，原适用17%和11%税率的，税率分别调整为16%、10%"。

问题 13-2-4

纳税人租入固定资产、不动产用于免征增值税项目、集体福利等进项税额如何处理？

答：《财政部 国家税务总局关于租入固定资产进项税额抵扣等增值税政策的通知》（财税〔2017〕90号）第一条规定："自2018年1月1日起，纳税人租入固定资产、不动产，既用于一般计税方法计税项目，又用于简易计税方法计税项目、免征增值税项目、集体福利或者个人消费的，其进项税额准予从销项税额中全额抵扣。"

根据上述政策规定，纳税人租入固定资产、不动产，同时用于政策列举的增值税项目，其进项税额准予从销项税额中全额抵扣。但如果单独用于简易计税项目、免税项目、集体福利或者个人消费，则其进项税额不得从销项税额中抵扣。

提示：《增值税暂行条例》第十条规定："下列项目的进项税额不得从销项税额中抵扣：

（一）用于非增值税应税项目、免征增值税项目、集体福利或者个人消费的购进货物或者应税劳务；

（二）非正常损失的购进货物及相关的应税劳务；

（三）非正常损失的在产品、产成品所耗用的购进货物或者应税劳务；

（四）国务院财政、税务主管部门规定的纳税人自用消费品；

（五）本条第（一）项至第（四）项规定的货物的运输费用和销售免税货物的运输费用。"

《增值税暂行条例实施细则》第二十一条第一款规定："条例第十条第（一）项所称购进货物，不包括既用于增值税应税项目（不含免征增值税项目）也用于非增值税应税项目、免征增值税（以下简称免税）项目、集体福利或者个人消费的固定资产。"

《营业税改征增值税试点实施办法》（财税〔2016〕36 号文件附件 1）第二十七条第（一）项规定："用于简易计税方法计税项目、免征增值税项目、集体福利或者个人消费的购进货物、加工修理修配劳务、服务、无形资产和不动产"，其进项税额不得从销项税额中抵扣。"其中涉及的固定资产、无形资产、不动产，仅指专用于上述项目的固定资产、无形资产（不包括其他权益性无形资产）、不动产。纳税人的交际应酬消费属于个人消费。"

问题 13-2-5

企业签订房屋装修合同如何计算缴纳印花税？

答：由《印花税暂行条例》所附《印花税税目税率表》可知，建筑安装工程承包合同包括建筑、安装工程承包合同，由立合同人按承包金额万分之三贴花。

也就是说，立合同的双方均要规定计算贴花。

REAL ESTATE
ENTERPRISE　**案例 13-14**

房屋装修费合同的印花税计算

A 房地产开发公司 2017 年 7 月 25 日签订房屋租赁合同，8 月 5 日与 E 装饰工程公司签订装修合同，合同金额 1 200 000 元，房屋租期为 5 年（含税），用于企业正常办公。则 A 公司印花税计算如下：

应缴印花税：1 200 000×0.000 3＝360（元）。

若上述合同是价税分开的，则印花税以不含税金额作为计税基数。

问题 13-2-6

企业支付承租房屋装修费的增值税进项税额如何处理？

答：企业支付承租房屋装修费，根据《营业税改征增值税试点实施办法》（财税〔2016〕36 号文件附件 1）第十八条的规定，如果提供装饰服务的公司是一般纳税人，则可以开具增值税专用发票，其进项税额可以抵扣；根据该实施办法第十九条的规定，如果提供装饰服务的公司是小规模纳税人，其发生应税行为适用简易计税方法计税，则只能开具增值税普通发票。

提示：根据《营业税改征增值税试点实施办法》所附《销售服务、无形资产、不动产注释》的规定，纳税人提供装饰服务，即"对建筑物、构筑物进行修饰装修，使之美观或者具有特定用途的工程作业"，适用"销售服务——建筑服务——装饰服务"税目。

根据《营业税改征增值税试点实施办法》第十五条第（二）项及《财政部税务总局关于调整增值税税率的通知》（财税〔2018〕32号）第一条规定的规定，自2018年5月1日起，"纳税人发生增值税应税销售行为或者进口货物，原适用17％和11％税率的，税率分别调整为16％、10％"。

---REAL ESTATE
ENTERPRISE **案例 13-15**

承租房屋装修费的增值税进项税额处理

A房地产开发公司2018年5月2日签订房屋租赁合同，租期4年，用于日常办公。5月5日与E装饰工程公司签订装修合同，合同金额120万元（含税）。该装修不改变房屋结构，7月25日装修完工，A公司支付合同款。假定E装饰工程公司为一般纳税人，A公司进项税额处理如下：

1. 增值税计算。

E公司不含税价格：120÷（1＋10％）＝109.09（万元）；

E公司销项税额：109.09×10％＝10.91（万元）。

A公司取得E公司开具的增值税专用发票，进项税额10.91万元可以抵扣。

2. A公司会计处理（单位：万元）。

支付装修费时：

借：长期待摊费用	109.09
应交税金——应交增值税——进项税额	10.91
贷：银行存款	120

摊销装修费时：

装修费作为长期待摊费用，应按不低于3年的期限摊销，但如果租赁期大于3年，从配比原则出发，一般应按租赁期摊销。

借：管理费用	27.27
贷：长期待摊费用	27.27

问题 13-2-7

租入房屋改变房屋结构的装修费支出如何摊销？

答：《企业所得税法》第十三条第（二）项规定，租入固定资产的改建支出作为长期待摊费用，按照规定摊销的，准予扣除。

《企业所得税法实施条例》第六十八条规定，《企业所得税法》第十三条第（二）项所称固定资产的改建支出，是指改变房屋或者建筑物结构、延长使用年限等发生的支出；《企业所得税法》第十三条第（二）项所规定的支出，按照合同约定的剩余租赁期限分期摊销。

根据上述政策规定，如果装修费用于改变房屋或者建筑物结构、延长使用年限，属于租入固定资产的改建支出。其支出应作为长期待摊费用，按合同约定的剩余期限分期摊销，准予扣除。

提示：经营租入不动产改建装饰支出的进项税额处理。

《不动产进项税额分期抵扣暂行办法》（国家税务总局公告 2016 年第 15 号发布）第二条规定："增值税一般纳税人（以下称纳税人）2016 年 5 月 1 日后取得并在会计制度上按固定资产核算的不动产，以及 2016 年 5 月 1 日后发生的不动产在建工程，其进项税额应按照本办法有关规定分 2 年从销项税额中抵扣，第一年抵扣比例为 60%，第二年抵扣比例为 40%。

取得的不动产，包括以直接购买、接受捐赠、接受投资入股以及抵债等各种形式取得的不动产。

纳税人新建、改建、扩建、修缮、装饰不动产，属于不动产在建工程。

房地产开发企业自行开发的房地产项目，融资租入的不动产，以及在施工现场修建的临时建筑物、构筑物，其进项税额不适用上述分 2 年抵扣的规定。"

纳税人"改建、扩建、修缮、装饰不动产，属于不动产在建工程"，但在实务中，经营租入不动产的装饰及改扩建支出取得的进项税额，不按照不动产进项税额分期抵扣，可以一次性抵扣。例如，《北京国税营改增热点问题解答（三）》有明确回复：对企业取得的自有不动产，其进项税额应按照规定分 2 年从销项税额中抵扣；而对经营租入的不动产的支出，进项税额可以一次性抵扣。

REAL ESTATE
ENTERPRISE　**案例 13-16**

装修改变房屋结构的费用摊销处理

A 房地产开发公司 2018 年 5 月 2 日签订房屋租赁合同，5 月 5 日与 E 装饰工程公司签订装修合同，合同金额 120 万元（含税），房屋租期为 5 年，用于企业正常办公。7 月 25 日完工，并支付装修款。在装修中，将部分承重墙改变，顶棚重新翻盖，且内部原 6 个大房间改造成 18 个独立的小房间。则 A 公司会计（企业所得税）处理如下（单位：万元）：

1. 支付装修款取得发票时。

借：长期待摊费用——E 公司　　　　　　　　　　　　　109.09
　　应交税费——应交增值税——进项税额　　　　　　　　10.91

　　　　贷：银行存款　　　　　　　　　　　　　　　　　　　　　　　　120

　　2. 配比结转成本时。

　　上述情况属于改变房屋或者建筑物结构、延长使用年限的支出，应作为改建支出，在合同约定剩余期限摊销。租期为 60 个月，还剩余 58 个月，摊销金额计算如下：

　　　　每月应摊销装修金额：109.09÷58＝1.88（万元）；

　　　　2018 年当年（5 个月）摊销金额为 9.40 万元。

　　　　借：管理费用　　　　　　　　　　　　　　　　　　　　　　　　9.40

　　　　　　贷：长期待摊费用——E 公司　　　　　　　　　　　　　　　9.40

问题 13-2-8

企业所得税上，租入房屋不改变房屋结构的装修费支出如何摊销？

　　答：《企业所得税法》第十三条第（四）项规定："在计算应纳税所得额时，企业发生的下列支出作为长期待摊费用，按照规定摊销的，准予扣除：

　　（一）已足额提取折旧的固定资产的改建支出；

　　（二）租入固定资产的改建支出；

　　（三）固定资产的大修理支出；

　　（四）其他应当作为长期待摊费用的支出。"

　　《企业所得税法实施条例》第七十条规定："企业所得税法第十三条第（四）项所称其他应当作为长期待摊费用的支出，从支出发生月份的次月起，分期摊销，摊销年限不得低于 3 年。"

　　租入房屋不改变房屋结构的装修费支出，应属于"其他应当作为长期待摊费用的支出"，摊销年限不得低于 3 年。如果是改变房屋结构的装修费改建支出，则按照合同约定（的剩余）租赁期限分期摊销。

REAL ESTATE
ENTERPRISE　**案例 13-17**

装修不改变房屋结构的费用摊销处理

　　A 房地产开发公司 2018 年 5 月 2 日签订房屋租赁合同，5 月 5 日与 E 装饰工程公司签订装修合同，合同金额 120 万元（含税），房屋租期为 5 年，用于企业正常办公。7 月 25 日完工，并支付装修款。在装修中，没有改变原房屋结构，继续保持原大间房屋构造。假定 E 装饰工程公司为一般纳税人，则 A 公司相关处理如下（单位：万元）：

　　1. 支付装修款取得发票时。

　　　　借：长期待摊费用——E 公司　　　　　　　　　　　　　　　　109.09

　　　　　　应交税费——应交增值税——进项税额　　　　　　　　　　　10.91

　　　　贷：银行存款　　　　　　　　　　　　　　　　　　　　　　120

　　2. 配比结转成本时。

　　因为没有改变房屋结构，因此企业可以选择 3 年摊销，摊销金额计算如下：

　　每月应摊销装修金额：109.09÷36＝3.03（万元）；

　　2018 年当年（5 个月）摊销金额为 15.15 万元。

　　　　借：管理费用　　　　　　　　　　　　　　　　　　　　　15.15

　　　　　　贷：长期待摊费用——E 公司　　　　　　　　　　　　15.15

　　提示：根据《财政部　税务总局关于调整增值税税率的通知》（财税〔2018〕32 号）第一条的规定，自 2018 年 5 月 1 日起，"纳税人发生增值税应税销售行为或者进口货物，原适用 17％和 11％税率的，税率分别调整为 16％、10％"。

问题 13-2-9

个人委托房屋中介、住房租赁企业等单位出租不动产如何开具增值税发票？

　　答：《国家税务总局关于跨境应税行为免税备案等增值税问题的公告》（国家税务总局公告 2017 年第 30 号）第三条规定："其他个人委托房屋中介、住房租赁企业等单位出租不动产，需要向承租方开具增值税发票的，可以由受托单位代其向主管地税机关按规定申请代开增值税发票。"

　　根据上述政策规定，房地产开发企业如果租赁个人房屋，应按照政策规定取得发票。

　　提示：《营业税改征增值税试点实施办法》（财税〔2016〕36 号文件附件 1）第一条第三款规定："个人，是指个体工商户和其他个人。"

问题 13-2-10

企业与个人（自然人）签订合同租赁房屋的涉税业务如何处理？

　　答：房地产开发企业在项目运作中，根据需要有时会与个人（自然人）签订合同租赁房屋。在房屋租赁业务中，单位与个人之间及单位与单位之间业务所涉及税收政策无重大区别，不同之处在于出租房屋的个人涉税处理。同时，根据《国家税务总局关于营业税改征增值税委托地税局代征税款和代开增值税发票的通知》（税总函〔2016〕145 号）第二条第（四）项的规定，其他个人出租不动产，承租方不属于其他个人的，纳税人缴纳增值税后可以向税务局申请代开增值税专用发票。其他个人出租不动产，可以向税务局申请代开增值税普通发票。

　　因此，房地产开发企业租赁个人房屋，可以取得增值税专用发票，其进项税额可以抵扣。

　　提示：个人出租房屋涉税处理。

　　（1）增值税。《营业税改征增值税试点有关事项的规定》（财税〔2016〕36

号文件附件2）第一条第（九）项第5点、第6点规定："其他个人出租其取得的不动产（不含住房），应按照5%的征收率计算应纳税额"；"个人出租住房，应按照5%的征收率减按1.5%计算应纳税额"。

《国家税务总局关于全面推开营业税改征增值税试点有关税收征收管理事项的公告》（国家税务总局公告2016年第23号）第四条第（六）项规定："个人出租住房适用优惠政策减按1.5%征收，纳税人自行开具或者税务机关代开增值税发票时，通过新系统中征收率减按1.5%征收开票功能，录入含税销售额，系统自动计算税额和不含税金额，发票开具不应与其他应税行为混开。"

《国家税务总局关于全面推开营业税改征增值税试点有关税收征收管理事项的公告》（国家税务总局公告2016年第23号）第六条第（四）项规定："其他个人采取预收款形式出租不动产，取得的预收租金收入，可在预收款对应的租赁期内平均分摊，分摊后的月租金收入不超过3万元的，可享受小微企业免征增值税优惠政策。"

《财政部 国家税务总局关于营改增后契税 房产税 土地增值税 个人所得税计税依据问题的通知》（财税〔2016〕43号）第五条规定："免征增值税的，确定计税依据时，成交价格、租金收入、转让房地产取得的收入不扣减增值税额。"

（2）房产税。个人出租非居住房屋，按租金收入（不含增值税）12%征收房地产税；个人出租居住用房，按租金收入（不含增值税）4%征收。

（3）个人所得税。个人取得财产租赁所得，应纳个人所得税。财产租赁所得适用比例税率，税率为20%。财产租赁所得，每次收入不超过4 000元的，减除费用800元；4 000元以上的，减除20%的费用，其余额为应纳税所得额。计算公式如下：

①每月租金不超过4 000元的。

$$\text{应纳税额} = \text{应纳税所得额} \times \text{适用税率} = \left[\text{每月租金} - \text{允许扣除的项目} - \text{修缮费用（800元为限）} - 800\right] \times 20\%$$

②每月租金在4 000元以上的。

$$\text{应纳税额} = \text{应纳税所得额} \times \text{适用税率} = \left[\text{每月租金} - \text{允许扣除的项目} - \text{修缮费用（800元为限）}\right] \times (1-20\%) \times 20\%$$

REAL ESTATE
ENTERPRISE **案例 13-18**

企业支付个人房屋租金的处理（1）

A房地产开发公司2017年7月25日与某自然人甲签订非住房房屋租赁合同，年租金100 000元，租期3年。A公司代办相关税费缴纳，应扣缴税额计算如下（城市维护建设税等附加计算略）：

1. 增值税计算（出租方甲）。

不含税销售额：100 000÷(1＋5％)＝95 238.01（元）；

应纳税额：95 238.01×5％＝4 761.90（元）。

上述所称非住房主要是商铺、写字间等非居住性用房。

因分摊后个人取得的月租金不足 3 万元，可享受小微企业免征增值税优惠政策，因此只能取得增值税普通发票，没有进项税额抵扣。

2. 房产税计算（因免征增值税，房产税计税依据为含税价。出租方甲，为简化三年合并计算）。

房产税：100 000×12％＝12 000（元）。

3. 个人所得税计算（出租方甲，为简化三年合并计算）。

月租金：100 000÷12＝8 333.33（元）；

应纳税所得额：8 333.33×(1－20％)＝6 666.66（元）；

应缴个人所得税：6 666.66×20％＝1 333.33（元）。

4. 会计处理（为简化三年合并计算）。

```
借：管理费用                              100 000
   贷：银行存款                                    86 666.67
      应交税费——应交代扣个人所得税                  1 333.33
            ——应交代扣房产税                       12 000
```

REAL ESTATE
ENTERPRISE **案例 13-19**

企业支付个人房屋租金的处理（2）

A 房地产开发公司 2017 年 1 月 1 日与某自然人甲签订非住房房屋租赁合同，年租金 200 000 元，租期 1 年。A 公司代办相关税费缴纳，应扣缴税额计算如下（城市维护建设税等附加略）：

1. 增值税计算（出租方甲）。

不含税销售额：400 000÷(1＋5％)＝380 952.38（元）；

应纳税额：380 952.38×5％＝19 047.62（元）。

上述所称非住房主要是商铺、写字间等非居住性用房。

因分摊后个人取得的月租金超过 3 万元，不能享受小微企业免征增值税优惠政策，按规定计算缴纳增值税，可以申请开具增值税专用发票。

2. 房产税计算（出租方甲）。

房产税：380 952.38×12％＝45 714.29（元）。

3. 个人所得税计算（出租方甲，假定无其他扣除）。

月租金：380 952.38÷12＝31 746.03（元）；

应纳税所得额：31 746.03×(1—20％)＝25 396.83（元）；

应缴个人所得税：25 396.83×20％＝5 079.36（元）。

4. 会计处理。

借：管理费用   180 952.38

　　应交税金——应交增值税——进项税额   19 047.62

　　贷：银行存款   149 206.35

　　　　应交税费——应交代扣个人所得税   5 079.36

　　　　　　——应交代扣房产税   45 714.29

问题 13-2-11

企业向个人（自然人）租赁房屋用于居住的如何处理?

答：房地产开发企业在项目运作中，根据需要有时与个人（自然人）签订合同租赁房屋用于员工居住。在税收处理上，房地产企业的处理没有变化，主要是个人出租居住用房与用于生产、经营的有所不同，特别是税率的优惠。

《营业税改征增值税试点有关事项的规定》（财税〔2016〕36 号附件 2）第一条第（九）第 6 点规定："个人出租住房，应按照 5％的征收率减按 1.5％计算应纳税额。"

《国家税务总局关于营业税改征增值税委托地税局代征税款和代开增值税发票的通知》（税总函〔2016〕145 号）第二条第（四）项规定，个人出租不动产给一般纳税人企业可以代开增值税专用发票。

《国家税务总局关于营改增试点若干征管问题的公告》（国家税务总局公告2016 年第 53 号）第二条规定："其他个人采取一次性收取租金的形式出租不动产，取得的租金收入可在租金对应的租赁期内平均分摊，分摊后的月租金收入不超过 3 万元的，可享受小微企业免征增值税优惠政策。"

根据上述政策规定，企业向个人（自然人）租赁房屋用于员工居住的，可以取得代开的增值税专用发票，但是如果"其他个人"享受小微企业免征增值税优惠政策，则不得开具增值税专用发票。

REAL ESTATE
ENTERPRISE **案例 13-20**

企业向个人（自然人）租用居住用房的处理

A 房地产开发公司 2017 年 7 月 25 日与某自然人甲签订房屋租赁合同，该房屋为某居住区居住用房，A 公司用作员工宿舍，支付租金 100 000 元（其他内容略）。应扣缴税额计算如下（城市维护建设税等附加、个人所得税计算略）：

自然人甲出租居住用房增值税计算。

不含税销售额：100 000÷(1＋5％)＝95 238.10（元）；

应纳增值税额：95 238.10×1.5％＝1 428.57（元）。

问题 13-2-12

哪些情况下个人可以通过税务机关向房地产开发企业开具增值税专用发票？

答：《国家税务总局关于营业税改征增值税委托地税局代征税款和代开增值税发票的通知》（税总函〔2016〕145号）第二条第（四）项规定，其他个人出租不动产，承租方不属于其他个人的，纳税人缴纳增值税后可以向税务机关申请代开增值税专用发票。

根据上述政策规定，个人出租不动产，只有在承租方不属于其他个人或不属于法律规定不得取得增值税专用发票的情况下，才可以向税务局申请代开增值税专用发票。

问题 13-2-13

企业承租（出租）的房屋城镇土地使用税纳税人如何确定？

答：《关于土地使用税若干具体问题的解释和暂行规定》（国税地字〔1988〕第015号）第四条规定："土地使用税由拥有土地使用权的单位或个人缴纳。拥有土地使用权的纳税人不在土地所在地的，由代管人或实际使用人纳税。"

根据上述政策规定，在房屋租赁业务中，城镇土地使用税由拥有土地使用权的出租方缴纳，如果拥有土地使用权的纳税人不在土地所在地，则由代管人或实际使用人纳税。

问题 13-2-14

企业转租房屋如何缴纳增值税、房产税、印花税？

答：1. 增值税。

《营业税改征增值税试点实施办法》（财税〔2016〕36号文件附件1）所附《销售服务、无形资产、不动产注释》规定，"销售服务——现代服务——租赁服务"税目中的"经营租赁服务，是指在约定时间内将有形动产或者不动产转让他人使用且租赁物所有权不变更的业务活动"。

根据上述政策规定，企业转租房屋收取的租金要按照规定计算缴纳增值税。

根据《财政部 税务总局关于调整增值税税率的通知》（财税〔2018〕32号）第一条的规定，自2018年5月1日起，"纳税人发生增值税应税销售行为或者进口货物，原适用17％和11％税率的，税率分别调整为16％、10％"。

2. 房产税。

《房产税暂行条例》第二条规定："房产税由产权所有人缴纳。"产权所有人不在房产所在地的，由房产代管人或者使用人缴纳。

根据上述政策规定，转租方不拥有房屋产权，因此转租不需要缴纳房产税。

3. 印花税。

《印花税暂行条例》所附《印花税税目税率表》可知，财产租赁合同包括租赁房屋，由立合同人按租赁金额千分之一贴花。

根据上述政策规定，在转租业务中，出租方、承租方均要按规定计算贴花。

REAL ESTATE
ENTERPRISE　　**案例 13-21**

企业转租房屋缴纳税款的计算

A 房地产开发公司将租来的一层写字楼转租给 B 公司。2018 年 6 月 A 公司与 B 公司签订租赁合同，合同金额 80 万元（一年）。A 公司增值税、房产税、印花税计算如下：

1. 增值税计算。

不含税销售额（价格）：$80 \div (1 + 10\%) = 72.72$（万元）；

增值税销项税额：$72.72 \times 10\% = 7.27$（万元）。

2. 印花税计算。

应缴印花税：$72.72 \times 0.001 = 0.07$（万元）。

13.3　设备等各项资产租赁业务

房地产开发企业在运营中，根据需要会发生租赁设备等业务，如租赁小型汽车用于项目运转等，涉及印花税、企业所得税业务及进项税额的处理等。

问题 13-3-1

汽车租赁合同如何计算印花税？

答：由《印花税暂行条例》所附《印花税税目税率表》可知，财产租赁合同包括机动车辆，由立合同人按租赁金额千分之一贴花。

也就是说，立合同的各方均要按规定贴花。

REAL ESTATE
ENTERPRISE　　**案例 13-22**

汽车租赁合同的印花税计算

A 房地产开发公司因项目营销需要，2016 年 12 月 25 日与 F 汽车租赁公司签订合同，从 2017 年 1 月 1 日开始租用一辆小型面包车，用于业主看房、签约等各项活动，期限 3 年，按年支付租金，年租金 50 000 元，增值税额 8 500 元。A 公司印花税计算如下：

应缴印花税：150 000×0.001％＝150（元）。

提示： 如果合同价格为价税合计的 58 500 元，则按照 58 500 元计算贴花，如果合同价格价税分开，则按照 50 000 元计算贴花。

问题 13-3-2

企业支付汽车租赁费的增值税进项税额如何处理？

答：根据《营业税改征增值税试点实施办法》（财税〔2016〕36 号文件附件 1）所附《销售服务、无形资产、不动产注释》的规定，企业在约定时间内将有形动产转让他人使用且租赁物所有权不变更的业务活动，其收取的租赁费适用"销售服务——现代服务——租赁服务——有形动产经营租赁服务"税目。

根据《营业税改征增值税试点实施办法》第十五条第（三）项及《财政部税务总局关于调整增值税税率的通知》（财税〔2018〕32 号）第一条的规定，"有形动产经营租赁服务"税目，适用税率为 17％，自 2018 年 5 月 1 日起，税率调整为 16％。

根据《营业税改征增值税试点实施办法》第十八条的规定，如果汽车租赁公司是一般纳税人，则可以开具增值税专用发票，其进项税额可以抵扣；根据该实施办法第十九条的规定，如果汽车租赁公司是小规模纳税人，其发生应税行为适用简易计税方法计税，则只能开具增值税普通发票。

汽车租赁公司（一般纳税人）开具增值税发票，票面注明的增值税进项税额记入"应交增值税——进项税额"科目。

REAL ESTATE
ENTERPRISE　**案例 13-23**

企业支付汽车租赁费的增值税进项税额处理

A 房地产开发公司因项目营销需要，2018 年 7 月 25 日与 F 汽车租赁公司签订合同，从 2018 年 8 月 1 日开始租用一辆小型面包车（不同时配备司机），用于业主看房、签约等各项活动，期限 3 年，按年支付租金，年租金 5 万元（含税）。合同约定，因汽车使用产生的各项费用，包括汽油费、过路过桥费等由 A 公司支付，其他费用由 F 公司支付。F 公司为增值税一般纳税人。相关增值税处理如下：

F 汽车租赁公司增值税计算。

不含税价格：5÷(1+16％)＝4.31（万元）；

销项税额：4.31×16％＝0.69（万元）。

A 公司取得增值税专用发票，其进项税额 0.69 万元可以抵扣。

问题 13-3-3

企业支付汽车租赁费如何进行会计（企业所得税）处理?

答：根据《企业所得税法实施条例》第四十七条的规定，企业根据生产经营活动的需要以经营租赁方式租入固定资产发生的租赁费，按照租赁期限均匀扣除。

根据《房地产开发经营业务企业所得税处理办法》（国税发〔2009〕31 号文件发布）第二十七条第（六）项、第三十条等的规定，房地产开发企业支付的汽车租赁费，如果租用的汽车是为项目销售使用，则记入"销售费用"科目。

REAL ESTATE
ENTERPRISE　**案例 13-24**

企业支付汽车租赁费的会计（企业所得税）处理

A 房地产开发公司因项目营销需要，2018 年 7 月 25 日与 F 汽车租赁公司签订合同，从 2018 年 8 月 1 日开始租用一辆小型面包车，用于业主看房、签约等各项活动，期限 3 年，按年支付租金，年租金 5 万元（含税）。合同约定，因汽车使用产生的各项费用，包括汽油费、过路过桥费等由 A 公司支付，其他费用由 F 公司支付。F 公司为增值税一般纳税人。A 公司相关会计（企业所得税）处理如下（单位：万元）：

假定 2018 年 7 月支付租赁费并取得专用发票。

进项税额计算：5÷(1+16%)×16%＝0.69（万元）

借：销售费用	4.31
应交税费——应交增值税——进项税额	0.69
贷：银行存款	5

提示：根据《财政部 税务总局关于调整增值税税率的通知》（财税〔2018〕32 号）第一条的规定，自 2018 年 5 月 1 日起，"纳税人发生增值税应税销售行为或者进口货物，原适用 17% 和 11% 税率的，税率分别调整为 16%、10%"。

13.4　出租围挡等广告资源业务

房地产开发企业在项目运作中，可能发生出租墙面（围挡）等广告资源的业务，不仅涉及租赁合同印花税问题，也涉及增值税、企业所得税等的处理。

问题 13-4-1

企业出租项目围挡等广告资源合同如何计算印花税?

答：由《印花税暂行条例》所附《印花税税目税率表》可知，财产租赁合同包括租赁房屋、船舶、飞机、机动车辆、机械、器具、设备等合同。《印花税暂行条例实施细则》第十条规定："印花税只对税目税率表中列举的凭证和经财政部确定征税的其他凭证征税。"

根据上述政策规定，此类合同不贴花。

问题 13-4-2

企业出租项目围挡等广告资源收取租金的增值税等如何计算？

答：《营业税改征增值税试点实施办法》（财税〔2016〕36 号附件 1）所附《销售服务、无形资产、不动产注释》第一条第（六）项第 5 点规定："经营租赁服务，是指在约定时间内将有形动产或者不动产转让他人使用且租赁物所有权不变更的业务活动"；"将建筑物、构筑物等不动产或者飞机、车辆等有形动产的广告位出租给其他单位或者个人用于发布广告，按照经营租赁服务缴纳增值税"。

根据《营业税改征增值税试点实施办法》第十五条第（二）项及《财政部税务总局关于调整增值税税率的通知》（财税〔2018〕32 号）第一条的规定，"提供交通运输、邮政、基础电信、建筑、不动产租赁服务，销售不动产，转让土地使用权，税率为 11%"，自 2018 年 5 月 1 日起，税率调整为 10%。

根据上述政策规定，房地产开发公司出租项目围挡墙等各类广告资源，取得的收入按 10% 税率计算增值税销项税额。

REAL ESTATE ENTERPRISE **案例 13-25**

企业出租项目围挡等广告资源收取租金的增值税等的计算

A 公司甲项目位于城中闹市区，2018 年 7 月 20 日，A 公司与 B 广告公司签订合同，将围挡墙面出租给 B 公司用于广告发布。租期 3 年（2018 年 8 月 1 日至 2021 年 8 月 1 日），每年租金 20 万元（含税），于每年 8 月 10 日支付。假定当期进项税额为 7 300 元，A 公司增值税相关计算处理如下：

1. 增值税计算。

不含税销售额：200 000÷（1+10%）=181 818.18（元）；

销项税额：181 818.18×10%=18 181.82（元）；

应纳税额：18 181.82−7 300=10 881.82（元）。

2. 税金及附加计算。

城市维护建设税：10 881.82×7%=761.73（元）。

教育费附加：10 881.82×3%=326.45（元）。

地方教育附加（假设当地征收率为 2%）：10 881.82×2%=217.64（元）。

问题 13-4-3

企业出租围挡等广告资源收取的租金如何结转所得？

答：《企业所得税法实施条例》第九条规定："企业应纳税所得额的计算，以权责发生制为原则，属于当期的收入和费用，不论款项是否收付，均作为当期的收入和费用；不属于当期的收入和费用，即使款项已经在当期收付，也不作为当期的收入和费用。"

《国家税务总局关于贯彻落实企业所得税法若干税收问题的通知》（国税函〔2010〕79 号）第一条第一款规定："根据《实施条例》第十九条的规定，企业提供固定资产、包装物或者其他有形资产的使用权取得的租金收入，应按交易合同或协议规定的承租人应付租金的日期确认收入的实现。其中，如果交易合同或协议中规定租赁期限跨年度，且租金提前一次性支付的，根据《实施条例》第九条规定的收入与费用配比原则，出租人可对上述已确认的收入，在租赁期内，分期均匀计入相关年度收入。"

根据上述政策规定，企业出租项目围挡等收取的租金，应在租赁合同约定的租赁期内，分期均匀计入相关年度。同时，其发生的税收成本等，与收入配比分配均匀计入相关年度。

REAL ESTATE
ENTERPRISE **案例 13-26**

企业出租围挡等广告资源收取租金的收入确认计算

A 公司甲项目位于城中闹市区，2018 年 7 月 20 日，A 公司与 B 广告公司签订合同，将围挡墙面出租给 B 公司用于广告发布。租期 3 年（2018 年 8 月 1 日至 2021 年 8 月 1 日），每年租金 20 万元（含税），于每年 8 月 10 日支付。假定当期进项税额为 7 300 元，则 A 公司的收入确认及会计处理如下：

1. 收入确认。

每一年度确认收入：$200\,000 \div (1 + 10\%) = 181\,818.18$（元）；

2018 年应确认收入的期间为 2018 年 8—12 月；

2018 年当年确认收入：$181\,818.18 \times 5 \div 12 = 75\,757.58$（元）。

2. 会计处理。

（1）借：银行存款　　　　　　　　　　　　　　　　　　200 000

　　　贷：其他业务收入　　　　　　　　　　　　　　　　75 757.58

　　　　　应交税费——应交增值税——销项税额　　　　18 181.82

　　　　　预收账款　　　　　　　　　　　　　　　　　106 060.60

（2）借：税金及附加——城市维护建设税　　　　　　　　761.73

　　　　　　　　——教育费附加　　　　　　　　　　　326.45

——地方教育附加	217.64
贷：应交税费——应交城市维护建设税	761.73
——应交教育费附加	326.45
——地方教育附加	217.64

提示：根据《财政部 税务总局关于调整增值税税率的通知》（财税〔2018〕32 号）第一条的规定，自 2018 年 5 月 1 日起，"纳税人发生增值税应税销售行为或者进口货物，原适用 17% 和 11% 税率的，税率分别调整为 16%、10%"。

第 14 章
日常管理活动业务涉税问题

房地产开发企业的日常管理活动业务在内容上和其他企业没有区别，区别在于业务的性质，属于直接为开发项目管理服务产生的费用记入"开发间接费用"科目，为企业日常运转发生的管理费用支出记入"管理费用"科目。本章分析的内容是除第 11 章、第 12 章和第 13 章以外的所有日常管理活动业务。

14.1　管理费用与开发间接费用业务

在房地产开发企业的日常会计核算业务中，"管理费用"科目与"开发间接费用"科目核算的内容，大部分是相同（或相似）的业务，只是核算的性质不同，其中记入"管理费用"科目的要做当期化处理，记入"开发间接费用"科目的要做资本化处理。

问题 14-1-1

企业核算的管理费用有哪些内容？

答：《企业所得税法》第八条规定："企业实际发生的与取得收入有关的、合理的支出，包括成本、费用、税金、损失和其他支出，准予在计算应纳税所得额时扣除。"《企业所得税法实施条例》第三十条规定："企业所得税法第八条所称费用，是指企业在生产经营活动中发生的销售费用、管理费用和财务费用，已经计入成本的有关费用除外。"

根据上述政策规定，除按政策规定计入成本的有关费用外，企业发生的一般性管理费用，准予在当期计算应纳税所得额时扣除。管理费用核算内容如下：

根据《企业会计准则》附录《会计科目和主要账务处理》的规定，企业"管理费用"科目"核算企业为组织和管理企业生产经营所发生的管理费用，包括企业在筹建期间内发生的开办费、董事会和行政管理部门在企业的经营管理中发生的或者应由企业统一负担的公司经费（包括行政管理部门职工工资及福利费、物料消耗、低值易耗品摊销、办公费和差旅费等）、工会经费、董事会费（包括董事会成员津贴、会议费和差旅费等）、聘请中介机构费、咨询费（含顾问费）、诉讼费、业务招待费、房产税、车船使用税、土地使用税、印花税、技术转让费、矿产资源补偿费、研究费用、排污费等"。

《小企业会计准则》第六十五条第（四）项规定："管理费用，是指小企业为组织和管理生产经营发生的其他费用。包括：小企业在筹建期间内发生的开办费、行政管理部门发生的费用（包括：固定资产折旧费、修理费、办公费、水电费、差旅费、管理人员的职工薪酬等）、业务招待费、研究费用、技术转让费、相关长期待摊费用摊销、财产保险费、聘请中介机构费、咨询费（含顾问费）、诉讼费等费用。"

提示： 根据《增值税会计处理规定》（财会〔2016〕22 号文件发布）第二条第（二）项第 3 点第二款的规定，全面试行营业税改征增值税后，"营业税金及附加"科目名称调整为"税金及附加"科目，该科目核算企业经营活动发生的消费税、城市维护建设税、资源税、教育费附加及房产税、土地使用税、车船税、印花税等相关税费；利润表中的"营业税金及附加"项目调整为"税金及附加"项目。

相关会计处理如下：

借：税金及附加

　　贷：应交税费——应交房产税

　　　　　　　　——应交土地使用税

　　　　　　　　——应交车船税

　　　　　　　　——应交印花税

问题 14-1-2

企业核算的开发间接费有哪些内容？

答：根据《房地产开发经营业务企业所得税处理办法》（国税发〔2009〕31号文件发布）第二十七条第（六）项的规定，开发间接费"指企业为直接组织和管理开发项目所发生的，且不能将其归属于特定成本对象的成本费用性支出。主要包括管理人员工资、职工福利费、折旧费、修理费、办公费、水电费、劳动保护费、工程管理费、周转房摊销以及项目营销设施建造费等"。

开发间接费作为开发产品的计税成本，不能在当期进行企业所得税税前扣除处理。同时，因其不能归属于特定的成本对象，因此要按政策规定的方式分摊计入相关成本对象。

问题 14-1-3

如何区别"管理费用"与"开发间接费用"科目的核算内容？

答：对比"管理费用"与"开发间接费用"两个科目核算的内容，最大的不同是，房地产开发企业在开发项目中，其开发间接费是指企业为直接组织和管理开发项目所发生的，且不能将其归属于特定成本对象的成本费用性支出。在房地产开发企业的财务核算当中，"开发间接费用"科目核算的是应作为资本化支出的部分（要记入相关资产的成本），"管理费用"科目核算的则是应作为期间费用支出的内容。

这两项核算内容，要根据业务的关联性及业务机构、核算单位等判断划分，在实务操作中，可以按照是否设立现场管理机构为依据进行划分。

（1）如果在项目开发现场不建立现场管理机构，而是由公司定期或不定期地派人到项目现场开展工作，那么所发生的费用可直接记入企业的"管理费用"科目。

（2）若企业在项目现场建立现场管理机构，则所发生的费用应记入"开发间接费用"科目。"开发间接费用"科目用于核算企业内部独立核算单位为开发项目而发生的各项间接费。

企业发生各项开发间接费时，借记"开发间接费用"科目，贷记"应付工资""应付福利费""累计折旧"等科目。期末，"开发间接费用"科目借方归集的开发间接费应按企业成本核算办法的规定，分配计入有关成本核算对象，借记"开发成本——开发间接费用"科目，贷记"开发间接费用"科目。

此外，对于企业行政管理部门为组织和管理生产经营活动而发生的费用，应作为期间费用，计入管理费用。

REAL ESTATE ENTERPRISE　案例 14-1

开发间接费误记入"管理费用"科目的处理

2017 年 3 月，A 房地产开发公司，新的房地产开发项目开始进入成本费用支出高发阶段。年底企业所得税汇算清缴时发现，为项目部在现场租赁房屋发生的租金支出 4 万元记入了"管理费用"科目，同时发现，当年为项目部招聘人员发生的工资薪金支出 18 万元也记入了"管理费用"科目。相关会计处理调整如下（单位：万元）：

1. 会计处理。

借：开发间接费用——工资薪金　　　　　　　　　　　　　　　18
　　　　　　　　——房租　　　　　　　　　　　　　　　　　　4
　贷：管理费用——工资薪金　　　　　　　　　　　　　　　　18
　　　　　　　——房租　　　　　　　　　　　　　　　　　　4

2. 若企业未作会计处理，则企业所得税汇算清缴时，应调增 2017 年度应纳税所得额 22 万元。

14.2　统一着装费支出业务

房地产开发企业为提升自身形象，由企业统一制作并要求员工工作时统一着装。有的企业统一制作服装，有的企业采取报销形式，还有的企业直接发放服装补贴，这些在税收处理上均有不同的政策规定。

问题 14-2-1

企业统一着装费支出的增值税进项税额如何处理？

答：根据《营业税改征增值税试点实施办法》（财税〔2016〕36 号文件附件1）第二十七条的规定，用于简易计税方法计税项目、免征增值税项目、集体福利或者个人消费的购进货物，其进项税额不得从销项税额中抵扣。

房地产开发企业因工作需要，为员工统一制作购买的服装（司服、工作服），不属于上述政策列举的项目，其取得的增值税专用发票上注明的进项税额，可以抵扣销项税额。

REAL ESTATE
ENTERPRISE　**案例 14-2**

企业统一着装费支出的增值税进项税额处理

A 公司 2017 年 8 月 20 日为公司员工统一定制购买一批司服，支付价款 58 500 元。取得增值税专用发票，进项税额为 8 500 元，不含税价格 50 000 元。假定购买的服装先记入"库存商品"科目，进项税额处理如下：

增值税进项税额应借记"应交税费——应交增值税——进项税额"科目。

借：库存商品　　　　　　　　　　　　　　　　　　　　50 000

　　应交税费——应交增值税——进项税额　　　　　　　8 500

　　贷：银行存款　　　　　　　　　　　　　　　　　　58 500

提示： 根据《财政部 税务总局关于调整增值税税率的通知》（财税〔2018〕32 号）第一条的规定，自 2018 年 5 月 1 日起，"纳税人发生增值税应税销售行为或者进口货物，原适用 17％和 11％税率的，税率分别调整为 16％、10％"。

问题 14-2-2

企业统一着装支出的费用如何进行会计（企业所得税）处理？

答：《国家税务总局关于企业所得税若干问题的公告》（国家税务总局公告 2011 年第 34 号）第二条规定："企业根据其工作性质和特点，由企业统一制作并要求员工工作时统一着装所发生的工作服饰费用，根据《实施条例》第二十七条的规定，可以作为企业合理的支出给予税前扣除。"

因此，上述服装费，只要企业制定出合理的着装规范要求，并与企业日常形象规范相统一，就可以根据员工工作岗位性质的不同，在"管理费用""销售费用"及"开发间接费用"等科目列支。

REAL ESTATE
ENTERPRISE　**案例 14-3**

企业统一着装费用的会计（涉税）处理

A 公司 2017 年 8 月 20 日为公司员工统一定制购买一批司服，支付价款 58 500 元，取得增值税专用发票。其中进项税额为 8 500 元，不含税价格 50 000 元。服装共计 25 套，其中销售部 8 人、某项目部 5 人、其他各管理部门 12 人。其会计（企业所得税）处理如下：

1. 根据人员工作性质分配记入各科目金额。

管理费用：12×2 000＝24 000（元）；

销售费用：8×2 000＝16 000（元）；

开发间接费用：5×2 000＝10 000（元）。

2. 会计处理。

（1）购买时：

  借：库存商品   50 000

    应交税费——应交增值税——进项税额   8 500

   贷：银行存款   58 500

（2）发放时：

  借：管理费用   24 000

    销售费用   16 000

    开发间接费用   10 000

   贷：库存商品   50 000

提示 1：如果企业没有相应的制度规范着装要求，即没有成文的制度，则对于发放的服装，在实务中很可能要归入福利费进行核算，并计入个人所得征收个人所得税。

提示 2：根据《财政部 税务总局关于调整增值税税率的通知》（财税〔2018〕32 号）第一条的规定，自 2018 年 5 月 1 日起，"纳税人发生增值税应税销售行为或者进口货物，原适用 17％和 11％税率的，税率分别调整为 16％、10％"。

问题 14-2-3

企业发放的服装补贴如何进行涉税处理？

答：《国家税务总局关于企业所得税若干问题的公告》（国家税务总局公告 2011 年第 34 号）第二条规定："企业根据其工作性质和特点，由企业统一制作并要求员工工作时统一着装所发生的工作服饰费用，根据《实施条例》第二十七条的规定，可以作为企业合理的支出给予税前扣除。"

对于企业发放的服装补贴，根据《国家税务总局关于企业工资薪金及职工福利费扣除问题的通知》（国税函〔2009〕3 号）关于合理工资薪金及职工福利费等政策的规定，对企业不是统一制作，而是直接发放的服装费用或报销的服装费用，根据具体情况处理：凡是符合工资薪金政策规定的，作为工资薪金支出处理；符合福利费性质的，作为福利费支出处理，按政策规定税前扣除，同时计入员工当月个人收入征收个人所得税。

REAL ESTATE

ENTERPRISE **案例 14-4**

企业发放服装补贴的处理

A 房地产开发公司为提升企业形象，每年为员工统一发放服装补贴，要求按照一定的标准自行购买服装并在上班时间着装，每人补贴 2 000 元，共计 50 000 元。2017 年 9 月 20 日该公司发放服装补贴，公司员工 25 人，其中销售部 8 人、某项目部 5 人、其他各管理部门 12 人。会计（涉税）处理如下：

1. 该公司每年发放的服装补贴已经具有工资薪金的性质，因此按个人所得税的口径，该统一发放服装补贴应与当月工资合并，一起计算个人所得税。

2. 会计处理。

借：管理费用	24 000
销售费用	16 000
开发间接费用	10 000
贷：现金	50 000

3. 假定该公司员工甲 9 月份工资薪金（不含服装补贴）计税收入 13 000 元（已经扣除社保、公积金等其他扣除项目），则个人所得税计算如下：

应缴个人所得税：（13 000＋2 000－3 500）×25％－1 005＝1 870（元）。

提示：《财政部 税务总局关于 2018 年第四季度个人所得税减除费用和税率适用问题的通知》（财税〔2018〕98 号）第一条规定："对纳税人在 2018 年 10 月 1 日（含）后实际取得的工资、薪金所得，减除费用统一按照 5 000 元／月执行，并按照本通知所附个人所得税税率表一计算应纳税额。"

自 2019 年 1 月 1 日起，根据新修订的《个人所得税法》的规定，居民个人取得的"工资、薪金所得"与"劳务报酬所得"、"稿酬所得"及"特许权使用费所得"作为综合所得，按纳税年度合并计算个人所得税。

14.3　劳保支出业务

合理的劳动保护支出，是指企业为提供各种劳动保护措施、用品等发生的支出。相关业务涉及企业所得税税前扣除、增值税进项税额以及个人所得税计算等。

问题 14-3-1

如何掌握企业所得税中的"劳保用品"支出？

答：《企业所得税法实施条例》第四十八条规定："企业发生的合理的劳动保护支出，准予扣除。"所称合理的劳动保护支出，是指为提供各种劳动保护措施、用品等发生的支出，因此必须是合理、真实发生的，并取得合法的票据。

《江苏省地方税务局关于发布〈企业所得税税前扣除凭证管理办法〉的公告》

（苏地税规〔2011〕13）号第二十二条规定："企业发生的劳动保护支出，包括购买工作服、手套、安全保护用品、防暑降温用品等，以发票和付款单据为税前扣除凭证。

劳动保护支出应符合以下条件：

（一）用品提供或配备的对象为本企业任职或者受雇的员工；

（二）用品具有劳动保护性质，因工作需要而发生；

（三）数量上能满足工作需要即可；

（四）以实物形式发生。"

《增值税专用发票使用规定》（国税发〔2006〕156 号文件发布）第十条的规定："商业企业一般纳税人零售的烟、酒、食品、服装、鞋帽（不包括劳保专用部分）、化妆品等消费品不得开具专用发票。"

根据上述政策规定，对按照规定用途购买和使用的劳保用品，可以开具增值税专用发票，可以申报抵扣增值税进项税额。

问题 14-3-2

企业购买劳保用品支出的进项税额是否可以抵扣？

答：根据《营业税改征增值税试点实施办法》（财税〔2016〕36 号文件附件1）第二十七条的规定，用于简易计税方法计税项目、免征增值税项目、集体福利或者个人消费的购进货物，其进项税额不得从销项税额中抵扣。

房地产开发企业依据政策规定购买的合理的劳保用品，不属于上述政策列举的项目，其取得的增值税专用发票上注明的进项税额，可以抵扣销项税额。

提示：对于企业的劳保用品支出，各地从征管角度有一些明细规定。例如，《江苏省地方税务局关于发布〈企业所得税税前扣除凭证管理办法〉的公告》（苏地税规〔2011〕13 号）第二十二条规定："企业发生的劳动保护支出，包括购买工作服、手套、安全保护用品、防暑降温用品等，以发票和付款单据为税前扣除凭证。

劳动保护支出应符合以下条件：

（一）用品提供或配备的对象为本企业任职或者受雇的员工；

（二）用品具有劳动保护性质，因工作需要而发生；

（三）数量上能满足工作需要即可；

（四）以实物形式发生。"

对于不合理的劳动保护支出，即企业发放的劳保用品属于"集体福利"性质，则进项税额不得抵扣，同时计入个人所得，征收个人所得税。

问题 14-3-3

企业的劳保用品支出是否计算个人所得税？

答：根据相关政策规定，企业劳保用品支出要在合理范围内，并且由企业统一购买发放。对于不合理的劳保用品支出及直接发放的补贴等，根据《国家税务总局关于企业工资薪金及职工福利费扣除问题的通知》（国税函〔2009〕3号）关于合理工资薪金及职工福利费等政策的规定，凡是符合工资薪金政策规定的，作为工资薪金支出处理；符合福利费性质的，作为福利费支出处理。同时，根据《国家税务总局关于生活补助费范围确定问题的通知》（国税发〔1998〕155号）第二条第（二）项的规定，从福利费和工会经费中支付给本单位职工的人人有份的补贴、补助等，不属于免税的福利费范围，应当并入纳税人的工资、薪金收入计征个人所得税。

因此，合理的由企业统一办理的劳保用品支出不计入个人所得，对于以劳保用品支出为由的各项支出，则按照政策规定计入个人所得，计算缴纳个人所得税。

提示： 一些地区从征管规范出发，对企业的劳保用品支出规定一个限额，在限额以内的，可以税前扣除，且不计入个人所得。超过限额的，根据性质处理。

问题 14-3-4

企业的劳保用品支出如何进行会计核算？

答：《企业所得税法实施条例》第四十八条规定："企业发生的合理的劳动保护支出，准予扣除。"

根据上述政策规定，只要是合理的劳动保护支出，就可以税前扣除。在会计核算中，应根据不同的性质分别记入相关科目，并按规定税前扣除。例如管理人员的劳动保护支出记入"管理费用"科目、销售人员的劳动保护支出记入"销售费用"科目、项目工程人员的劳动保护支出记入"开发成本——开发间接费用"科目等。

REAL ESTATE
ENTERPRISE **案例 14-5**

企业劳保用品支出的会计（涉税）处理

2018年7月，A房地产开发公司某开发项目动工，为保障工程部人员在项目现场工作的安全，A公司为10名工程部人员配备专门的工地服装、鞋帽等，取得增值税专用发票，票面注明价格3 000元、进项税额480元。会计（涉税）处理如下：

借：开发成本——开发间接费用——劳保用品　　　　　　　　　　3 000

　　　　应交税费——应交增值税——进项税额　　　　　　　　　　480
　　贷：银行存款　　　　　　　　　　　　　　　　　　　　　　3 480

14.4　私车公用业务

　　一些房地产开发公司因项目开发需要，对一些员工的用车采取私车公用的方式，就是员工用自己的车为公司业务服务。这种形式的用车需要企业与员工之间签订私车公用合同或协议，相关费用才能入账报销，并进行企业所得税处理。

问题 14-4-1

私车公用合同约定内容与企业所得税税前扣除有什么关联？

　　答：《企业所得税法》第八条规定："企业实际发生的与取得收入有关的、合理的支出，包括成本、费用、税金、损失和其他支出，准予在计算应纳税所得额时扣除。"

　　私车公用业务，其实质是公司员工在处理公司业务时使用自己的车辆。为体现这种业务，需要公司与员工（车主）签订租借合同（协议），并在合同中注明租借时间、金额、双方权利与义务等事项，由此发生的租车及日常使用费用，凭真实、合法、有效凭据，准予在税前扣除。也就是说，凡未明确应由个人（车主）承担且合同中明确由企业承担的费用，例如汽油费、过路费、停车费等，凭真实、合法、有效凭据准予在税前扣除。凡明确应由个人（车主）承担的费用，例如年检费、车辆购置税、折旧费及保险费等不得税前扣除。

　　目前我国大多数地区对私车公用行为有具体的规范，例如《江苏省国家税务局关于企业所得税若干具体业务问题的通知》（苏国税发〔2004〕97号）第四条规定，"私车公用"发生的费用应凭真实、合理、合法凭据，准予税前扣除。对应由个人承担的车辆购置税、折旧费以及保险费等不得税前扣除。

问题 14-4-2

企业与员工签订的私车公用合同是否需要贴花？

　　答：《印花税暂行条例》所附《印花税税目税率表》可知，财产租赁合同包括机动车辆，由立合同人按租赁金额千分之一贴花。

　　也就是说，立合同双方都要按规定计算贴花。

　　提示：税额不足一元的按一元贴花。

┌─ REAL ESTATE
└─ ENTERPRISE　**案例 14-6**

企业私车公用合同的印花税计算

A 公司 2016 年 12 月 25 日与员工甲签订汽车（私车）租赁合同，每月支付租赁费 1 200 元，租赁期为 2017 年 1 月至 12 月。印花税计算及会计（企业所得税）处理如下：

1. 印花税计算。

合同金额：1 200×12＝14 400（元）；

印花税额：14 400×0.001＝14.40（元）。

2. 会计处理。

借：税金及附加　　　　　　　　　　　　　　　　　14.40

　　贷：应交税费——应交印花税　　　　　　　　　　14.40

提示：印花税以合同价格为计税依据，如果合同中分别注明价格与增值税，则按价格金额计算贴花。

问题 14-4-3

企业支付私车公用费用如何开具增值税发票？

答：《国家税务总局关于纳税人申请代开增值税发票办理流程的公告》（国家税务总局公告 2016 年第 59 号）规定，个人发生增值税纳税事项，需要开具增值税发票的，可以向税务机关申请代开，申请代开发票时，需要提供的资料主要有两项：（1）提交《代开增值税发票缴纳税款申报单》；（2）自然人申请代开发票，提交身份证件及复印件。

根据上述政策规定，企业发生私车公用业务，应在支付员工汽车租赁（使用）费时取得发票，并按"财产租赁所得"计算缴纳增值税及附加、个人所得税。增值税发票由员工到税务机关申请代开，该发票就是入账的合法凭据。

提示：在实务操作中，一般由企业代办申请开具发票，即由企业以员工名义到税务机关申请代开发票。

问题 14-4-4

私车公用，员工收取的租赁费如何计算增值税？

答：根据《营业税改征增值税试点实施办法》（财税〔2016〕36 号文件附件 1）所附《销售服务、无形资产、不动产注释》的规定，"经营租赁服务，是指在约定时间内将有形动产或者不动产转让他人使用且租赁物所有权不变更的业务活动"。因此，企业员工将车辆租赁给企业使用，收取的费用，要按"有形动产租赁"税目计算缴纳增值税及附加。

根据《营业税改征增值税试点实施办法》的规定，"个人缴纳增值税按照简易计税方法，应纳税额计算公式：

应纳税额＝销售额×征收率

增值税征收率为 3%。

上述按照销售额和增值税征收率计算的增值税额，不得抵扣进项税额"。

同时，需要注意个人缴纳增值税的起征点。根据《营业税改征增值税试点实施办法》第四十九条、第五十条的规定，个人发生应税行为的销售额未达到增值税起征点的，免征增值税；达到起征点的，全额计算缴纳增值税。

增值税起征点幅度如下：

（1）按期纳税的，为月销售额 5 000～20 000 元（含本数）。

（2）按次纳税的，为每次（日）销售额 300～500 元（含本数）。

起征点的调整由财政部和国家税务总局规定。省、自治区、直辖市财政厅（局）和国家税务局应当在规定的幅度内，根据实际情况确定本地区适用的起征点，并报财政部和国家税务总局备案。

根据上述政策规定，在私车公用业务中，个人收取的费用，凡是达到增值税起征点的，要全额按照增值税简易计税方法计算应纳税额。

REAL ESTATE
ENTERPRISE **案例 14-7**

企业私车公用业务的增值税计算

A 公司 2016 年 12 月 25 日与员工甲签订汽车（私车）租赁合同，每月支付租赁费 5 200 元，租赁期为 2017 年 1 月至 12 月。每月支付租赁费开具发票，应扣缴税额计算如下（假定当地个人增值税起征点为 5 000 元，城市维护建设税等附加计算略）：

每月取得收入 5 200 元，超过起征点 200 元，因此按照全额计算增值税。

应扣缴增值税额：5 200÷（1＋3%）×3%＝151.46（元）。

提示：应税行为如果在享受优惠政策（小微企业）的期间内，按政策规定执行，一般在代开发票时自动处理。

问题 14-4-5

私车公用，员工收取的租赁费如何计算个人所得税？

答：自 2019 年 1 月 1 日起施行的新修订的《个人所得税法》第三条第（三）项规定，财产租赁所得，"适用比例税率，税率为百分之二十"；第六条第（四）项规定："财产租赁所得，每次收入不超过四千元的，减除费用八百元；四千元以上的，减除百分之二十的费用，其余额为应纳税所得额"。这些规定与修订前的《个人所得税法》相同。

因此，在私车公用业务中，员工收取的租赁费要按照 20% 的税率计算缴纳个人所得税。

REAL ESTATE
ENTERPRISE　**案例 14-8**

私车公用，员工收取租赁费的个人所得税计算

A 公司 2016 年 12 月 25 日与员工甲签订汽车（私车）租赁合同，每月支付租赁费 5 200 元，租赁期为 2017 年 1 月至 12 月。开具发票时，增值税为 151.46 元（每月）。员工甲的个人所得税计算如下：

1. 不享受增值税优惠的个人所得税处理。

计税所得额：（5 200－151.46）×（1－20%）=4 038.83（元）；

应缴个人所得税：4 038.83×20%=807.77（元）。

2. 享受增值税优惠的个人所得税处理。

如果在享受优惠政策（小微企业）的期间内，按政策规定免税。

计税所得额：5 200×（1－20%）=4 160（元）；

应缴个人所得税：4 160×20%=832（元）。

问题 14-4-6

企业私车公用费用支出如何进行会计（企业所得税）处理？

答：《企业所得税法》第八条规定："企业实际发生的与取得收入有关的、合理的支出，包括成本、费用、税金、损失和其他支出，准予在计算应纳税所得额时扣除。"

根据上述政策规定，只要企业租用员工的车辆用于生产、管理等日常业务，就准予在计算应纳税所得额时扣除。

在会计处理上，根据《企业会计准则》《企业会计制度》的相关规定，企业私车公用支出属于财产租赁支出，在具体科目上要根据使用情况处理，如果属于管理部门使用，记入"管理费用"科目；如果属于某项目工程部使用，记入"开发间接费用"科目；如果属于销售部使用，则记入"销售费用"科目。

REAL ESTATE
ENTERPRISE　**案例 14-9**

企业私车公用费用的涉税处理

A 房地产开发公司因经营需要，2016 年 12 月 25 日与工程部一名员工签订私车公用合同，合同约定：公司每月支付租车费 5 200 元，在租赁期内因汽车使用而发生的汽油费、过路过桥费、停车费等由公司支付，其他由汽车本身承担的费用由员工（车主）自行承担。2017 年全年发生汽油费、过路过桥费、停车费等 32 000 元，相关修车费 9 600 元。2017 年相关会计（涉税）处理如下：

1．支付租车费用，员工要开具发票，员工个人承担的税收计算如下（城市维护建设税等附加计算略）：

每月扣缴增值税：$5\,200 \div (1+3\%) \times 3\% = 151.46$（元）；

全年扣缴增值税：$151.46 \times 12 = 1\,817.52$（元）。

计税所得额：$(5\,200-151.46-800) \times (1-20\%) = 3\,398.83$（元）（修缮费用以 800 元为扣除限额）。

每月扣缴个人所得税：$3\,398.83 \times 20\% = 679.77$（元）；

全年扣缴个人所得税：$679.77 \times 12 = 8\,157.24$（元）。

2．因员工是工程部人员，且为某项目服务，则企业的会计处理如下：

借：开发间接费用　　　　　　　　　　　　　　62 400
　　贷：现金　　　　　　　　　　　　　　　　　　62 400

3．工作中发生的汽油费、过路过桥费、停车费处理如下：

借：开发间接费用　　　　　　　　　　　　　　32 000
　　贷：现金　　　　　　　　　　　　　　　　　　32 000

4．相关汽车年检费用、修车费 5 000 元，此类支出应由个人承担。

提示：对于汽车维修费，各地掌握的尺度不同。有的地区规定属于个人（车主）费用，不得在企业报销；有的地区规定汽车维修费可以归属为使用当中的费用，在企业报销。企业在实际操作中，要咨询当地税务机关的具体规定。

14.5　支付员工通讯费业务

员工通讯费属于日常公务费用，有的企业采取报销形式，有的企业采取发放补贴形式。对于不同形式的通讯费支出，均有不同的税收政策。

问题 14-5-1

企业支付员工通讯费补贴如何计算个人所得税？

答：《国家税务总局关于个人所得税有关政策问题的通知》（国税发〔1999〕58 号）第二条规定："个人因公务用车和通讯制度改革而取得的公务用车、通讯补贴收入，扣除一定标准的公务费用后，按照'工资、薪金'所得项目计征个人所得税。按月发放的，并入当月'工资、薪金'所得计征个人所得税；不按月发放的，分解到所属月份并与该月份'工资、薪金'所得合并后计征个人所得税。

公务费用的扣除标准，由省级地方税务局根据纳税人公务交通、通讯费用的实际发生情况调查测算，报经省级人民政府批准后确定，并报国家税务总局备案。"

上述政策出台后，各地在执行中均有明细规定，具体分两类：

一是根据上述政策制定扣除标准，这个标准有的是按固定的数额确定，也有的是按照通讯费实际支出的比例确定；

二是没有制定扣除标准，而是按照费用支出的性质据实扣除，即单位因工作需要，为个人通讯工具的使用采取实报实销或限额实报实销部分的，可不并入当月工资薪金征收个人所得税，对于以通讯费补贴形式发放的现金，则要并入当月工资薪金征收个人所得税。

问题 14-5-2

企业支付员工通讯费如何进行企业所得税处理？

答：根据《国家税务总局关于企业工资薪金和职工福利费等支出税前扣除问题的公告》（国家税务总局公告 2015 年第 34 号）第一条的规定，对于直接发放的通讯费用补贴，凡是"列入企业员工工资薪金制度、固定与工资薪金一起发放的，符合《国家税务总局关于企业工资薪金及职工福利费扣除问题的通知》（国税函〔2009〕3 号）第一条规定的，可作为企业发生的工资薪金支出，按规定在税前扣除。不能同时符合上述条件的福利性补贴，应作为国税函〔2009〕3 号文件第三条规定的职工福利费，按规定计算限额税前扣除"。

在制定通讯费实报实销政策的地区，有的地区还规定了企业所得税税前扣除的最高限额。

提示： 对于因工作关系使用企业提供的通讯设备（手机等）产生的费用，属于企业生产管理、经营费用，按规定在企业所得税税前扣除。

REAL ESTATE
ENTERPRISE **案例 14-10**

企业支付员工通讯费的涉税处理

A 房地产开发公司 2018 年每月给销售部人员实报实销通讯费，销售员甲全年共计实报实销 6 000 元。给财务部人员每月发放通讯费补贴 300 元，全年共发放通讯费补贴 3 600 元。假定财务部会计乙每月工资计税所得（已扣除社保、公积金等其他扣除项目）15 500 元。根据当地税务机关制定的标准，直接发放的通讯费补贴应并入当月工资征收个人所得税，对于实报实销的，可不并入当月工资征收个人所得税。当地税务机关同时规定，不论采取何种支付方式，企业所得税税前扣除的最高限额为平均每人每月 300 元。会计（企业所得税）处理如下：

1. 销售部门报销处理。

借：销售费用   6 000
  贷：现金   6 000

2. 财务部门报销处理。

借：管理费用　　　　　　　　　　　　　　　　　　　　　　　　3 600

贷：现金　　　　　　　　　　　　　　　　　　　　　　　　3 600

3. 2018 年 1—9 月期间，会计乙应缴个人所得税计算。

（15 500＋300－3 500）×25%－1 005＝2 070（元）

4. 企业所得税汇算清缴处理。

由于当地规定企业所得税税前扣除的通讯费最高限额为平均每人每月 300 元，全年为 3 600 元，因此，

当年应调增应纳税所得额：6 000－3 600＝2 400（元）。

提示： 如果通讯费补贴取得时间为 2018 年 10 月 1 日至 2018 年 12 月 31 日之间，根据《财政部 税务总局关于 2018 年第四季度个人所得税减除费用和税率适用问题的通知》（财税〔2018〕98 号）第一条的规定，"减除费用统一按照 5 000 元/月执行，并按照本通知所附个人所得税税率表一计算应纳税额"。因此，

会计乙月应纳税所得额：15 500＋300－5 000＝10 800（元）；

会计乙每月应交个人所得税：10 800×10%－210＝870（元）。

自 2019 年 1 月 1 日起，根据新修订的《个人所得税法》的规定，居民个人取得的"工资、薪金所得"与"劳务报酬所得"、"稿酬所得"及"特许权使用费所得"共计四项作为综合所得，按纳税年度合并计算个人所得税，年终汇算清缴。

问题 14-5-3

员工使用企业提供的通讯工具如何进行企业所得税、个人所得税处理？

答：员工因工作需要使用企业提供的通讯工具，由于通讯工具登记在企业名下，且是为企业工作所需使用，在会计处理上，根据《企业会计准则》《企业会计制度》的相关规定，支出的费用要根据使用情况记入不同科目，例如管理人员使用记入"管理费用"科目、销售人员使用记入"销售费用"科目、工程人员使用记入"开发间接费用"科目等。

《企业所得税法》第八条规定："企业实际发生的与取得收入有关的、合理的支出，包括成本、费用、税金、损失和其他支出，准予在计算应纳税所得额时扣除。"

根据上述政策规定，员工因工作需要使用企业提供的通讯工具，其产生的费用，属于企业的日常管理、生产或经营费用，准予在计算应纳税所得额时扣除。同时，其支出属于企业的相关费用，不属于个人所得，不征收个人所得税。

14.6 赠送外单位个人礼品费用支出业务

房地产开发企业在日常业务活动中，经常发生赠送礼品的情形，赠送礼品的行为不仅涉及增值税、企业所得税，还涉及代扣代缴个人所得税业务。

问题 14-6-1

企业购买礼品支出的增值税进项税额如何处理？

答：根据《营业税改征增值税试点实施办法》（财税〔2016〕36 号文件附件 1）第二十七条第（一）款的规定，不得从销项税额中抵扣进项税额的项目包括："用于简易计税方法计税项目、免征增值税项目、集体福利或者个人消费的购进货物、加工修理修配劳务、服务、无形资产和不动产。其中涉及的固定资产、无形资产、不动产，仅指专用于上述项目的固定资产、无形资产（不包括其他权益性无形资产）、不动产。

纳税人的交际应酬消费属于个人消费"。

根据上述政策规定，企业购买礼品的支出，凡是按规定取得符合要求的增值税专用发票的，其进项税额可以抵扣。后期视该礼品的实际用途对增值税进行具体处理。若购置礼品用于无偿赠送，则视同销售，销售价格按礼品的公允价值确定；若购置礼品用于交际应酬，则需作进项税转出处理；若购置礼品用于员工福利，同样需作进项税额转出处理。

提示 1：《财政部 税务总局关于租入固定资产进项税额抵扣等增值税政策的通知》（财税〔2017〕90 号）第一条规定："自 2018 年 1 月 1 日起，纳税人租入固定资产、不动产，既用于一般计税方法计税项目，又用于简易计税方法计税项目、免征增值税项目、集体福利或者个人消费的，其进项税额准予从销项税额中全额抵扣。"

提示 2：根据《财政部 税务总局关于调整增值税税率的通知》（财税〔2018〕32 号）第一条的规定，自 2018 年 5 月 1 日起，"纳税人发生增值税应税销售行为或者进口货物，原适用 17% 和 11% 税率的，税率分别调整为 16%、10%"。

REAL ESTATE
ENTERPRISE **案例 14-11**

企业购买礼品支出的增值税进项税额处理

A 房地产开发公司 2018 年 7 月 25 日购买一批礼品，为每个价值 348 元的电动剃须刀，以备将来组织业务活动使用。市场零售价为 348 元，企业取得增值税专用发票，进项税额为 48 元，不含税价格为 300 元。A 公司购买了 100 个，其进项税额 4 800 元，应记入"应交税费——应交增值税——进项税额"科目借方。会计（企业所得税）处理如下：

1. 购买礼品时：

借：库存商品——礼品　　　　　　　　　　　　　　　　30 000
　　应交税费——应交增值税——进项税额　　　　　　　4 800
　　贷：银行存款　　　　　　　　　　　　　　　　　　　34 800

2. 假设未来将 30 个电动剃须刀作为礼品用于庆典赠送外单位人员。

借：管理费用——业务招待费　　　　　　　　　　　　　10 440
　　贷：库存商品——　　　　　　　　　　　　　　　　　9 000
　　　　应交税费——应交增值税——进项税额转出　　　　1 440

提示：购买时，因最终用途无法确定，其进项税额先记入"应交税费——应交增值税——进项税额"科目。待未来用于非应税项目或免税项目时，再进行进项税额转出。

问题 14-6-2

企业赠送外单位个人礼品如何计算个人所得税？

答：《财政部　国家税务总局关于企业促销展业赠送礼品有关个人所得税问题的通知》（财税〔2011〕50 号）第二条规定："企业向个人赠送礼品，属于下列情形之一的，取得该项所得的个人应依法缴纳个人所得税，税款由赠送礼品的企业代扣代缴：

1. 企业在业务宣传、广告等活动中，随机向本单位以外的个人赠送礼品，对个人取得的礼品所得，按照'其他所得'项目，全额适用 20% 的税率缴纳个人所得税。

2. 企业在年会、座谈会、庆典以及其他活动中向本单位以外的个人赠送礼品，对个人取得的礼品所得，按照'其他所得'项目，全额适用 20% 的税率缴纳个人所得税。

3. 企业对累积消费达到一定额度的顾客，给予额外抽奖机会，个人的获奖所得，按照'偶然所得'项目，全额适用 20% 的税率缴纳个人所得税。"

根据上述政策规定，企业在各种宣传活动中，向本单位以外的个人赠送礼品以及在日常各类庆祝活动中向本单位以外的个人赠送礼品，不属于随商品销售赠送礼品的业务，对个人取得的礼品所得，按照"其他所得"项目，全额适用 20% 的税率缴纳个人所得税，税款由赠送礼品的企业代扣代缴。

提示：关于应税所得项目，自 2019 年 1 月 1 日起施行的新修订的《个人所得税法》没有列举"经国务院财政部门确定征税的其他所得"。

问题 14-6-3

企业在庆祝活动中赠送外单位个人礼品如何确定个人的应税所得?

答:《财政部 国家税务总局关于企业促销展业赠送礼品有关个人所得税问题的通知》(财税〔2011〕50 号)第三条规定:"企业赠送的礼品是自产产品(服务)的,按该产品(服务)的市场销售价格确定个人的应税所得;是外购商品(服务)的,按该商品(服务)的实际购置价格确定个人的应税所得。"

根据《营业税改征增值税试点实施办法》(财税〔2016〕36 号附件 1)第二十七条第(一)项的规定,用于个人消费的购进货物,进项税额不得从销项税额中抵扣。

根据上述政策规定,企业赠送礼品的业务属于政策规定的个人所得税应税行为,需要代扣代缴税款的,对自产产品,按该产品的市场销售价格确定个人的应税所得;对外购商品,按该商品的实际购置价格确定个人的应税所得。

REAL ESTATE
ENTERPRISE　**案例 14-12**

企业在庆祝活动中赠送外单位个人礼品的个人应税所得确定

A 房地产开发公司为庆祝某项目获得当地最佳项目奖,于 2018 年 7 月 28 日召开庆典会议,向 30 个外单位参会人员赠送每人价值 348 元的电动剃须刀,企业购买电动剃须刀取得增值税专用发票,进项税额为 1 440 元,不含税价格为9 000 元。进项税额及会计处理如下:

1. 应税所得确定。

借:管理费用——业务招待费　　　　　　　　　　　　　　　10 440
　贷:库存商品　　　　　　　　　　　　　　　　　　　　　9 000
　　　应交税费——应交增值税——进项税额转出　　　　　　1 440

2. 企业赠送外单位个人礼品,按"其他所得"代扣代缴个人所得税计算。

礼品的购进价格为 10 440 元,故个人所得税应税所得额为 10 440 元(为简化统一计算)。

根据个人所得税政策规定,按"其他所得"代扣代缴个人所得税。

应缴个人所得税:10 440×20%=2 088(元)。

提示 1:根据《财政部 税务总局关于调整增值税税率的通知》(财税〔2018〕32 号)第一条的规定,自 2018 年 5 月 1 日起,"纳税人发生增值税应税销售行为或者进口货物,原适用 17% 和 11% 税率的,税率分别调整为16%、10%"。

提示 2:自 2019 年 1 月 1 日起施行的新修订的《个人所得税法》没有列

举"经国务院财政部门确定征税的其他所得"。新《个人所得税法》第二条列举的个人应税所得项目包括九项："（一）工资、薪金所得；（二）劳务报酬所得；（三）稿酬所得；（四）特许权使用费所得；（五）经营所得；（六）利息、股息、红利所得；（七）财产租赁所得；（八）财产转让所得；（九）偶然所得。"

问题 14-6-4

企业在什么情况下赠送外单位个人礼品不征收个人所得税？

答：《财政部　国家税务总局关于企业促销展业赠送礼品有关个人所得税问题的通知》（财税〔2011〕50号）第一条规定："企业在销售商品（产品）和提供服务过程中向个人赠送礼品，属于下列情形之一的，不征收个人所得税：

1. 企业通过价格折扣、折让方式向个人销售商品（产品）和提供服务；

2. 企业在向个人销售商品（产品）和提供服务的同时给予赠品，如通信企业对个人购买手机赠话费、入网费，或者购话费赠手机等；

3. 企业对累积消费达到一定额度的个人按消费积分反馈礼品。"

根据上述政策规定，企业在销售商品的同时，随商品赠送的礼品及"买一送一"活动，实际上赠送商品的价值已经包含在所售商品中，因此，不征收个人所得税。

问题 14-6-5

企业在日常工作中赠送外单位个人礼品如何进行涉税处理？

答：房地产开发企业在日常工作中，因各种业务活动，需要向本单位以外的人赠送礼品。《企业所得税法》第八条规定："企业实际发生的与取得收入有关的、合理的支出，包括成本、费用、税金、损失和其他支出，准予在计算应纳税所得额时扣除。"

《企业所得税法实施条例》第四十三条规定："企业发生的与生产经营活动有关的业务招待费，按照发生额的 60% 扣除，但最高不得超过当年销售（营业）收入的 5‰。"

根据上述政策规定，企业赠送外单位个人礼品，属于实际发生的与取得收入有关的业务招待费，要依据政策规定的标准在税前扣除，并计算代扣代缴个人所得税，同时作进项税额转出。

在会计处理上，根据《企业会计准则》《企业会计制度》的相关规定，赠送的礼品要根据具体情况记入不同科目。如果是属于营销活动，记入"销售费用——业务招待费"科目；如果是企业日常运行开展的活动，则记入"管理费用——业务招待费"科目。

案例 14-13

企业在日常工作中支付外单位人员礼品费用的会计（涉税）处理

A 房地产开发公司在日常业务活动中赠送客户礼品，于 2018 年 5 月 20 日购买 30 个价值 348 元的电动剃须，增值税发票注明价格为 300 元、增值税为 48 元。礼品在 2018 年 6 月赠送完毕。A 房地产开发公司进项税额及会计（企业所得税）处理如下：

借：管理费用——业务招待费   10 440
    营业外支出（其他应收款）——个人所得税   2 088
贷：库存商品   9 000
    应交税费——应交增值税——进项税额转出   1 440
         ——应交个人所得税   2 088

上述企业发生的与生产经营有关的业务招待费，日常核算时正常记入"管理费用——业务招待费"科目，到年度汇算清缴时，再按照发生额的 60% 扣除，但最高不得超过当年销售（营业）收入的 5‰。

提示 1： 在实际业务中，赠送实物时应代扣代缴的个人所得税，并不能从纳税义务人（接受赠送人）处取得应缴纳的个人所得税额。因此上述应由被赠送人承担的个人所得税 2 088 元，最终由扣缴义务人 A 公司实际负担。上述个人所得税金额若能从纳税义务人处收回，则记入"其他应收款"科目，否则记入"营业外支出"科目。但需要注意，该笔支出 2 088 元属于与生产经营无关的支出，不得在企业所得税税前扣除，在年末所得税汇算清缴时应作纳税调增处理。

提示 2： 自 2019 年 1 月 1 日起施行的新修订的《个人所得税法》没有列举"经国务院财政部门确定征税的其他所得"。新《个人所得税法》第二条列举的个人应税所得项目包括九项："（一）工资、薪金所得；（二）劳务报酬所得；（三）稿酬所得；（四）特许权使用费所得；（五）经营所得；（六）利息、股息、红利所得；（七）财产租赁所得；（八）财产转让所得；（九）偶然所得"。

14.7　支付误餐补贴业务

误餐补贴是指员工因到城市郊区等偏远地点工作，无法及时返回单位就餐而给予的一种补助，一般按实际工作天数计算。这项业务主要涉及个人所得税及企业所得税的处理。

问题 14-7-1

企业支出的误餐补贴如何进行会计（企业所得税）处理?

答：对于按实际发生支出的误餐补贴达到多少即不属于工资薪金范围，目前没有统一的标准。

《中央国家机关和事业单位差旅费管理办法》（财行〔2006〕313 号文件发布）第十三条规定：“出差人员的伙食补助费按出差自然（日历）天数实行定额包干，每人每天 50 元”；第十四条规定：“出差人员由接待单位统一安排伙食的，不实行包干办法。出差人员应向接待单位交纳伙食费，回所在单位如实申报，每人每天在 50 元以内凭接待单位收据据实报销。接待单位收取的伙食费用于抵顶招待费开支”。

根据上述政策规定，企业可以在合理范围内参照制定相应的财务管理制度，并根据税收征管的要求报税务机关备案。发生的支出，根据支出的性质记入不同的会计科目。例如，属于日常管理的，记入“管理费用”科目；属于项目工程管理的，记入“开发间接费用”科目。

问题 14-7-2

企业支出的误餐补贴如何进行个人所得税处理?

答：根据《财政部 国家税务总局关于误餐补助范围确定问题的通知》（财税字〔1995〕82 号）的规定，“国税发〔1994〕89 号文件规定不征税的误餐补助，是指按财政部门规定，个人因公在城区、郊区工作、不能在工作单位或返回就餐，确实需要在外就餐的，根据实际误餐顿数，按规定的标准领取的误餐费。一些单位以误餐补助名义发给职工的补贴、津贴，应当并入当月工资、薪金所得计征个人所得税”。

房地产开发企业在执行误餐补助政策时，应以当地财政、税务部门规定的标准为基础，在企业财务制度中明确相关补助标准并按税收征管规定报税务机关备案。

REAL ESTATE ENTERPRISE **案例 14-14**

企业误餐支出的会计（涉税）处理

A 房地产开发公司的某个项目在郊区，根据工作安排，工程部人员甲 2017年 8 月共计去项目现场办公 8 次，公司依据当地财政、税务机关标准制定的误餐补助为 15 元，共计 120 元。会计（企业所得税）处理如下：

借：开发间接费用——某项目　　　　　　　　　　　　120

　　贷：现金　　　　　　　　　　　　　　　　　　　　120

提示：依据当地财政、税务机关标准制定误餐补助标准且按实发放的，不并入个人所得计算个人所得税。

问题 **14-7-3**

视同工资薪金的误餐补贴如何进行会计（企业所得税、个人所得税）处理？

答：《财政部关于企业加强职工福利费财务管理的通知》（财企〔2009〕242号）第二条第二款规定："企业给职工发放的节日补助、未统一供餐而按月发放的午餐费补贴，应当纳入工资总额管理。"

根据上述政策规定，如果企业按月发放误餐补贴，则属于工资薪金性质，按工资薪金相关规定处理。

REAL ESTATE
ENTERPRISE **案例 14-15**

企业误餐补贴支出的会计（涉税）处理

A 房地产开发公司为解决员工午餐问题，2017 年在"应付福利费"科目中每月支付员工每人每天 30 元"误餐补助"，由员工自行解决午餐。假定员工 25 人，其中 6 人为某工程部人员，10 人为销售部人员，员工甲每月工资计税所得额 8 600 元（已经扣除社保公积金），个人所得计算及会计处理如下：

1. A 公司"误餐补助"实质是按月发给职工的补贴，应当纳入工资总额管理，并按"工资薪金所得"项目代扣代缴个人所得税。

2. 按月发放时（按每月 22 个工作日计算）。

借：管理费用	5 940
销售费用	6 600
开发间接费用	3 960
贷：应付薪酬——应付福利费	16 500

3. 个人所得税计算。

甲个人计税所得：8 600＋660＝9 260（元）；

甲应缴个人所得税：（9 260－3 500）×20％－555＝597（元）。

提示：如果误餐补贴支出时间为 2018 年 10 月 1 日至 2018 年 12 月 31 日之间，根据《财政部 税务总局关于 2018 年第四季度个人所得税减除费用和税率适用问题的通知》（财税〔2018〕98 号）第一条的规定，"减除费用统一按照 5 000 元/月执行，并按照本通知所附个人所得税税率表一计算应纳税额"。因此，

员工甲月应纳税所得额：8 600＋660－5 000＝4 260（元）；

员工甲月应缴个人所得税：4 260×10％－210＝216（元）。

自 2019 年 1 月 1 日起，根据新修订的《个人所得税法》的规定，居民个人取得的"工资、薪金所得"与"劳务报酬所得"、"稿酬所得"及"特许权使用费

所得"共计四项作为综合所得，按纳税年度合并计算个人所得税，年终汇算清缴。

14.8　其他各项业务

本节主要分析除上述各种问题以外的其他日常发生的各项业务涉及的税收问题。

问题 14-8-1

企业取得的代扣代缴个人所得税手续费如何处理？

答：自 2019 年 1 月 1 日起施行的新修订的《个人所得税法》第十七条规定："对扣缴义务人按照所扣缴的税款，付给百分之二的手续费。"此项规定与修订前的《个人所得税法》相同。

对于 2% 的手续费如何处理，根据《个人所得税代扣代缴暂行办法》（国税发〔1995〕065 号）第十七条的规定，扣缴义务人可将其用于代扣代缴费用开支和奖励代扣代缴工作做得较好的办税人员。但该文件已经《国家税务总局关于公布全文废止和部分条款废止的税务部门规章目录的决定》（国家税务总局令第 40 号）公布，从 2016 年 5 月 27 日起作废。目前还没有新的规定。

目前各地掌握的尺度有所不同。对于个人取得的从手续费中列支的奖励不征收个人所得税，但对于年底有结余的，有的地方要求结转所得，有的地方则不要求结转所得。在具体处理上，如果企业对其结转所得，则支出时应计入成本费用；反之，则不计入成本费用。

营改增后，税务机关支付给企业的个人所得税手续费返还是否应作为增值税应税收入，目前没有具体规定，但从个人所得税手续费返还的性质上判断，是税务机关给予纳税人履行代扣代缴义务的一种奖励，不属于增值税应税收入。

问题 14-8-2

企业日常各项费用支出选择普通发票还是专用发票？

答：营改增后，对于原缴纳营业税的企业，例如房地产企业，在日常报销业务中（非项目材料、设备购进业务），是必须取得增值税专用发票还是可以取得增值税普通发票，要看具体情况。如果企业处于销售期，则进项税额可以抵扣，如果企业暂时没有项目，即没有销售收入，一般日常业务发生的进项税额无法及时抵扣，且会造成一定的涉税风险。因此，可从以下方面考虑：

1. 房地产开发企业如果已无开发项目，则可选择取得增值税普通发票，原因是可将价税合计金额计入当期损益，以降低利润总额；

2. 房地产开发企业如果开发老项目，则选择简易计税方法征收增值税，因此可以选择取得增值税普通发票；

3. 房地产开发企业如果开发新项目，则应选择一般计税方法征收增值税，因此可以选择尽量取得增值税专用发票。

提示： 无论房地产开发企业是否有开发项目，也无论是适用简易计税方法还是一般计税方法征收增值税，若发生日常费用属于不得抵扣增值税进项税额的情形（例如，用于职工福利费、餐饮费、金融贷款利息等），均不需要取得增值税专用发票。

问题 14-8-3

纳税人支付的道路、桥、闸通行费如何抵扣增值税进项税额？

答：根据《财政部 国家税务总局关于租入固定资产进项税额抵扣等增值税政策的通知》（财税〔2017〕90 号）第七条的规定，"自 2018 年 1 月 1 日起，纳税人支付的道路、桥、闸通行费，按照以下规定抵扣进项税额：

（一）纳税人支付的道路通行费，按照收费公路通行费增值税电子普通发票上注明的增值税额抵扣进项税额。

2018 年 1 月 1 日至 6 月 30 日，纳税人支付的高速公路通行费，如暂未能取得收费公路通行费增值税电子普通发票，可凭取得的通行费发票（不含财政票据，下同）上注明的收费金额按照下列公式计算可抵扣的进项税额：

$$\text{高速公路通行费可抵扣进项税额} = \text{高速公路通行费发票上注明的金额} \div (1+3\%) \times 3\%$$

2018 年 1 月 1 日至 12 月 31 日，纳税人支付的一级、二级公路通行费，如暂未能取得收费公路通行费增值税电子普通发票，可凭取得的通行费发票上注明的收费金额按照下列公式计算可抵扣进项税额：

$$\text{一级、二级公路通行费可抵扣进项税额} = \text{一级、二级公路通行费发票上注明的金额} \div (1+5\%) \times 5\%$$

（二）纳税人支付的桥、闸通行费，暂凭取得的通行费发票上注明的收费金额按照下列公式计算可抵扣的进项税额：

$$\text{桥、闸通行费可抵扣进项税额} = \text{桥、闸通行费发票上注明的金额} \div (1+5\%) \times 5\%$$

（三）本通知所称通行费，是指有关单位依法或者依规设立并收取的过路、过桥和过闸费用"。

REAL ESTATE
ENTERPRISE **案例 14-16**

纳税人支付的道路、桥、闸通行费的增值税进项税额计算

A 房地产开发公司 2018 年 3 月 2 日至 5 日自行驾车去外地考察开发项目，其中支付高速公路通行费 650 元，省道（一级公路）通行费 150 元，均未取得增值税电子普通发票。进项税额计算如下：

高速公路通行费可抵扣进项税额＝650÷(1＋3％)×3％＝18.93（元）；

一级公路通行费可抵扣进项税额＝150÷(1＋5％)×5％＝7.14（元）。

第 15 章
增值税发票开具及抵扣等业务涉税问题

增值税发票业务是企业在日常业务处理中经常遇到的问题，随着发票管控力度的提升，需要严格按照发票管理制度和规定办理相关业务，因此不仅要严格按照政策开具发票，还要严格按照政策取得发票，这就需要企业全面了解发票开具的政策。本章主要分析解答代开发票、自行开具发票、发票管理违规处罚等问题。

15.1　委托税务机关开具增值税发票

委托税务机关开具增值税发票主要是小规模纳税人、自然人等需要开具的发票业务。在国税、地税机构合并之前，为方便纳税人代开发票，国税、地税机构之间采取业务委托形式以及设置国税、地税合作的办税服务厅办理代开发票业务，国税、地税机构合并之后，业务完全统一，相关业务程序更加简单明了。

问题 15-1-1

纳税人申请代开发票需要提供哪些资料？

答：根据《国家税务总局关于纳税人申请代开增值税发票办理流程的公告》（国家税务总局公告 2016 年第 59 号）第一条的规定，纳税人在税务机关的办税服务厅代开发票，需要提供的资料如下：

（1）提交《代开增值税发票缴纳税款申报单》。

（2）自然人申请代开发票，提交身份证件及复印件；其他纳税人申请代开发票，提交加载统一社会信用代码的营业执照（或税务登记证或组织机构代码证）、经办人身份证件及复印件。

提示：国税、地税机构合并后，纳税人委托税务机关开具增值税发票，流程及所需资料没有变化，区别是不再按机构区分业务。各地都根据具体情况，制定了相应的代开票申请管理流程。

问题 15-1-2

纳税人销售取得的不动产和其他个人出租不动产代开增值税发票业务需要哪些资料？

答：根据《国家税务总局关于纳税人申请代开增值税发票办理流程的公告》（国家税务总局公告 2016 年第 59 号）第三条、《国家税务总局关于加强和规范税务机关代开普通发票工作的通知》（国税函〔2004〕1024 号）第二条第（五）项的规定，纳税人销售取得的不动产和其他个人出租不动产代开增值税发票业务所需资料如下：

1. 申请代开发票人的合法身份证件；

2. 付款方（或接受劳务服务方）对所购物品品名（或劳务服务项目）、单价、金额等出具的书面确认证明。

提示：在实务中，很多个人出租不动产代开增值税发票业务，是由承租方代为办理的。这里要注意的是，承租方只是代为办理，纳税人还是出租房屋的个人，其缴纳的各项税收不得在承租方列支。

问题 15-1-3

个人出租不动产在什么情况下可以向税务机关申请代开增值税专用发票？

答：《国家税务总局关于营业税改征增值税委托地税局代征税款和代开增值税发票的通知》（税总函〔2016〕145号）第二条第（四）项规定，其他个人出租不动产，承租方不属于其他个人的，纳税人缴纳增值税后可以向税务机关申请代开增值税专用发票。

根据上述政策规定，个人出租不动产，只有在承租方不属于其他个人或不属于法律规定不得取得增值税专用发票的情况下，才可以向税务机关申请代开增值税专用发票。因此，企业租用个人房屋，可以向税务机关申请代开增值税专用发票。

15.2　小规模纳税人自开增值税发票

小规模纳税人自开增值税发票主要是指纳税人通过增值税发票管理新系统开具增值税专用发票等业务。

问题 15-2-1

纳税人通过增值税发票管理新系统开具增值税发票未按规定选择正确编码的如何处理？

答：《国家税务总局关于增值税发票管理若干事项的公告》（国家税务总局公告2017年第45号）第一条规定："自2018年1月1日起，纳税人通过增值税发票管理新系统开具增值税发票（包括：增值税专用发票、增值税普通发票、增值税电子普通发票）时，商品和服务税收分类编码对应的简称会自动显示并打印在发票票面'货物或应税劳务、服务名称'或'项目'栏次中。包含简称的《商品和服务税收分类编码表》。"

根据上述政策规定，自2018年1月1日起，纳税人通过增值税发票管理新系统开具增值税发票，商品和服务税收分类编码对应的简称会打印在发票票面"货物或应税劳务、服务名称"或"项目"栏次中，包含简称的《商品和服务税收分类编码表》。也就说，税务机关可以通过系统监控纳税发票的开具，同时接受发票的企业必须审核发票是否有编码，没有编码的发票属于"废票"，不得入账。

对于违反选择编码规定的，《中华人民共和国发票管理办法》（以下简称《发票管理办法》）第二十二条第一款规定："开具发票应当按照规定的时限、顺序、栏目，全部联次一次性如实开具，并加盖发票专用章。"根据《增值税专用发票使用规定》（国税发〔2006〕156 号文件发布）第十一条的规定，专用发票的开具，必须"项目齐全，与实际交易相符"。

根据上述政策规定，纳税人开具的发票没有编码的，属于栏目或项目不全。根据《发票管理办法》第三十五条第一款的规定，纳税人"未按照规定的时限、顺序、栏目，全部联次一次性开具发票，或者未加盖发票专用章的"，由税务机关责令改正，可以处 1 万元以下的罚款；有违法所得的予以没收。

《发票管理办法》第二十二条第一二款规定："任何单位和个人不得有下列虚开发票行为：

（一）为他人、为自己开具与实际经营业务情况不符的发票；

（二）让他人为自己开具与实际经营业务情况不符的发票；

（三）介绍他人开具与实际经营业务情况不符的发票"。

根据上述政策规定，对于纳税人在开具发票时，未选择正确的商品和服务税收分类编码的行为，属于开具与实际经营业务情况不符的发票，按政策规定属于虚开发票行为。

《发票管理办法》第三十七条第一款规定："违反本办法第二十二条第二款的规定虚开发票的，由税务机关没收违法所得；虚开金额在 1 万元以下的，可以并处 5 万元以下的罚款；虚开金额超过 1 万元的，并处 5 万元以上 50 万元以下的罚款；构成犯罪的，依法追究刑事责任。"

问题 15-2-2

哪些纳税人可以通过增值税发票管理新系统自行开具发票？

答：《国家税务总局关于增值税发票管理若干事项的公告》（国家税务总局公告 2017 年第 45 号）第二条规定："自 2018 年 2 月 1 日起，月销售额超过 3 万元（或季销售额超过 9 万元）的工业以及信息传输、软件和信息技术服务业增值税小规模纳税人（以下简称试点纳税人）发生增值税应税行为，需要开具增值税专用发票的，可以通过增值税发票管理新系统自行开具。"

根据上述政策规定，自 2018 年 2 月 1 日起，将工业以及信息传输、软件和信息技术服务业增值税小规模纳税人纳入自行开具增值税专用发票试点范围。此前自 2016 年 8 月 1 日起，国家税务总局已经陆续开展了增值税小规模纳税人自行开具增值税专用发票试点工作，已经试点的行业包括住宿业、鉴证咨询业、建筑业等三个行业。

试点纳税人可以选择自行开具增值税专用发票或者向税务机关申请代开，但已经选择自行开具增值税专用发票的增值税小规模纳税人，税务机关不再为其代开。

问题 15-2-3

二手车销售统一发票是否纳入增值税发票管理新系统？

答：《国家税务总局关于增值税发票管理若干事项的公告》（国家税务总局公告 2017 年第 45 号）第三条规定："自 2018 年 4 月 1 日起，二手车交易市场、二手车经销企业、经纪机构和拍卖企业应当通过增值税发票管理新系统开具二手车销售统一发票。

二手车销售统一发票'车价合计'栏次仅注明车辆价款。二手车交易市场、二手车经销企业、经纪机构和拍卖企业在办理过户手续过程中收取的其他费用，应当单独开具增值税发票。

通过增值税发票管理新系统开具的二手车销售统一发票与现行二手车销售统一发票票样保持一致。发票代码编码规则调整为：第 1 位为 0，第 2—5 位代表省、自治区、直辖市和计划单列市，第 6—7 位代表年度，第 8—10 位代表批次，第 11—12 位为 17。发票号码为 8 位，按年度、分批次编制。

单位和个人可以登录全国增值税发票查验平台（https://inv-veri.chinatax.gov.cn），对增值税发票管理新系统开具的二手车销售统一发票信息进行查验。"

根据上述政策规定，二手车交易市场、二手车经销企业、经纪机构和拍卖企业应当通过增值税发票管理新系统开具二手车销售统一发票，因此，接受发票的企业要严格审核查验发票信息。

问题 15-2-4

鉴证咨询业增值税小规模纳税人如何自开增值税专用发票？

答：根据《国家税务总局关于开展鉴证咨询业增值税小规模纳税人自开增值税专用发票试点工作有关事项的公告》（国家税务总局公告 2017 年第 4 号）第一条第（一）项的规定，自 2017 年 3 月 1 日起，"全国范围内月销售额超过 3 万元（或季销售额超过 9 万元）的鉴证咨询业增值税小规模纳税人（以下简称'试点纳税人'）提供认证服务、鉴证服务、咨询服务、销售货物或发生其他增值税应税行为，需要开具专用发票的，可以通过增值税发票管理新系统自行开具，主管国税机关不再为其代开"。

根据上述政策规定，鉴证咨询业增值税小规模纳税人应通过增值税发票管理新系统增值税专用票，因此接受发票的企业要严格审核查验发票信息，已经通过增值税发票管理新系统自行开具发票的，票面编码信息必须齐全。

问题 15-2-5

保险机构代收车船税如何开具增值税发票？

答：《国家税务总局关于保险机构代收车船税开具增值税发票问题的公告》

（国家税务总局公告 2016 年第 51 号）规定："保险机构作为车船税扣缴义务人，在代收车船税并开具增值税发票时，应在增值税发票备注栏中注明代收车船税税款信息。具体包括：保险单号、税款所属期（详细至月）、代收车船税金额、滞纳金金额、金额合计等。该增值税发票可作为纳税人缴纳车船税及滞纳金的会计核算原始凭证。"

根据上述政策规定，接受发票的企业，要严格审核发票信息，特别是发票备注栏中注明代收车船税税款信息，信息不全的不能作为会计核算原始凭证。

问题 15-2-6

建筑业增值税小规模纳税人如何自行开具增值税专用发票？

答：《国家税务总局关于进一步明确营改增有关征管问题的公告》（国家税务总局公告 2017 年第 11 号）第九条规定："自 2017 年 6 月 1 日起，将建筑业纳入增值税小规模纳税人自行开具增值税专用发票试点范围。月销售额超过 3 万元（或季销售额超过 9 万元）的建筑业增值税小规模纳税人（以下称'自开发票试点纳税人'）提供建筑服务、销售货物或发生其他增值税应税行为，需要开具增值税专用发票的，通过增值税发票管理新系统自行开具。"

根据上述政策规定，接受建筑业增值税小规模纳税人发票的企业，要严格审核发票信息，已经通过增值税发票管理新系统自行开具发票的，票面编码信息不全的不能作为会计核算原始凭证。

15.3 发票开具中的各项相关业务

本节主要介绍一些特殊的发票开具业务，在日常业务中经常会遇到，如果处理不当则会产生一定的风险。

问题 15-3-1

如何开具符合规定的增值税普通发票？

答：《国家税务总局关于增值税发票开具有关问题的公告》（国家税务总局公告 2017 年第 16 号）规定："一、自 2017 年 7 月 1 日起，购买方为企业的，索取增值税普通发票时，应向销售方提供纳税人识别号或统一社会信用代码；销售方为其开具增值税普通发票时，应在'购买方纳税人识别号'栏填写购买方的纳税人识别号或统一社会信用代码。不符合规定的发票，不得作为税收凭证。

二、销售方开具增值税发票时，发票内容应按照实际销售情况如实开具，不得根据购买方要求填开与实际交易不符的内容。销售方开具发票时，通过销售平台系统与增值税发票税控系统后台对接，导入相关信息开票的，系统导入的开票数据内容应与实际交易相符，如不相符应及时修改完善销售平台系统。"

根据上述政策规定，开具增值税普通发票时，购买方的纳税人识别号或统一社会信用代码也要作为票据信息在票面反映，并接受税务机关的监控。对于不符合规定的发票，不得作为税收凭证。

问题 15-3-2

增值税一般纳税人如何开具红字增值税发票？

答：《国家税务总局关于红字增值税发票开具有关问题的公告》（国家税务总局公告 2016 年第 47 号）第一条规定："增值税一般纳税人开具增值税专用发票（以下简称'专用发票'）后，发生销货退回、开票有误、应税服务中止等情形但不符合发票作废条件，或者因销货部分退回及发生销售折让，需要开具红字专用发票的，按以下方法处理：

（一）购买方取得专用发票已用于申报抵扣的，购买方可在增值税发票管理新系统（以下简称'新系统'）中填开并上传《开具红字增值税专用发票信息表》（以下简称《信息表》，详见附件），在填开《信息表》时不填写相对应的蓝字专用发票信息，应暂依《信息表》所列增值税税额从当期进项税额中转出，待取得销售方开具的红字专用发票后，与《信息表》一并作为记账凭证。

购买方取得专用发票未用于申报抵扣、但发票联或抵扣联无法退回的，购买方填开《信息表》时应填写相对应的蓝字专用发票信息。

销售方开具专用发票尚未交付购买方，以及购买方未用于申报抵扣并将发票联及抵扣联退回的，销售方可在新系统中填开并上传《信息表》。销售方填开《信息表》时应填写相对应的蓝字专用发票信息。

（二）主管税务机关通过网络接收纳税人上传的《信息表》，系统自动校验通过后，生成带有'红字发票信息表编号'的《信息表》，并将信息同步至纳税人端系统中。

（三）销售方凭税务机关系统校验通过的《信息表》开具红字专用发票，在新系统中以销项负数开具。红字专用发票应与《信息表》一一对应。

（四）纳税人也可凭《信息表》电子信息或纸质资料到税务机关对《信息表》内容进行系统校验。"

提示：根据国家税务总局对该公告的解释，税务机关为小规模纳税人代开专用发票，需要开具红字专用发票的，按照一般纳税人开具红字专用发票的方法处理。

对开具红字增值税普通发票以及红字机动车销售统一发票的，纳税人需要开具红字增值税普通发票的，可以在所对应的蓝字发票金额范围内开具多份红字发票。红字机动车销售统一发票需与原蓝字机动车销售统一发票一一对应。

对按照《国家税务总局关于纳税人认定或登记为一般纳税人前进项税额抵扣问题的公告》（国家税务总局公告 2015 年第 59 号）的规定，需要开具红字专用发票的，按照国家税务总局公告 2016 年第 47 号规定执行。

问题 15-3-3

税务机关如何为小规模纳税人开具红字增值税专用发票?

答：根据《国家税务总局关于红字增值税发票开具有关问题的公告》（国家税务总局公告 2016 年第 47 号）第二条的规定，"税务机关为小规模纳税人代开专用发票，需要开具红字专用发票的，按照一般纳税人开具红字专用发票的方法处理"。

问题 15-3-4

纳税人如何开具红字增值税普通发票?

答：根据《国家税务总局关于红字增值税发票开具有关问题的公告》（国家税务总局公告 2016 年第 47 号）第三条的规定，"纳税人需要开具红字增值税普通发票的，可以在所对应的蓝字发票金额范围内开具多份红字发票。红字机动车销售统一发票需与原蓝字机动车销售统一发票一一对应"。

问题 15-3-5

如何判定走逃（失联）企业?

答：《国家税务总局关于走逃（失联）企业开具增值税专用发票认定处理有关问题的公告》（国家税务总局公告 2016 年第 76 号）第一条规定："走逃（失联）企业，是指不履行税收义务并脱离税务机关监管的企业。

根据税务登记管理有关规定，税务机关通过实地调查、电话查询、涉税事项办理核查以及其他征管手段，仍对企业和企业相关人员查无下落的，或虽然可以联系到企业代理记账、报税人员等，但其并不知情也不能联系到企业实际控制人的，可以判定该企业为走逃（失联）企业。"

提示：在判定走逃（失联）企业时，一般各地基层税务机关都制定有严格的流程及纸质文书，流程中的这些纸质文书需要严格保存，作为认定的法律文书。

问题 15-3-6

走逃（失联）企业存续经营期间开具的哪些增值税专用发票应列入异常增值税扣税凭证范围?

答：根据《国家税务总局关于走逃（失联）企业开具增值税专用发票认定处

理有关问题的公告》（国家税务总局公告 2016 年第 76 号）第二条第（一）项的规定，"走逃（失联）企业存续经营期间发生下列情形之一的，所对应属期开具的增值税专用发票列入异常增值税扣税凭证（以下简称'异常凭证'）范围。

1. 商贸企业购进、销售货物名称严重背离的；生产企业无实际生产加工能力且无委托加工，或生产能耗与销售情况严重不符，或购进货物并不能直接生产其销售的货物且无委托加工的。

2. 直接走逃失踪不纳税申报，或虽然申报但通过填列增值税纳税申报表相关栏次，规避税务机关审核比对，进行虚假申报的"。

问题 15-3-7

增值税一般纳税人取得异常凭证的如何处理？

答：根据《国家税务总局关于走逃（失联）企业开具增值税专用发票认定处理有关问题的公告》（国家税务总局公告 2016 年第 76 号）第二条第（二）项、第（三）项的规定，"增值税一般纳税人取得异常凭证，尚未申报抵扣或申报出口退税的，暂不允许抵扣或办理退税；已经申报抵扣的，一律先作进项税额转出；已经办理出口退税的，税务机关可按照异常凭证所涉及的退税额对该企业其他已审核通过的应退税款暂缓办理出口退税，无其他应退税款或应退税款小于涉及退税额的，可由出口企业提供差额部分的担保。经核实，符合现行增值税进项税额抵扣或出口退税相关规定的，企业可继续申报抵扣，或解除担保并继续办理出口退税"；"异常凭证由开具方主管税务机关推送至接受方所在地税务机关进行处理，具体操作规程另行明确"。

问题 15-3-8

被盗、丢失增值税专用发票是否需要刊登"遗失声明"？

答：根据《国家税务总局关于被盗、丢失增值税专用发票有关问题的公告》（国家税务总局公告 2016 年第 50 号）的规定，"为方便纳税人，税务总局决定取消纳税人的增值税专用发票发生被盗、丢失时必须统一在《中国税务报》上刊登'遗失声明'的规定。

本公告自发布之日起施行。《国家税务总局关于被盗、丢失增值税专用发票的处理意见的通知》（国税函〔1995〕292 号）同时废止"。

问题 15-3-9

企业销售或购买单用途卡如何开具或接受增值税发票？

答：《国家税务总局关于营改增试点若干征管问题的公告》（国家税务总局公告 2016 年第 53 号）第三条规定，单用途商业预付卡（以下称"单用途卡"）业务按照以下规定执行：

"（一）单用途卡发卡企业或者售卡企业（以下统称'售卡方'）销售单用途卡，或者接受单用途卡持卡人充值取得的预收资金，不缴纳增值税。售卡方可按照本公告第九条的规定，向购卡人、充值人开具增值税普通发票，不得开具增值税专用发票。

单用途卡，是指发卡企业按照国家有关规定发行的，仅限于在本企业、本企业所属集团或者同一品牌特许经营体系内兑付货物或者服务的预付凭证。

发卡企业，是指按照国家有关规定发行单用途卡的企业。售卡企业，是指集团发卡企业或者品牌发卡企业指定的，承担单用途卡销售、充值、挂失、换卡、退卡等相关业务的本集团或同一品牌特许经营体系内的企业。

（二）售卡方因发行或者销售单用途卡并办理相关资金收付结算业务取得的手续费、结算费、服务费、管理费等收入，应按照现行规定缴纳增值税。

（三）持卡人使用单用途卡购买货物或服务时，货物或者服务的销售方应按照现行规定缴纳增值税，且不得向持卡人开具增值税发票。

（四）销售方与售卡方不是同一个纳税人的，销售方在收到售卡方结算的销售款时，应向售卡方开具增值税普通发票，并在备注栏注明'收到预付卡结算款'，不得开具增值税专用发票。

售卡方从销售方取得的增值税普通发票，作为其销售单用途卡或接受单用途卡充值取得预收资金不缴纳增值税的凭证，留存备查。"

根据上述政策规定，企业购买单用途卡可以取得增值税普通发票，但无法取得增值税专用发票，因此没有进项税额抵扣。

问题 15-3-10

企业销售或购买多用途卡如何开具或接受增值税发票？如何进行增值税处理？

答：《国家税务总局关于营改增试点若干征管问题的公告》（国家税务总局公告 2016 年第 53 号）第四条规定，支付机构预付卡（以下称"多用途卡"）业务按照以下规定执行：

"（一）支付机构销售多用途卡取得的等值人民币资金，或者接受多用途卡持卡人充值取得的充值资金，不缴纳增值税。支付机构可按照本公告第九条的规定，向购卡人、充值人开具增值税普通发票，不得开具增值税专用发票。

支付机构，是指取得中国人民银行核发的《支付业务许可证》，获准办理'预付卡发行与受理'业务的发卡机构和获准办理'预付卡受理'业务的受理机构。

多用途卡，是指发卡机构以特定载体和形式发行的，可在发卡机构之外购买货物或服务的预付价值。

（二）支付机构因发行或者受理多用途卡并办理相关资金收付结算业务取得的手续费、结算费、服务费、管理费等收入，应按照现行规定缴纳增值税。

（三）持卡人使用多用途卡，向与支付机构签署合作协议的特约商户购买货物或服务，特约商户应按照现行规定缴纳增值税，且不得向持卡人开具增值税发票。

（四）特约商户收到支付机构结算的销售款时，应向支付机构开具增值税普通发票，并在备注栏注明'收到预付卡结算款'，不得开具增值税专用发票。

支付机构从特约商户取得的增值税普通发票，作为其销售多用途卡或接受多用途卡充值取得预收资金不缴纳增值税的凭证，留存备查。"

根据上述政策规定，企业购买多用途卡可以取得增值税普通发票，但无法取得增值税专用发票，因此没有进项税额抵扣。

问题 15-3-11

提供劳务派遣服务选择差额纳税的纳税人如何开具增值税发票？

答：根据《财政部 国家税务总局关于进一步明确全面推开营改增试有关劳务派遣服务、收费公路通行费抵扣等政策的通知》（财税〔2016〕47号）第一条的规定，不论是一般纳税人提供劳务派遣服务，还是小规模纳税人提供劳务派遣服务，凡是"选择差额纳税的纳税人，向用工单位收取用于支付给劳务派遣员工工资、福利和为其办理社会保险及住房公积金的费用，不得开具增值税专用发票，可以开具普通发票"。

"劳务派遣服务，是指劳务派遣公司为了满足用工单位对于各类灵活用工的需求，将员工派遣至用工单位，接受用工单位管理并为其工作的服务"。

根据上述政策规定，对选择差额纳税的劳务派遣公司，接受用工的企业支付给劳务派遣员工工资、福利和为其办理社会保险及住房公积金的费用，可以取得增值税普通发票。

问题 15-3-12

纳税人提供人力资源外包服务的如何开具增值税发票？

答：根据《财政部 国家税务总局关于进一步明确全面推开营改增试点有关劳务派遣服务、收费公路通行费抵扣等政策的通知》（财税〔2016〕47号）第三条第（一）项的规定，"纳税人提供人力资源外包服务，按照经纪代理服务缴纳增值税，其销售额不包括受客户单位委托代为向客户单位员工发放的工资和代理缴纳的社会保险、住房公积金。向委托方收取并代为发放的工资和代理缴纳的社会保险、住房公积金，不得开具增值税专用发票，可以开具普通发票。

一般纳税人提供人力资源外包服务，可以选择适用简易计税方法，按照 5％ 的征收率计算缴纳增值税"。

15.4　违反发票管理规定的相关处罚

违反发票管理规定的相关处罚，主要是指依据税收征管法、发票管理办法等对违反发票管理规定的各项业务的处理以及对当事企业、当事人的处罚。

问题 15-4-1

利用他人虚开的发票偷税的如何处理？

答：根据《国家税务总局关于纳税人取得虚开的增值税专用发票处理问题的通知》（国税发〔1997〕134 号）第一条的规定，"受票方利用他人虚开的专用发票，向税务机关申报抵扣税款进行偷税的，应当依照《中华人民共和国税收征收管理法》及有关规定追缴税款，处以偷税数额五倍以下的罚款；进项税金大于销项税金的，还应当调减其留抵的进项税额。利用虚开的专用发票进行骗取出口退税的，应当依法追缴税款，处以骗税数额五倍以下的罚款"。

问题 15-4-2

从第三方等取得发票偷税的如何处理？

答：根据《关于纳税人取得虚开的增值税专用发票处理问题的通知》（国税发〔1997〕134 号）第二条的规定，"在货物交易中，购货方从销售方取得第三方开具的专用发票，或者从销货地以外的地区取得专用发票，向税务机关申报抵扣税款或者申请出口退税的，应当按偷税、骗取出口退税处理，依照《中华人民共和国税收征收管理法》及有关规定追缴税款，处以偷税、骗税数额五倍以下的罚款"。

问题 15-4-3

利用他人虚开或从第三方等取得发票未申报抵扣税款的如何处理？

答：根据《国家税务总局关于纳税人取得虚开的增值税专用发票处理问题的通知》（国税发〔1997〕134 号）第三条的规定，"纳税人以上述第一条、第二条所列的方式取得专用发票未申报抵扣税款，或者未申请出口退税的，应当依照《中华人民共和国发票管理办法》及有关规定，按所取得专用发票的份数，分别处以一万元以下的罚款；但知道或者应当知道取得的是虚开的专用发票，或者让他人为自己提供虚开的专用发票的，应当从重处罚"。

问题 15-4-4

利用虚开的专用发票进行偷税等构成犯罪的如何处理?

答:根据《国家税务总局关于纳税人取得虚开的增值税专用发票处理问题的通知》(国税发〔1997〕134号)第四条的规定,"利用虚开的专用发票进行偷税、骗税,构成犯罪的,税务机关依法进行追缴税款等行政处理,并移送司法机关追究刑事责任"。

问题 15-4-5

票面信息不符的如何处理?

答:根据《国家税务总局关于〈国家税务总局关于纳税人取得虚开的增值税专用发票处理问题的通知〉的补充通知》(国税发〔2000〕182号)第一条的规定,对购货方取得的增值税专用发票所注明的销售方名称、印章与其进行实际交易的销售方不符的,即国税发〔1997〕134号文件第二条规定的"购货方从销售方取得第三方开具的专用发票"的情况,无论购货方(受票方)与销售方是否进行了实际的交易,增值税专用发票所注明的数量、金额与实际交易是否相符,购货方向税务机关申请抵扣进项税款或者出口退税的,对其均应按偷税或者骗取出口退税处理。

问题 15-4-6

从销货地以外的地区取得专用发票的如何处理?

答:根据《国家税务总局关于〈国家税务总局关于纳税人取得虚开的增值税专用发票处理问题的通知〉的补充通知》(国税发〔2000〕182号)第二条的规定,对购货方取得的增值税专用发票为销售方所在省(自治区、直辖市和计划单列市)以外地区的,即国税发〔1997〕134号文件第二条规定的"从销货地以外的地区取得专用发票"的情况,无论购货方(受票方)与销售方是否进行了实际的交易,增值税专用发票所注明的数量、金额与实际交易是否相符,购货方向税务机关申请抵扣进项税款或者出口退税的,对其均应按偷税或者骗取出口退税处理。

问题 15-4-7

对购货方明知发票有问题的行为如何处理?

答:根据《国家税务总局关于〈国家税务总局关于纳税人取得虚开的增值税专用发票处理问题的通知〉的补充通知》(国税发〔2000〕182号)第三条的规定,对其他有证据表明购货方明知取得的增值税专用发票系销售方以非法手段获得的，即 134 号文件第一条规定的"受票方利用他人虚开的专用发票，向税务机关申报抵扣税款进行偷税"的情况，无论购货方（受票方）与销售方是否进行了实际的交易，增值税专用发票所注明的数量、金额与实际交易是否相符，购货方向税务机关申请抵扣进项税款或者出口退税的，对其均应按偷税或者骗取出口退税处理。

问题 15-4-8

对购货方与销售方存在真实交易的情形如何处理？

答：根据《国家税务总局关于纳税人善意取得虚开的增值税专用发票处理问题的通知》（国税发〔2000〕187 号）的规定，在购货方（受票方）不知道取得的增值税专用发票是销售方虚开（即纳税人善意取得虚开的增值税专用发票）的情况下，对购货方的处理为：购货方与销售方存在真实的交易，销售方使用的是其所在省（自治区、直辖市和计划单列市）的专用发票，专用发票注明的销售方名称、印章、货物数量、金额及税额等全部内容与实际相符，且没有证据表明购货方知道销售方提供的专用发票是以非法手段获得的，对购货方不以偷税或者骗取出口退税论处。但应按有关规定不予抵扣进项税款或者不予出口退税；购货方已经抵扣的进项税款或者取得的出口退税，应依法追缴。

问题 15-4-9

能够重新从销售方取得合法有效票据的如何处理？

答：根据《国家税务总局关于纳税人善意取得虚开的增值税专用发票处理问题的通知》（国税发〔2000〕187 号）的规定，在购货方（受票方）不知道取得的增值税专用发票是销售方虚开（即纳税人善意取得虚开的增值税专用发票）的情况下，对购货方的处理为：购货方能够重新从销售方取得防伪税控系统开出的合法、有效专用发票的，或者取得手工开出的合法、有效专用发票且取得了销售方所在地税务机关已经或者正在依法对销售方虚开专用发票行为进行查处证明的，购货方所在地税务机关应依法准予抵扣进项税款或者出口退税。

问题 15-4-10

进项税款得到抵扣前知道发票是销售方以非法手段获得的如何处理？

答：根据《国家税务总局关于纳税人善意取得虚开的增值税专用发票处理问题的通知》（国税发〔2000〕187 号）的规定，在购货方（受票方）不知道取得的增值税专用发票是销售方虚开（即纳税人善意取得虚开的增值税专用发票）的情况下，对购货方的处理为：如有证据表明购货方在进项税款得到抵扣，或者获得出口退税前知道该专用发票是销售方以非法手段获得的，对购货方应按《国家税务总局关于纳税人取得虚开的增值税专用发票处理问题的通知》（国税发〔1997〕134 号）和《国家税务总局关于〈国家税务总局关于纳税人取得虚开的增值税专用发票处理问题的通知〉的补充通知》（国税发〔2000〕182 号）的规定处理。

问题 15-4-11

非法票据是否可以作为财务报销及企业所得税税前扣除的凭证？

答：发票是在购销商品、提供或者接受服务以及从事其他经营活动中，开具、收取的收付款凭证。根据《中华人民共和国发票管理办法》第二十一条的规定，不符合规定的发票，不得作为财务报销凭证，任何单位和个人有权拒收。

《企业所得税税前扣除凭证管理办法》（国家税务总局公告 2018 年第 28 号发布）第十二条规定："企业取得私自印制、伪造、变造、作废、开票方非法取得、虚开、填写不规范等不符合规定的发票（以下简称'不合规发票'），以及取得不符合国家法律、法规等相关规定的其他外部凭证（以下简称'不合规其他外部凭证'），不得作为税前扣除凭证。"

根据上述政策规定，无论什么情况，只要不是按规定取得的发票以及填写不规范的发票，均属于非法票据，不得作为财务报销凭证，也就是不能作为企业所得税税前扣除的凭证。

问题 15-4-12

取得虚开的增值税发票及其他各项票据，能够重新从销售方（对方）取得发票（票据）的如何进行企业所得税处理？

答：根据《发票管理办法》第二十一条及《企业所得税税前扣除凭证管理办法》（国家税务总局公告 2018 年第 28 号发布）第十二条等相关规定，税前扣除必须是合法有效且填写正确的发票，因此虚开的增值税发票及其他各项票据，无论是在什么情况下取得的，都不能作为企业所得税税前扣除的凭据。除善意取得虚开的增值税专用发票外，其他行为均要依据法律法规给予严厉处罚。

《企业所得税法》第八条规定："企业实际发生的与取得收入有关的、合理的支出，包括成本、费用、税金、损失和其他支出，准予在计算应纳税所得额时扣除。"

《企业所得税税前扣除凭证管理办法》第十三条规定："企业应当取得而未取得发票、其他外部凭证或者取得不合规发票、不合规其他外部凭证的，若支出真实且已实际发生，应当在当年度汇算清缴期结束前，要求对方补开、换开发票、其他外部凭证。补开、换开后的发票、其他外部凭证符合规定的，可以作为税前扣除凭证。"

根据上述政策规定，对纳税人取得虚开的增值税发票及其他各项票据，有证据表明业务（购货）是真实合法的，且购货方能够重新从销售方取得按规定流程系统开出的合法、有效专用发票的，则可以在企业所得税税前扣除。

提示： 纳税人取得虚开的增值税专用发票，除具有善意情节外，其他行为均首先要接受税务机关依据法律法规给予的处罚，再根据政策规定按要求取得发票在税前列支。

问题 15-4-13

无法重新从销售方（对方）取得合法、有效增值税发票及其他各项票据的如何进行企业所得税处理？

答：根据《企业所得税法》第八条及《企业所得税税前扣除凭证管理办法》（国家税务总局公告 2018 年第 28 号发布）第十三条等相关规定，对纳税人取得虚开的增值税发票及其他各项票据，有证据表明业务（购货）是真实合法的，且购货方能够重新从销售方（对方）取得按规定流程系统开出的合法、有效增值税发票及其他各项票据的，则可以在企业所得税税前扣除。

对于因种种原因已经无法取得发票的，《企业所得税税前扣除凭证管理办法》第十四条规定："企业在补开、换开发票、其他外部凭证过程中，因对方注销、撤销、依法被吊销营业执照、被税务机关认定为非正常户等特殊原因无法补开、换开发票、其他外部凭证的，可凭以下资料证实支出真实性后，其支出允许税前扣除：

（一）无法补开、换开发票、其他外部凭证原因的证明资料（包括工商注销、机构撤销、列入非正常经营户、破产公告等证明资料）；

（二）相关业务活动的合同或者协议；

（三）采用非现金方式支付的付款凭证；

（四）货物运输的证明资料；

（五）货物入库、出库内部凭证；

（六）企业会计核算记录以及其他资料。

前款第一项至第三项为必备资料。"

根据上述政策规定，对方如果不属于上述特殊状态，而是处于正常营业状态，则必须取得规定的发票。

问题 15-4-14

利用（取得）他人（第三方）虚开的发票，且能够重新从销售方取得合法、有效专用发票的如何进行企业所得税处理？

答：根据企业所得税相关政策原则，税前扣除必须有合法有效的票据，因此购货方利用（取得）他人虚开的专用发票、从第三方开具、从销货地以外的地区取得专用发票，都不能作为企业所得税税前扣除的凭据。

根据增值税政策规定，购货方利用（取得）他人虚开的专用发票、从第三方开具、从销货地以外的地区取得专用发票以及在进项税款得到抵扣前知道该专用发票是销售方以非法手段获得的，这些均具有主观上的故意，要按照相关法律法规予以处罚。

对于企业所得税，根据《企业所得税法》第八条及《企业所得税税前扣除凭证管理办法》（国家税务总局公告 2018 年第 28 号发布）第十三条等相关规定，如果购货方能够从真实的销售方取得合法有效票据，且真实的销售方已经进行了税务处理，则其发生的成本可以在企业所得税税前扣除。

提示： 除增值税专用发票外，其他各项发票及票据，也要按照上述政策规定处理。

问题 15-4-15

利用（取得）他人（第三方）虚开发票，已无法重新从销售方取得合法、有效专用发票的如何处理？

答：根据企业所得税相关政策原则，税前扣除必须有合法有效的票据，因此购货方利用（取得）他人虚开的专用发票、从第三方开具、从销货地以外的地区取得专用发票，都不能作为企业所得税税前扣除的凭据。

在因上述行为接受税务机关给予的行政处罚后，根据《企业所得税法》第八条及《企业所得税税前扣除凭证管理办法》（国家税务总局公告 2018 年第 28 号发布）第十三条的规定，如果可以重新取得发票，可以作为企业所得税税前扣除的凭据。

对于因种种原因已经无法取得发票的，《企业所得税税前扣除凭证管理办法》第十四条规定："企业在补开、换开发票、其他外部凭证过程中，因对方注销、撤销、依法被吊销营业执照、被税务机关认定为非正常户等特殊原因无法补开、换开发票、其他外部凭证的，可凭以下资料证实支出真实性后，其支出允许税前扣除：

（一）无法补开、换开发票、其他外部凭证原因的证明资料（包括工商注销、机构撤销、列入非正常经营户、破产公告等证明资料）；

（二）相关业务活动的合同或者协议；

（三）采用非现金方式支付的付款凭证；

（四）货物运输的证明资料；

（五）货物入库、出库内部凭证；

（六）企业会计核算记录以及其他资料。

前款第一项至第三项为必备资料。"

根据上述政策规定，对方如果不属于上述特殊状态，而是处于正常营业状态，则必须取得规定的发票。

提示：除增值税专用发票外，其他各项发票及票据，也要按照上述政策规定处理。

问题 15-4-16

在什么情况下，相应支出不得在发生年度税前扣除？

答：《企业所得税税前扣除凭证管理办法》（国家税务总局公告 2018 年第 28 号发布）第六条规定："企业应在当年度企业所得税法规定的汇算清缴期结束前取得税前扣除凭证"；第十五条规定："汇算清缴期结束后，税务机关发现企业应当取得而未取得发票、其他外部凭证或者取得不合规发票、不合规其他外部凭证并且告知企业的，企业应当自被告知之日起 60 日内补开、换开符合规定的发票、其他外部凭证。其中，因对方特殊原因无法补开、换开发票、其他外部凭证的，企业应当按照本办法第十四条的规定，自被告知之日起 60 日内提供可以证实其支出真实性的相关资料"；第十六条规定："企业在规定的期限未能补开、换开符合规定的发票、其他外部凭证，并且未能按照本办法第十四条的规定提供相关资料证实其支出真实性的，相应支出不得在发生年度税前扣除"。

根据上述政策规定，如果企业在汇算清缴期结束后，仍然有应当取得而未取得发票、其他外部凭证或者取得不合规发票、不合规其他外部凭证情形的，要按照规定取得发票，否则不论业务是否真实，相应支出不得在发生年度税前扣除。

问题 15-4-17

企业以前年度应当取得而未取得发票等在以后年度取得的如何处理？

答：《企业所得税税前扣除凭证管理办法》（国家税务总局公告 2018 年第 28 号发布）第十七条规定："除发生本办法第十五条规定的情形外，企业以前年度应当取得而未取得发票、其他外部凭证，且相应支出在该年度没有税前扣除的，在以后年度取得符合规定的发票、其他外部凭证或者按照本办法第十四条的规定提供可以证实其支出真实性的相关资料，相应支出可以追补至该支出发生年度税前扣除，但追补年限不得超过五年。"

根据上述政策规定，在追补年限内进行处理时，还要按规定调整相应年度企业所得税应纳税所得额。